Thomas Hutzschenreuter, Sebastian Jans
Eigentum, Governance und Strategie

Thomas Hutzschenreuter, Sebastian Jans

Eigentum, Governance und Strategie

Von den Ursprüngen der Deutschland AG zur
Neuorientierung börsennotierter Unternehmen

DE GRUYTER
OLDENBOURG

ISBN 978-3-11-073924-4
e-ISBN (PDF) 978-3-11-073561-1
e-ISBN (EPUB) 978-3-11-073570-3

Library of Congress Control Number: 2022936360

Bibliografische Information der Deutschen Nationalbibliothek
Die Deutsche Nationalbibliothek verzeichnet diese Publikation in der Deutschen
Nationalbibliografie; detaillierte bibliografische Daten sind im Internet über
http://dnb.dnb.de abrufbar.

© 2022 Walter de Gruyter GmbH, Berlin/Boston
Einbandabbildung: chekat/iStock/Getty Images Plus
Satz: Integra Software Services Pvt. Ltd.
Druck und Bindung: CPI books GmbH, Leck

www.degruyter.com

Vorwort

Menschen verbringen in Unternehmen mehr Zeit als mit den meisten anderen Dingen. Unternehmen sind zentrale Institutionen, nicht nur im wirtschaftlichen Sinn, sondern darüber hinaus im gesellschaftlichen Leben. Die Unternehmenslandschaft lässt sich als eine Basisinfrastruktur einer Volkswirtschaft verstehen. Doch wie entsteht und wie verändert sich die Unternehmenslandschaft eines Landes? Welche Kräfte bewirken deren Veränderungen und was lässt sich über die zukünftige Entwicklung der Unternehmenslandschaft einer Volkswirtschaft vermuten? Das dominierende Element der Unternehmenslandschaft der Bundesrepublik Deutschland nach dem zweiten Weltkrieg wurde salopp mit dem Begriff „Deutschland AG" betitelt. Hiermit ist die Vernetzung der größten börsennotierten deutschen Unternehmen untereinander über Kapitalverflechtungen und Verflechtungen in den Aufsichtsrats- und Vorstandorganen der Unternehmen gemeint. In das Netzwerk Deutschland AG waren sowohl Industrie- als auch Finanzdienstleistungsunternehmen eingebunden. Die Deutschland AG gibt es nicht mehr. Warum ist sie verschwunden und was ist an ihre Stelle getreten? Genau dies sind die Fragen, denen sich dieses Buch widmet.

Über die Deutschland AG gibt es schon eine ganze Reihe an Publikationen. Was bislang fehlt und durch dieses Buch geleistet werden soll, sind drei Beiträge. Erstens, um die Auflösung der Deutschland AG zu verstehen, muss man ihre Ursprünge und Funktionsweise verstehen. Dies gelingt nur, wenn man die drei komplementären Dimensionen Eigentum, Governance und Strategie im Zusammenhang betrachtet. Zweitens, die Deutschland AG hat sich nicht von selbst aufgelöst, sondern ihre Auflösung ist eingebettet in geopolitische und technologische Umbrüche. Es gilt also zu erklären, wieso die Deutschland AG vor dem Hintergrund dieser Umbrüche nicht mehr zeitgemäß, ja gar hinderlich für die erfolgreiche Entwicklung der Unternehmenslandschaft geworden war. Und drittens, es gilt zu zeigen und zu erklären, wie Eigentum, Governance und Strategie der größten börsennotierten deutschen Unternehmen nach der Auflösung der Deutschland AG aussehen.

Das vorliegende Buch liefert eine historische Analyse von den Ursprüngen der Deutschland AG hin zur Neuausrichtung börsennotierter deutscher Unternehmen in den Dimensionen Eigentum, Governance und Strategie. Zentral für die Erklärung, wie es zur Auflösung der Deutschland AG kam, sind die geopolitischen Umbrüche im Zuge des Zerfalls des „Ostblocks" sowie die hiermit zeitlich einhergehenden Entwicklungen der Informations- und Telekommunikationstechnologie. Hierdurch ergaben sich exorbitante Wachstumschancen für deutsche Unternehmen, aber auch die Gefahr, dass man an der Neuaufteilung von Märkten nicht teilnimmt und so ins Hintertreffen gegenüber Wettbewerbern gerät, sollte man diese Wachstumschancen nicht selbst ergreifen. Die Deutschland AG, die bislang Stabilität bot, wirkte nunmehr wie ein Korsett, das Bewegungsfreiheit einschränkt und darin hindert, so schnell zu laufen, wie es erforderlich war, um mindestens Schritt zu halten. Neue Eigentumsstrukturen waren erforderlich und entwickelten sich, um den Finanzie-

https://doi.org/10.1515/9783110735611-202

rungsbedarf des Wachstums decken zu können. Damit einher ging die Entwicklung der Governancestrukturen weg von einem Insider- hin zu einem Outsider-System. Selbstverständlich beinhalteten die neuen Wachstumsstrategien eine starke Internationalisierungskomponente. Anders als vielfach vermutet gaben die Unternehmen die Produktdiversifikation jedoch nicht gänzlich auf, sondern verlagerten das Wachstum in den Produktbereichen lediglich in verwandtere Bereiche als dies zu Zeiten der Deutschland AG mit der hohen Bedeutung der konglomeraten Produktdiversifikation noch der Fall war.

Gegenwärtig stehen erneut massive geopolitische Umbrüche sowie fundamentale Veränderungen durch den Klimawandel und die Entwicklungen neuer Technologien an. Insofern ist es nur allzu verständlich anzunehmen, dass diese Umbrüche und Veränderungen die weitere Entwicklung der Unternehmenslandschaft signifikant beeinflussen werden. Aus dem vorliegenden Buch kann gelernt werden, wie sich solche Veränderungen vollziehen. Im ersten Schritt stellt sich stets die Frage danach, was es braucht, um wettbewerbsfähig zu bleiben. Hierauf folgen notwendige Anpassungen von Eigentumsstrukturen und Governance, für deren Realisierung jedoch seitens der Politik die notwendigen Voraussetzungen geschaffen werden müssen. Bleiben diese aus, ist mit Ausweichhandlungen zu rechnen.

Das vorliegende Buch ist für all jene geschrieben, die einen bedeutenden Teil unserer heutigen Unternehmenslandschaft sowie darüber hinaus verstehen wollen, wie und wieso sich dieser Teil so entwickelt hat. Es ist für all jene geschrieben, die aus der Kenntnis von Unternehmensgeschichte zukünftige Entwicklungen verstehen und vielleicht sogar vorausahnen möchten. Um diesen Zwecken zu dienen, war es notwendig, umfangreiches Material auszuwerten und umfangreiche eigene empirische Analysen vorzunehmen. Hierfür haben wir drei Datensätze (Eigentum, Governance, Strategie) erstellt und zusammengefügt, die jeweils Zeiträume von über 30 Jahren umspannen. Erst auf dieser Basis war es möglich, die Entwicklungen nachzuvollziehen und Zusammenhänge zwischen den komplementären Dimensionen aufzuzeigen. In das Buch konnten somit zahlreiche selbst erstellte Tabellen und Abbildungen aufgenommen werden, die es möglich machen, die Veränderungen der Unternehmenslandschaft detailreich darzulegen.

Wir möchten uns an dieser Stelle ganz herzlich bei der langjährigen Sekretärin am Lehrstuhl für Strategisches und Internationales Management der Technischen Universität München, Frau Maria Vuillemin, für ihre tolle Unterstützung in der redaktionellen Bearbeitung des Buches bedanken. Darüber hinaus gilt unser besonderer Dank Herrn Dr. Stefan Giesen vom De Gruyter Verlag für seinen Einsatz und seine exzellente Begleitung von der Idee bis hin zum fertigen Buch. Zudem danken wir ganz herzlich unserer Lektorin, Frau Friederike Moldenhauer, für die hervorragende Arbeit.

Wir hoffen, mit dem vorliegenden Buch eine solide Grundlage für das Verständnis eines bedeutenden Teils der Unternehmenslandschaft in Deutschland vorgelegt zu haben. Wir freuen uns über jegliches Feedback und sind gemeinsam mit unseren Lesern gespannt, wie sich die Unternehmenslandschaft weiterentwickelt.

München, im März 2022   Thomas Hutzschenreuter und Sebastian Jans

Inhaltsübersicht

Teil I: **Einführung**

Teil II: **Die Deutschland AG**

Teil III: **Der Wandel**

Teil IV: **Eine Neue Unternehmensrealität**

Teil V: **Ausblick**

Anhang

Inhaltsverzeichnis

Teil I: Einführung

Teil II: Die Deutschland AG

Teil III: **Der Wandel**

Teil IV: **Eine Neue Unternehmensrealität**

Abbildungsverzeichnis

https://doi.org/10.1515/9783110735611-205

Tabellenverzeichnis

https://doi.org/10.1515/9783110735611-206

Fallstudienverzeichnis

https://doi.org/10.1515/9783110735611-207

Teil I: **Einführung**

Übersicht: Von den Ursprüngen der Deutschland AG zur
Neuorientierung börsennotierter Unternehmen

1 Einführung

1.1 Kriwet und Hiesinger – Beispiele einer veränderten Unternehmensrealität

Die Manager Heinz Kriwet und Heinrich Hiesinger waren beide über einige Jahre mit einem Vorstandsmandat in einem der größten deutschen börsennotierten Unternehmen betraut. Heinz Kriwet war von 1991 bis 1996 Vorstandsvorsitzender der Thyssen AG und rückte nach seinem Ausscheiden aus dem Vorstand in den Aufsichtsrat des Unternehmens auf; Heinrich Hiesinger wurde nach einer Karriere im Siemens-Konzern im Jahr 2011 zum Vorstandsvorsitzenden der ThyssenKrupp AG berufen und hatte das Amt bis zum Jahr 2018 inne.

Die Amtszeiten der beiden Manager waren von großen Herausforderungen geprägt. Nach mehreren Strukturkrisen in der Stahlindustrie in den 1960er-, 1970er- und 1980er-Jahren war auch die Amtszeit von Kriwet in den 1990er-Jahren von einer schweren europäischen Stahlkrise gezeichnet (Maier-Bode, 2008). Die setzte der Thyssen AG stark zu: Neben einem Preisverfall aufgrund von Überkapazitäten und staatlichen Subventionen sowie einem rezessionsbedingten Auftragsrückgang kämpfte das Unternehmen mit vergleichsweise hohen Kosten durch Produktivitätsdefizite. Die daraus resultierenden Verluste im Geschäftsbereich Stahl, der vormals den größten Ergebnisbeitrag geliefert hatte, erreichten im Geschäftsjahr 1992/93 mit einem Verlust von knapp 1,2 Milliarden DM ihren vorläufigen Höhepunkt (Thyssen AG, 1993, S. 42).

Ähnlich wie Kriwet erging es auch Hiesinger, der mit hohen Verlusten, die auf die Investitionsentscheidung für zwei Stahlwerke in den USA und Brasilien zurückgingen, konfrontiert war. Obwohl die Investitionsentscheidung bereits vor seinem Amtsantritt erfolgt war, belasteten die erheblichen Mehrkosten, die das Projekt nach Ansicht der Wirtschaftspresse zu einer „der größten Fehlinvestitionen der deutschen Industriegeschichte" (Busse, 2017) machten, die Wirtschaftlichkeit des Unternehmens nachhaltig.

Beide Manager waren folglich mit vergleichbar schwierigen wirtschaftlichen Ausgangslagen konfrontiert und standen gleichermaßen vor der Herausforderung, einen angeschlagenen Großkonzern aus der Krise zu führen. Trotz aller Parallelen nahmen die Karrieren von Kriwet und Hiesinger jedoch einen vollkommen unterschiedlichen Verlauf. Obwohl Hiesinger ein erfolgreiches Sanierungsprogramm ins Leben rief, das alle Erwartungen deutlich übertraf und den Konzern nach mehreren Jahren erstmalig wieder in die Lage versetzte, eine Dividende an die Aktionäre auszuzahlen, legte er sein Mandat im Jahr 2018 nach internen Konflikten vorzeitig nieder. Im Gegensatz dazu konnte Kriwet, obwohl er Mitarbeiter und Gewerkschaften durch einen umfassenden Stellenabbau gegen sich aufbrachte und den Aktionären wiederholt die Dividende strich, nach wenigen Jahren den Aufsichtsratsvorsitz übernehmen und die Fusion von Thyssen und Krupp maßgeblich mitgestalten.

https://doi.org/10.1515/9783110735611-001

Warum nahmen die Karrieren der beiden trotz vergleichbarer Ausgangslagen einen derart konträren Verlauf? Warum wurde Kriwet nach seiner Amtszeit als Vorstandsvorsitzender wohlwollend mit dem Aufsichtsratsvorsitz betraut, während sich Hiesinger trotz nachweisbarer Erfolge in der Sanierung des Unternehmens zur Niederlegung seines Vorstandsmandats veranlasst sah?

In den knapp 15 Jahren, die zwischen dem Abschied Kriwets und der Berufung Hiesingers in den Vorstand liegen, durchliefen deutsche Unternehmen eine Phase des tiefgehenden Wandels. Während zahlreiche deutsche Unternehmen von der Nachkriegszeit bis in die 1990er-Jahre in ein enges Unternehmensnetzwerk integriert waren, in dem besondere Eigentümerstrukturen, Corporate-Governance-Prinzipien und Unternehmensstrategien vorherrschten, kam es um die Jahrtausendwende zu einer Abkehr von den etablierten Strukturen. Der Vergleich der Kerndimensionen Eigentum, Governance und Strategie für die die Amtszeiten der beiden Thyssen-Manager verdeutlicht das Ausmaß der Neuausrichtung.

Eigentümerstruktur. Zur Amtszeit Kriwets war die Thyssen-Beteiligungsverwaltung der wichtigste Aktionär der Thyssen AG. In dieser Gesellschaft bündelten die beiden Urenkel des Firmengründers August Thyssen, Claudio und Federico Zichy-Thyssen, ihre Anteile in Höhe von rund 18,6 Prozent zusammen mit der Commerzbank und der Allianz, die jeweils 5 Prozent der Thyssen Anteile hielten. Mit unter 9 Prozent der Anteile war die gemeinnützige Fritz Thyssen Stiftung der einzige weitere größere Aktionär.

Analog zur Fritz Thyssen Stiftung war zur Amtszeit von Hiesinger die Alfried Krupp von Bohlen und Halbach Stiftung, die seit der Fusion von Thyssen und Krupp einen Anteil von mehr als 20 Prozent am Unternehmen hielt, ein wichtiger Ankeraktionär. Im Jahr 2013 hatte jedoch erstmals der aktivistische Investor Cevian Capital ein größeres Aktienpaket in Höhe von rund 5 Prozent erworben, das bis zum Jahr 2015 auf mehr als 15 Prozent ausgebaut wurde. Darüber hinaus hielten die Investmentgesellschaften Franklin Templeton und BlackRock im Jahr 2015 jeweils knapp unter 5 Prozent der Anteile.

Folglich waren die beiden Manager Kriwet und Hiesinger mit unterschiedlichen Eigentümergruppen und entsprechend unterschiedlichen Aktionärsinteressen konfrontiert. Da die Commerzbank im Fall von Kriwet gleichzeitig Eigentümer und Gläubiger des Thyssen-Konzerns war, lag das Interesse der Bank nicht nur auf der Eigenkapitalrentabilität der Beteiligung, sondern auch auf der Minimierung des Kreditausfallrisikos. In der Balance zwischen Profit und Risiko war man also durchaus mit einer defensiveren Ausrichtung zufrieden. Gleichermaßen waren die Industriebeteiligungen der deutschen Assekuranz, wie hier im Falle der Allianz, in der Regel auf eine langfristige Wertsteigerung ausgelegt, sodass die Erzielung kurzfristiger Gewinne in den Hintergrund rückte. Dies galt jedoch nicht in gleichem Maße für die Aktionäre zur Amtszeit von Hiesinger, da insbesondere das Geschäftsmodell von aktivistischen Investoren auf eine kurz- bis mittelfristige Verbesserung der Profitabilität bzw. des Unternehmenswertes ausgelegt ist. Auch für die in der Regel weniger offensiven Investmentgesellschaften wie BlackRock und Franklin Templeton liegt der Fokus der Beteiligung annahmegemäß auf der Wertsteigerung.

Corporate Governance. Heinz Kriwet war Teil der engen Personalverflechtungen, die zu seiner Amtszeit unter den großen deutschen Unternehmen gepflegt wurden und die die Corporate Governance maßgeblich prägten. So hatte Kriwet neben einem Aufsichtsratsmandat bei Siemens auch ein Aufsichtsratsmandat bei der Commerzbank inne und war somit direkt mit einem der wichtigsten Aktionäre und Gläubiger von Thyssen verbunden. Zusätzlich unterhielt er private Kontakte zu Kurt Hochheuser, einem Vorstandsmitglied der Commerzbank, was durch gemeinsame Mitgliedschaften im Deutschen Verein vom Heiligen Lande und im Ritterorden vom Heiligen Grab zu Jerusalem dokumentiert ist. Auch mit den anderen großen deutschen Finanzinstituten war der Thyssen-Konzern über seine Aufsichtsräte gut vernetzt, die zu diesem Zeitpunkt insgesamt vier Aufsichtsratsmandate bei der Allianz, zwei bei der Deutschen Bank und drei bei der Dresdner Bank innehatten (zusätzlich waren neben Kriwet auch zwei Thyssen-Aufsichtsräte im Aufsichtsrat der Commerzbank). Insgesamt unterhielten Mandatsträger von Thyssen im Jahr 1995 Mandate in 25 anderen HDAX Unternehmen.

Ganz anders war die Situation jedoch zur Zeit von Hiesinger. Im Jahr 2015 unterhielten die Vorstandsmitglieder der ThyssenKrupp AG keine Aufsichtsratsmandate bei anderen HDAX Unternehmen. Zudem hielt zu diesem Zeitpunkt kein Vertreter der deutschen Finanzinstitute ein Aufsichtsratsmandat bei ThyssenKrupp. Mit Ablauf der Hauptversammlung am 30. Januar 2015 wurde jedoch Jens Tischendorf, Partner und Direktor bei Cevian Capital, in den Aufsichtsrat von ThyssenKrupp gewählt (ThyssenKrupp AG, 2015, S. 10). Damit übernahm ein Aktionärsvertreter das Mandat im Kontrollgremium, der bereits vor seiner Wahl im Rahmen von privaten Treffen mit dem Management und Interviews mit der Wirtschaftspresse deutliche Kritik an den komplexen Strukturen, dem breiten Portfolio und den geringen Renditen des Konzerns geübt hatte (Moeser, 2019).

Somit deckt auch der Vergleich der Gremienbesetzung zu den Amtszeiten der beiden Manager erhebliche Unterschiede auf. Im Rahmen von verschiedenen Mandaten und privaten Verbindungen trafen Kriwet und weitere Manager des Thyssen-Konzerns häufig auf entscheidende Stakeholder und Aufsichtsratsmitglieder ihres Unternehmens. Der regelmäßige Austausch in unterschiedlichen Rollen war dabei für eine konsensorientierte und kooperative Zusammenarbeit auf Augenhöhe förderlich, bei der eine übermäßige Konfrontation zumeist verhindert werden konnte. Eine vergleichbare Gremienbesetzung wurde Hiesinger hingegen nicht zuteil. Obwohl auch die Vertreter der Krupp-Stiftung im Aufsichtsrat präsent waren, führte die Berufung des Cevian-Vertreters in den Aufsichtsrat dazu, dass die Beziehung zwischen Vorstand und Aufsichtsrat deutlich stärker als noch zur Zeit von Kriwet von Konfrontation geprägt war.

Strategie. In seiner Amtszeit trieb Kriwet die Diversifizierung des Konzerns abseits des etablierten Thyssen-Kerngeschäfts voran und folgte dem Beispiel des Mannesmann-Konzerns mit hohen Investitionen in den Mobilfunkbereich. Mit dieser Entscheidung hatte er Thyssen eine 28,4prozentige Beteiligung am E-Plus-Konsortium gesichert, das Anfang 1993 die Lizenz für den Aufbau eines privaten Mobilfunknetz in Deutschland erhielt (Thyssen AG, 1993, S. 19, 1994, S. 53). Darüber hinaus gründete Thyssen 1992 die Spaceline Communication Services GmbH, die Geschäftskunden eine satellitenunterstütze Datenübertragung bot, sowie die Thyssen Elf Oil GmbH, die auf Mineralölaktivitäten und den Raffineriebetrieb spezialisiert war (Thyssen AG, 1993, S. 18).

Eine vergleichbare Ausdehnung des Portfolios war während der Amtszeit von Hiesinger hingegen undenkbar, weil der aktivistische Investor Cevian vehement eine stärkere Fokussierung des Portfolios forderte. Da sich Hiesinger jedoch gegen umfassende Abspaltungen aussprach, kam es während seiner Amtszeit nicht zu starken strategischen Veränderungen. Zwar wurde das Konzerngeschäft durch die Veräußerung des Stainless-Global-Geschäfts zum 30. September 2011 (ThyssenKrupp AG, 2011, S. 48) und die Zusammenlegung der Geschäftsbereiche Plant Technology und Marine Systems zum neuen Bereich Industrial Solutions zum 1. Januar 2013 (ThyssenKrupp AG, 2013, S. U2) von acht auf sechs Geschäftsbereiche reduziert, allerdings fehlten ausreichende finanzielle Mittel für grundlegende strategische Kurswechsel und neue Wachstumsimpulse (auch hier wirkte die hohe Verschuldung infolge der Investitionen in die nord- und südamerikanischen Stahlwerke nach). Folglich wollte man durch eine „zunehmende strategische Ausrichtung auf ertragsstarke Industriegüter- und Dienstleistungsgeschäfte" außerhalb des volatilen und kapitalintensiven Traditionsgeschäfts im Bereich Stahl wachsen (ThyssenKrupp AG, 2015, S. 37).

Insgesamt führte die von Kriwet verfolgte Strategie zu einer breiten Diversifikation, die auch auf Wirtschaftszweige fernab des bis dato existierenden Produktportfolios ausgelegt war. Hiesinger versuchte ebenfalls Wachstumsimpulse zu schaffen, konzentrierte sich aber primär auf die Expansion im Bereich der Industriegüter und Dienstleistungen, die einen höheren Verwandtschaftsgrad mit dem bestehenden Portfolio aufwiesen.

Die Folgen der unterschiedlichen Ausprägungen der Kerndimensionen Eigentum, Governance und Strategie hätten für die beiden Manager kaum weitreichender sein können. Nach dem Rücktritt von Hiesinger hieß es aus Unternehmenskreisen: „Es gibt zwei Großaktionäre. Einer fährt eine Kampagne gegen das Management – und der andere duckt sich dabei weg" (Dierig, 2018). Diese Schilderung beschreibt einen Zustand, der für Kriwet gänzlich unvorstellbar gewesen sein müsste. Hätte jener mehr als 15 Jahre nach Ende seiner Amtszeit als Vorstandsvorsitzender die Position von Hiesinger übernehmen müssen – er hätte die Welt, in der er selbst einst tätig gewesen war, wahrscheinlich nicht mehr wiedererkannt.

1.2 Einordnung und Beitrag dieses Buches

Der Vergleich von Heinz Kriwet und Heinrich Hiesinger illustriert einen Wandel in der Unternehmensrealität, der sich innerhalb weniger Jahre zwischen den Amtszeiten der beiden Manager in Deutschland vollzog. Die Unternehmensrealität, die zur Amtszeit Kriwets vorherrschte, war maßgeblich von den Strukturen der sogenannten Deutschland AG geprägt. Die Metapher der Deutschland AG, die in ihrer ursprünglichen Verwendung lediglich zum Verweis auf die Gesamtheit der (West-)Deutschen Wirtschaft genutzt wurde (in dem entsprechenden Artikel der „Financial Times" aus dem Jahr 1974 wurden die Bilanzen aller damals rund 41.000 West-Deutschen Unternehmen aggregiert, vgl. „The Financial Times" [London], 1974, S. 17), beschreibt in diesem Zusammenhang die engen Personal- und Kapitalverflechtungen zwischen deutschen Großunternehmen, die ein über viele Jahre währendes, national abgeschottetes Insider-System formten. Gleichzeitig wird die Bezeichnung „Deutschland AG" jedoch auch im zeitlichen Sinne zur Beschreibung der Wirtschaftsepoche von der Nachkriegszeit bis in die 1990er-Jahre, in der die Verflechtungsstrukturen bestanden, verwendet.

Die Strukturen der Deutschland AG wurden aus wissenschaftlicher Sicht bereits in den 1990er-Jahren von Paul Windolf und Jürgen Beyer beschrieben, die das Netzwerk durch umfassende empirische Strukturanalysen (bspw. hinsichtlich Netzwerkdichte, Redundanz und Zentralität) und internationale Vergleiche untersuchten und anhand von volkswirtschaftlichen Ansätzen erklärten (vgl. Windolf, 1994, 2006; Windolf & Beyer, 1995). Wolfgang Streeck und Martin Höpner, die ebenfalls mehrere vielbeachtete Studien zu dem Thema publizierten, fokussierten sich auf den Aspekt der Unternehmenskontrolle und nahmen die gesellschaftliche Regulierung von Großunternehmen als Ausgangspunkt für eine politikwissenschaftlich-orientierte Forschung (vgl. Streeck & Höpner, 2003). Gemeinsam mit Martin Höpner widmete sich auch Lothar Krempel am Kölner Max-Planck-Institut für Gesellschaftsforschung (MPIfG) der Analyse des deutschen Unternehmensnetzwerks und nutzte Methoden der Netzwerkvisualisierung, um den Zustand und die Entwicklung des Netzwerks anschaulich zu dokumentieren (vgl. Höpner & Krempel, 2004).

Obwohl die Unternehmensrealität der Deutschland AG basierend auf den bisherigen Forschungen bereits mehrfach beschrieben und aus verschiedenen Blickwinkeln analysiert wurde, lassen sich nach wie vor gänzlich neue Erkenntnisse gewinnen, die unser Verständnis der früheren, aber auch der aktuellen deutschen Unternehmensrealität erweitern. Vor diesem Hintergrund ergänzt dieses Buch die bestehende Literatur um eine neue Perspektive, die die Kerndimensionen Eigentum, Governance und Strategie in den Fokus rückt und erstmalig gesamthaft erfasst. Mit einem Untersuchungszeitraum von 30 Jahren wird entlang dieser Kerndimensionen sowohl die historische Ausgangssituation als auch die graduelle Abkehr von den ursprünglichen Strukturen und der kontinuierliche Aufbau neuer Strukturen detailliert beschrieben. Durch die Kombination von insgesamt 24 Fallstudien und der statistischen Auswertungen einer repräsentativen Stichprobe aus HDAX-Unternehmen (Unternehmen die in DAX, MDAX und TechDAX geführt sind) werden neben den Entwicklungen auf Ebene der Einzelunternehmen auch unternehmensübergreifende Ausprägungen dargestellt.

Die Ergebnisse der Untersuchungen zeigen, dass die historischen Eigentümerstrukturen der deutschen börsennotierten Unternehmen zur Zeit der Deutschland AG maßgeblich von Eigenkapitalbeteiligungen durch inländische Finanzinstitute und Industrieunternehmen geprägt waren. Neben ihrer Rolle als Aktionäre waren die inländischen Finanzinstitute für viele Unternehmen gleichzeitig auch Gläubiger, da Bankdarlehen ihre primäre Finanzierungsquelle waren. Aufgrund der untergeordneten Relevanz der Kapitalmärkte für die Unternehmensfinanzierung und der geringen gesetzlichen Anforderungen an die Publizität, erfuhren Außenstehende nur wenig über die tatsächliche wirtschaftliche Lage eines Unternehmens. Daher nutzten Finanzinstitute Aufsichtsratsmandate, um ihr Kreditrisiko besser abschätzen zu können (und so der Entstehung von Informationsasymmetrien und Prinzipal-Agenten-Problemen vorzubeugen). Gleichzeitig wurden auch zwischen Industrieunternehmen Personalverflechtungen eingegangen, um die Geschäftsbeziehungen zu stärken und eine (mit dem Kartellrecht zu vereinbarende) Koordination zwischen Unternehmen vorzunehmen. Das Corporate-Governance-System war somit ein Insider-System, in dem selbst die Aktionäre aufgrund des von den Banken genutzten Depotstimmrechts in der Regel keinen Einfluss auf das Unternehmen ausüben konnten. Die Unternehmensstrategien waren auf moderates regionales Wachstum und eine starke produktseitige Diversifikation ausgerichtet, bei der es häufiger auch zu einem Vordringen in Produktbereiche mit einem niedrigen Verwandtschaftsgrad zum bestehenden Portfolio kommen konnte.

Bereits zu Beginn der 1990er-Jahre traten jedoch allmählich Wandlungsprozesse auf, die zu einer Abkehr von den etablierten Strukturen führten. Der Zerfall des Ostblocks und der erstmalige Zugang westlicher Unternehmen zu dessen wirtschaftlich unterentwickelten Märkten stellte für die deutschen Unternehmen eine Wachstumsopportunität dar, die es zu nutzen galt, um langfristig wettbewerbsfähig bleiben zu können. In den bestehenden Strukturen war das zur Finanzierung der Expansion zur Verfügung stehende Kapital jedoch stark begrenzt. Zusätzlich verstärkten politische Reformen und die Deregulierung der Kapital- und Gütermärkte den internationalen Wettbewerb und der beschleunigte technologische Fortschritt machte es erstmals möglich, ein global agierendes Unternehmen von überall auf der Welt in Echtzeit zu steuern. In Anbetracht dieses verstärkten globalen Wettbewerbs wandten sich die deutschen Kreditinstitute zunehmend vom Kreditgeschäft und den Eigenkapitalbeteiligungen ab, um sich dem profitableren (und aufgrund der Deregulierung wachsenden) Investment Banking zu widmen. Die Politik förderte die Auflösung der traditionellen Eigenkapitalbeteiligungen, indem sie vormals die prohibitiv hohen Steuersätze auf Veräußerungsgewinne senkte. Damit kam es zur Auflösung der Deutschland AG. Der Rückzug der ehemaligen Ankeraktionäre und der hohe Finanzierungsbedarf der Unternehmen führte in der Folge dazu, dass sich die deutschen börsennotierten Unternehmen stärker auf den Kapitalmarkt ausrichteten.

Nach dem Ende der Deutschland AG und dem Rückzug der traditionellen Eigentümer wurden Investmentgesellschaften und Fonds zu den Aktionären, die über weitverzweigte Eigenkapitalbeteiligungen ein umfassendes Beteiligungsnetz aufbauten, welches das der traditionellen Eigentümer in seiner Ausdehnung sogar noch übertraf.

Das Corporate-Governance-System entwickelte sich derweil zu einem Outsider-System, das den Unternehmen einen Eintritt in den Wettbewerb um das Kapital der Investoren ermöglichte und so der gestiegenen Bedeutung des Kapitalmarkts für die Unternehmensfinanzierung Rechnung trug. Die traditionellen Personalverflechtungen wurden größtenteils aufgelöst, da die Kreditinstitute angesichts der Neuausrichtung ihres Geschäfts und der zunehmenden Verbriefung von Industriekrediten nicht mehr auf Aufsichtsratsmandate angewiesen waren. Die neuen Eigentümer strebten hingegen keine Vertretung in den Kontrollgremien der Unternehmen an, da sie auch ohne entsprechende Mandate zur Kontrolle der Unternehmen in der Lage waren. Dies war einerseits der verbesserten Publizität geschuldet, die die Unternehmen nicht nur aufgrund strengerer gesetzlicher Anforderungen, sondern auch im Eigeninteresse etablierten, um Investoren zu akquirieren. Andererseits hatten sich mit den Stimmrechtsberatern und Engagement-Dienstleistern neue Akteure etabliert, an die institutionelle Investoren die Kontrolle des Unternehmens auslagern konnten. Aktivistische Investoren bildeten darüber hinaus eine zusätzliche Gruppe aus den Reihen der ehemaligen „Outsider", die eine disziplinierende Wirkung auf die Vorstände ausüben konnten. Die stärkere Kapitalmarktorientierung des Gesamtsystems wurde auch in der Vorstandsvergütung verankert, die seit einigen Jahren zu deutlich größeren Anteilen an die Wertentwicklung des Unternehmens gekoppelt ist.

Die Unternehmensstrategien forcierten weiterhin ein starkes Wachstum. Es kam zu einer deutlich beschleunigten internationalen Expansion der börsennotierten Unternehmen, die sich nicht nur auf die erstmals zugänglichen Märkte der ehemaligen Ostblock-Staaten beschränkte, sondern alle Kontinente umfasste. Es galt, in dem durch die Liberalisierung verstärkten globalen Wettbewerb einerseits Skalenvorteile zu nutzen, und andererseits vorteilhafte regionale Marktspezifika in den Beschaffungs- und Absatzmärkten möglichst umfassend zu nutzen. Auch produktseitig wurde weiteres Wachstum forciert. Während die Unternehmen zur Zeit der Deutschland AG noch ihre Geschäftsaktivitäten stark ausdehnten und in zahlreiche Geschäftsfelder vordrangen, die einen niedrigen Verwandtschaftsgrad zu ihrem bestehenden Portfolio hatten, kam es zu einem veränderten Vorgehen bei der Expansion. Ein für Investoren deutlich erkennbarer Corporate Advantage mit operativen und strategischen Verbundvorteilen war neben der erwarteten Profitabilität eines neuen Geschäftsbereichs das entscheidende Kriterium; Expansionen, die lediglich der Risikostreuung oder der konjunkturausgleichenden Quersubventionierung von Geschäftsbereichen dienten, wurden hingegen immer seltener. Die von vielen Unternehmen zur Wertsteigerung ausgerufene Fokussierungsstrategie bedeutete daher in der Nettobetrachtung nicht, dass die Anzahl der Geschäftsfelder gemindert wurde, sondern lediglich klarer gezogene Grenzen, innerhalb derer eine Expansion stattfinden konnte. Somit unterschieden sich die Kerndimensionen Eigentum, Governance und Strategie nach dem Ende der Deutschland AG in jeglicher Hinsicht deutlich von ihren vormaligen Ausprägungen.

Auch künftig werden sich diese Dimensionen kontinuierlich weiterentwickeln. Hinsichtlich der Eigentümerstrukturen ist zu erwarten, dass Investmentgesellschaften und Staats- und öffentliche Pensionsfonds ihre Eigenkapitalbeteiligungen an den deutschen börsennotierten Unternehmen ausbauen, während die sogenannten Family Office erstmals in größerem Umfang als Eigentümer in Erscheinung treten. In Bezug auf die Corporate Governance ist einerseits von steigenden Anforderungen an die Aufsichtsratsarbeit auszugehen; andererseits wird auch eine zunehmende Spezialisierung in der Ausübung von Eigentümerrechten erwartet. Darüber hinaus zeichnet sich hinsichtlich der Unternehmensstrategien eine fortschreitende Fokussierung auf klar abgegrenzte Produktbereiche ab, während sich die Internationalisierung trotz veränderter institutioneller Rahmenbedingungen in den Auslandsmärkten fortsetzen wird.

Die Struktur des Buches folgt einer chronologischen Untersuchung der Entwicklung von Eigentum, Governance und Strategie in deutschen börsennotierten Unternehmen.

Auf die Übersicht der Ursprünge und die Analyse der drei Kerndimensionen zur Zeit der Deutschland AG (Teil II) folgt eine umfassende Betrachtung des Wandels (Teil III), d. h. der Prozesse, die als Katalysator für das Ende der Deutschland AG wirkten und den Aufbruch zu einer neuen Ausrichtung des Gesamtsystems initiierten. Teil IV untersucht die Ausprägung der Kerndimensionen nach Ende der Deutschland AG und hebt durch die Replikation der in Teil II durchgeführten Analysen die konkreten Unterschiede in der neuen Unternehmensrealität hervor. Abschließend werden in Teil V zehn Thesen zur weiteren Entwicklung von Eigentum, Governance und Strategie der börsennotierten Unternehmen in Deutschland formuliert.

Teil II: **Die Deutschland AG**

Historische Ursprünge und Ausprägung von Eigentum,
Governance und Strategie im System der Deutschland AG

„Gewinn ist gut, aber nicht alles. Wie der Mensch nicht lebt, um zu atmen, so betreibt er auch nicht seine wirtschaftliche Tätigkeit, nur um Gewinn zu machen." (Schäfer et al., 1997, S.92)

Hermann Josef Abs
- *1948 – 1952 Vorstandsvorsitzender Kreditanstalt für Wiederaufbau (KfW)*
- *1957 – 1967 Vorstandssprecher Deutsche Bank*
- *1967 – 1976 Ausfsichtsratsvorsitzender Deutsche Bank*

Hermann Josef Abs prägte die deutsche Wirtschaft sowohl durch seine Rolle bei der Deutschen Bank als auch durch seine zeitweise mehr als 30 Aufsichtsratsmandate über mehrere Jahrzehnte entscheidend. Sein Zitat verdeutlicht die zur Zeit der Deutschland AG verbreitete Auffassung, dass die Steigerung von Gewinn und Unternehmenswert nicht die einzigen Ziele eines Unternehmens sein sollten. Auch andere prominente Manager bekräftigten diese Auffassung, wie beispielsweise der ehemalige Chef der Firma Bosch Hans Merkle (der hervorhob, dass der ideale Unternehmer der Volkswirtschaft dienen müsse (Schäfer et al., 1997)) oder der frühere Vorstandsvorsitzende von Daimler Edzard Reuter („Ich habe keine Zeit, mir den ganzen Tag zu überlegen, wie ich den Börsenwert der Aktie sexier mache" (Schäfer et al., 1997, S. 92)). Aus heutiger Sicht mögen diese Stellungnahmen von Unternehmensvertretern überraschend wirken; jedoch nicht, weil die Erkenntnis eines Zielpluralismus überholt wäre, sondern weil eine explizite oder implizite Subordination finanzieller Unternehmensziele (wie im Beispiel Reuters) aufgrund möglicher negativer Reaktionen seitens des Kapitalmarktes zumeist vermieden werden.

Das öffentliche Bekenntnis zum Zielpluralismus und zu nicht finanziellen Unternehmenszielen ist jedoch nur eine von vielen Besonderheiten, die symptomatisch für die Zeit der Deutschland AG waren und deren Ursachen in einem kohärenten System aus Eigentümerstrukturen, Corporate Governance und Unternehmensstrategien der damals führenden börsennotierten Unternehmen begründet sind.

https://doi.org/10.1515/9783110735611-002

2 Eigentum

Zur Zeit der Deutschland AG galten die Eigentümerstrukturen deutscher börsennotierter Unternehmen im internationalen Vergleich als ein besonderes Phänomen (Goergen et al., 2008, S. 37 ff.). Grund dafür war das Ausmaß, in dem inländische Finanzinstitute und Industrieunternehmen als Aktionäre an börsennotierten Unternehmen beteiligt waren. So entstand ein weit verzweigtes Netzwerk aus Eigenkapitalbeteiligungen, das viele Unternehmen miteinander verband. Sowohl im internationalen als auch im intertemporalen Vergleich gibt es kein vergleichbar dichtes Netzwerk unter den börsennotierten Unternehmen eines Landes. Dieser Befund wirft einige Fragen auf:

- Wie ausgeprägt waren die Eigenkapitalbeteiligungen von Finanzinstituten und Industrieunternehmen im Vergleich zu anderen Investoren?
- Was ist der historische Ausgangspunkt für die Eigenkapitalbeteiligungen?
- Was sind die konkreten Motive, die die Finanzinstitute und Industrieunternehmen dazu veranlassten, in diesem Maße in Eigenkapitalbeteiligungen zu investieren?

Diese Fragen werden im Folgenden sowohl durch quantitative Analysen für eine repräsentative Stichprobe deutscher börsennotierter Unternehmen als auch durch eine Aufarbeitung der historischen Ursprünge und einer fallstudienbasierten Auswertung möglicher Formierungsursachen beantwortet.

2.1 Eigentümerstrukturen der Deutschland AG im Überblick

Zur Quantifizierung des Ausmaßes der Eigenkapitalbeteiligungen durch Finanzinstitute und Industrieunternehmen zur Zeit der Deutschland AG bedienen wir uns einer Stichprobe von HDAX-Unternehmen. Der HDAX ist ein Aktienindex, der sich aus den Aktien des DAX, MDAX und TecDAX zusammensetzt und der aufgrund der Anzahl und Diversität der enthaltenen Unternehmen eine repräsentative Stichprobe der deutschen börsennotierten Unternehmen darstellt. Aufgrund der eingeschränkten Verfügbarkeit von umfassenden Eigentümerdaten (die auf limitierte gesetzliche Publizitätsanforderungen an die Unternehmen zurückzuführen ist, die erst nach Einführung des Bundesaufsichtsamts für den Wertpapierhandel, später BaFin, verschärft wurden), werden die Eigentümerstrukturen für die Zeit der Deutschland AG zu zwei Beobachtungszeitpunkten in den Jahren 1990 und 1995 untersucht. Da der HDAX jedoch erst im Jahr 1994 an der Deutschen Börse eingeführt wurde, dient die initiale Zusammensetzung abzüglich der im Jahr 1990 noch nicht börsennotierten Unternehmen als Stichprobe für den ersten Beobachtungszeitpunkt. Zu beiden Zeitpunkten wurden darüber hinaus die HDAX-Unternehmen ausgeschlossen, für die keine Aktionärsdaten verfügbar waren, sodass sich Stichprobengrößen von 80 (1990) und 97 (1995) Unternehmen ergeben (vgl. Anhang 1).

https://doi.org/10.1515/9783110735611-003

Abbildung 1 fasst die Ergebnisse der Aktionärserhebung zusammen. Es wurden alle Aktionäre berücksichtigt, die im „Hoppenstedt Aktienführer" oder in der Datenbank „Refinitiv Eikon" geführt sind und deren Beteiligung am stimmberechtigten Eigenkapitel eines Stichprobenunternehmens zum jeweiligen Beobachtungszeitraum mindestens 2 Prozent betrug. Ebenfalls berücksichtigt wurden darüber hinaus Aktionäre, die Teil einer Beteiligungsgesellschaft waren, die mindestens 2 Prozent am stimmberechtigten Eigenkapital eines Stichprobenunternehmen hielt.

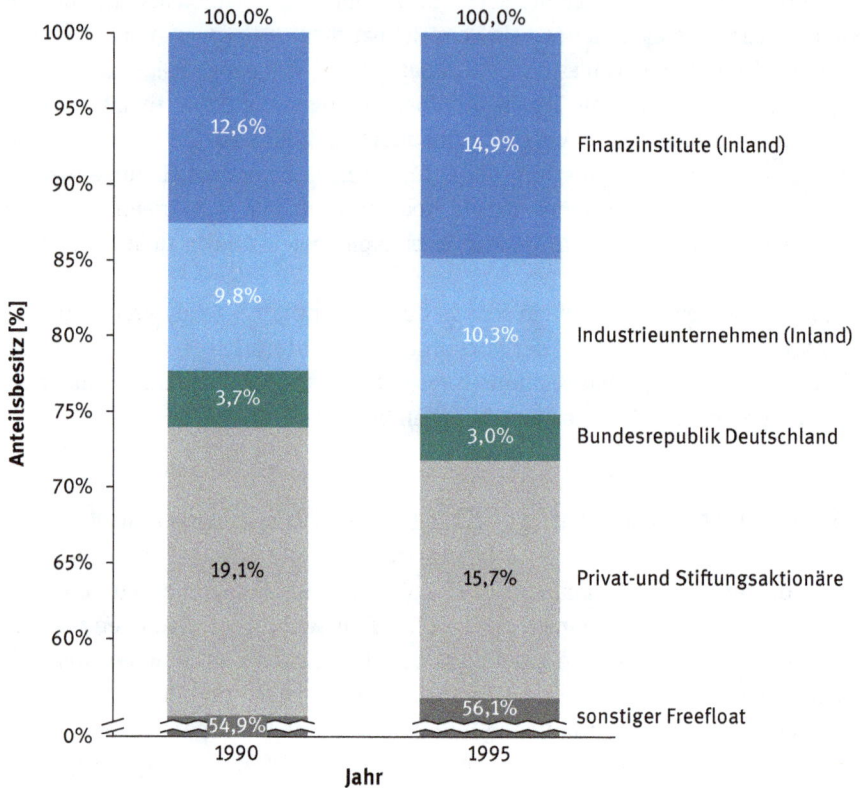

Abbildung 1: Eigentümerstrukturen der Stichprobenunternehmen (1990 und 1995).
N = 80 (1990) und 97 (1995).

Die inländischen Finanzinstitute und Industrieunternehmen hielten sowohl 1990 als auch 1995 mit Anteilen zwischen 9,8 und 14,9 Prozent einen signifikanten Teil des stimmberechtigten Eigenkapitals der Stichprobenunternehmen. (Es ist basierend auf der Datenlage nicht auszuschließen, dass die Anteile der inländischen Finanzinstitute und Industrieunternehmen im Jahr 1990 unvollständig und damit unterrepräsentiert sind, während der sonstige Freefloat in diesem Fall überrepräsentiert wäre.) Im Jahr 1995 überschritten die kombinierten Anteile dieser beiden

Eigentümergruppen sogar die 25 Prozent-Grenze, sodass sie im Durchschnitt in jedem Stichprobenunternehmen bei gleicher Stimmrechtsausübung eine Sperrminorität hätten aufbringen können.

Neben den inländischen Finanzinstituten und Industrieunternehmen waren die Bundesrepublik Deutschland sowie große Privat- und Stiftungsaktionäre zu beiden Beobachtungszeitpunkten in größerem Ausmaß an den Stichprobenunternehmen beteiligt. Dennoch trugen diese Aktionäre im Gegensatz zu den inländischen Finanzinstituten und Industrieunternehmen nicht zu den charakteristischen Kapitalverflechtungen der Deutschland AG bei, da sie nur an wenigen, ausgewählten, Unternehmen Eigenkapitalbeteiligungen hielten, mit denen sie aus historischen Gründen verbunden waren. Für die Bundesrepublik trifft dies insbesondere auf ehemalige Staatsunternehmen zu, deren Aktien zum jeweiligen Beobachtungszeitpunkt noch nicht vollumfänglich veräußert wurden, wie es im Jahr 1990 beispielsweise für die Deutsche Lufthansa oder die IVG Industrieverwaltungsgesellschaft mbH der Fall war. Gleichermaßen wurden Privatstiftungen oftmals durch Firmengründer oder ihre Erben ins Leben gerufen und beschränkten ihren Anteilsbesitz in der Regel auf das Unternehmen, das von einem Familienmitglied aufgebaut oder geführt wurde (Beispiele hierfür sind die Fritz Thyssen Stiftung oder die Else Kröner-Fresenius-Stiftung). Und auch die in der Aktionärserhebung registrierten Beteiligungen durch öffentliche Stiftungen gingen auf spezifische Entwicklungen von Einzelunternehmen zurück, wie es beispielsweise für die „Stiftung zur Förderung der Forschung für die gewerbliche Wirtschaft" (Ende der 1980er-Jahre umbenannt in „Stiftung Industrieforschung") der Fall war, die 1974 aus der Fusion der Deutschen Industriebank mit der Industriekreditbank hervorging und gemäß einer Vorgabe des Gesetzgebers eine starke „Aktionärin der übernehmenden Gesellschaft" sein sollte (Stiftung Industrieforschung, 2020).

Ausländische Finanzinstitute, ausländische Industrieunternehmen sowie Investmentgesellschaften, die auf Ebene der Einzelunternehmen den 2prozentigen Grenzwert für die Betrachtung überschritten, hatten zur Zeit der Deutschland AG auf Ebene der gesamten Stichprobe nur einen geringfügigen Eigenkapitalanteil und wurden zusammen mit allen weiteren privaten und institutionellen Investoren dem sonstigen Freefloat zugerechnet. Trotz der kumuliert hohen Stimmrechtsanteile dieser Kategorie (54,9 und 56,1 Prozent) entfällt somit aufgrund der Vielzahl der enthaltenen Einzelaktionäre jeweils nur ein geringfügiger Bruchteil der Stimmrechte auf die einzelnen Investoren, sodass diese Kategorie keine Relevanz für die systemischen Eigentümerstrukturen und die Kapitalverflechtungen der Deutschland AG aufweist.

Im internationalen Vergleich weicht diese Anteilsverteilung teils deutlich von den Strukturen in zahlreichen anderen Industrienationen ab. Für die USA berichtet beispielsweise die NYSE, dass im Jahr 1990 lediglich ein Anteilbesitz in Höhe von 1,9 Prozent auf Finanzinstitute entfiel (New York Stock Exchange, 2000, S. 34), wobei dieser Anteil gänzlich Versicherungsunternehmen zuzurechnen war, da sich die Banken in der Regel nicht auf eigene Rechnung am Eigenkapital von börsennotierten Unternehmen beteiligten. Auch auf inländische Industrieunternehmen entfiel in den USA mit weniger als 3,2 Prozent ein deutlich geringerer Stimmrechtsanteil als in Deutschland (vgl. New York Stock Exchange, 2000, S. 34). Im Vereinigten Königreich lag der von inländischen Industrieunternehmen gehaltene Aktienanteil im Jahr 1998 mit rund 1,4 Prozent (Office for National Statistics, 2012) ebenfalls auf einem im Vergleich zu Deutschland niedrigen Niveau. Auf inländische Finanzinstitute entfiel jedoch ein Anteil, der mit 22,2 Prozent (Office for National Statistics, 2012) sogar deutlich über dem Wert für Deutschland lag, jedoch ist zu beachten, dass mehr als 97 Prozent dieses Anteils auf Versicherungen und lediglich knapp 3 Prozent auf Banken zurückzuführen war (Office for National Statistics, 2012). Im Gegensatz dazu waren in Deutschland rund 60 Prozent des Anteilsbesitz von inländischen Finanzinstituten auf Banken zurückzuführen (eigene Berechnung). Dies ist ein wichtiger struktureller Unterschied, da die Gruppe der Finanzinstitute im Vereinigten Königreich damit nahezu ausschließlich ihre Interessen als Eigenkapitalgeber vertrat, während der hohe Anteil von Banken in der Gruppe der inländischen Finanzinstitute in Deutschland dazu führte, dass von dieser Gruppe aufgrund der umfassenden Gläubigerbeziehung zu den börsennotierten Unternehmen gleichzeitig auch die Interessen der Fremdkapitalgeber vertreten wurden. Darüber hinaus ist zu beachten, dass die in der Gruppe der Finanzinstitute enthaltenen Banken aufgrund des zum damaligen Zeitpunkt in Deutschland bestehenden Depotstimmrechts zusätzlich zu ihren eigenen Stimmen auch einen Großteil der Stimmrechte ihrer Depotkunden ausübten, sodass die von inländischen Finanzinstituten ausgeübten Stimmrechte deutlich höher lagen, als es die Erhebung nahelegt.

Somit kam den inländischen Finanzinstituten und Industrieunternehmen sowohl im internationalen Vergleich als auch auf nationaler Ebene aufgrund der Höhe ihres kumulierten Anteilsbesitzes und der gleichzeitigen Beteiligung an einer Vielzahl der Stichprobenunternehmen eine Sonderrolle zu. Abbildungen 2 und 3 illustrieren, an welchem Anteil der Stichprobenunternehmen die beiden Investorentypen in den Jahren 1990 und 1995 beteiligt waren. Analog zum Vorgehen bei der Aktionärserhebung wurden alle Aktionäre berücksichtigt, deren Beteiligung am stimmberechtigten Eigenkapital eines Stichprobenunternehmens zum jeweiligen Beobachtungszeitraum mindestens 2 Prozent betrug, oder die Teil einer Beteiligungsgesellschaft waren, die mindestens 2 Prozent am stimmberechtigten Eigenkapital hielt. Jeder Punkt in den Abbildungen repräsentiert ein Stichprobenunternehmen; die Y-Achse gibt an, wie hoch der kumulierte Anteilsbesitz des jeweiligen Investorentyps war (Abbildung 2 für die inländischen Finanzinstitute; Abbildung 3 für die inländischen Industrieunternehmen).

Wie Abbildung 2 zeigt, hatten im Jahr 1990 rund 46 Prozent der untersuchten Unternehmen mindestens ein inländisches Finanzinstitut, das mehr als 2 Prozent der Stimmrechte auf sich vereinigte, unter den eigenen Aktionären. Im Jahr 1995 traf dies auf insgesamt 63 Prozent der Stichprobenunternehmen zu, wobei der gemeinsame Anteilsbesitz der inländischen Finanzinstitute an einzelnen Stichprobenunternehmen

1990

1995

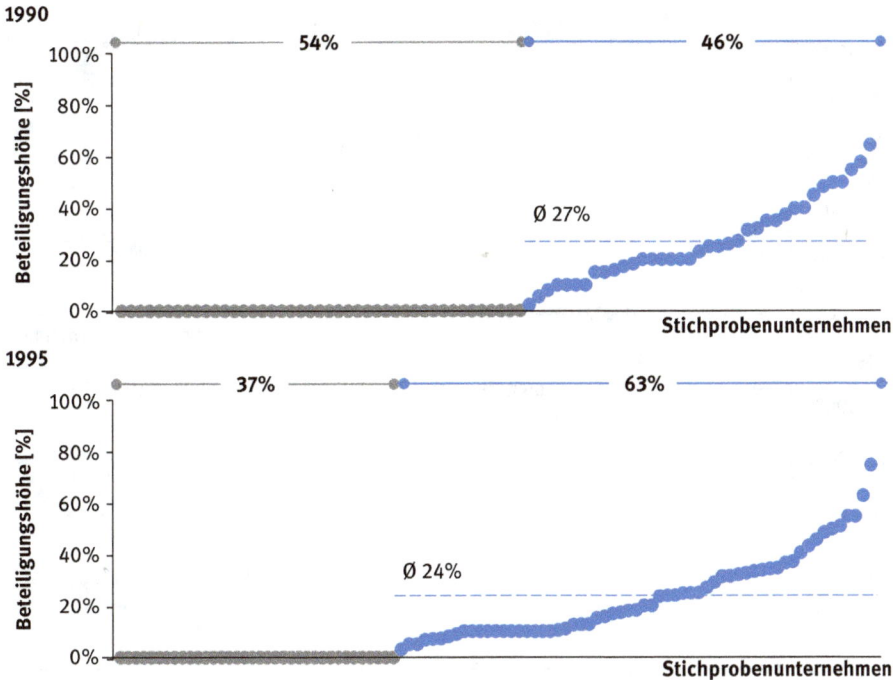

Abbildung 2: Beteiligungshöhe inländischer Finanzinstitute (1990 und 1995).
N = 80 (1990) und 97 (1995).

zwischen 3 und 75 Prozent lag. Darüber hinaus lag die durchschnittliche kumulierte Beteiligungshöhe von Finanzinstituten bei den Stichprobenunternehmen, bei denen eine Beteiligung von mindestens 2 Prozent festgestellt wurde (hervorgehoben durch die blauen Punkte in der Abbildung), bei 27 (1990) bzw. 24 Prozent (1995). Folglich waren die Finanzinstitute bei vielen der betroffenen Unternehmen gemeinsam weder auf andere Aktionäre (wie beispielsweise Industrieunternehmen) noch auf die Ausübung von Stimmrechten aus dem Depotstimmrecht angewiesen, wenn sie eine Sperrminorität erreichen wollten.

Im Vergleich zu den Eigenkapitalbeteiligungen der Finanzinstitute deckten die inländischen Industrieunternehmen zwar nur einen geringeren Anteil der Stichprobenunternehmen durch Eigenkapitalbeteiligungen von mindestens 2 Prozent ab (29 Prozent 1990 bzw. 31 Prozent 1995; vgl. Abbildung 3), an den Stichprobenunternehmen, an denen sie beteiligt waren, hielten sie jedoch im Durchschnitt einen deutlich höheren kumulierten Anteil als die Finanzinstitute (34 Prozent 1990 bzw. 33 Prozent 1995).

Löst man die in Abbildung 2 und 3 vorgenommene Aggregation nach Investorentyp auf und betrachtet die Eigenkapitalbeteiligungen auf Ebene der Einzelunternehmen (sowohl seitens der Investoren als auch seitens der Beteiligungsunternehmen), so wird das Ausmaß der Verflechtung zwischen den Akteuren deutlich (vgl. Abbil-

1990

1995

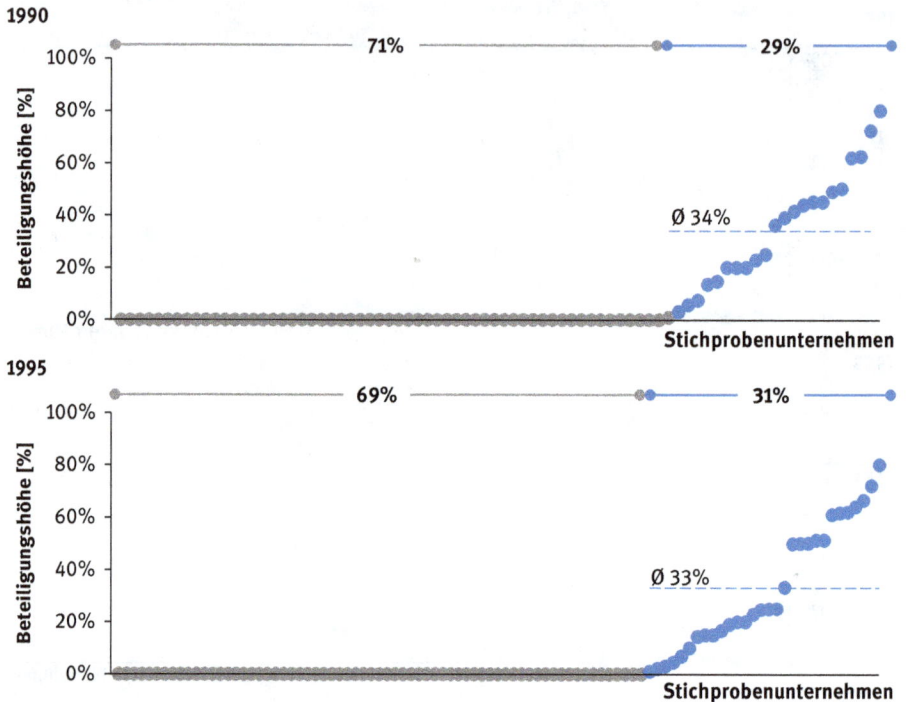

Abbildung 3: Beteiligungshöhe inländischer Industrieunternehmen (1990 und 1995).
N = 80 (1990) und 97 (1995).

dung 4 und 5 jeweils für das Jahr 1995). Der Ursprung der Verbindungspfeile bezeichnet in jeder Paarbeziehung den Investor, während die Pfeilspitze auf das jeweilige Beteiligungsunternehmen hinweist. Die in Abbildung 4 in Rot dargestellten Finanzinstitute nahmen zur Zeit der Deutschland AG eine zentrale Rolle im Netzwerk der Eigenkapitalbeteiligungen ein und hielten im Rahmen der Erhebung 142 Beteiligungen an Stichprobenunternehmen. Da jedoch auch einige der Finanzinstitute selbst aufgrund ihrer HDAX-Zugehörigkeit zu den Stichprobenunternehmen gehören, werden auch zahlreiche Eigenkapitalverflechtungen zwischen Finanzinstituten deutlich, beispielsweise zwischen Allianz und Münchener Rück oder der Deutschen Bank und Allianz. Mit insgesamt 25 Eigenkapitalbeteiligungen im Rahmen der Erhebung hatte die Allianz im Jahr 1995 die meisten Beteiligungen inne, gefolgt von der Dresdner Bank (18) und der Deutschen Bank (16).

Im Vergleich zu den Eigenkapitalbeteiligungen der Finanzinstitute fielen die intra- und intersektoralen Verflechtungen der Industrieunternehmen im Rahmen der Erhebung zwar in ihrem Umfang geringer aus (insgesamt 40 Beteiligungen), dennoch waren auch die Industrieunternehmen in zahlreichen Stichprobenunternehmen als Aktionäre vertreten, sodass ein weitreichendes Netzwerk aus Kapitalbeteiligungen erkennbar wird (vgl. Abbildung 5). Unter diesen Verflechtungen waren mit Metro,

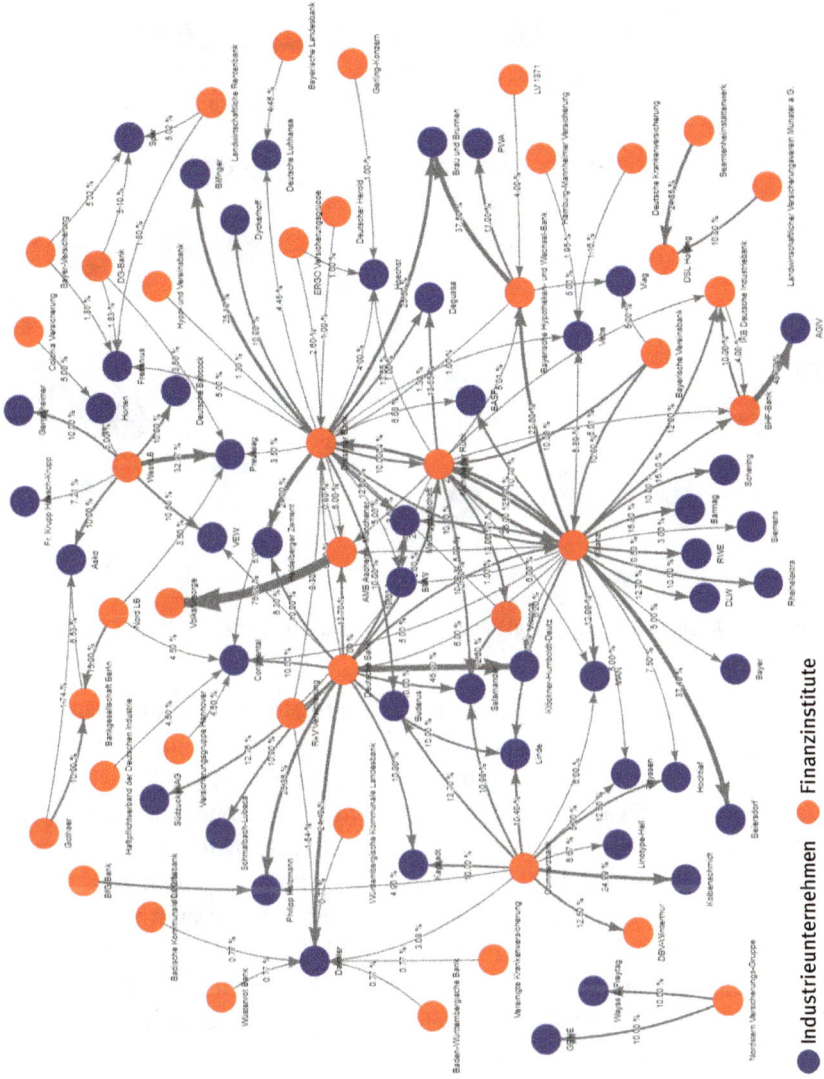

Abbildung 4: Eigenkapitalbeteiligungen inländischer Finanzinstitute (1995).

● Industrieunternehmen   ● Finanzinstitute

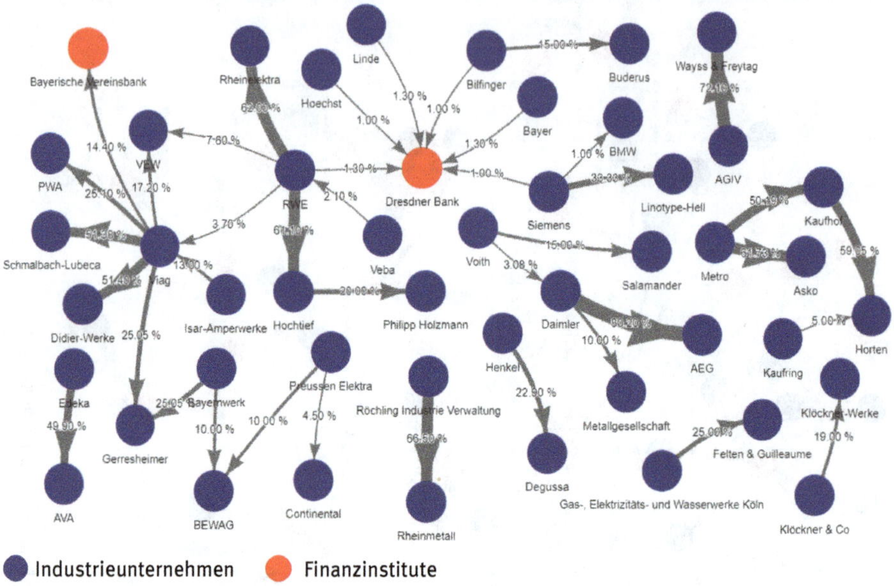

Abbildung 5: Eigenkapitalbeteiligungen inländischer Industrieunternehmen (1995).

Asko, Kaufhof, Horten und Kaufring die führenden deutschen Unternehmen in der Kaufhausbranche über Eigenkapitalbeteiligungen miteinander verbunden. Vergleichbar waren auch einige deutsche Traditionsunternehmen unterschiedlicher Branchen über intersektorale Eigenkapitalbeteiligungen miteinander verbunden, wie beispielsweise RWE und Hochtief oder Daimler und die Metallgesellschaft. Zusätzlich kam es im Rahmen der Erhebung auch zu Beteiligungen von Industrieunternehmen an Finanzinstituten, wie der Fall der Dresdner Bank verdeutlicht, deren Aktien über die Beteiligungsgesellschaft „Frankfurter Gesellschaft für Finanzwerte mbH" auch von einigen Industrieunternehmen gehalten wurden (die abgebildeten Beteiligungen von Bilfinger und Hoechst gehen auf diese Beteiligungsgesellschaft zurück; darüber hinaus waren weitere Industrieunternehmen über die Vermo Vermögensverwaltungsgesellschaft mbH an der Dresdner Bank beteiligt).

Das Ausmaß der Eigenkapitalverflechtungen zur Zeit der Deutschland AG wirft die Frage auf, wie die Finanzinstitute und Industrieunternehmen aus historischer Sicht ihre jeweilige Stellung als (Mit-)Eigentümer anderer inländischer Unternehmen erlangten und welche Motive sie zur Zeit der Deutschland AG dazu bewegten, sich in dem gezeigten Umfang am Eigenkapital anderer Unternehmen zu beteiligen.

2.2 Eigenkapitalbeteiligungen der inländischen Finanzinstitute

2.2.1 Historische Ursprünge: Universalbank-System und Wirtschaftshilfe der Assekuranz

Die zentrale Rolle der Finanzinstitute im engen Netzwerk der Eigenkapitalbeteiligungen wurde in der deutschen Öffentlichkeit stets von einer kontroversen Diskussion um die „Macht der Banken" begleitet (vgl. Engenhardt, 1996). So widmete sich beispielsweise auch „Der Spiegel" im Jahr 1971 ausführlich den „omnipotenten" Banken und bezeichnete sie als „Oberaufseher der gesamten Industrie" („Der Spiegel", 1971, S. 38). Obwohl die Finanzinstitute ihren Anteilsbesitz stets als „gesamtwirtschaftlich nicht bedeutend" (Franz Heinrich Ulrich, Vorstandssprecher der Deutschen Bank; in: „Der Spiegel", 1971, S. 41) einordneten, wiesen Experten, wie der damalige Präsident des Bundesverbandes Investmentvertrieb Deutschland, Walter Koch, darauf hin, dass das „Regiment der Banken" („Der Spiegel", 1971, S. 38) in keinem anderen Land der Welt so tief in die Wirtschaft reiche wie in der Bundesrepublik. Wie konnten die Banken diese Stellung erreichen?

Entscheidend für die zur Zeit der Deutschland AG dominante Rolle der Banken war das sogenannte Universalbank-System, das sich bereits im 19. Jahrhundert in Deutschland etabliert hatte. Im Gegensatz zu Spezialbanken, die nur spezifische Finanzdienstleistungen für ausgewählte Kundengruppen anbieten, bieten die Universalbanken ein umfassendes Leistungsspektrum an, das sich gleichermaßen an Privat- und Geschäftskunden richtet und das Einlagen- und Kreditgeschäft mit dem Wertpapiergeschäft verbindet (Büschgen, 2013, S. 69). Das Wertpapiergeschäft deckt dabei sowohl das Emissions-, Kommissions-, Depot-, und Investmentgeschäft als auch den Wertpapiereigenhandel der Bank ab. Der Ursprung des Universalbanken-Systems liegt in der französischen Bank Société Générale du Crédit Mobilier (Büschgen, 2013, S. 71; Riesser, 1905, S. 37 ff.), die 1852 zur Finanzierung des französischen Eisenbahnbaus gegründet wurde (Kehl, 2013, S. 26; Weber, 1938, S. 9). Mit der Crédit Mobilier folgten die Gründer der Gesinnung des Saint-Simonismus, wonach die zentrale Aufgabe der Banken in der Verwaltung von Kapital nach Maßgabe der allgemeinen Wohlfahrt bestand (Büschgen, 2013, S. 71). Trotz der Vorreiterrolle der Crédit Mobilier scheiterte das Universalbank-System in Frankreich bereits nach kurzer Zeit, da es den sogenannten Crédit-Mobilier-Banken nicht gelang, eine funktionierende Kombination aus Geldmarkt- und Kapitalmarktgeschäft zu etablieren (Ziegler, 2005, S. 281). Sie litten daher „unter dem anhaltenden Problem mit vergleichsweise kurzfristigen Passiva mittel- und langfristig festgelegte Aktiva abzudecken" (Ziegler, 2005, S. 281).

Im Gegensatz dazu war das Universalbank-System in Deutschland sehr erfolgreich, da die Banken bereits vor der formalen Etablierung dieses Systems eine gute Ausgangssituation in den einzelnen Bereichen des Leistungsspektrums innehatten. Bereits zu Beginn der ersten Industrialisierungswelle hatte sich eine enge Beziehung zwischen den Banken und den Industrieunternehmen etabliert, da in Deutschland, im Gegensatz zu anderen Ländern (wie beispielsweise den USA), ein kapitalkräftiges und aktienaffines Bürgertum zur Finanzierung der Industrie fehlte (Büschgen, 2013, S. 71). Dessen Mitglieder, die über ausreichende finanzielle Mittel verfügt hätten, präferierten in der Regel andere Investitionsformen, wie beispielsweise die zu jener Zeit sehr rentablen Staatsanleihen (Riesser, 1912, S. 4–6). Folglich konnten ausschließlich Banken den Finanzierungsbedürfnissen der jungen Industrie gerecht werden.

Des Weiteren profitierten die Banken im Wertpapiergeschäft von der Verwaltungsstruktur der deutschen Börsen, die ihnen eine einflussreiche Stellung sicherte. Zwar standen die Börsen als Körperschaften des öffentlichen Rechts formal unter staatlicher Aufsicht (Pohl, 1992, S. 10), jedoch hatten sie eine autonome Verfassung und wurden durch selbstverwaltende Gremien geleitet (Lütz, 2001, S. 79 ff.), in denen neben den Handelskammern und den Korporationen der Kaufleute die Banken maßgeblich vertreten waren (Lütz, 2001, S. 79 ff.). Somit konnten die Banken die Geschicke der deutschen Börsen beeinflussen und ihre Vertretung in den Gremien dazu nutzen, ihre Interessen durchzusetzen und ihre Tätigkeit als Käufer und Händler von Wertpapieren zu begünstigen (Lütz, 2001, S. 81). Als die Gründung von Kapitalgesellschaften durch Eisenbahn- sowie Bergwerks-, Eisen-, und Stahlunternehmen in den 1840er- und 1850er-Jahren einen ersten Höhepunkt erreichte (Reckendrees, 2013, S. 75; Riesser, 1912, S. 3), nutzten die Banken ihre Stellung zur Abwicklung des Emissionsgeschäfts und beteiligten sich auch am Kapital dieser Unternehmen (Reckendrees, 2013, S. 79). Umgesetzt wurden die Emissionen im Rahmen von Emissionskrediten. Obwohl Emittenten grundsätzlich die Möglichkeit zur Selbstemission von Aktien hatten, war der Emissionskredit durch Banken die bevorzugte Variante, wobei die historische Stellung der Banken an den Aktienmärkten (neben der Sicherheit des Erlöses für den Unternehmer) ein wichtiger Faktor war, der das Vertrauen der Emittenten auf eine Emissionsbank begründete. Dabei übernahmen die Banken die neu zur Ausgabe vorgesehenen Unternehmensanteile und leisteten vorab eine Zahlung an das ausgebende Unternehmen. Angesichts des entstehenden Risikoübertrags auf die Banken aufgrund der vorgeleisteten Schuld betonte Jacob Riesser (1912) ihre Pflicht „im Emissionsgeschäft besondere Vorsicht zu beobachten, um nicht durch eine Überproduktion von Werten oder durch unsolide Emissionen den Markt zu belasten und nicht nur die Abnehmer, sondern auch gleichzeitig ihren eigenen Emissionskredit dauernd und schwer zu schädigen" (S. 8).

Der entscheidende Schritt zur Etablierung des Universalbank-Systems in Deutschland erfolgte im Zuge der Gründungswelle von Aktiengesellschaften, die nach der Abschaffung der Konzessionspflicht durch die Aktienrechtsnovelle von 1870 entstand (Bayer, 2007, S. 721). Die Konzessionspflicht sollte Aktionäre bis dato vor unseriösen Gründungen schützen (Bayer, 2007, S. 714) und erlaubte nur dann die Gründung einer Aktiengesellschaft, wenn ein Gemeinnutzen festgestellt werden konnte (was in der Regel dann der Fall war, wenn eine Industrie noch nicht in einer Region etabliert war, oder der Kapitalbedarf des Unternehmens, wie im Falle der Eisenbahngesellschaften, nicht durch eine Personengesellschaft gedeckt werden konnte). Da die Mittel der bis dato dominanten Privatbanken angesichts der Gründungswelle unzureichend bzw. für eine längerfristige Festlegung ungeeignet waren (Riesser, 1912, S. 4), wurden (zum Teil unter Mitwirkung der Privatbankiers) Aktienbanken gegründet, um dem bestehenden Kapitalbedarf gerecht zu werden (man sprach vom Ende der „Hegemonie der Privatbankiers"; Willners, 1966, S. 42). Auch die bis in die Zeit der Deutschland AG dominanten Aktienbanken wurden im Zuge dieser Entwicklung gegründet: die Deutschen Bank (1870, noch kurz vor Aufhebung der Konzessionspflicht), die Commerz- und Discontobank (1870), und die Dresdner Bank (1872) (Reckendrees, 2013, S. 59).

Nachdem sich die Aktienbanken zunächst der Finanzierung der Industrie und des Außenhandels gewidmet hatten, nahmen sie rasch Bankgeschäfte aller Art auf (Sattler, 2020, S. 1) und wurden so zu den bedeutendsten deutschen Universalbanken. Obwohl ihre Strukturen und ihr Anteilsbesitz in der Zeit von ihrer Gründung bis zum Aufstieg der Deutschland AG oftmals gravierend durch äußere Einflüsse verändert wurden, behielten sie ihre zentrale Rolle in der Finanzierung der deutschen Industrie stets inne. Beispielsweise war es in der Bankenkrise von 1931 zu Zwangsfusionen und Teilverstaatlichungen (Bähr & Rudolph, 2011, S. 99 f.) gekommen oder nach dem Zweiten Weltkrieg zu einer Zerschlagung der Großbanken (Gall, 1995, S. 473–495) und nicht durchsetzbaren Eigentumsverhältnissen (vgl. Stehle et al., 1999, S. 14). Folglich galt noch bis zum Ende der Deutschland AG, dass die Aktienbanken die deutschen Industrieunternehmen „von der Wiege bis zur Bahre" (Höpner & Krempel, 2004, S. 342) begleiteten.

Neben den Aktienbanken, die eine Untergruppe der Privatbanken darstellen, wird das deutsche Bankensystem durch die öffentlich-rechtlichen Banken und die Genossenschaftsbanken komplettiert (vgl. Haas, 1994, S. 31). Obwohl das deutsche Kreditwesengesetz (KWG) den Instituten grundsätzlich den Beteiligungserwerb an Nichtbanken erlaubt, beschränken institutsspezifische Satzungen (im Falle der Genossenschaftsbanken) und das Sparkassengesetz (im Falle einer Untergruppe der öffentlich-rechtlichen Banken) das Wertpapiergeschäft vieler Häuser (Haas, 1994, S. 24). Daher konnten sich primär die oben genannten Aktienbanken sowie einige öffentlich-rechtliche Institute zur Zeit der Deutschland AG in großem Umfang am Eigenkapital von Industrieunternehmen beteiligen. Der Befund, dass der Einfluss der Banken in keinem anderen Land der Welt so tief in die Wirtschaft reichte wie in Deutschland, ist jedoch auch der Tatsache geschuldet, dass sich das Universalbank-System in vielen Ländern entweder nicht durchsetzen konnte (wie in Frankreich) oder sich aufgrund der vorherrschenden Gesellschafts- und Wirtschaftsordnung originär ein anderes Bankensystem entwickelte. Letzteres kann am Beispiel der Vereinigten Staaten verdeutlicht werden, wo die Banken aus historischer Sicht basierend auf ihrem meist bundesstaatlich begrenzten Betätigungsgebiet keine ausreichenden finanziellen Mittel zur Deckung des Finanzierungsbedarf der Unternehmen zur Verfügung stellen konnten (Reckendrees, 2013, S. 70). Hinzu kommt, dass die frühen US-amerikanischen Unternehmensgründer, anders als ihre europäischen Pendants, keiner bis ins Spätmittelalter zurückliegenden gewerblichen Tradition folgten (Reckendrees, 2013, S. 69), sondern eher die Rolle eines Investors einnahmen, der in der Regel „über Grundbesitz und erhebliche finanzielle Mittel" (Reckendrees, 2013, S. 70) verfügte. Daher wurde bereits in der frühen wirtschaftlichen Entwicklung der USA primär der Aktienmarkt genutzt, um zusammen mit anderen privaten Investoren den Kapitalbedarf der Unternehmen zu bedienen. Da sich die Gründer bereits zu dieser Zeit auf die Rolle des Investors zurückzogen und handwerkliche sowie kaufmännische Experten zur Leitung des Unternehmens anwarben, bestand auch die Trennung von Eigentum und Management der frühen US-amerikanischen Aktiengesellschaften schon ab ihrer Gründung (Reckendrees, 2013, S. 71). Aufgrund der fehlenden Relevanz der Banken in der frühen Unternehmensfinanzierung entwickelte sich in den USA ein Trennbankensystem, das es dem Kreditgewerbe auch vor dem Hintergrund des Einlegerschutzes anhand des National Banking Act (1864) und des Glass-Steagall Act (1939) untersagte, Anteile an Nichtbanken auf eigene Rechnung zu erwerben (Baums, 1992, S. 30; Haas, 1994, S. 23). Eine vergleichbare Situation besteht im Übrigen in England, wo es den Deposit Banks nicht erlaubt ist, Aktienhandel auf eigene Rechnung an der Börse abzuwickeln (Willners, 1966, S. 96).

Abschließend ist festzuhalten, dass das Universalbank-System die wesentliche Grundlage für die engen Beziehungen zwischen Banken und Industrieunternehmen schaffte, die zur Positionierung der Banken innerhalb der Deutschland AG führten. Mittels Eigen- und Fremdkapitalgeschäft wurden die Universalbanken sowohl zum Financier der Deutschen Wirtschaft als auch zum tragenden Element der Börse (Willners, 1966, S. 96). Darüber hinaus galten die zinsgünstigen Kreditkonditionen für deutsche Unternehmen, die eine Folge der Verflechtungen waren, bis in die 1990er-Jahre im angloamerikanischen Raum als gewichtiger Wettbewerbsvorteil für sie (Beyer, 2003, S. 124; Porter, 1992, S. 69 ff.).

Während sich die deutschen Banken aufgrund ihrer Verflechtung mit der deutschen Industrie in den meisten Fällen bereits seit ihrer Gründung, vor allem aber zur Zeit der Deutschland AG, mit der Debatte um die „Macht der Banken" (Haas, 1994, S. 16 f.; Münchow, 1995, S. 15; Passarge, 2010, S. 27; Sattler, 2013, S. 221) konfrontiert sahen, stand die Versicherungsbranche, der zweite Arm der deutschen Finanzinstitutionen, trotz einer de facto ähnlichen Ausdehnung (vgl. Beyer, 2003, S. 133 ff.) weitaus weniger im öffentlichen Fokus. Zwei Ursachen sind für die in der öffentlichen Wahrnehmung untergeordnete Rolle der Assekuranz entscheidend: Einerseits ist sie historisch nicht mit Industrieunternehmen verflochten, da die Beteiligungen der deutschen Versicherungen primär ein Phänomen der Nachkriegszeit waren (Beyer, 2003, S. 138). Zwar traten beispielsweise bei der Gründung der Allianz 1890 das Bankhaus Merck, Finck & Co., die Deutsche Bank, die Dresdner Bank und die Bayerische Vereinsbank als Hauptaktionäre auf, allerdings gab es in dieser Phase keine relevanten Verflechtungen die über den Kreis der Finanzunternehmen hinausreichten (Beyer, 2003, S. 134). Andererseits wurden die Eigenkapitalbeteiligungen der Versicherungen in der Nachkriegszeit zunächst auch durch ein staatliches Anreizsystem, das der Kapitalversorgung der finanzschwachen Grundstoffindustrie dienen sollte, befördert, sodass den Investitionen ein dem Gemeinwohl dienlicher Effekt zurechenbar war. Neben der Allianz war die Münchener Rückversicherungs-Gesellschaft (kurz Münchener Rück) die zweite wichtige Größe der Assekuranz im Netzwerk der Deutschland AG. Sie konnte sich aufgrund der lange gehaltenen Beteiligungen an der Allianz (25 Prozent), der Deutschen Bank (rund 2 Prozent), der Dresdner Bank (rund 2 Prozent) und der HypoVereinsbank (6,5 Prozent) im eng vernetzten Kern der Deutschland AG positionieren (Pfeiffer, 2000).

Die Eigenkapitalbeteiligungen der inländischen Finanzinstitute zur Zeit der Deutschland AG folgten also insbesondere im Falle der Banken einer bis in das 19. Jahrhundert zurückreichenden Tradition, die, wie die eingangs beschriebene Aktionärserhebung verdeutlicht, bis in die 1990er-Jahre fortgeschrieben wurde. Angesichts dieser viele Jahrzehnte andauernden Kontinuität stellt sich die Frage, welche Beweggründe die Finanzinstitute dazu veranlassten, ihre Eigenkapitalbeteiligungen fortzuführen und auszuweiten.

2.2.2 Geschäftsmodelle der Finanzinstitute

Zur Zeit der Deutschland AG nutzen Finanzinstitute verschiedene Geschäftsmodelle, die häufig in unterschiedlicher Weise die Aufnahme von Eigenkapitalbeteiligungen an börsennotierten Unternehmen involvierten (vgl. Tabelle 1). Neben dem Aktienhandel auf eigene Rechnung, dem Emissionsgeschäft und der Gewährung von Fremdkapital und Sanierungshilfe ist dabei auch die Nutzung institutioneller Anreize ein wiederkehrendes indirektes Geschäftsmodell. Die verschiedenen Geschäftsmodelle werden im Folgenden theoretisch erläutert und durch Fallstudien aus der Deutschland AG konkretisiert.

2.2.2.1 Aktienhandel auf eigene Rechnung

Der Aktienhandel auf eigene Rechnung wurde zur Zeit der Deutschland AG von Banken und Versicherungen in großem Umfang betrieben (vgl. Münchow, 1995, S. 142). Neben dem Ziel der spekulationsbasierten Ertragsgenerierung wurde mit dem Aktienhandel auch das Ziel verfolgt, langfristig Vermögen anzulegen und Risiken zu diversifizieren. Unter Berücksichtigung der Größe und der Bilanzsummen der in den Aktienhandel involvierten Finanzinstitute ist es dazu sinnvoll, einen größeren Anteil am Nominalkapital des jeweiligen Zielunternehmens zu erwerben. Grund dafür sind neben geringeren Informationskosten (aufgrund eines verbesserten Zuganges zum Management, ggf. auch durch Aufsichtsratsmandate) auch Steuervorteile durch das Schachtelprivileg sowie ein eventuell zu erzielender Paketzuschlag (Premium für die Machtposition, die dem Käufer in Abhängigkeit der Größe des Pakets zukommt) im Verkaufsfall (Willners, 1966, S. 198 ff.). Der Erwerb einer größeren Kapitalbeteiligung

Tabelle 1: Beteiligungsbasierte Geschäftsmodelle der Finanzinstitute im Kontext der Deutschland AG.

Beteiligungsbasierte Geschäftsmodelle der Finanzinstitute im Kontext der Deutschland AG

Geschäftsmodell	Aktienhandel auf eigene Rechnung	Emissionsgeschäft	Fremdkapital & Sanierungshilfe	Institutionelle Anreize
Involvierte Finanzinstitute	Banken, Versicherungen	Banken	Banken, Versicherungen	Banken, Versicherungen
Motive	– spekulationsbasierte Ertragserzielung – Kurspflege zur Werterhaltung des Aktienbestands – langfristige Vermögensanlage und Risikodiversifizierung	– Verpflichtung aufgrund mangelnder Nachfrage bei Aktienemission – Kurspflege nach einer Platzierung oder Börseneinführung – langfristige Vermögensanlage und Risikodiversifizierung	– Transparenzgewinn für die Fremdkapitalvergabe – Ablösung notleidender Kredite – Vermeidung von Reputationsverlust durch unterlassene Hilfeleistung im Sanierungsfall	– Ertragssteigerung durch Steuervorteile – Vermeidung von politischem Schaden und Reputationsverlust – Vermeidung von politischen Sanktionen
Fallstudien	– Preussag (ab 1972) – Thyssen (ab 1976) – Flick (ab 1985)	– VEBA (1965) – Continental (1987)	– AEG (ab 1979) – Klöckner & Co. (1988) – Hapag-Lloyd (ab 1982)	– Holzmann (ab 1999) – Daimler-Benz (ab 1975)

Quellen: Haas, 1994, S. 26 f.; Immenga, 1978, S. 61 f.; Münchow, 1995, S. 141 ff.; Seger, 1997, S. 82; Willners, 1966, S. 37 ff.

durch ein Finanzinstitut erfolgte entweder durch sukzessive Zukäufe am Markt unter „Vermeidung einer stimulierenden Kursbeeinflussung" (Willners, 1966, S. 198), oder indem ein Aktienpaket durch einen direkten Kauf vom Vorbesitzer übernommen wurde. Im Verkaufsfalle war für die Finanzinstitute eine En-bloc-Veräußerung abseits des Börsenhandels vorteilhaft, da der zwischen Käufer und Verkäufer frei ausgehandelte Paketzuschlag ein hohes Ertragspotenzial bot (Willners, 1966, S. 198 ff.), der im Verkauf über die Börse nicht zu realisieren war. Zusätzlich hatte der börsliche Verkauf einer großen Position das Risiko fallender Kurse, sodass oftmals nur ein sukzessiver Verkauf über einen langen Zeithorizont möglich war.

Die Fallstudie der Eigenkapitalbeteiligung der WestLB an Preussag (heute TUI) ist ein Beispiel für ein Beteiligungsverhältnis, das sich selbst nach dem Maßstab der Deutschland AG über einen sehr langen Zeitraum von mehreren Jahrzehnten erstreckte. Die Bank verfolgte dabei mit dem Aktienkauf nicht das Ziel eines kurzfristigen Handelsgewinns, sondern wollte über eine positive Wertentwicklung und kontinuierliche Dividenden einen Ertrag erwirtschaften. Wie die Fallstudie verdeutlicht, nahm die Bank dabei auch einen starken Einfluss auf die unternehmerischen Entscheidungen von Preussag.

Fallstudie Preussag, ab 1972

Nach der Privatisierung in den 1950er-Jahren fand der Bergwerks- und Hüttenkonzern Preussag durch die 25prozentige Eigenkapitalbeteiligung der WestLB einen neuen Großaktionär. Der Anteilsankauf war für den zu dieser Zeit verantwortlichen Vorstandsvorsitzenden der Bank, Ludwig Poullain, ein erster Schritt, um das eigene Institut zu einer Universalbank nach dem Vorbild der großen Aktienbanken zu entwickeln („Der Spiegel", 1978). Ab 1972 übernahm Poullain den Aufsichtsratsvorsitz bei Preussag und steigerte den von der WestLB gehaltenen Stimmrechtsanteil bis 1977 auf 44 Prozent („Der Spiegel", 1977a).

Einer seiner Nachfolger bei der WestLB, Friedel Neuber (Vorstandsvorsitzender von 1981–2001), der ebenfalls den Preussag-Aufsichtsratsvorsitz übernahm, verfolgte das Ziel, die Wertentwicklung der Preussag-Beteiligung über eine Umstrukturierung des Unternehmensportfolios voranzutreiben. Im Zuge dessen erwarb Preussag bis zum Ende der 1990er-Jahre unter anderem Beteiligungen an der englischen Reisebürokette Cook (Eglau, 1997) und Hapag-Lloyd („Der Tagesspiegel", 1998). Als das Unternehmen mit dem Einstieg beim Reiseveranstalter TUI seine Neuausrichtung auf den Tourismusbereich weiter stärken wollte, forderten die Kartellbehörden von der WestLB eine Veräußerung ihrer Beteiligungen an der Charterfluglinie LTU, um so eine wettbewerbshemmende Konstellation zu vermeiden. Nachdem die WestLB dem nachgekommen war und die Transaktion abgeschlossen werden konnte, ging Preussag bis zum Jahr 2002 schließlich gänzlich in TUI auf („Frankfurter Allgemeine Zeitung", 2008).

Nach knapp 40 Jahren trennte sich die WestLB 2004 schließlich von der Eigenkapitalbeteiligung am Unternehmen. Im Verkaufsprozess veräußerte sie ihr gesamtes verbliebenes Aktienpaket in Höhe von 31,3 Prozent in zwei Tranchen an die Deutsche Bank (Sturbeck et al., 2004). Diese wiederum verkaufte kurz darauf 17,3 Prozent an eine Investorengruppe rund um die spanische Hotelgruppe Riu, und die restlichen 14 Prozent an institutionelle Investoren aus Europa und den Vereinigten Staaten (Sturbeck et al., 2004). So konnte sowohl die WestLB als auch die Deutsche Bank einen Ertrag aus dem Handel mit TUI/Preussag-Anteilen erwirtschaften, wobei die Institute jedoch unterschiedliche Strategien und Halteperioden nutzten.

Das Fallbeispiel der Preussag verdeutlicht durch die Beteiligung der WestLB und der Deutschen Bank, wie vielfältig die Strategien der Finanzinstitute im Aktienhandel auf eigene Rechnung waren und wie unterschiedlich sich dabei die Beteiligungsverhältnisse gestalteten. Beide Institute verbindet jedoch, dass die Aufnahme ihrer jeweiligen Eigenkapitalbeteiligungen durch ein konkretes Ereignis ausgelöst wurde, das im Falle der WestLB aus dem Privatisierungsprozess von Preussag und im Falle der Deutschen Bank aus den Verkaufsbemühungen der WestLB bestand. Wie die folgende Fallstudie der Eigenkapitalbeteiligung der Allianz am Thyssen-Konzern stellvertretend für zahlreiche weitere Beteiligungen durch die deutschen Versicherungsgesellschaften zu dieser Zeit zeigt, ging auch den Beteiligungen der Assekuranz in der Regel ein konkretes auslösendes Ereignis voraus.

Fallstudie Thyssen, ab 1976

Als der Thyssen-Konzern 1976 im Rahmen der von CEO Dieter Spethmann geplanten „strukturellen Vorwärtsstrategie" einen erhöhten Finanzbedarf hatte und daher eine Kapitalerhöhung plante, sicherte sich die Allianz Versicherung einen 15prozentigen Anteil an der Thyssen Beteiligungsverwaltung GmbH, in der die Thyssen-Erben ihre Aktien am Konzern gebündelt hatten (Spies, 1976). Für sie hatte der Einstieg der Allianz den Vorteil, dass die Beteiligungsverwaltung die Steuerprivilegien der Schachtelbeteiligung aufrechterhalten konnte, da durch den Zukauf der Allianz der Anteil der Beteiligungsverwaltung auch nach der Kapitalerhöhung über 25 Prozent verblieb. Die Allianz sicherte sich darüber hinaus zusätzlich die Möglichkeit, ihren Anteilsbesitz im Rahmen von künftigen Kapitalerhöhungen weiter auszuweiten. Seitens der Versicherung freute man sich über die Möglichkeit, sich in diesem Umfang am Eigenkapital des Thyssen-Konzerns beteiligen zu können und Allianz-Finanzchef Klaus Götte lobte die gelungene Transaktion als eine gute und „klassische Vermögensanlage" (Spies, 1976). Die Anteile verblieben bis in die frühen 2000er-Jahre im Besitz des Versicherungskonzerns, bevor sie in mehreren Tranchen veräußert wurden.

Neben den bisher beschriebenen Fällen war die Komplettübernahme des Düsseldorfer Flick-Konzerns durch die Deutsche Bank in den 1980er-Jahren die größte Transaktion, die einem Finanzinstitut zur Zeit der Deutschland AG im Rahmen des Aktienhandels auf eigene Rechnung zuzurechnen ist. Zusätzlich verdeutlicht die Fallstudie, dass nicht nur Unternehmen als Gläubiger von einer engen Hausbank-Beziehung profitierten, sondern dass diese Beziehung auch für die Banken Ausgangspunkt ertragsreicher Folgegeschäfte sein konnte.

Fallstudie Flick, ab 1985

Der Flick-Konzern, der offiziell unter dem Namen Friedrich Flick Industrieverwaltung KGaA firmierte, war die größte deutsche Unternehmensgruppe in Familienbesitz („Frankfurter Allgemeine Zeitung", 2006). Im Jahr 1984 beschäftigte der Konzern weltweit rund 43.000 Mitarbeiter und erwirtschaftete einen Umsatz von 22 Milliarden Mark („Frankfurter Allgemeine Zeitung", 2006).

Im Jahr 1985 entschied sich Friedrich Karl Flick, nachdem er seit dem Tod des Vaters Friedrich Flick 1972 und der Barabfindung anderer Familienmitglieder alleiniger Eigentümer war, den geerbten Konzern abzustoßen („Frankfurter Allgemeine Zeitung", 2006). Als Käufer bot sich die Deutsche Bank an, die den Konzern schließlich Ende 1985 für knapp 5,4 Milliarden Mark übernahm.

Abgewickelt wurde der Kauf über eine Tochter der Deutschen Bank, der Alma Beteiligungsgesellschaft, um etwaige Komplikationen mit der Bankenaufsicht zu vermeiden (Gall, 1995, S. 659).

In der Folge verkaufte die Deutsche Bank, ebenfalls durch das Vehikel Alma, zunächst die drei hochbewerteten Beteiligungen an Daimler-Benz, Gerling und an der US-Chemiefirma Grace für 5,4 Milliarden Mark (Eglau & Hoffmann, 1987). Im Jahr 1986 platzierte die Deutsche Bank die aus dem Flick-Konzern verbliebenen Aktivitäten (einschließlich der Buderus Gesellschaft) unter dem neuen Firmennamen Feldmühle-Nobel AG an der Börse und erzielte damit einen Erlös in Höhe von rund 1,95 Milliarden Mark (Eglau & Hoffmann, 1987).

2.2.2.2 Emissionsgeschäft

Neben dem Aktienhandel auf eigene Rechnung konnten Eigenkapitalbeteiligungen für Banken auch aus einem ordentlichen Emissionsgeschäft, d. h. einer erstmaligen Platzierung von Eigentumsanteilen, oder aus einer Kapitalerhöhung bei einer Aktiengesellschaft hervorgehen. Ausgangspunkt für diese Art der Eigenkapitalbeteiligung der Banken war das Emissionsvorhaben eines Unternehmens, das sich bei der Umsetzung dieses Vorhabens in der Regel auf die Dienste seiner angestammten Hausbank verlies.

Aus Bankensicht war die Abwicklung eines Emissionsgeschäft aus mehreren Gründen attraktiv. Einerseits nutzten Industrieunternehmen eine Emission häufig, um die von ihnen in Anspruch genommenen Vorfinanzierungskredite zu konsolidieren, die sie zur Tätigung langfristiger Investitionen aufgenommen hatten. Da diese Kredite eine sehr lange Laufzeit hatten, war es vorteilhaft für die Banken, wenn die Erlöse aus einer Aktienemission zur vorzeitigen Rückzahlung der Kredite genutzt wurden, da so das Kreditausfallrisiko sank (Willners, 1966, S. 44). Andererseits erhielt die Bank für ihre Dienste bei der Emission eine Vergütung, deren Höhe sich nach dem Umfang der erbrachten Dienstleistung richtete. Übernahmen die Banken beispielsweise nur die Absatzorganisation und die technische Abwicklung der Transaktion, so erhielten sie ein geringeres Entgelt, als wenn sie darüber hinaus auch das Risiko der Nichtunterbringung und die Verpflichtung zur Kurspflege übernahmen (Willners, 1966, S. 44). Die Aussicht auf diese Risikoprämie hatte zur Folge, dass sich Banken im Falle einer zuversichtlichen Einschätzung des Marktinteresses an den Aktien der emittierenden Gesellschaft meist für die Übernahme des Absatzrisikos entschieden (Willners, 1966, S. 40) und die feste Zeichnung des gesamten Emissionsvolumens einer Aktienausgabe übernahmen (Münchow, 1995, S. 142). Unter korrekter Einschätzung des Marktinteresses erbrachte die Bank bei der Emission folglich eine Dienstleistung, die keine längere Eigenkapitalbeteiligung erforderte.

Trotzdem konnten im Zuge der Emission drei Szenarien eintreten, die zu einer Eigenkapitalbeteiligung der Bank führten.

–   Sie konnte sich erstens aufgrund von positiven Ertragsaussichten und mit dem Ziel der langfristigen Vermögensanlage und Risikodiversifizierung aktiv für die

Übernahme einer Eigenkapitalbeteiligung entscheiden, solange dies mit den vertraglichen Regelungen zwischen Bank und emittierender Gesellschaft vereinbar war.

– Zweitens bestand die Möglichkeit, dass die Bank die Marktnachfrage falsch eingeschätzt hatte, und durch die vertraglichen Regelungen mit dem Emittenten (und im Falle eines Emissionskonsortium mit weiteren Banken) zu einer Übernahme der Emissionsreste gezwungen war (Willners, 1966, S. 61). So entstand für die Bank „ein kalkulierbarer, aber nicht gezielt angestrebter Anteilsbesitz" (Münchow, 1995, S. 142).

– Drittens konnte sich bedingt durch die Verpflichtung zur Kurspflege auch im Falle einer initial erfolgreichen Platzierung der Anteile eine Beteiligungspflicht für die Banken ergeben. So konnte es insbesondere „während einer Übergangszeit, in der sich noch kein breiter, Angebot und Nachfrage des Publikums ausgleichender Markt für die neuen Papiere herausgebildet [hatte]" (Willners, 1966, S. 61) erforderlich sein, dass die Bank eine Vielzahl der von den Zeichnern auf dem Markt angebotenen Aktien übernehmen musste, um starke Kursrückgänge zu vermeiden (Willners, 1966, S. 61).

Der Fall der Kapitalerhöhung des Reifenherstellers Continental aus dem Jahr 1987 illustriert den Sachverhalt, bei dem das mit der Transaktion betraute Bankenkonsortium das Marktverhalten falsch einschätzte und die Aktien des Emittenten in den Eigenbestand aufnehmen musste. Wie sich zeigt, konnte ein ausbleibendes Marktinteresse nicht nur auf die Entwicklung des emittierenden Unternehmens, sondern auch auf die des Gesamtmarktes zurückzuführen sein.

Fallstudie Continental, 1987

Der deutsche Automobilzulieferer Continental beabsichtigte Ende der 1980er-Jahre sein internationales Geschäft zu stärken und akquirierte den US-amerikanischen Reifenhersteller General Tire Inc. (Continental AG, 1988, S. 5). Mit der Transaktion gelang dem Konzern der Aufstieg in den kleinen Kreis der weltweit operierenden Reifenhersteller sowie die Diversifikation des Deutschland-Geschäfts, das durch einen hohen DM-Kurs und hohe Kosten belastet war (Continental AG, 1988, S. 5).

Die Finanzierung der Transaktion, die durch eine Platzierung von Optionsanleihen und zwei Kapitalerhöhungen realisiert werden sollte, wurde unmittelbar vor den Kurseinbrüchen an den internationalen Börsen im Oktober 1987 initiiert (Continental AG, 1988, S. 10). Während bei der ersten Kapitalerhöhung, die sich insbesondere an internationale Investoren richtete, 1,2 Millionen neue Aktien zum Preis von 320 DM emittiert werden konnten, war die zweite Kapitalerhöhung aufgrund des Abwärtstrends an den internationalen Börsen nicht erfolgreich (Continental AG, 1988, S. 10). Da der Börsenkurs zu diesem Zeitpunkt mit rund 230 DM deutlich unter dem Emissionskurs von 300 DM lag, mussten die Konsortialbanken den Großteil des abermals 1,2 Millionen Stück umfassenden Aktienpakets in ihren Eigenbestand übernehmen (Continental AG, 1988, S. 10).

Abschließend illustriert die Emission von VEBA-„Volksaktien", wie Eigenkapitalbeteiligungen der Banken basierend auf vorab- oder, wie im Falle der VEBA, nachträglich getroffenen Vereinbarungen zur Kurspflege eingesetzt wurden. Im vorliegenden Fall ermöglichte die Vertragsgestaltung dem ausführenden Bankenkonsortium durch den Auftrag zur Kurspflege die Generierung weiterer Erträge. Es konnte jedoch auch zu Situationen kommen, in denen die beteiligten Banken keine Vergütung für diese Dienstleistung erhielten und so unter Umständen keine Gewinne aus einem Emissionsgeschäft realisieren konnten.

Fallstudie VEBA, 1965

Im Jahr 1965 trieb die Bundesrepublik die Privatisierung ehemaliger Staatsunternehmen voran und beauftragte ein deutsches Bankenkonsortium mit einer Aktienemission im Rahmen der Teilprivatisierung der VEBA AG (Vereinigte Elektrizitäts- und Bergwerks AG). Die Transaktion sollte dem Beispiel der vorangegangenen Privatisierungen von Preussag und Volkswagen folgen und mittels sogenannter „Volksaktien" durchgeführt werden („Der Spiegel", 1966b; Rudolph, 1993, S. 41). Das Konstrukt der Volksaktien sah dabei vor, den Beteiligungsbesitz der Bürger gezielt durch strenge einkommensbasierte Zuteilungskriterien zu stärken.

Allerdings konnte die Teilprivatisierung der VEBA nicht an die erfolgreiche Emission des Volkswagen-Konzerns heranreichen (Rudolph, 1993, S. 41) und der Kurs geriet angesichts der ohnehin vorherrschenden Börsenbaisse kurz nach der Emission in einen starken Abwärtstrend („Der Spiegel", 1966a). Um einen massiven Kurssturz zu vermeiden, entschied sich der Bund, einen Teil des initialen Privatisierungsgewinns zur Kurspflege zu reinvestieren („Der Spiegel", 1966a). Darüber hinaus wurde das mit der Emission betraute Bankenkonsortium unter Vereinbarung eines fixen Zinssatzes beauftragt, ebenfalls Aktien zur Kurspflege anzukaufen („Der Spiegel", 1966a).

Im Falle der VEBA-Teilprivatisierung konnten die beteiligten Banken durch den nachträglichen Auftrag zur Kurspflege zu vorteilhaften Konditionen auch nach der ursprünglich erfolgreichen Platzierung der Aktien weitere Erträge erwirtschaften. Für den Bund verlief die Transaktion jedoch deutlich weniger erfreulich und man entschied sich nach dem Fall der VEBA das Konstrukt der Volksaktien nicht weiter zu nutzen (Rudolph, 1993, S. 41).

2.2.2.3 Fremdkapital und Sanierungshilfe

Der dritte Ausgangspunkt für eine Eigenkapitalbeteiligung durch Finanzinstitute war zur Zeit der Deutschland AG ein Schuldnerverhältnis. Aufgrund der niedrigen gesetzlichen Anforderungen an die Unternehmenspublizität und die Ausrichtung der Corporate Governance auf Insider, entschieden sich viele institutionelle Gläubiger ihre Fremdkapitalposition, die in der Regel in Form eines Darlehens (von Banken) oder einer Inhaberschuldverschreibung (von Banken oder Versicherungen) strukturiert war, mit einer Eigenkapitalbeteiligung „abzusichern". Dabei bestand durch die Rolle als Aktionär der Vorteil, über mehr Informationen und damit mehr Kontrolle zu verfügen. Dies führte zu einer Minderung des Emittenten- (im Falle von Inhaberschuldverschreibungen) bzw. des Kreditvergaberisikos (im Falle von Darlehen). Insbesondere wenn es den Finanzinstituten gelang, einen Vertreter im Aufsichtsrat des Schuldners zu positionieren, ließ sich das Risiko deutlich mindern. Da eine solche Verbindung auch für die Schuldnerunternehmen attraktiv war, weil sie aufgrund des für die Gläubiger reduzierten Risikos oftmals von niedrigeren Zinssätzen profitierten, waren solche Eigenkapitalbeteiligungen ein verbreitetes Phänomen unter den Unternehmen der Deutschland AG.

Es konnte jedoch auch nachträglich bei einem bereits bestehenden Schuldnerverhältnis zu einer Eigenkapitalbeteiligung kommen, insbesondere dann, wenn der Schuldner in finanzielle Schwierigkeiten geriet und eine Sanierung durchlief. Konnte er auch unter Umschuldung seine Verbindlichkeiten gegenüber den Finanzinstituten nicht bedienen, so entschieden sich zur Zeit der Deutschland AG viele Gläubigerinstitute dazu, zur Abwendung eines Vermögensschadens (und der Insolvenz des Schuldners) einen „Sanierungsswap" einzugehen, wodurch die ausstehende Fremd- in eine Eigenkapitalposition umgewandelt wurde (Achleitner & Wichels, 2002, S. 661; Münchow, 1995, S. 143 ff.). Aus Sicht der Finanzinstitute war die Übernahme einer Eigenkapitalposition jedoch nur dann attraktiv, wenn dieses Vorgehen mit dem Ziel der Ertragsmaximierung (in diesem Fall oftmals durch Verlustminimierung) vereinbar war, das heißt, wenn das zu rettende Unternehmen eine realistische Aussicht auf einen Sanierungserfolg hatte.

Das Fallbeispiel des deutschen Traditionsunternehmens AEG aus den späten 1970er-Jahren verdeutlicht, wie deutsche Finanzinstitute über eine Kapitelerhöhung eine hohe Eigenkapitalbeteiligung am Unternehmen erlangten, um eine unmittelbare Insolvenz ihres Schuldners abzuwenden. Obwohl ein eigenständiger Fortbestand des Unternehmens letztlich unmöglich war, gelang es den Banken mit diesem Vorgehen dennoch, die Insolvenz ihres Schuldners zu vermeiden und ihren eigenen finanziellen Schaden zu minimieren.

Fallstudie AEG, ab 1979

Nach einer Serie von Rückschlägen, wie beispielsweise dem erfolglosen Engagement im Kernkraftbereich, sah sich AEG im Geschäftsjahr 1979 mit einem Gesamtverlust in Milliardenhöhe konfrontiert, der, zusammen mit einer bestehenden Verschuldung in Höhe von rund 7 Milliarden Mark, eine für den Konzern existenzbedrohende Krise auslöste („Der Spiegel", 1979).

Als größter Gläubiger der AEG stand die Dresdner Bank einem Konsortium aus Gläubigerbanken vor, bei dem neben der Deutschen Bank und der Commerzbank in Summe knapp 160 Institute involviert waren. Gleichzeitig besetzte die Dresdner Bank, vertreten durch ihrem Vorstandsvorsitzenden Hans Friderichs (zuvor Bundesminister für Wirtschaft unter Willy Brandt und Helmut Schmidt), auch das Amt des Aufsichtsratsvorsitzenden der AEG.

Mit der Initiierung einer umfassenden Restrukturierung schlug der Aufsichtsrat einen teilweisen Forderungsverzicht aller Kreditgeber vor, um die Überschuldung zu bekämpfen. Insbesondere die ausländischen Konsortialbanken lehnten diesen Vorschlag jedoch unter Androhung einer sofortigen Kündigung der Kredite ab. Daher einigte man sich schließlich auf einen Kapitalschnitt mit anschließender Kapitalerhöhung. Dabei wurden im ersten Schritt die ausstehenden Aktien im Verhältnis drei zu eins zulasten der rund 180 000 AEG-Aktionäre entwertet. Im zweiten

Schritt wurde das Aktienkapital im Verhältnis 1:1 um 310 Millionen DM bei einem Ausgabekurs von 300 Prozent (150 Mark für die Aktie mit Nennwert 50 Mark) durch Ankäufe der Banken aufgestockt („Der Spiegel", 1979). Die deutschen öffentlich-rechtlichen Institute übernahmen dabei 24 Prozent der Kapitalerhöhung, die Dresdner Bank 19 Prozent, die Deutsche Bank 15 Prozent, und die Commerzbank 8 Prozent (die verbleibenden 44 Prozent wurden von weiteren Banken getragen) („Der Spiegel", 1979).

Neben der Kapitalerhöhung wurde von Seiten der Banken, der Versicherungskonzerne Allianz und Gerling sowie einiger größerer Zulieferunternehmen zusätzlich Fremdkapital zur Verfügung gestellt. Trotz aller Anstrengungen war ein eigenständiger Fortbestand des Konzerns finanziell nicht zu realisieren, sodass im Jahr 1985 die Übernahme durch die Daimler-Benz AG folgte.

Ähnlich wie im Fall AEG waren auch die finanziellen Schwierigkeiten von Klöckner & Co. auf gravierende Managementfehler zurückzuführen, die das ansonsten solide Unternehmen fast in die Insolvenz geführt hätten. Dabei gilt sowohl das Ausmaß des Fehlverhaltens einzelner Mitarbeiter als auch die vollständige Übernahme durch das Gläubigerinstitut als Härtefall in der deutschen Wirtschaftsgeschichte. Das Beispiel verdeutlicht jedoch auch, wie das Gläubigerinstitut nach Übernahme der Eigenkapitalbeteiligung Aufsichtsratsmandate nutzte, um eine verbesserte Position zur Absicherung seiner Eigen- und Fremdkapitalinvestitionen zu erlangen.

Fallstudie Klöckner & Co., 1988

Im Jahr 1988 musste die Handelsfirma Klöckner & Co. bei Ölspekulationen innerhalb weniger Wochen Verluste in Höhe von rund einer halben Milliarde Mark verbuchen, die durch das sonstige Geschäft nicht ausgeglichen werden konnten („Der Spiegel", 1989). Um den Zusammenbruch des Unternehmens zu verhindern, übernahm die Deutsche Bank, die den Klöckner-Konzern in ihrer Rolle als Hausbank bereits „über Höhen und Tiefen" (Kemmer, 1988) begleitet hatte, das Unternehmen. Dies geschah wiederum über die Alma Beteiligungsgesellschaft, die bereits bei der Akquisition des Flick-Konzerns genutzt wurde. Die Deutsche Bank wandelte den Konzern in eine Aktiengesellschaft um (Klöckner & Co AG, 2006). Um eine bessere Kontrolle der Unternehmensaktivitäten zu gewährleisten, erhielten darüber hinaus mehrere Bankenvertreter Mandate im Aufsichtsrat des Unternehmens.

Da Klöckner & Co. abgesehen von den Spekulationsverlusten solide aufgestellt war, traten in der Folge einige Unternehmen an die Deutsche Bank heran, die an einer Übernahme des Konzerns interessiert waren, darunter Thyssen, RWE und British Steel (Kemmer, 1989). Nach mehreren Verhandlungsrunden konnte sich schließlich der deutsche VIAG-Konzern gegen die anderen Interessenten durchsetzen und übernahm das Unternehmen („Der Spiegel", 1989; Kemmer, 1989). Für die Deutsche Bank war die Veräußerung dabei trotz der nur kurzen Haltedauer sehr profitabel, da VIAG das Kapital, das die Deutsche Bank für die Rettung von Klöckner zur Verfügung gestellt hatte (400 Millionen Mark), zurückzahlte, und zusätzlich eine freiwillige Entschädigung für die Genussscheininhaber von Klöckner (100 Millionen Mark) und eine „Zitterprämie" in unbekannter Höhe entrichtete (Kemmer, 1989).

Im Gegensatz zu den bisherigen Fällen, in denen vor allem Managementfehler der Auslöser der Sanierung und damit der Eigenkapitalbeteiligung durch die Finanzinstitute waren, konnten auch makroökonomische Entwicklungen dazu führen, dass Finanzinstitute zur Lösung finanzieller Schwierigkeiten ihrer Gläubiger aktiv werden mussten. Das folgende Beispiel von Hapag-Lloyd zeigt in diesem Zusammenhang auch, wie weitreichend die Einschnitte in die Eigentümerstrukturen eines Schuldners im Zuge der finanziellen Restrukturierung sein konnten.

Fallstudie Hapag-Lloyd, ab 1982

Anfang der 1980er-Jahre verschlechterte sich die wirtschaftliche Situation von Hapag-Lloyd, der damals wie heute größten Reederei Deutschlands. Aufgrund von stark gestiegenen Treibstoffkosten und Überkapazitäten in der internationalen Schifffahrt (Hapag-Lloyd, 2019), wurde im Jahr 1982 deutlich, dass der Konzern für eine erfolgreiche Zukunftsgestaltung neben einer Reorganisation auch eine Refinanzierung benötigte.

Dabei zählten zu den wichtigsten Gläubigern aus historischen Gründen einige der führenden deutschen Finanzinstitute, da sie bereits maßgeblich in die Fusion von „Hapag" (Hamburg-Amerikanische-Packetfahrt-Actien-Gesellschaft) und „Norddeutsche Lloyd" im Jahr 1970 involviert gewesen waren. Konkret hatten die auf beiden Seiten beteiligten Institute (die Deutsche Bank hielt 85 Prozent der Stimmrechte von Hapag; die Dresdner Bank sowie ein Konsortium aus Allianz und Münchener Rück jeweils 40 Prozent der Stimmrechte von Lloyd) aufgrund ihrer Auffassung, dass die Rivalität der beiden Reedereien wirtschaftsschädlich sei, eine Fusion erwirkt („Der Spiegel", 1970) und die Verhandlungen geführt (durch die beiden Aufsichtsratsvorsitzenden Dr. Karl Klagen und Dr. Franz Witt, die gleichzeitig im Dienste der Deutschen Bank bzw. der Dresdner Bank standen) (Bardtholdt, 1968).

Im Rahmen der notwendigen Refinanzierung stellten die Großaktionäre Deutsche Bank, Dresdner Bank und das Konsortium aus Allianz und Münchener Rück im Jahr 1982 zunächst 350 Millionen DM in Form von Fremdkapital bereit (Hapag-Lloyd, 2019, S. 33), bevor kurz darauf zusätzlich ein doppelter Kapitalschnitt erfolgte (Securiua, 1983). Dabei wurde das Grundkapital zweimal von 180 auf 120 (im Verhältnis 3:2) Millionen DM zusammengelegt und gleichzeitig wieder um 60 Millionen DM zum Kurs von 200 Prozent aufgestockt (Securiua, 1983).

Einzig aufgrund von diesen Maßnahmen konnte rückwirkend für das abgelaufene Geschäftsjahr 1982 eine ausgeglichene Bilanz und für das laufende Geschäftsjahr 1983 ein Ausgleich der zu erwartenden operativen Verluste erreicht werden (Securiua, 1983). Als Nebeneffekt der Kapitalerhöhungen wurde jedoch auch der Anteil der Kleinaktionäre am Hapag-Lloyd-Kapital zusammengeschrumpft, da das neue Kapital aufgrund der nachteiligen Konditionen nur durch die beteiligten Finanzinstitute gezeichnet wurde (Securiua, 1983). Auch nach der Rettung hielten die beteiligten Finanzinstitute an ihren Eigenkapitalpositionen fest und veräußerten die letzten Anteile erst mit der Übernahme der Hapag-Lloyd durch Preussag.

In allen beschriebenen Fällen gelang es den beteiligten Finanzinstituten, eine Zahlungsunfähigkeit ihrer Schuldner abzuwenden und so ihre eigenen Investitionen sowie den unmittelbaren Fortbestand des Unternehmens zu sichern. Dieser Erfolg ist insbesondere auf eine zutreffende Abwägung der Erfolgsaussichten einer Sanierung zurückzuführen, denn sollte ein Sanierungsvorhaben keine realistischen Erfolgsaussichten aufweisen, so hätten die Gläubiger auch ihre Sicherheiten verwerten können, ohne dass es zu einer Eigenkapitalbeteiligung gekommen wäre.

Ausnahmen dieser unmittelbar betriebswirtschaftlichen Abwägung zur Zeit der Deutschland AG bildeten jedoch Sanierungsfälle, die von einem großen öffentlichen Interesse begleitet wurden. Aufgrund der Wahrnehmung der Finanzinstitute und ihrer wirtschaftlichen Stellung erwartete eine breite Öffentlichkeit in vielen Fällen das Engagement der Institute als Sanierer (vgl. Moesch & Simmert, 1976, S. 58). Somit drohten den Bankhäusern bei Unterlassen der Hilfeleistung zwar keine formellen Sanktionen, jedoch über Reputationsverluste starke negative Rückwirkungen auf ihr öffentliches Ansehen (Münchow, 1995, S. 144). Daher konnte eine rein auf das Sanierungsobjekt begrenzte Evaluierung des Einzelfalls in den Hintergrund rücken und dazu führen, dass bei entsprechender öffentlicher Stimmungslage auch ein (in Bezug auf das Sanierungsobjekt) unrentabler Eigenkapitaleinsatz in Erwägung gezogen wurde. Eine Eigenkapitalbeteiligung von Finanzinstituten, die im Rahmen einer öffentlich geforderten Sanierungshilfe eingegangen wird, um Reputationsverluste zu vermeiden, stellt somit eine Vorstufe der Beteiligungen aufgrund von institutionellen Anreizen und staatlichen Interessen dar. Eine wichtige Unterscheidung gemäß der hier vorgenommenen Kategorisierung ist dabei jedoch das Ausmaß des staatlichen Einflusses. Während die Finanzinstitute im hier beschriebenen Szenario eine Entscheidung abseits einer direkten politischen Einflussnahme unter Erwägung des möglichen Reputationsverlusts im Eigeninteresse treffen, kann die Politik durch ihr Einwirken auch das Anreizsystem der Finanzinstitute grundlegend verschieben und so ein ansonsten ausbleibendes Handeln erwirken. Letzteres wird im folgenden Abschnitt beschrieben.

2.2.2.4 Institutionelle Anreize

Die Zeit der Deutschland AG war von einer starken Interaktion zwischen den großen deutschen Finanzinstituten und der Politik gekennzeichnet. Neben einem engen Austausch auf persönlicher Ebene schützte die Politik die Stabilität der Deutschland AG und die staatlichen Wirtschaftsinteressen sowohl durch ein institutionelles Anreizsystem und gesetzliche Vorgaben als auch durch direkte Einflussnahme.

Im Hinblick auf die Gestaltung des institutionellen Anreizsystems war das sogenannte Schachtelprivileg das wichtigste staatliche Instrument, um Kapitalverflechtungen deutscher Unternehmen zu festigen. Mit diesem steuerrechtlichen Privileg wurden Dividendeneinkünfte ab einer Beteiligungshöhe von 25 Prozent von der Steuer befreit (Fiedler, 2005, S. 102), was die laufende Rendite der Beteiligungen erhöhte (Streeck & Höpner, 2003, S. 18) und in vielen Fällen dazu führte, dass Finanzinstitute (aber auch andere Gesellschaften, wie beispielsweise die Thyssen-Beteiligungsverwaltung) ihre Eigenkapitalbeteiligungen mindestens bis zu diesem Grenzwert steigerten bzw. oberhalb dieses Grenzwertes beließen. Zusätzlich zum Schachtelprivileg wurde durch „prohibitiv hohe Steuersätze" (Achleitner & Wichels, 2002, S. 662) von 56 Prozent (bis 1989) und später 53 Prozent (Kopper, 2012, S. 92), die auf den Gewinn aus Beteiligungsveräußerungen zu entrichten waren (Fiedler, 2005, S. 102), eine weitere signifikante Hürde für den Abbau von Eigenkapitalbeteiligungen geschaffen.

Die Assekuranz musste bei ihren Anlagen darüber hinaus den Grundsatz der währungskongruenten Deckung achten. Mit dieser Regelung schrieb der Gesetzgeber vor, dass die Kapitalanlagen von Versicherungen zu mindestens 80 Prozent auf die Währung lauten mussten, in der auch die Verpflichtungen aus den Versicherungsverträgen zu erfüllen waren (Achleitner & Wichels, 2002, S. 661; Nguyen & Romeike, 2013, S. 468). Da die Auswahl geeigneter Anlagen, die den Anforderungen sowohl im Hinblick auf das Risiko- und Ertragsprofil als auch in Bezug auf die Währungskongruenz gerecht wurden, gering war, waren die Eigenkapitalbeteiligungen der Versicherer an deutschen börsennotierten Unternehmen nicht nur das Resultat einer gezielten Nachfrage, sondern auch die Folge eines eingeschränkten Angebots.

Neben dem gesetzlichen Anreizsystem und den Anlagerichtlinien für die Versicherer übte die Politik jedoch in besonderen Situationen auch einen direkten Einfluss auf die Finanzinstitute aus. Dies war immer dann der Fall, wenn die Politik staatliche Interessen bedroht sah (beispielsweise bei einem Verlust vieler Arbeitsplätze im Falle einer Insolvenz) und sich die Finanzinstitute in einer Position befanden, in der sie diese Gefahr abwenden konnten. Entschied sich der Staat dafür direkt einzugreifen, so variierte die Intensität des politischen Drucks und der Grad der Verschiebung des Anreizsystems der Finanzinstitute (beispielsweise durch Androhung von Sanktionen) in Anhängigkeit der jeweiligen Situation.

Die folgende Fallstudie des Holzmann-Konzerns aus dem Jahr 1999 ist ein Beispiel für eine Einflussnahme der Politik, die sich am „aggressiven" Ende dieses Spektrums befand und die darauf abzielte, die Finanzinstitute durch eine bedeutsame Verschiebung des Anreizsystems entgegen ihrer Risikobewertung dazu zu bewegen, sich an einem Sanierungskonzept zu beteiligen.

Fallstudie Philipp Holzmann, ab 1999

Philipp Holzmann war über Jahrzehnte bis in die 1990er-Jahre eines der größten Bauunternehmen Deutschlands. Bereits seit dem späten 19. Jahrhundert bestand eine wirtschaftliche Verbindung zwischen der Philipp Holzmann AG und der Deutschen Bank, zunächst durch eine indirekte Beteiligung, ab 1932 dann auch durch die permanente Besetzung des Aufsichtsratsvorsitz durch verschiedene Vertreter der Deutschen Bank (Hauch-Fleck, 1999). Darüber hinaus hielt die Bank nach dem Zweiten Weltkrieg stets einen Aktienanteil zwischen 15 und 35 Prozent an der Philipp Holzmann AG (Priem, 2001; „Rhein-Zeitung", 1999).

Im Jahr 1999 wurden große finanzielle Schwierigkeiten des Holzmann-Konzerns bekannt, die auf Managementfehler zurückzuführen waren und im November 1999 zu einem Insolvenzantrag des Unternehmens führten (Reuter, 2000). In zahlreichen Prozessen im Kontext von Betrugs- und Untreuevorwürfen standen frühere Vorstands- und Aufsichtsratsmitglieder des Konzerns vor Gericht.

Obwohl die Deutsche Bank als Hausbank (zu diesem Zeitpunkt mit 1,8 Milliarden Mark größter Gläubiger und mit 15 Prozent am Aktienkapital beteiligt; vgl. Hauch-Fleck, 1999) bereit war, bei der Sanierung durch Darlehen und die Beteiligung an einer Kapitalerhöhung einen signifikanten Beitrag zu übernehmen („Rhein-Zeitung", 1999), konnte man sich mit den anderen involvierten Gläubigerinstituten nicht auf eine Sanierung einigen. Hintergrund war, dass zahlreiche Institute eine Sanierung aufgrund des hohen Kapitalbedarfs als nicht sinnvoll erachteten („Rhein-Zeitung", 1999; Streeck & Höpner, 2003, S. 22).

Daraufhin baute die Politik in Person von Bundeskanzler Schröder erheblichen öffentlichen Druck auf die Banken auf (Streeck & Höpner, 2003, S. 22), was zu Demonstrationen der Holzmann-Beschäftigten „nicht vor der Zentrale des betroffenen Unternehmens, sondern vor den Zwillingstürmen der Deutschen Bank" (Streeck & Höpner, 2003, S. 22) führte. So drängte Schröder die Banken am 24. November 1999 dazu, dem insolventen Baukonzern doch noch das benötige Kapital zu geben (Dahlkamp & Reuter, 1999; Reuter, 2000). Neben einer neuen Kreditlinie sah die Sanierung auch die Beteiligung der Banken an einer Kapitalerhöhung und dem Tausch von Forderungen in Wandelgenussrechte vor. Im Gegenzug verpflichtete sich der Bund, 250 Millionen Mark beizusteuern (Reuter, 2000, S. 83). Nachdem so zunächst die Insolvenz verhindert werden konnte, scheiterte die Sanierung schließlich endgültig im März 2002, da viele Gläubigerbanken keine weiteren Darlehen einräumen wollten („Frankfurter Allgemeine Zeitung", 2002a).

Die Einflussnahme der Politik konnte jedoch auch deutlich zurückhaltender ausfallen, wie das folgende Fallbeispiel der Daimler Benz AG aus dem Jahr 1975 zeigt. In diesem Fall waren staatliche Interessen nicht durch einen drohenden Arbeitsplatzverlust betroffen, sondern durch eine drohende ausländische Übernahme in einem wichtigen deutschen Industriezweig.

Fallstudie Daimler Benz, ab 1975
Die heutige Daimler AG firmierte bis 1998 unter dem Namen Daimler-Benz AG und war 1926 durch die Fusion der Daimler-Motoren-Gesellschaft mit der Benz & Cie. entstanden. Ähnlich wie bei vielen Transaktionen dieser Art kam die Fusion im Falle Daimler-Benz auch „unter maßgeblicher Mitwirkung der Deutschen Bank" (Daimler AG, 2020) zustande und das Institut konnte im Zuge der Transaktion offene Forderungen in Anteile an dem neuen Konzern umwandeln. Im Jahre 1974 waren die Haupteigentümer der Daimler-Benz AG die Flick-Gruppe mit 39 Prozent, die Deutsche Bank mit 28,5 Prozent und die Quandt-Gruppe mit 14,6 Prozent („Der Spiegel", 1974b, 1975).
Ende 1974 verkaufte Jürgen Ponto, Vorstandssprecher der Dresdner Bank, das Aktienpaket der Quandt-Gruppe im Auftrag von Herbert und Inge Quandt für eine Milliarde Mark überraschend an den Scheich von Kuweit („Der Spiegel", 1975). Für ihre Rolle in der Transaktion sah sich die Dresdner Bank „seitens der deutschen Öffentlichkeit, der Politik und auch ihrer Konkurrentin Deutsche Bank scharfer Kritik ausgesetzt" (Freye, 2013, S. 325). Die Deutsche Bank befürchtete daraufhin, dass auch die Flick-Gruppe die gute Börsensituation und das nach wie vor hohe Interesse aus dem mittleren Osten zum Verkauf ihrer Anteile nutzen könnte, wodurch sich ein neuer, persischer Mehrheitseigentümer etablieren würde („Der Spiegel", 1975). Auslöser für diese Befürchtung war, dass sowohl die Bundesregierung als auch die Deutsche Bank Kenntnis darüber erlangt hatten, dass Kuweit für das Quandt-Aktienpaket möglicherweise nur eine Zwischenstation auf dem Weg in den Iran sein könnte.
Tatsächlich verhandelte Flick mit dem iranischen Schah Reza Pahlewi über den Verkauf seiner Anteile. Im Verlauf der Verhandlungen stieg das Angebot der Iraner von einem Preis von 10 Prozent über Börsenkurs auf schließlich 20 Prozent über Börsenkurs an („Der Spiegel", 1975). Die deutsche Politik war jedoch stark daran interessiert, dass das Aktienpaket nicht an Iran überging. Kanzler Schmidt, der im Austausch mit Heinrich Ulrich, dem Chef der Deutschen Bank, stand, sagte im Januar 1975, ein solcher Verkauf „könne weder den Arbeitnehmern bei Daimler-Benz noch dem Standing der deutschen Wirtschaft in der Welt, noch unserer Selbstachtung zugemutet werden" („Der Spiegel", 1975, S. 24). Nach einer zweitägigen Klausurtagung des Vorstands entschloss sich die Deutsche Bank schließlich dazu, das Aktienpaket der Flick-Gruppe zu einem Preis von 10 Prozent über Börsenkurs zu übernehmen („Der Spiegel", 1975). Nach Gesprächen des Flick-Generalbevollmächtigten Eberhard von Brauchitsch

mit dem Bundeswirtschaftsminister Otto Graf Lambsdorff erklärte man sich bereit, das Angebot der Deutschen Bank anzunehmen und ein Paket in Höhe von 10 Prozent zu behalten, um der Deutschen Bank den Kraftakt des Kaufes zu erleichtern. Im Gegenzug kam die Bundesrepublik der Flick-Gruppe mit Steuererleichterungen für den Verkaufsgewinn entgegen („Der Spiegel", 1975), deren Rechtmäßigkeit im Zuge der sogenannten Flick-Affäre in den 1980er-Jahren angezweifelt wurde.

Die Interaktion zwischen Deutscher Bank und Bundesregierung, die zu der Transaktion führte, wird aus heutiger Sicht unterschiedlich bewertet. Während manche die Übernahme durch die Deutsche Bank auf eine Initiative der Bundesregierung zurückführen (Münchow, 1995, S. 147), warnen andere, dass der Eindruck, die Bank habe „primär im Interesse oder sogar im Auftrag des Staats gehandelt" (Kopper, 2012, S. 92), nicht den Tatsachen entspräche. Fest steht, dass sich im konkreten Fall politische Stabilisierungsziele mit den Gewinnmotiven und dem Ziel, einen potenziellen Imageschaden durch ein Nichteinschreiten bei einem von der Öffentlichkeit kritisch gesehenen Verkauf in den mittleren Osten, deckten (vgl. Kopper, 2012, S. 92). Ihr Gewinnmotiv verfolgt die Deutsche Bank, indem sie 25,23 Prozent der Daimler-Anteile in die von ihr neu gegründete Mercedes-Automobil-Holding AG (MAH) einbrachte, die daraufhin eigene Aktien ausgab. Rund die Hälfte dieser Aktien zeichneten institutionelle Anleger, die andere Hälfte wurde zu einem Ausgabekurs in Höhe von 305 DM je Aktie (Nennwert 50 DM) breit gestreut (Daimler-Benz AG, 1986). Somit hatte die Daimler-Benz-Aktie ab dem 7. Oktober 1976 mit der Aktie der Mercedes-Automobil-Holding eine Zwillingsschwester an der Börse, und die Deutsche Bank konnte einen Erlös erzielen. Im Jahr 1993 wurde die Holding Gesellschaft durch Verschmelzung auf die Daimler-Benz AG wieder aufgelöst (Daimler-Benz AG, 1986). Die in eigenem Besitz verbliebenen Aktien an der Daimler-Benz AG veräußerte die Deutsche Bank über die Jahre. Im Jahr 2005 nutzte sie beispielsweise „den Höhenflug der Daimler-Chrysler-Aktie" und verkaufte ein Paket in Höhe von rund 4 Prozent für knapp 1,4 Milliarden Euro und reduzierte den eigenen Anteil auf 6,9 Prozent („Handelsblatt", 2005), bevor sie sich schließlich 2009 von allen verbliebenen Daimler Aktien trennte („Rheinische Post", 2009).

Ein Sonderfall in Bezug auf Eigenkapitalbeteiligungen durch Finanzinstitute, die in der Durchsetzung staatlicher Interessen begründet sind, lieferte das Investitionshilfegesetz („Gesetz über die Investitionshilfe der gewerblichen Wirtschaft") von 1952. Obwohl es nicht die Intention des Gesetzgebers war, damit Eigenkapitalbeteiligungen auszulösen, sind dennoch zahlreiche prominente Beteiligungen der Deutschland AG auf dieses Gesetz zurückzuführen.

Auslöser für die Gesetzesinitiative von Bundeswirtschaftsminister Ludwig Erhard war die Krise in der Grundstoffindustrie, die bereits im Jahr 1951 zur Rationierung der Strom- und Gaszufuhr für Privatverbraucher führte (Zank, 1992). Zur Finanzierung von Investitionen in diesen Industriezweig verpflichtete das Investitionshilfegesetz daher die gewerblichen Unternehmen in Deutschland zu einer Abgabe zugunsten der Grundstoffindustrien (Bundesgesetzblatt, 1952), wofür die Unternehmen im Gegenzug verzinsliche Wertpapiere erhielten (Zank, 1992). Anders als die meisten Unternehmen, die die Finanzhilfen in Form von Schuldscheindarlehen bereitstellten, nahm die Allianz die Investitionsaufforderung zum Anlass, den Unternehmen finanzielle Mittel zukommen zu lassen, indem sie sich an deren Eigenkapital beteiligte (Beyer, 2003, S. 133).

Mit dem wirtschaftlichen Aufschwung in der Bundesrepublik in den 1950er- und 1960er-Jahren erwiesen sich die Eigenkapitalbeteiligungen der Allianz als hoch profitabel, woraufhin der Versicherungskonzern noch lange als „Financier der deutschen Wirtschaft" (Streeck & Höpner, 2003, S. 18) bezeichnet wurde. Folglich haben viele Eigenkapitalbeteiligungen der Allianz, die sich über die Epoche der Deutschland AG erstrecken, ihren direkten Ursprung im Investitionshilfegesetz oder wurden infolge des großen wirtschaftlichen Erfolgs in den Folgejahren erworben, um Ertragspotenziale weiter auszuschöpfen.

2.3 Eigenkapitalbeteiligungen der inländischen Industrieunternehmen

2.3.1 Kartellverträge als historisches Vorbild

Ähnlich wie im Falle der Verflechtungen von Finanzinstituten mit deutschen Industrieunternehmen hat auch die Verflechtung zwischen Industrieunternehmen eine vergleichbare historische Tradition, die im späten 19. Jahrhundert ihren Ursprung hat. Zu dieser Zeit waren Kartelle, d. h. Zusammenschlüsse mehrerer Unternehmen desselben Wirtschaftszweigs zur Absprache von Preisen und Produktionsmengen (Beyer, 1998, S. 163), in Deutschland ein verbreitetes Mittel, damit Unternehmen die Konkurrenz untereinander regulieren konnten.

Im Jahr 1897 wurden Kartellverträge durch ein Urteil des Reichsgerichts zum Holzstoffkartell als rechtlich bindend anerkannt, solange kein tatsächliches Monopol entstand, das zur Ausbeutung der Konsumenten genutzt werden konnte (Nörr, 1994, S. 9). Als Folge dieser Rechtssicherheit formalisierte sich die „regulierte Konkurrenz" (Windolf & Beyer, 1995, S. 2) zu einer legalen Gestaltung der Marktorganisation. So entstanden bis 1931 rund 2500 Kartelle in Deutschland, wodurch nahezu alle Wirtschaftszweige einer Kartell-Regulierung unterlagen (Windolf & Beyer, 1995, S. 2). Grundlage für die allgemeine gesellschaftliche Akzeptanz der Kartelle war das Prinzip der korporatistischen Kontrolle und die Auffassung, dass konkurrierende Unternehmen durch Kartellbildung auf das Gemeinwohl verpflichtet werden konnten (Windolf & Beyer, 1995, S. 2). Dabei wurden die durch das Kartell vereinbarten Preise nicht nur nach unten, sondern auch nach oben begrenzt, sodass es den Kartellmitgliedern möglich war, eine als legitim anerkannte Profitrate zu gewährleisten, ohne eine uneingeschränkte Profitorientierung durchzusetzen (Windolf & Beyer, 1995, S. 2).

Nach dem Zweiten Weltkrieg erließen die Alliierten bereits 1945 ein Kartellverbot, das trotz teils starker Opposition schließlich durch das Gesetz gegen Wettbewerbsbeschränkungen 1958 kodifiziert wurde (Windolf, 2020, S. 78 ff.). Als inoffizieller Nachfolger der Kartelle bildeten sich im Deutschland der Nachkriegszeit Verflechtungen zwischen Industrieunternehmen, die nicht auf formalen Verträgen beruhten, sondern

anhand von Eigenkapitalbeteiligungen (und Personalverflechtungen) bis zur Auflösung der Deutschland AG ein „modernisiertes Regime der regulierten Konkurrenz"
(Windolf & Beyer, 1995, S. 3) schufen. Anders als ihre historischen Vorbilder dienten
die diese Strukturen jedoch nicht der Preisabsprache, sondern einer mit dem Kartellrecht konformen Koordination zwischen Unternehmen.

2.3.2 Formierungsursachen

Bei den Eigenkapitalbeteiligungen der Industrieunternehmen zur Zeit der Deutschland AG lassen sich drei Formierungsursachen differenzieren (vgl. Tabelle 2). Darüber hinaus gelten die Motive, die in der Ausnutzung des Schachtelprivilegs und der
Vermeidung hoher Steuersätze auf Veräußerungsgewinne begründet sind, gleichermaßen für Finanzinstitute und Industrieunternehmen – und werden daher hier
nicht nochmals dargestellt.

　　Zur näheren Charakterisierung der Eigenkapitalbeteiligungen von Industrieunternehmen wird zwischen intra- und intersektoralen Beteiligungen unterschieden.
Bei intrasektoralen Verflechtungen beteiligt sich ein Unternehmen am Eigenkapital
eines Zielunternehmens der gleichen Industrie bzw. des gleichen Wirtschaftszwei-
ges. Daneben gibt es intersektorale Verflechtungen, bei denen eine Eigenkapitalbeteiligung zwischen Unternehmen aus verschiedenen Wirtschaftszweigen existiert.

Tabelle 2: Formierungsursachen für Eigenkapitalbeteiligungen durch Industrieunternehmen im
Kontext der Deutschland AG.

Formierungsursachen für Eigenkapitalbeteiligungen durch Industrieunternehmen im Kontext der Deutschland AG		
Formierungs-ursache Vorbereitung einer Mergers-and-Acquisitions-Transaktion zur strategischen Weiterentwicklung des Portfolios	Internalisierung von Transaktionskosten und Kompensation von Ressourcenabhängigkeit	Diversifizierung von Einkommensströmen durch ertragsorientierte Finanzanlagen
Beteiligungs-orientierung Intra- und intersektoral	Intra- und intersektoral	Intersektoral
Fallstudien – Philipp Holzmann (ab 1981) – Buderus (ab 1994)	– Degussa (ab 1973) – Gerling (ab 1974)	– Heidelberger Druckmaschinen (ab 1940) – Didier, Klöckner & Co., Gerresheimer und PWA (ab 1985)

2.3.2.1 Vorbereitung einer Mergers-and-Acquisitions-Transaktion

Anders als im Falle der Finanzinstitute, die Kapitalbeteiligungen entlang der beschriebenen Geschäftsmodelle zumeist eingingen, um ihren Gewinn unmittelbar zu steigern, waren die Motive und das strategische Kalkül für Verflechtungen unter Industriekonzernen vielschichtiger. So kam es im Hinblick auf mögliche Formierungsursachen (vgl. Tabelle 2) dazu, dass Eigenkapitalbeteiligung mit dem Ziel eingegangen wurden, eine Verbindung zu einem anderen Unternehmen zu etablieren und so die Grundlage für eine mögliche spätere Übernahme oder Fusion zu schaffen.

Ausgangspunkt für die Notwendigkeit einer Eigenkapitalbeteiligung vor diesem Hintergrund waren die institutionellen Hürden, die zur Zeit der Deutschland AG den Zugang zu Entscheidungsträgern und zu relevanten Unternehmensinformationen erschwerten. Dies ist einerseits auf die zu dieser Zeit limitierte Unternehmenspublizität zurückzuführen und andererseits auf die Ausrichtung der Corporate Governance auf einen exklusiven Kreis von „Insidern" (vgl. Kapitel 3). Folglich blieben Industrieunternehmen, die eine strategische Weiterentwicklung ihres Portfolios durch eine Mergers-and-Acquisitions-Transaktion mit einem anderen Unternehmen der Deutschland AG anstrebten, nur zwei Möglichkeiten, um die beschriebenen institutionellen Hürden zu überwinden. Einerseits nahmen die gut vernetzten Banken oftmals eine Vermittlerrolle ein und kanalisierten den Austausch zwischen den betroffenen Unternehmen. Die Einbeziehung der Banken war dabei besonders naheliegend, wenn eine Bank für beide Unternehmen die Rolle der Hausbank innehatte, oder durch sie aufgrund bestehender Personal- und Kapitalverflechtungen bereits eine indirekte Verbindung zwischen beiden Unternehmen bestand. Aus Sicht der Banken stellte das Interesse eines Industrieunternehmens an einer Mergers-and-Acquisitions-Transaktion innerhalb der Deutschland AG oftmals eine Opportunität dar, ihre Kreditausfallrisiken zu mindern oder die Ertragsaussichten zu steigern. Aufgrund dieses Eigeninteresses brachten sich die Banken in der Regel bereitwillig in die strategischen Überlegungen der Industrieunternehmen ein und übernahmen gerne eine Vermittlerrolle.

Neben der Einbeziehung der Banken bestand die zweite Möglichkeit darin, eine direkte Verbindung zwischen den beiden Industrieunternehmen zu schaffen. Grundlage dafür war die Aufnahme einer Eigenkapitalbeteiligung durch das initiierende Unternehmen, die, auch in Abhängigkeit des akquirierten Anteils, im weiteren Verlauf durch ein Aufsichtsratsmandat intensiviert werden konnte. Obwohl eine solche Beteiligung für das investierende Unternehmen zumeist einen größeren Kapitalaufwand bedeutete, ergaben sich im Vergleich zur Vermittlung durch die Banken eine Reihe von Vorteilen, die dieses Vorgehen rechtfertigten:

- Einerseits konnte das investierende Unternehmen einen direkten Einfluss auf das Zielunternehmen ausüben. Durch die Ausübung der Stimmrechte in der Hauptversammlung konnte es somit beispielsweise für eine Besetzung des Aufsichtsrates stimmen, die als Befürworter einer möglicherweise angestrebten Transaktion galt.

– Der Ankauf einer höheren Beteiligungsposition konnte darüber hinaus auch als Basis für direkte Gespräche mit dem Vorstand dienen, die im Falle einer Aufsichtsratsbeteiligung weiter intensiviert wurden.
– Des Weiteren ermöglichte die Eigenkapitalbeteiligung dem investierenden Unternehmen einen direkten Austausch mit dem Zielunternehmen, der, im Gegensatz zum ersten Szenario, nicht durch den Einbezug der Banken beeinflusst wurde. Insbesondere aufgrund des möglichen Eigeninteresses der Banken konnte ein direkter Austausch zwischen den Unternehmen die Entstehung eines Prinzipal-Agenten-Problems mildern.
– Zusätzlich konnte der Aufbau einer größeren Beteiligungsposition möglichen weiteren Interessenten erschweren, eine signifikante Eigenkapitalposition aufzubauen.

Wie das folgende Fallbeispiel des Philipp-Holzmann-Konzerns verdeutlicht, konnten insbesondere intrasektorale Beteiligungen jedoch auch durch kartellrechtliche Vorgaben erschwert oder verhindert werden. Sobald sich herausstellte, dass die Erfolgsaussichten für eine spätere Mergers-and-Acquisitions-Transaktion zu gering waren, veräußerten die Unternehmen in der Regel die bis dato erworbenen Minderheitsbeteiligungen umgehend und lösten unter Umständen auch bereits geschaffene Personalverflechtungen wieder auf.

Fallstudie Philipp Holzmann, ab 1981

Bereits viele Jahre bevor es, wie bereits beschrieben, zu finanziellen Schwierigkeiten beim Baukonzern Philipp Holzmann kam, zählte ein Wettbewerber des Unternehmens durch eine intrasektorale Eigenkapitalbeteiligung zu den wichtigsten Aktionären des Holzmann-Konzerns.

Im Jahr 1981 erwarb das Bauunternehmen Hochtief, an dem wiederum der deutsche Energieversorger RWE seit den 1920er-Jahren maßgeblich beteiligt war, eine Eigenkapitalbeteiligung in Höhe von 20 Prozent an Philipp Holzmann („Der Spiegel", 1995). Da diese ursprüngliche Beteiligungshöhe keine tiefgreifende Einflussnahme auf die Geschäftspolitik des Holzmann-Konzerns zuließ, beantragte der damalige Hochtief-Chef Hans-Peter Keitel im Jahr 1994 die Freigabe des Bundeskartellamts für eine Aufstockung der Beteiligung auf einen Anteil zwischen 25 und 50 Prozent (Heuser, 1994). Um diesen Zukauf zu realisieren, gab es für Hochtief zahlreiche Unternehmen aus der Riege der Deutschland AG, die als potenzieller Verkäufer von Holzmann-Anteilen infrage kamen: die Deutsche Bank hielt ein Paket von 25 Prozent, die Bank für Gemeinwirtschaft (BfG) rund 10 Prozent und die Commerzbank, die für Hochtief die Stellung als Hausbank innehatte, hielt 5 Prozent („Der Spiegel", 1995; Heuser, 1994).

Im weiteren Verlauf wollte Hochtief zunächst das 10-prozentige Paket der BfG übernehmen, allerdings wurde die Transaktion durch eine Untersagungsverfügung durch das Bundeskartellamt gestoppt („Der Spiegel", 1995). Infolgedessen wurde das BfG-Paket an die Commerzbank verkauft, die es an Hochtief weitergeben sollte, falls die Entscheidung des Kartellamts auf dem Rechtsweg revidiert werden sollte („Der Spiegel", 1995). Noch während der juristischen Prüfung des Falls unterzeichneten Vertreter von Hochtief und Holzmann im November 1997 eine Absichtserklärung, mit der eine Bündelung der Aktivitäten beider Unternehmen in Österreich und den USA angestrebt wurde (Hochtief AG, 1997). Nach einem insgesamt mehr als vierjährigen Rechtsstreit gab Hochtief schließlich bekannt, keine weiteren juristischen Maßnahmen zu ergreifen und von der geplanten Erhöhung der Eigenkapitalbeteiligung abzusehen („Manager Magazin", 1998). Hochtiefs Vorhaben, die eigene Beteiligung zu einem kontrollierenden Anteil auszubauen, war damit gescheitert. Daraufhin verkaufte Hochtief seine Holzmann-Anteile an die belgische Finanzholding Gevaert, die in Folge der Transaktion mit einem Gesamtpaket in Höhe von 24,6 Prozent nach der Deutschen Bank der zweitgrößte Aktionär von Philipp Holzmann wurde („Manager Magazin", 1998).

Neben kartellrechtlichen Bedenken, die, wie in der Fallstudie beschrieben, zur Veräußerung einer bestehenden Eigenkapitalbeteiligung führen konnten, war zur Zeit der Deutschland AG auch die Einstellung des Managements eines potenziellen Mergers-and-Acquisitions-Ziels ein wichtiger Erfolgsfaktor für eine Transaktion. Da viele Unternehmen der Deutschland AG vor einer feindlichen Übernahme zurückschreckten, wurden moderate Eigenkapitalbeteiligungen zwischen Industrieunternehmen folglich auch dazu genutzt, zunächst eine Beziehung zum Management des Zielunternehmens zu etablieren und eine Vertrauensbasis zu schaffen, um so eine ablehnende Haltung des Managements zu verhindern und die Erfolgsaussichten einer späteren Transaktion zu erhöhen. Die Fallstudie von Buderus aus den letzten Jahren der Deutschland AG illustriert diesbezüglich, wie sich ein Investor aufgrund der Haltung des Buderus-Managements zurückzog, während ein anderer kurze Zeit später aus seiner Rolle als Minderheitsaktionär eine erfolgreiche Übernahme durchführen konnte.

Fallstudie Buderus, ab 1994

Nachdem Buderus in Folge der Veräußerung des Flick-Konzerns im Jahr 1994 an der Börse platziert wurde, avancierte das Unternehmen für zahlreiche in- und ausländische Investoren zu einem attraktiven Übernahmekandidat. Im Jahr 1997 hielten das deutsche Bauunternehmen Bilfinger Berger und die Commerzbank jeweils 15 Prozent und die Dresdner Bank 13 Prozent der Anteile an Buderus (Buderus, 1998, S. 7).

Bis zur Hauptversammlung von Bilfinger Berger im Mai 2001 hatte der Buderus-Aktionär seine Anteile auf rund 28,5 Prozent aufgestockt und gab bekannt, dass man Buderus entweder vollständig übernehmen wolle (eine feindliche Übernahme wurde jedoch ausgeschlossen) um die Geschäfte im Rahmen der eigenen Multi-Service-Strategie zu integrieren, oder die Anteile alternativ verkaufen werde („Die Welt", 2001a; „Handelsblatt", 2001). Aus den folgenden Sondierungen ergab sich jedoch keine engere strategische Zusammenarbeit, sodass Bilfinger im April 2003 seine Anteile an die Robert Bosch GmbH veräußerte, die bereits im Januar des Jahres Anteile in Höhe von 13,35 Prozent an Buderus erworben hatte (Buderus, 2003, S. 16). Im Rahmen eines öffentlichen Übernahmeangebots und durch weitere Zukäufe erwarb die Robert Bosch GmbH schließlich 97,16 Prozent aller Buderus-Aktien und erhielt die Genehmigung der EU-Kartellbehörde für die Übernahme (Buderus, 2004, S. 18). Buderus ergänzte damit das Portfolio von Bosch Thermotechnik und wertet diesen Geschäftsbereich außerhalb des traditionellen Kerngeschäfts auf (Buderus, 2004, S. 13).

2.3.2.2 Transaktionskosten und Ressourcenabhängigkeit

Ein weiterer Ausgangspunkt für Eigenkapitalbeteiligungen durch Industrieunternehmen war das Motiv Transaktionskosten zu reduzieren bzw. die eigene Ressourcenabhängigkeit zu mindern. Dabei wurden externe Transaktionspartner (z. B. Zulieferer), die eine entscheidende Rolle für die eigene unternehmerische Tätigkeit hatten, über Eigenkapitalbeteiligungen an das eigene Unternehmen gebunden.

Zwei Ansätze, die die Ursachen dieser Vorgehensweise spezifizieren, sind die Transaktionskostentheorie und die Ressourcenabhängigkeitstheorie (vgl. Fink et al., 2006, S. 499 f.). Die Transaktionskostentheorie untersucht die Effizienz von wirtschaftlichen Transaktionen bei unterschiedlichen Koordinationsformen und institutionellen Arrangements (Coase, 1937, S. 370). In diesem Zusammenhang wird argumentiert, dass unter hoher Ungewissheit, einer stark limitierten Anzahl potenzieller Transaktionspartner oder einer hohen Spezifität der Produkte bzw. Dienstleistungen die regulierenden Kräfte des Marktes ein opportunistisches Verhalten einzelner Akteure nicht verhindern können (Arrow, 1969, S. 59 f.), sodass es zu ineffizienten Transaktionen oder gar Marktversagen kommen kann (vgl. Fink et al., 2006, S. 499).

Die Ressourcenabhängigkeitstheorie legt im Vergleich dazu einen stärkeren Fokus auf die Rolle, die soziale Faktoren und Umweltbeziehungen eines Unternehmens auf den Austausch von Produkten oder Dienstleistungen mit anderen Unternehmen haben (Pfeffer & Salancik, 2003, S. 19 f.). Die Theorie besagt, dass sich Unternehmen bei zunehmender Abhängigkeit und Ungewissheit um engere Beziehungen zu ihren Partnern bemühen, um den Informationsaustausch, das Engagement, und die Austauschstabilität zu verbessern (vgl. Fink et al., 2006, S. 500).

Übertragen auf die Industrieunternehmen zur Zeit der Deutschland AG boten intra- und intersektorale Eigenkapitalbeteiligungen folglich die Möglichkeit, das eigene Geschäftsrisiko zu reduzieren und kostengünstigere Koordinationsmechanismen zu etablieren (Balsmeier et al., 2010, S. 550). Wie die Fallstudie von Degussa und dem für den Henkel-Konzern wichtigen Rohstoff „Sasil" verdeutlicht, war die Entscheidung für eine Eigenkapitalbeteiligung zwischen Industrieunternehmen ein Kerninstrument der Unternehmensstrategie, das entscheidend dazu beitragen konnte, einen strategischen Wettbewerbsvorteil zu schaffen und zu erhalten.

Fallstudie Degussa, ab 1973

Schon seit Anfang des 20. Jahrhunderts sauerstoffhaltige Waschmittel erfunden worden waren, bezog der Konsumgüterhersteller Henkel wichtige Rohstoffe für seine Produkte vom deutschen Degussa-Konzern. Um diese Lieferantenbeziehung zu festigen, beteiligte sich Henkel bereits im Jahr 1920 am Eigenkapital „seines wichtigsten Lieferanten" (Feldenkirchen & Hilger, 2001, S. 152).

Im Jahr 1973 wurde der Aktienbesitz umstrukturiert und über die GFC Gesellschaft für Chemiewerte mbH, an der Henkel fortan zu 45,8 Prozent beteiligt war, ausgeübt (Feldenkirchen & Hilger, 2001, S. 152). Zu den weiteren Gesellschaftern der GFC zählten die Dresdner Bank und die Münchener Rück („Der Spiegel", 1977b).

In den 1970er- und 1980er-Jahren gewann die gefestigte Beziehung zwischen beiden Unternehmen zusätzlich an Relevanz, als Waschmittelhersteller vor dem Hintergrund des Gewässerschutzes mit verschärften Grenzwerten für die Verwendung von Phosphaten konfrontiert wurden (Freese, 1981). Daher entwickelten und patentierten Henkel und Degussa gemeinsam einen Ersatzstoff ("Sasil") und bündelten die Patente in ihrem Joint Venture Sasil Patentverwertungsgesellschaft (Feldenkirchen & Hilger, 2001, S. 187). Obwohl die Patente weltweit vermarktet wurden (Feldenkirchen & Hilger, 2001, S. 187), entschloss sich beispielsweise Henkels Konkurrent Proctor & Gamble aufgrund der Wettbewerbssituation dazu, den Ersatzstoff nicht zu nutzen (Freese, 1981). Durch die gemeinsame Patentierung und die Lieferbeziehung für den Ersatzstoff konnte Henkel somit einen deutlichen Wettbewerbsvorteil aus der Verbindung zur Degussa AG realisieren.

Neben der Kapitalbeteiligung wurde die Verbindung zwischen den Unternehmen auch immer wieder durch Mandatsträger gefestigt: So waren in den 1990er-Jahren beispielsweise Dr.-Ing. Dr. rer. nat. h.c. Konrad Henkel (Ehrenvorstizender der Henkel-Gruppe) sowie Prof. Dr. phil. Dr. jur. Helmut Sihler und Dr. rer. nat. Jürgen Manchot (Mitglieder des Henkel Gesellschafterausschusses) im Degussa Aufsichtsrat vertreten (Degussa, 1998, S. 2). Weiterhin sind die Unternehmen auch in ihrem gesellschaftlichen Engagement verbunden, da die 1991 gegründete Konrad-Henkel-Stiftung im Jahr 2003 mit der Degussa-Stiftung zusammengeführt wurde (Evonik Stiftung, 2020). Zuletzt hielt Henkel noch 16,6 Prozent der Degussa Anteile (Feldenkirchen & Hilger, 2001, S. 152), bevor diese schließlich im Mai 1997 mit einem Veräußerungsgewinn in Höhe von 576 Mio. Euro (Henkel KGaA, 2005, S. 105) an den VEBA-Konzern verkauft wurden (Wintermann, 1997).

Im Rahmen der Transaktionskostenreduktion zur Zeit der Deutschland AG kam es jedoch auch zu Fällen, in denen sich Industrieunternehmen am Eigenkapital von Finanzinstituten beteiligten. Ein prominenter Fall aus den 1970er-Jahren ist diesbezüglich der Gerling-Konzern, der für seine attraktiven Versicherungskonditionen von vielen deutschen Industrieunternehmen geschätzt wurde. Das folgende Fallbeispiel verdeutlicht, dass Eigenkapitalbeteiligungen vor dem Hintergrund der Transaktionskosten und Ressourcenabhängigkeit nicht auf die primäre Wertschöpfungskette beschränkt waren, sondern auf alle externen Leistungsbeziehungen eines Unternehmens angewandt werden konnten.

Fallstudie Gerling, ab 1974

Der Gerling-Konzern, dessen Ursprünge im frühen 20. Jahrhundert liegen, wurde in der Nachkriegszeit zu einem der wichtigsten Industrieversicherer Deutschlands. In den 1970er-Jahren wurde der Herstatt Bank, an dem der Gerling-Konzern mit rund 81 Prozent beteiligt war, nach gescheiterten Spekulationen am Devisenterminmarkt die Banklizenz entzogen (Kellerhoff, 2014). Da der Gerling-Konzern aufgrund seiner Beteiligungshöhe im Konkursfall für die Bedienung der Forderungen von Herstatt-Gläubigern hätte aufkommen müssen (Herlt, 1974), bestand die Gefahr, dass auch Gerling der Herstatt-Krise zum Opfer fiel. Da die drohende Krise auch staatliche Interessen tangierte (wie bspw. die Vermeidung einer deutschen Finanzkrise, die Sicherung der Gelder von Kleinsparern sowie der Erhalt von Arbeitsplätzen im Gerling-Konzern), schalteten sich auch der Bundeswirtschaftsminister, der Bankenverbands-Präsident und der Notenbankchef ein ("Der Spiegel", 1974a). Nach langen Verhandlungen verkaufte Hans Gerling, Sohn des Unternehmensgründers, schließlich ein Gerling-Aktienpaket in Höhe von 51 Prozent und zahlte die Erlöse in Höhe von 200 Millionen Mark in einen Hilfsfonds zur Bedienung der Herstatt-Gläubiger im Rahmen eines außergerichtlichen Vergleichs (Herlt, 1974). Der Verkauf der

Gerling-Anteile bot zahlreichen deutschen Industrieunternehmen, die zumeist ein Kundenverhältnis zu Gerling unterhielten und von guten Versicherungsleistungen und -konditionen profitierten (Herlt, 1974), die Chance, sich über eine intersektorale Transaktion an dem Konzern zu beteiligen und sich damit auch künftig Zugang zu den geschätzten Dienstleistungen des Unternehmens zu sichern. Daher schlossen sich namhafte Industrieunternehmen wie Babcock, BASF, Bayer, Bosch, Daimler, Dynamit Nobel, Feldmühle, Hoechst, Klöckner & Co, Krupp, Mannesmann, Oetker, Preussag, Quandt, Reemtsma, RWE, Siemens, Triumph, Wolff AG und VEBA (Herlt, 1974) zusammen und gründeten die „Versicherungs-Holding der Deutschen Industrie" (VHDI), die 25,9 Prozent der Anteile am Gerling-Konzern übernahm („Der Spiegel", 1986). Der Rest des Gerling-Pakets (25,1 Prozent) wurde an die Zürich-Versicherung verkauft („Der Spiegel", 1986).

2.3.2.3 Ertragsorientierte Finanzanlage

Eine weitere Formierungsursache für Eigenkapitalbeteiligungen durch Industrieunternehmen lag in dem Ziel bestehende Einkommensströme zu diversifizieren. Entsprechende Beteiligungen wurden dabei als ertragsorientierte Finanzanlage betrachtet, sodass das Kalkül der Industrieunternehmen in diesem Fall erhebliche Parallelen zum Aktienhandel auf eigene Rechnung durch Finanzinstitute aufweist. Mit ihren Beteiligungen wollten die Industrieunternehmen einen unmittelbaren monetären Profit erwirtschaften ohne – im Gegensatz zu den zuvor beschriebenen Fällen – auf eine strategische Erweiterung ihres bestehenden Leistungsportfolios abzuzielen. Das Vorgehen der Unternehmen, die zur Zeit der Deutschlang AG Eigenkapitalbeteiligungen als ertragsorientierte Finanzanlagen hielten, wies viele Charakteristika moderner Finanzinvestoren auf:

– Die Beteiligungen hatten heterogene Beteiligungshöhen und Halteperioden.
– Es wurde in der Regel kein Squeeze Out der übrigen Aktionäre angestrebt.
– Auch bei beherrschenden Beteiligungsverhältnissen erfolgte keine umfassende Integration in das Mutterunternehmen, um die Beteiligung bei Bedarf kurzfristig herauslösen zu können; die Organisationsstruktur basierte häufig auf einer konzernleitenden Holdinggesellschaft.
– Synergien zwischen den Finanzanlagen spielten zumeist eine untergeordnete Rolle – eine Ausnahme sind Fälle, in denen sich ein Investor gezielt an mehreren Unternehmen einer Branche beteiligte, mit dem Ziel diese Unternehmen als ein Ganzes zu veräußern („Buy-and-Build"-Strategie).
– Der Investor entsandte Vertreter in die Gremien des Beteiligungsunternehmens (z. B. Aufsichtsrat).

Ein wichtiger Unterschied zwischen den Industrieunternehmen und modernen Finanzinvestoren bestand jedoch darin, dass die Industrieunternehmen ein Kerngeschäft hatten, das in ihrer historischen Tradition begründet war und nicht im Sinne einer Finanzanlage gehalten wurde. Die folgende Fallstudie beschreibt daher, wie der Energieversorger RWE eine intersektorale Beteiligung als Finanzanlage nutzte, diese an der Börse platzierte und organisatorisch von den restlichen Konzernaktivitäten trennte.

Fallstudie Heidelberger Druckmaschinen, ab 1940

Bereits seit 1940 hielt RWE über das Tochterunternehmen Rheinelektra eine Mehrheitsbeteiligung an der Heidelberger Druckmaschinen AG („Heidelberg"); weiterer Aktionär war die Almüco Vermögensverwaltungsgesellschaft mbH (Heidelberger Druckmaschinen AG, 1986, S. 21), an der die Commerzbank, Münchener Rück und Allianz beteiligt waren (Kammlott, 2004, S. 49).

Unter dem damaligen Vorstandsvorsitzenden von Heidelberg, Hartmut Mehdorn, erfolgte 1997 erstmalig die Notierung an der Frankfurter Börse, wobei RWE seinen Anteil in Höhe von 56,15 Prozent beibehielt. Die Commerzbank konnte den Börsengang als Bookrunner und Global Coordinator begleiten (World Association of News Publishers, 1997).

Neben der Eigenkapitalbeteiligung gab es auch viele personelle Verflechtungen zwischen den Unternehmen. Einerseits wurde Hartmut Mehdorn nach dem erfolgreichen Börsengang zum 1. Oktober 1998 in den Vorstand von RWE berufen (RWE AG, 1999, S. 6), gleichzeitig waren der RWE Vorstandsvorsitzende Dr. Dietmar Kuhnt und sein Vorstandskollege Prof. Dr. Clemens Börsig im Aufsichtsrat von Heidelberg tätig (Heidelberger Druckmaschinen AG, 1999, S. 5).

Nachdem RWE 1999 die Lahmeyer AG (in der die Heidelberg Beteiligung verordnet war) vollständig übernahm und mit dem Mutterkonzern vereinigte, wurde Heidelberg organisatorisch separiert, während alle übrigen Geschäftsteile der Lahmeyer AG gemeinsam in den Unternehmensbereich „Industriesysteme" integriert wurden (RWE AG, 1999, S. 67). Die Sonderstellung verdeutlicht, dass es sich bei der Beteiligung an Heidelberg nunmehr um ein intersektorales strategisches Investment handelte, bei dem der Fokus nicht auf operativen Synergien lag. Es ist daher wahrscheinlich, dass zu diesem Zeitpunkt insbesondere die prohibitiv hohen Steuersätze RWE von einem Verkauf der Beteiligung abhielten. Die Situation änderte sich mit Inkrafttreten des Gesetzes zur Senkung der Steuersätze und zur Reform der Unternehmensbesteuerung im Jahr 2000 (vgl. Kapitel 6.2.), da derartige Veräußerungsgewinnen fortan von einer Versteuerung befreit wurden. Nachdem sich RWE in der Folge Anfang 2004 von seiner Beteiligung am Baukonzern Hochtief trennte, gab man im Mai des Jahres auch den Verkauf eines Großteils der Heidelberg Anteile bekannt.

Ähnlich wie im Falle RWE waren es zur Zeit der Deutschland AG insbesondere Unternehmen der Energie- und Stahlwirtschaft, die ihre teils stark schwankenden Ertragsströme durch intersektorale Beteiligungen diversifizierten. Auch das folgende Beispiel des Viag-Konzerns demonstriert, dass die Unternehmen auf der Suche nach einer optimalen Diversifizierung in sehr heterogene Industrien vordrangen, bei der Aussicht auf gute Renditen jedoch auch zur Veräußerung von Beteiligungspositionen bereit waren. Folglich wurden bei der ertragsorientierten Finanzanlage nicht nur Kapitalflüsse aus Dividendenzahlungen, sondern auch Kurs- und Veräußerungsgewinne berücksichtigt.

Fallstudie Didier, Klöckner & Co., Gerresheimer Glas, PWA, ab 1985

In den 1980er-Jahren wurden der Viag-Konzern anhand verschiedener Transaktionen, an denen auch die deutschen Finanzinstitute beteiligt waren, zu einem Großaktionär der deutschen Aktiengesellschaften Didier, Klöckner & Co., Gerresheimer Glas und PWA (Eglau, 1991). Der Viag-Konzern war 1923 als Staatsholding gegründet worden, um Erzeuger und Großverbraucher von Elektrizität unter einer einheitlichen Führung zusammenzubringen (Eglau, 1991). Kurz vor der

Teilprivatisierung im Jahr 1986 wurde damit begonnen, das Portfolio des Unternehmens, das bis dato stark auf die Bereiche Rohstoffe und Chemie fokussiert war, zu diversifizieren (Eglau, 1991). Im Zuge dessen wurde 1985 ein Aktienpaket an der Didier AG in Höhe von 15 Prozent von der Deutschen Bank übernommen (Eglau, 1991). Die Strategie der Diversifizierung wurde auch nach der Restprivatisierung im Jahr 1988 fortgesetzt und es folgten Beteiligungen an Klöckner & Co. (vgl. Fallstudie Klöckner & Co.) Gerresheimer Glas (1989, Beteiligung in Höhe von 24,9 Prozent wurde von der Westdeutschen Landesbank übernommen) und PWA (1989, Zukauf von zunächst 15 Prozent über die Börse) (Eglau, 1991).

Die Beteiligungen an Didier und PWA wurden 1994 und 1995 gewinnbringend veräußert („Die Welt", 1995). Im Zuge der Fusion von Viag und VEBA zu E.ON (Abschluss der Transaktion Ende 2000) wurde das Viag-Portfolio bereinigt, sodass auch die Eigenkapitalbeteiligungen an Gerresheimer Glas 2000 (Wintermann, 2000) und Klöckner & Co. 2001 („Die Welt", 2001b) veräußert wurden.

Gemeinsam führten die beschriebenen Formierungsursachen über die Jahre zu einem dichten Netzwerk aus Kapitalverflechtungen. Zusammen mit den Eigenkapitalbeteiligungen der Finanzinstitute manifestierten sich die Strukturen, die das Verständnis von Eigentum im Kontext der deutschen börsennotierten Unternehmen über Jahrzehnte prägten.

3 Corporate Governance

Die Unternehmensverfassung, die als „Corporate Governance" bezeichnet wird, und die den „rechtlichen und faktischen Ordnungsrahmen für die Leitung und Überwachung eines Unternehmens" (v. Werder, 2015, S. 3) definiert, kann über die Gestaltung der Verfassungsorgane und der Beziehungen zwischen den Organen charakterisiert werden. Dem Aktiengesetzes folgend, werden drei Organe differenziert: (i) die Hauptversammlung, (ii) der Aufsichtsrat und (iii) der Vorstand, die in Beziehung zueinander stehen (vgl. Hutzschenreuter, 1998, S. 65 f.) und das Gesamtsystem maßgeblich prägen. Dazu gehören: (i) die Weisungsbeziehung zwischen Aufsichtsrat und Vorstand, (ii) die Leistungsbeziehung zwischen Aufsichtsrat und Vorstand und (iii) die Informationsbeziehung zwischen Vorstand und Aufsichtsrat sowie zwischen Vorstand und Hauptversammlung sowie der Öffentlichkeit. Unter Hinzunahme relevanter Rahmenbedingungen wird das Corporate-Governance-System der Deutschland AG im Folgenden anhand seiner Organe und Beziehungen charakterisiert, um Implikationen für die Kontrolle und die Ausrichtung des Systems abzuleiten (vgl. Tabelle 3).

Tabelle 3: Corporate Governance System der Deutschland AG.

Rahmenbedingungen		
primäre Finanzierungsquelle	–	starke Nutzung von Fremdkapital in Form von Bankkrediten
Fokus des normativen Schutzinteresses	–	Gläubigerschutz
Gestaltung der Organe		
Hauptversammlung	–	dominiert von Banken aufgrund des Depotstimmrechts
Aufsichtsrat Vorstand	–	hohes Maß an Personalverflechtungen mit anderen Unternehmen
	–	oftmals eine hohe Präsenz von Bankenvertretern in den Aufsichtsräten der Industrieunternehmen
	–	Vorstandsmitglieder halten in der Regel Aufsichtsratsmandate in anderen Unternehmen
Gestaltung der Beziehungen		
Weisungsbeziehungzwischen Aufsichtsrat und Vorstand	–	unternehmerisches Wertesystem geprägt durch Orientierung an diversen Interessensgruppen

https://doi.org/10.1515/9783110735611-004

Tabelle 3 (fortgesetzt)

Leistungsbeziehung zwischen Aufsichtsrat und Vorstand	– hoher Fixanteil in der Manager-Vergütung – variable Anteile orientieren sich nicht an der Wertentwicklung des Unternehmens – keine Aktienoptionen
Informationsbeziehung zwischen Vorstand und Aufsichtsrat/ Hauptversammlung (u. Öffentlichkeit)	– Informationstransferproblem für den Aufsichtsrat – schwach ausgeprägte Unternehmenspublizität
Folgen	
dominante Kontrollinstanz und -mechanismen	– Aufsichtsrat (persönliche Verbindungen zum Vorstand)
Systematische Ausrichtung der Unternehmensverfassung	– Insider-System

3.1 Rahmenbedingungen: Die Rolle des Fremdkapitals

Bei der Betrachtung der für das Corporate-Governance-System relevanten Rahmenbedingungen fokussieren wir uns einerseits auf die Finanzierungsquellen, die den Unternehmen der Deutschland AG zur Verfügung standen, und andererseits auf das priorisierte normative Schutzinteresse, das vom Gesetzgeber zu dieser Zeit vertreten wurde.

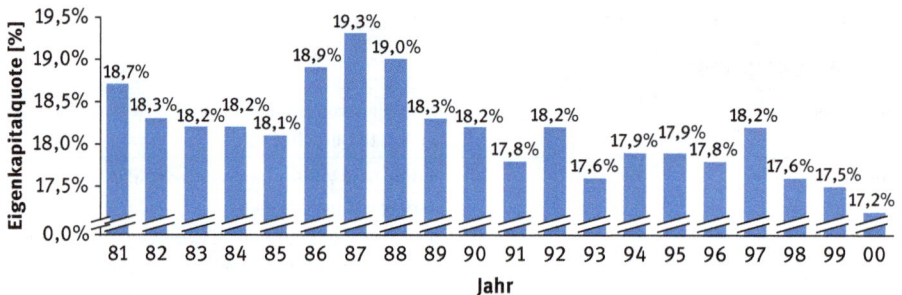

Abbildung 6: Entwicklung der Eigenkapitalquote deutscher Unternehmen. Quelle: Deutsches Aktieninstitut e.V., 2011.

Abbildung 6 verdeutlicht die niedrigen Eigenkapitalquoten der deutschen Unternehmen, die für den Zeitraum von 1981 bis 2000 durchschnittlich zwischen 17,2 und 19,3 Prozent lagen. Zum Vergleich lag die Eigenkapitalquote von US-amerikanischen Unternehmen nach Angaben der OECD Anfang der 1980er-Jahre bei rund 58 Prozent und sank bis zum Ende des Jahrzehnts nur marginal auf rund 56,9 Prozent; in Großbritannien lagen die Werte in diesem Zeitraum zwischen 48 und 49,5 Prozent (Deutsches Aktieninstitut e.V., 2011). Für den Zeitraum zwischen 1970 und 1988 zeigt Wiendieck (1992, S. 26) auf, dass die Bankkreditquote als Anteil der finanziellen Verpflichtungen für die Unternehmen des nichtfinanziellen Sektors in Deutschland kontinuierlich bei rund 60 Prozent lag.

Das Ausmaß der Kreditfinanzierung der Unternehmen war damit nicht nur einer der Gründe, dass sich die Kreditinstitute am Eigenkapital ihrer Schuldner beteiligten, sondern führte auch dazu, dass der Gläubigerschutz eine wichtige gesamtwirtschaftliche Rolle spielte. Da ein Großteil der Unternehmensfinanzierung im Wesentlichen von einer geringen Anzahl von Kreditinstituten geleistet wurde und ihre finanzielle Handlungsfähigkeit somit eine hohe Systemrelevanz hatte, galt es, die Gläubiger bestmöglich vor unerwarteten Zahlungsausfällen ihrer Schuldner zu schützen. Der Gesetzgeber verdeutlichte dieses Schutzinteresse durch konservative Vorschriften zur Rechnungslegung und Gewinnermittlung im HGB (Haunderdinger & Probst, 2004, S. 30; Velte & Weber, 2011b, S. 479), die es den Unternehmen ermöglichen, durch die Höhe des ermittelten Gewinns einen Einfluss auf die Dividendenerwartung der Aktionäre zu nehmen (Haunderdinger & Probst, 2004, S. 30; Höpner, 2003, S. 40). Wies eine Kapitalgesellschaft also einen hohen Gewinn aus, so stieg die erwartete Dividende zulasten der Haftungsmasse, auf die die Gläubiger im Insolvenzfall zurückgreifen konnten.

Folglich war nach HGB der Grundsatz der Vorsicht (§ 252 Abs. 1 Nr. 4) „im Sinne des Gläubigerschutzes ausdrücklich vorgeschrieben" (Haunderdinger & Probst, 2004, S. 35). Dieser Grundsatz wurde insbesondere im Realisations- und im Imparitätsprinzip konkretisiert. Das Realisationsprinzip verbot die Ausweisung von Gewinnen, die zum Bilanzstichtag noch nicht realisiert waren. Umgekehrt schrieb das Imparitätsprinzip vor, dass Verluste unabhängig vom Zeitpunkt der Materialisierung bereits dann zu berücksichtigen waren, sobald sie erkennbar waren (Höpner, 2003, S. 40). Da es möglich war, stille Reserven zu bilden, deren tatsächlicher (Markt-)Wert sich ohne den Zugang zu internen Unternehmensinformationen nicht bestimmen ließ, wurde den Aktionären ein umfassender Einblick in die finanzielle Konstitution des Unternehmens verwehrt. Die Gläubigerschutzorientierung des Gesetzgebers zur Zeit der Deutschland AG schaffte somit einen Rahmen, der sowohl die Informationsbeziehung zwischen dem Vorstand und den übrigen Organen als auch die Ausrichtung des Gesamtsystems beeinflusste.

3.2 Gestaltung der Organe im Insider-System der Deutschland AG

3.2.1 Bankendominanz auf Hauptversammlungen

In der Hauptversammlung sind die Eigentümer der Aktiengesellschaft vertreten (vgl. Hutzschenreuter, 1998, S. 62). Das Aktiengesetz sieht vor, dass die Aktionäre „ihre Rechte in den Angelegenheiten der Gesellschaft in der Hauptversammlung" (§ 118 AktG Abs. 1) ausüben. Obwohl die Trennung von Eigentum und Führung durch das Aktiengesetz manifestiert ist und spezifische strategische und operative Führungsentscheidungen nicht durch die Hauptversammlung getroffen werden dürfen, kann die Hauptversammlung durch Beschlüsse über „die Satzung der Aktiengesellschaft, die Bestellung der Aufsichtsratsmitglieder und über Fragen der finanziellen Führung" (Hutzschenreuter, 1998, S. 62) Einfluss auf das Unternehmen ausüben. Allerdings wurde zur Zeit der Deutschland AG wiederholt festgestellt, dass die Aktionärsdemokratie eine „Wunschvorstellung des Gesetzgebers" (Henzler, 1996, S. 15) war, die von dem Organ in der Praxis aufgrund mehrerer Einschränkungen nicht realisiert werden konnte.

Einerseits hatten die Hauptversammlungen „eher zeremoniellen Charakter" (Henzler, 1996, S. 15) und vorhandene Einflusspotenziale, die sich beispielsweise durch das Beschlussrecht über die Satzung für die Aktionäre ergaben, blieben in der Regel ungenutzt (vgl. Hutzschenreuter, 1998, S. 62). So wurden Hauptversammlungen oftmals zu einem „Forum für Splittergruppen" (Henzler, 1996, S. 15). Andererseits waren die Machtverhältnisse in der Hauptversammlung aufgrund des Depotstimmrechts deutlich zugunsten der Kreditinstitute verschoben. Das Depotstimmrecht ermächtigte die Kreditinstitute, neben den Stimmrechten, die sie aufgrund ihres hauseigenen Anteilsbesitz innehatten, auch die Stimmrechte aus dem Anteilsbesitz ihrer Kunden auszuüben, sofern die Aktien der Kunden im Depot der jeweiligen Bank verwahrt wurden und die Kunden keine gegenteilige Weisung zu ihren Stimmrechten abgegeben hatten (Schmidt, 1995, S. 27 f.).

Grundsätzlich sollte das Depotstimmrecht verhindern, dass durch die „rationale Apathie" (Wolff, 2000, S. 213) der Kleinaktionäre, die ihre Eigentumsrechte aufgrund von Informationskosten oder mangelndem Sachverstand nicht ausüben wollten, ein Machtvakuum zugunsten des Vorstands und der Großaktionäre entstand (Münchow, 1995, S. 167). Allerdings führte die Regelung auch dazu, dass „die Banken in der Regel mittels der von ihren Depotkunden erhaltenen Stimmrechtsvollmachten die Mehrheit der Stimmen" (Schmidt, 1995, S. 27 f.) innehatten, sodass das Organ der Hauptversammlung von ihnen dominiert wurde. Obwohl den Kreditinstituten vorgeworfen wurde, dass sie das Depotstimmrecht nicht im Sinne ihrer Kunden, sondern nach Eigeninteressen einsetzten (vgl. Henzler, 1996, S. 15), gab es zur Zeit der Deutschland AG keine Reform des Depotstimmrechts. Mögliche Ursachen dafür sind, dass man bei vielen alternativen Regelungen, wie beispielsweise dem Vorschlag, Banken das Depotstimmrecht nur nach expliziter Weisung durch die Kunden zu gewähren, fürchtete, dass der Anteil der in der Hauptversammlung präsenten Stimmen stark abnehmen würde und so Minderheiten Entscheidungen herbeiführen könnten (vgl. Henzler, 1996, S. 15). Tabelle 4 zeigt exemplarisch für eine Reihe deutscher HDAX-Unternehmen zur Zeit der Deutschland AG, dass durchschnittlich ein Anteil von rund 72 Prozent an dem bei einer Hauptversammlung anwesenden stimmberechtigten Kapital auf Kreditinstitute entfiel.

Tabelle 4: Präsenz und Stimmenverteilung bei den Hauptversammlungen ausgewählter HDAX-Unternehmen im Jahr 1992.

Unternehmen	HV-Präsenz [Anteil des stimmberechtigten Kapitals in %]				
		davon Kreditinstitute [Anteil von HV-Präsenz in %]	davon Assekuranz & Inv. Fonds [Anteil von HV-Präsenz in %]	davon sonstige nicht private [Anteil von HV-Präsenz in %]	davon Privatanleger u. Aktionärsvereinigungen [Anteil von HV-Präsenz in %]
AGIV	69,96	83,30	16,56	0,00	0,14
BASF	50,39	81,11	15,71	0,00	3,18
Bayer	50,21	80,08	13,09	2,21	4,62
Bay. Hypo	68,87	81,43	17,64	0,00	0,93
Bay. Vereinsbank	55,95	73,15	12,15	13,12	1,58
Bremer Vulkan	52,09	57,10	4,46	36,86	1,58
Commerzbank	48,23	81,71	16,42	0,00	1,87
Degussa	73,26	51,99	8,93	36,77	2,31
Deutsche Babcock	37,30	79,32	16,46	0,78	3,44
Deutsche Bank	46,79	82,32	13,04	0,06	4,58
Dresdner Bank	74,59	83,54	8,07	7,32	1,07
Hoechst	71,39	87,72	11,27	0,00	1,01
KHD	69,60	94,60	3,70	0,00	1,70
Linde	60,03	84,37	14,78	0,10	0,75
MAN	72,09	35,51	14,02	50,04	0,43

Tabelle 4 (fortgesetzt)

Mannesmann	37,20	90,35	8,36	0,00	1,29
Preussag	69,00	54,30	4,92	40,65	0,13
Schering	37,42	74,79	20,72	0,63	3,86
Siemens	52,66	85,61	10,37	3,34	0,68
Strabag	67,10	95,66	3,83	0,00	0,51
Thyssen	67,66	41,75	3,87	53,36	1,02
VEBA	53,40	78,23	13,28	0,17	8,32
VIAG	69,68	41,67	8,03	50,02	0,28
Volkswagen	38,27	35,17	9,64	52,17	3,02
Durchschnitt	**58,05**	**72,28**	**11,22**	**14,48**	**1,74**

Quelle: Baums & Fraune, 1994, S. 14.

3.2.2 Interessenspluralismus im Aufsichtsrat

Angesichts der Prinzipal-Agenten-Beziehung, die sich aufgrund der Trennung von Eigentum und Führung zwischen den Aktionären (Prinzipal) und dem Vorstand (Agent) ergibt, dient der Aufsichtsrat formal als Überwachungsorgan für die Tätigkeit des Vorstandes. Zu den Aufgaben des Aufsichtsrates zählen primär die Bestellung und Abberufung von Vorstandsmitgliedern, die Entscheidung über die Vorstandsvergütung und die Kontrolle des unternehmerischen Handelns des Vorstands (Gehlen, 2013, S. 169).

Zur Zeit der Deutschland AG waren Vertreter unterschiedlichster Personengruppen in den Aufsichtsräten der deutschen börsennotierten Unternehmen präsent: ehemalige Vorstandsmitglieder, Arbeitnehmervertreter, Bankvertreter und Vertreter anderer Großaktionäre (vgl. Schmidt, 2006, S. 16 ff.). Aufgrund dieser Zusammensetzung der Aufsichtsräte kam es zu einem weitreichenden Interessenspluralismus:

- Ehemalige Vorstandsmitglieder verfügten über eine umfassende Expertise bezüglich der Branche und des Wettbewerbsumfelds und hatten somit weitreichende Kontrollmöglichkeiten. Ihr Interesse bezog sich in der Regel insbesondere auf die strategische Kontinuität des Unternehmens (was auch dazu führen konnte, dass sie sich zu sehr in die Unternehmensführung einmischten (vgl. Henzler, 1996, S. 15), oder dass möglicherweise nachteilige unternehmerische Entscheidungen ihrer Vorstandszeit perpetuiert wurden (Metten, 2010, S. 294)). Da eine gesetzliche Vorgabe zur Karenzzeit für den Wechsel zwischen Vorstands- und Aufsichtsratsmandaten erst 2009 eingeführt wurde (vgl. § 100 Abs. 2 Nr. 4 AktG ab 05. August 2009) war es zur Zeit der Deutschland AG durchaus üblich, dass Vorstände nahtlos in den Aufsichtsrat wechselten.

- Arbeitnehmervertreter hatten gemäß ihrem Mandat ein starkes Interesse an der Sicherung der Beschäftigung sowie an der Wahrung weiterer Arbeitnehmerinteressen, beispielsweise in den Bereichen Vergütung, Arbeitszeit, oder Arbeitssicherheit.
- Aufgrund der teils erheblichen Fremdkapitalfinanzierung (und dem damit einhergehenden Kontrollbedürfnis der Gläubiger) und der dominanten Stellung in der Hauptversammlung war die Präsenz von Bankenvertretern in vielen Aufsichtsräten der Unternehmen der Deutschland AG die Regel. Häufig stellten die Kreditinstitute darüber hinaus auch den Aufsichtsratsvorsitzenden. Das Interesse der Banken lag primär in der Festigung und Erweiterung der Kundenbeziehung sowie in der Minimierung des Ausfallrisikos für die gewährten Kredite.
- Vertreter von anderen Großaktionären, die nicht gleichzeitig Gläubiger eines Unternehmens waren, vertraten oftmals strategische Interessen, wie beispielsweise die Festigung von Kunden- oder Lieferantenverhältnissen oder die Portfolioerweiterung. Wie am Beispiel von Heidelberg Druck (gehalten von RWE) verdeutlicht (vgl. Fallstudie Heidelberg Druck), konnte es sich aber durchaus auch um Ertragsinteressen handeln.

Da die Wahl von neuen Aufsichtsratsmitgliedern so geregelt war, dass die bestehenden Aufsichtsräte dafür verantwortlich waren, eine Kandidatenliste auszuarbeiten, über die dann in der Hauptversammlung abgestimmt wurde, hatte der Aufsichtsrat einen erheblichen Einfluss auf die Mandatsvergabe. In der Praxis wurde dieser Einfluss oftmals zusätzlich durch die Gepflogenheit gestärkt, dass die erarbeitete Kandidatenliste ohne jegliche Revision von den Aktionären abgesegnet wurde (Bachmann, 2010, S. 343). Daher gelangten in vielen Unternehmen häufig die gleichen Personen in Aufsichtsratsmandate. Nicht zuletzt aufgrund der Eigenkapitalbeteiligungen und der Geschäftsbeziehungen zwischen den Finanzinstituten und Industrieunternehmen der Deutschland AG entstand so über Mehrfachmandate auch eine enge personelle Verflechtung zwischen den Unternehmen.

Eine Folge der teils umfangreichen Mehrfachmandate war, dass ein limitierter Personenkreis einen hohen Einfluss auf zahlreiche Unternehmen innerhalb der Deutschland AG ausüben konnte und dass es seinen Mitgliedern möglich war, eine Koordinationsfunktion zwischen den Unternehmen zu übernehmen. Angesichts des Interessenspluralismus der Akteure führte dies jedoch auch dazu, dass sich involvierte Personen „immer wieder treffen und immer wieder trotz jeweils akuter Interessenkonflikte zusammenarbeiten müssen" (Schmidt, 2006, S. 19), was der Konsensfindung zuträglich sein konnte. Das Ausmaß der Personalverflechtungen und die spezifischen Motive der Akteure werden im Anschluss an die Vorstellung des Vorstandsorgans beleuchtet, da die Verflechtungen nicht ausschließlich auf Ebene der Aufsichtsräte entstanden, sondern auch in großem Umfang durch Mehrfachmandate von Vorstandsmitgliedern realisiert wurden.

3.2.3 Das Vorstandsorgan und die Personalverflechtungen der Mandatsträger

Der Vorstand ist das Führungsorgan der Aktiengesellschaft, seine Mitglieder sind mit der Geschäftsführung beauftragt (vgl. Hutzschenreuter, 1998, S. 62 f.). Für das Vorstandsorgan gilt das sogenannte Kollegialprinzip, nachdem die Vorstandsmitglieder nur gemeinsam zur Geschäftsführung ermächtigt sind und der Vorsitzende als „Primus inter pares" agiert (vgl. Henzler, 1996, S. 15). Bei strikter Auslegung des Kollegialprinzips und einer ausschließlich kollektiven Entscheidungsfindung konnte die Größe mancher Vorstandsgremien zur Zeit der Deutschland AG zu Problemen führen, da bis zu 15 Vorstandsmitglieder oftmals unter Zeitdruck Entscheidungen zu treffen hatten (vgl. Henzler, 1996, S. 15), sodass eine vollumfängliche Information und Diskussion hinsichtlich der anstehenden Voten nicht immer möglich war.

Eine weitere Besonderheit im Hinblick auf das Vorstandsorgan ergab sich im Kontext der Unternehmensverfassung (vgl. Hutzschenreuter, 1998, S. 63). Da sie die Aufgabenverteilung zwischen den Organen regelt und einen starken Einfluss darauf hat, inwieweit Mitglieder der Hauptversammlung und des Vorstands ihre Ziele erreichen können, sollte die Gestaltung der Verfassung, wie vom Gesetzgeber durch die Ausgestaltung der Aktionärsrechte beabsichtigt, nicht durch das Führungsorgan erfolgen (vgl. Hutzschenreuter, 1998, S. 63). In der Unternehmenspraxis der Deutschland AG hatten die Vorstände jedoch zum Teil einen erheblichen Gestaltungsfreiraum (vgl. Hutzschenreuter, 1998, S. 63), was das Kräfteverhältnis zwischen den Organen zum Vorteil der Vorstände verschob.

Hinsichtlich der mit der Vorstandsarbeit mandatierten Personen waren ähnlich wie im Falle der Aufsichtsräte zahlreiche Verantwortliche durch Mehrfachmandate gleichzeitig auch in anderen Unternehmen der Deutschland AG tätig. Neben weiteren Vorstandsmandaten bei Unternehmen des eigenen Konzernverbunds waren Vorstände in der Regel auch in anderen Unternehmen als Aufsichtsräte tätig, wodurch weitläufige Verflechtungen zustande kamen. Um das Ausmaß der Personalverflechtungen zu bestimmen, wird analog zum Vorgehen bei den Kapitalverflechtungen die Stichprobe der HDAX-Unternehmen herangezogen. Dabei werden alle Unternehmen berücksichtigt, die zum Beobachtungszeitpunkt im Jahr 1995 Teil des Index waren, sodass sich eine Stichprobe von 100 Unternehmen ergibt (als Datenquellen dienen wiederum der „Hoppenstedt Aktienführer" und die Datenbank „Refinitiv Eikon").

Abbildung 7 illustriert, mit welchem Anteil der Stichprobenunternehmen jedes der betrachteten HDAX-Unternehmen über Personalverflechtungen verbunden war. Dabei wird zwischen direkten Personalverflechtungen (erste Ebene) und indirekten Personalverflechtungen (zweite Ebene) unterschieden. Bei den direkten Personalverflechtungen unterhält ein Mandatsträger von Unternehmen A zusätzlich ein

Mandat in Unternehmen B, wodurch die Unternehmen A und B direkt miteinander verbunden sind. Bei indirekten Personalverflechtungen hingegen trifft der Mandatsträger von Unternehmen A im Gremium des Unternehmens B auf eine Person, die über ein Mehrfachmandat gleichzeitig in den Unternehmen B und C tätig ist. Durch das Aufeinandertreffen im Gremium des Unternehmens B entsteht so auf zweiter Ebene eine indirekte Personalverflechtung zwischen den Unternehmen A und C. In der Analyse werden nur indirekte Personalverflechtungen zwischen Unternehmen berücksichtigt, die nicht bereits durch eine direkte Personalverflechtung miteinander verbunden sind (folglich ist eine Doppelzählung ausgeschlossen).

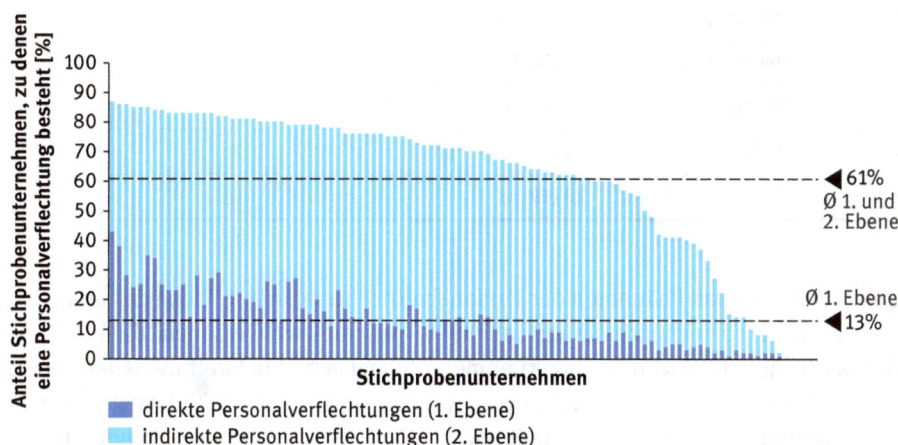

Abbildung 7: Direkte und indirekte Personalverflechtungen (1995).
N = 100.

Die Analyse zeigt, dass die Unternehmen aus der Stichprobe im Durchschnitt mit 13 Prozent der übrigen Stichprobenunternehmen direkt über eine Personalverflechtung verbunden waren, während dieser Wert auf durchschnittlich 61 Prozent ansteigt, wenn auch die indirekten Personalverflechtungen hinzugezogen werden. Die drei Unternehmen mit den umfangreichsten Personalverflechtungen auf erster und zweiter Ebene deckten dabei sogar zwischen 86 und 87 Prozent der Stichprobe ab. Dies verdeutlicht sowohl die weit verbreitete Vergabe von Mehrfachmandaten als auch die erheblichen Koordinationspotenziale, die sich für die Unternehmen zur Zeit der Deutschland AG aus den Verflechtungen ergaben.

Legt man den Fokus ausschließlich auf die direkten Personalverflechtungen, so zeigt sich, dass insbesondere die Finanzinstitute und die Energieunternehmen im Zentrum des Netzes standen (vgl. Tabelle 5). Im Jahr 1995 war die Dresdener Bank mit 43 Prozent der Stichprobenunternehmen direkt über Personalverflechtungen verbunden, gefolgt von der Deutschen Bank (38 Prozent) und der Allianz (35 Prozent). Entsprechend konnten die Mehrfachmandatsträger zur Interessensvermittlung zwischen den Finanzinstituten und den verbundenen Unternehmen dienen. Die direkten Personalverflechtungen der Energiekonzerne Veba und RWE, die mit 34 bzw. 29 Prozent der Stichprobenunternehmen bestanden, hingen primär mit den zahlreichen intrasektoralen Kapitalbeteiligungen der Unternehmen zusammen.

Tabelle 5: Stichprobenunternehmen mit den meisten Personalverflechtungen zu anderen Stichprobenunternehmen (1995).

Rang	Unternehmen	Anzahl (Anteil) der Stichprobenunternehmen, mit denen eine direkte Personalverflechtung besteht
1	Dresdner Bank	43 (43 %)
2	Deutsche Bank	38 (38 %)
3	Allianz	35 (35 %)
4	VEBA	34 (34 %)
5	RWE	29 (29 %)

Betrachtet man das Phänomen der Personalverflechtungen auf Ebene der involvierten Personen, so zeigt sich für das Jahr 1995, dass die zwei Personen, die im Kreise der betrachteten Stichprobenunternehmen die meisten Mandate innehatten, beide Vertreter der deutschen Finanzinstitute waren (vgl. Tabelle 6). Wolfgang Schieren, der aufgrund seiner bis 1991 ausgeübten Tätigkeit als Vorstandsvorsitzender der Allianz zahlreiche Aufsichtsratsmandate ausübte, schöpfte dabei im Jahr 1995 mit insgesamt zehn Aufsichtsratsmandaten die vorgegebenen Grenzen des Aktienrechts gänzlich aus (§ 100 AktG Abs. 2). Mit Hilmar Kopper und Wolfgang Röller waren auch Vertreter der Deutschen Bank und der Dresdner Bank unter den Top fünf der

Tabelle 6: Personen mit den meisten Mandaten in den Stichprobenunternehmen (1995).

Rang	Name	Primärorgan	Anzahl
1	Wolfgang Schieren	Aufsichtsratsvorsitzender Allianz (ehem. Vorstandsvorsitzender Allianz)	10
1	Hilmar Kopper	Vorstandssprecher Deutsche Bank	10
3	Friedhelm Gieske	Aufsichtsratsmitglied RWE (ehem. Vorstandsvorsitzender RWE)	9
4	Hermann Josef Strenger	Aufsichtsratsvorsitzender Bayer (ehem. Vorstandsvorsitzender Bayer)	8
5	Wolfgang Röller	Aufsichtsratsvorsitzender Dresdner Bank (ehem. Vorstandssprecher Dresdner Bank)	8

Rangliste vertreten, während der erste Vertreter der Commerzbank mit fünf Mandaten im Kreise der betrachteten Unternehmen lediglich Platz 15 belegt.

Die Darstellung der Personalverflechtungen zwischen den Stichprobenunternehmen in einem Netzwerkdiagramm illustriert den Umfang und die Dichte der Verflechtungen (vgl. Abbildung 8). Die Breite der Verbindungslinien zwischen den Unternehmen verdeutlicht dabei die Anzahl der Personen, die in beiden Unternehmen ein Mandat innehaben. Im Jahr 1995 unterhielten insgesamt 95 Prozent der Stichprobenunternehmen Personalverflechtungen zu anderen Unternehmen in der Stichprobe. Dabei entstanden rund 630 Verbindungen zwischen Unternehmen, die von jeweils einer bis maximal acht Personen gleichzeitig durch Mehrfachmandate aufrechterhalten wurden. Dass Verbindungen, wie beispielsweise zwischen Daimler und AEG (acht Mandatsträger; nach der Übernahme von AEG durch Daimler im Jahr 1985 fand eine Integration erst 1996 statt), Allianz und Deutscher Bank (sieben Mandatsträger), Horten und Kaufhof (fünf Mandatsträger) oder Siemens und Thyssen (fünf Mandatsträger), gleichzeitig durch mehrere Mandatsträger aufrechterhalten wurden, verdeutlicht die Wichtigkeit der jeweiligen Verbindung für die beteiligten Unternehmen.

Die bisherigen Befunde werfen die Frage auf, welche Ursachen den zahlreichen Personalverflechtungen zugrunde liegen, die einen maßgeblichen Einfluss auf die Gestaltung der Vorstands- und Aufsichtsratsorgane zur Zeit der Deutschland AG hatten. Unter Einbezug der anderen strukturellen Eigenschaften der Deutschland AG lassen sich primär vier Ursachen für die Personalverflechtungen feststellen: (i) Überwindung des Prinzipal-Agentenproblems (in Bezug auf divergente Interessen), (ii) Überwindung von Informations-Asymmetrien bei der Fremdkapital-Vergabe, (iii) unternehmensübergreifende Koordination ohne Eigenkapitalbeteiligung und (iv) Steigerung des individuellen Humankapitals.

Überwindung des Prinzipal-Agentenproblems Sowohl die Finanzinstitute als auch die Industrieunternehmen waren infolge ihrer Eigenkapitalbeteiligungen an anderen Unternehmen der Deutschland AG in hohem Maße von einem Prinzipal-Agentenproblem betroffen. Dies geht auf die Trennung zwischen Eigentum und Kontrolle zurück (vgl. Fama & Jensen, 1983), bei der ein Eigentümer (Prinzipal) Entscheidungskompetenzen an den Vorstand (Agent) delegiert, dieser jedoch annahmegemäß nur eingeschränkt den Interessen des Eigentümers folgt und stattdessen sein Eigeninteresse durchzusetzen versucht (Welge & Eulerich, 2014, S. 14). Da die unterschiedliche Risiko-, Informations-, und Interessensverteilung (Jensen & Meckling, 1976, S. 308 ff.; Welge & Eulerich, 2014, S. 14) nicht durch (zwangsläufig unvollständige) Verträge (vgl. Ripperger, 2003, S. 32 ff.) behoben werden kann, müssen andere Maßnahmen getroffen werden, um diese Differenzen zu überbrücken. Wie die Studie von Stiglitz und Weiss (1981) zeigt, besteht in dem Aufbau langfristiger Verbindungen zwischen Prinzipal und Agent ein entscheidender institutioneller Anreiz, der selbstbereicherndes Verhalten verhindern kann. Folglich war der Aufbau einer solchen Beziehung,

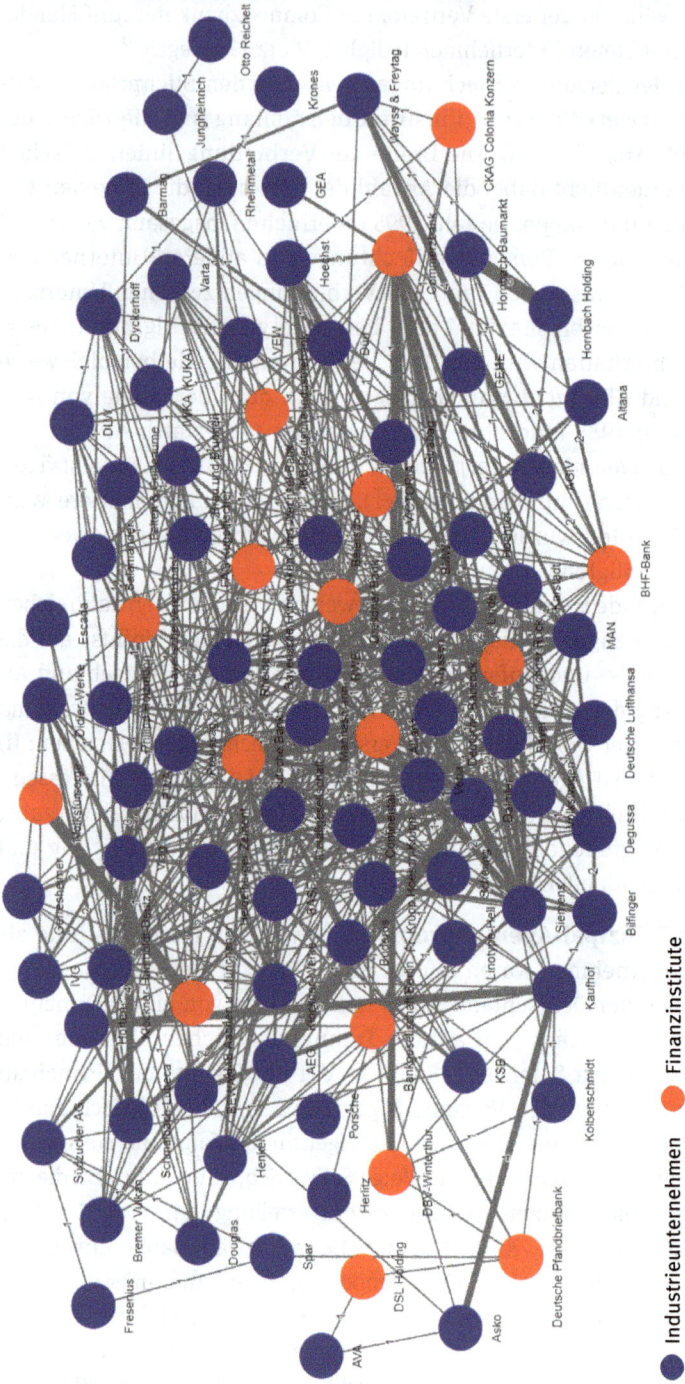

Abbildung 8: Personalverflechtungen (1995).

● Industrieunternehmen   ● Finanzinstitute

die sich durch die Vergabe eines Aufsichtsratsmandates an den Kapitalgeber formal realisieren lässt, auch für die Unternehmen der Deutschland AG eine attraktive Möglichkeit, um ihre Interessen bei ihren Beteiligungsunternehmen abzusichern. Die Übernahme von Aufsichtsratsmandaten im Zuge einer Eigenkapitalbeteiligung diente also unmittelbar der Absicherung der Ziele, die mit der Beteiligung verfolgt wurden (vgl. Einstands- oder Haltegründe).

Überwindung von Informations-Asymmetrien bei der Fremdkapital-Vergabe
Neben dem Prinzipal-Agentenproblem, das infolge einer Eigenkapitalbeteiligung auftreten kann, ergeben sich auch bei Gläubigerverhältnissen Informationsasymmetrien, die aus Sicht der Banken eine negative Auswirkung auf das Kreditausfallrisiko haben können. Das Risiko der Banken wurde dabei von zwei Faktoren erheblich beeinflusst. Einerseits griffen die Unternehmen zur Zeit der Deutschland AG in ihrer Unternehmensfinanzierung in erheblichem Maße auf Darlehen der deutschen Banken zurück, sodass ein Zahlungsausfall eines oder mehrerer Unternehmen einen starken Einfluss auf die deutsche Kreditwirtschaft gehabt hätte. Andererseits war die Transparenz über die Absicht und Fähigkeit zur Schuldenrückzahlung aufgrund der über lange Zeit als unzureichend erachteten Publikationspflichten der Kapitalgesellschaften (vgl. Fiedler, 2005, S. 97) stark eingeschränkt (dies galt auch für den Fall, dass eine Bank sowohl Eigen-, als auch Fremdkapital an einem Unternehmen hielt), sodass eine beträchtliche Informationsasymmetrie bestand. Daher galt ein Aufsichtsratsmandat als effektives Mittel, um relevante Informationen aus erster Hand zu erhalten (vgl. Fiedler, 2005, S. 97) und das Kreditausfallrisiko zu mindern. Die Vergabe der Mandate an Bankenvertreter war jedoch nicht nur im Interesse der Gläubiger, sondern wurde auch von den betroffenen Unternehmen befürwortet. Da für die Bank durch ihre Präsenz im Aufsichtsrat „gute Kenntnisse des Unternehmens und seiner Führungspersönlichkeiten, schneller Zugang zu wichtigen Informationen und die Möglichkeit zur Beteiligung an zentralen unternehmerischen Entscheidungen" (Wiendieck, 1992, S. 27) gegeben waren und sie auch eine nachvertragliche Vermögensverschiebung durch den Gläubiger (Wiendieck, 1992, S. 27) verhindern konnte (vorausgesetzt ist eine entsprechende Definition der zustimmungsbedürftigen Geschäfte), profitierten die Gläubigerunternehmen von guten Kreditkonditionen (vgl. Fiedler, 2005, S. 97; Wiendieck, 1992, S. 27). Letztere hatten wiederum einen starken positiven Einfluss auf die Gesamtkapitalkosten des Unternehmens und verschoben die Kapitalstruktur zugunsten des Fremdkapitals. Die enge Verbindung zwischen Unternehmen und Banken hatte also eine selbstverstärkende Wirkung. Die zinsgünstigen Kreditkonditionen wurden bis in die 1990er-Jahre aus dem Ausland als gewichtiger Wettbewerbsvorteil deutscher Unternehmen wahrgenommen (Beyer, 2003, S. 124; Porter, 1992, S. 69 ff.), während im Inland oftmals Klagen über die Eigenkapitalschwäche der deutschen Unternehmen im Vordergrund standen (Wiendieck, 1992, S. 25).

Unternehmensübergreifende Koordination ohne Eigenkapitalbeteiligung Die Deutschland AG war in erheblichem Maße auf eine Koordination zwischen den beteiligten Unternehmen ausgelegt. Neben der Möglichkeit, diese Koordination wie bereits beschrieben anhand von Eigenkapitalbeteiligungen zu erzielen, boten Personalverflechtungen dazu einen alternativen oder verstärkenden Mechanismus. Obwohl zahlreiche Aufsichtsratsmandate auf eine vorangegangene Eigenkapitalbeteiligung zurückzuführen sind, verdeutlichen die Netzwerkanalysen, dass viele Personalverflechtungen auch ohne eine entsprechende Kapitalbeteiligung zustande gekommen sind. In diesen Fällen konnten die beteiligten Unternehmen die Koordinationsvorteile einer Personalverflechtung ausnutzen, ohne dass einer der Partner eine hohe Investition in eine Beteiligung tätigen musste. Entscheidend für die Ausgestaltung des Koordinationsmechanismus war die Interessenslage der beteiligten Partner. Bei grundsätzlich komplementären Interessen (bspw. zwischen Zulieferer und Kunde) konnten alle der in Kapitel 2 genannten Formierungsursachen für intra- und intersektorale Kapitalbeteiligungen in der Regel auch durch eine Personalverflechtung ohne Kapitalbeteiligung erreicht werden. Benötigte eines der beteiligten Unternehmen jedoch zusätzlichen Einfluss, um seine Interessen durchzusetzen, konnte dies die Kombination von Kapital- und Personalverflechtung erfordern. Auch die Personalverflechtungen, die aus der Präsenz der Finanzinstitute in zahlreichen Aufsichtsräten resultierten, ermöglichten in einigen Fällen eine unternehmensübergreifende Koordination (vgl. Reckendrees, 2013, S. 59), ohne dass Industrieunternehmen zwangsläufig über zusätzliche Vertreter Zugang zum Aufsichtsrat anderer Unternehmen gewinnen mussten.

Steigerung des individuellen Humankapitals Neben den Unternehmen der Deutschland AG hatten auch die beteiligten Manager ein persönliches Interesse an der Übernahme von Mehrfachmandaten, da ihnen diese (i) eine Stärkung ihres individuellen Humankapitals (Conyon & Read, 2006, S. 646 ff.) und (ii) eine Absicherung ihrer Machtposition (Balsmeier et al., 2010, S. 552; Balsmeier & Peters, 2009, S. 971; Windolf, 2020, S. 76) erlaubten. Einerseits wuchs das individuelle Humankapital für Mehrfachmandatsträger durch zusätzliche Erfahrungen, Kontakte und Karrieremöglichkeiten (Balsmeier et al., 2010, S. 552) sowie durch den Aufbau von direkten Beziehung zu vielen anderen Managern der Deutschland AG. Da Mehrfachmandate auch als Signal für die Fähigkeiten der handelnden Personen verstanden werden konnten (Balsmeier et al., 2010, S. 552), profitierten Mandatsträger neben einem zusätzlichen Einkommen auch von einem Prestigezuwachs. Andererseits konnten sie ihre Mehrfachmandate auch dazu nutzen, bestehende Machtpositionen aufrechtzuerhalten. Wie eingangs anhand des Beispiels von Heinz Kriwet beschrieben, gab es Personalverflechtungen, bei denen ein Vorstandsmitglied ein Aufsichtsratsmandat bei seinem größten Aktionär innehatte (im beschriebenen Fall war die Commerzbank, bei der Kriwet im Aufsichtsrat war, mit 18,6 Prozent an Thyssen beteiligt). Da durch derartige Verflechtungskonstellationen eine gegenseitige Abhängigkeit entstehen kann, ergeben sich möglicherweise auch Einschränkungen für eine wirksame Kontrolle. Diesbezüglich kamen Balsmeier und Peters (2009, S. 978) bei einer Untersuchung der Vorstandsvergütung von 70 deutschen Unternehmen zu dem Schluss, dass Mehrfachmandate die Kontrollintensität abschwächten.

3.3 Gestaltung der Beziehungen im Insider-System der Deutschland AG

3.3.1 Weisungsbeziehung: Beachtung des Gemeinwohls

Die Weisungsbeziehung zwischen Aufsichtsrat und Vorstand ist ein fundamentaler Bestandteil der Unternehmensverfassung (Hutzschenreuter, 1998, S. 66). Der Aufsichtsrat bestellt die Vorstandsmitglieder und schließt im Namen der Aktionäre Arbeitsverträge mit ihnen ab (vgl. Hutzschenreuter, 1998, S. 66 f.). Die Weisungsbeziehung, die formal durch den Arbeitsvertrag entsteht, ist inhaltlich stark von dem unternehmerischen Wertesystem geprägt, an dem sich die Entscheidungen des Vorstandes orientieren.

Bereits seit dem späten 19. Jahrhundert berücksichtigte die Geschäftsführung deutscher Unternehmen bei unternehmerischen Entscheidungen in der Regel die Belange verschiedener, dem Unternehmen nahestehender Interessensgruppen (vgl. Schmidt, 2006, S. 1). Diese Tradition setzte sich im 20. Jahrhundert fort und wurde 1937 durch das nationalsozialistische Regime im Aktiengesetz kodifiziert. Demnach beinhaltete das Vorstandsrecht eine Gemeinwohlklausel in § 70 Abs. 1 AktG 1937, die den Vorstand anwies, die Gesellschaft so zu leiten, „wie das Wohl des Betriebes und seiner Gefolgschaft und der gemeine Nutzen von Volk und Reich es fordern" (Kuschnereit, 2019, S. 47). Obwohl bei der Neufassung des Gesetzes 1965 ein Referentenentwurf die Konkretisierung der Gemeinwohlklausel vorsah, die besagte, dass Vorstand und Aufsichtsrat so tätig werden sollen, „wie das Wohl des Unternehmens, seiner Arbeitnehmer und der Aktionäre sowie das Wohl der Allgemeinheit es fordern" (Wiedemann, 1989, S. 31), entschied sich der Gesetzgeber gegen die Aufnahme dieser Formulierung. Stattdessen wurde die Unternehmenszielbestimmung ersatzlos gestrichen, „weil die Berücksichtigung der drei Faktoren Kapital, Arbeit und öffentliches Interesse eine Selbstverständlichkeit sei" (Wiedemann, 1989, S. 31). Diese Begründung wurde von Beobachtern als eine stillschweigende Fortgeltung der Gemeinwohlklausel interpretiert (Kuschnereit, 2019, S. 49). Hinzu kommt, dass trotz fehlender expliziter aktienrechtlicher Gemeinwohlklausel bereits durch das Grundgesetz eine Sozialbindung bei der Verfolgung von erwerbswirtschaftlichen Zielen durch die Aktiengesellschaften vorgegeben war (Metten, 2010, S. 81). Konkret wurden dabei die Aktionäre in die Pflicht genommen, da ihr Eigentum (und damit ihr Anteilsbesitz) „dem Wohle der Allgemeinheit dienen" solle (Art. 14 Abs. 2 GG).

Darüber hinaus forcierte auch die Gestaltung des Aufsichtsratsorgans basierend auf der inhärenten Interessenspluralität die Ausrichtung auf diverse Interessensgruppen. Die Aufsichtsräte befanden sich dabei angesichts ihrer unterschiedlichen Interessen in einer Situation der gegenseitigen Abhängigkeit, da einige der für die Weisungsbeziehung relevanten Entscheidungen (wie beispielsweise die Einrichtung eines Zustimmungsvorbehalts) einen Plenarbeschluss erforderten. Somit musste der Vertreter eines Großaktionärs mit Ertragsinteressen stets auch Rücksicht auf die Interessen der anderen Aufsichtsräte nehmen, da ohne das Fremdkapital der Bank oder ohne die Arbeitskraft der Arbeitnehmer keine Erträge aus seiner Investition zu erwarten waren. Auch wenn nicht alle Interessensgruppen, wie beispielsweise Lieferanten oder Umweltschutzorganisationen, im Aufsichtsrat vertreten waren, ist unstrittig, dass das unternehmerische Wertesystem der Deutschland AG weit über eine singuläre oder priorisierte Orientierung an Aktionärsinteressen hinaus ging (vgl. Velte & Weber, 2011b, S. 478; Fiss & Zajac, 2004, S. 503).

3.3.2 Leistungsbeziehung: Kein Anreizsystem für Vorstände

Ähnlich wie im Falle der Weisungsbeziehung sind die Arbeitsverträge der Vorstände auch der Ausgangspunkt der Leistungsbeziehung zwischen Aufsichtsrat und Vorstand (vgl. Hutzschenreuter, 1998, S. 67). Im Kern der Beziehung erbringt ein Vorstandsmitglied eine Leistung und erhält im Gegenzug eine vereinbarte Vergütung. Da der Dienstvertrag nicht regeln kann, wie ein Vorstandsmitglied in unbekannten zukünftigen Situationen entscheiden soll, handelt es sich bei den Dienstverträgen der Vorstände um unvollständige Verträge und bei den Leistungen der Vorstände um nichtspezifizierte Leistungen (vgl. Hutzschenreuter, 1998, S. 67). Daher müssen die Dienstverträge der Vorstandsmitglieder Anreize schaffen, die unternehmerischen Entscheidungen im Sinne der Eigentümer zu forcieren.

Zur Zeit der Deutschland AG war das Anreizsysteme der Vorstandsvergütung nur schwach ausgeprägt (vgl. Hutzschenreuter, 1998, S. 67; „Manager Magazin", 1995, S. 228). Einerseits bestand die Vergütung üblicher Weise aus einem sehr hohen Fixanteil, der in der Regel zwischen 70 und 74 Prozent der Gesamtvergütung ausmachte („Manager Magazin", 1995, S. 228). Andererseits war auch die Gestaltung des variablen Vergütungsanteils ungeeignet,um die Manager zu einem gewünschten Verhalten zu motivieren. So entfiel ein Teil der ohnehin geringen variablen Vergütung zumeist auf eine Garantietantieme, die unabhängig von der Unternehmensentwicklung ausgezahlt wurde („Manager Magazin", 1995, S. 228). Die restlichen variablen Bestandteile richteten sich beispielsweise nach dem Cashflow, dem Gewinn vor Steuern, der Dividende, oder der Einhaltung der Strategie („Manager Magazin", 1995, S. 228). Somit waren die Vorstände nicht auf eine Steigerung des Unternehmenswertes fokussiert, sondern auf die Verbesserung der jeweiligen buchhalterischen Kennzahl.

Eine Incentivierung anhand von Aktienoptionen, die Manager direkt an der Entwicklung des Unternehmenswerts beteiligt, wurde in Deutschland erst im Mai 1998 legalisiert, weshalb dieser Anreizmechanismus in der Deutschland AG keine

Rolle spielte. In der Öffentlichkeit wurde die Gestaltung der Leistungsbeziehung zwischen Aufsichtsrat und Vorstand darüber hinaus auch aufgrund der vorherrschenden Intransparenz kritisiert („Manager Magazin", 1995, S. 223 ff.). Da im Jahresabschluss nur die Gesamtsumme der gezahlten Vorstandsvergütungen ausgewiesen wurden, war weder ersichtlich, welche Vergütung einzelne Personen erhielten noch wie hoch der jeweilige variable Anteil ausfiel („Manager Magazin", 1995, S. 223 ff.).

3.3.3 Informationsbeziehung: Transferproblem und fehlende Transparenz

Um seiner Rolle als Überwachungsorgan nachkommen zu können, benötigt der Aufsichtsrat Informationen über die Tätigkeiten des Vorstandes, die er aus der Informationsbeziehung zum Vorstand erhält (vgl. Hutzschenreuter, 1998, S. 69). Grundsätzlich konnte der Aufsichtsrat zur Zeit der Deutschland AG auf ein umfassendes Kontrollinstrumentarium zurückgreifen (vgl. Gehlen, 2013, S. 173; Vogel, 1980, S. 162), das formale Berichte des Vorstands über die Geschäftssituation, Prüfungsberichte der Abschlussprüfer, weitere laufende Berichte des Vorstands hinsichtlich der erwarteten Geschäftsentwicklung oder zentraler unternehmerischer Entscheidungen sowie weitere durch den Aufsichtsrat eingeforderte Dokumentationen umfasste.

In der Praxis kam es jedoch zu einem Informationstransferproblem, da die Vorhaltung von Informationen im Herrschaftsbereich des Vorstandes lag (vgl. Hutzschenreuter, 1998, S. 71). Vor dem Hintergrund, dass die dem Aufsichtsrat zur Verfügung gestellten Informationen zur Kontrolle des Vorstands dienten, konnte Letzterer bestrebt sein, dem Aufsichtsrat nur jene Informationen zu übermitteln, die ihm nützten bzw. ihm nicht schadeten (Hutzschenreuter, 1998, S. 71). Dies war beispielsweise der Fall, wenn der Aufsichtsrat mit Vertretern der Kreditinstitute besetzt war und der Vorstand durch die Bereitstellung relevanter Informationen erreichen konnte, die Fremdkapitalkosten zu reduzieren. Trotzdem bemängelten Kritiker zur Zeit der Deutschland AG, dass der Berichtpflicht gegenüber dem Aufsichtsrat nur unzulänglich nachgekommen werde, und dass ihm beispielsweise Wirtschaftsprüferberichte „lediglich als Diavortrag im Eiltempo präsentiert" (Henzler, 1996, S. 15) werde. Darüber hinaus war die Praxis der Aufsichtsratstätigkeit in hohem Maße von einer Ex-post-Kontrolle von Ergebnissen geprägt, während der Ex-ante-Kontrolle der geplanten Unternehmensentwicklung eine stark untergeordnete Rolle zukam (vgl. Hutzschenreuter, 1998, S. 70 f.).

Aus formeller Sicht resultierte aus der Gestaltung der Informationsbeziehung zwischen Vorstand und Aufsichtsrat eine Kontrollschwäche des Aufsichtsrats, wodurch dieser die Handlungen und Entscheidungen des Vorstandes nur eingeschränkt beurteilen konnte (vgl. Hutzschenreuter, 1998, S. 70). Ein Beispiel für diesen Mangel an Kontrolle ist der Fall der Metallgesellschaft, die im Jahr 1993 einen Verlust in Höhe von über

4 Milliarden DM zu verzeichnen hatte, der aus riskanten Warentermingeschäften resultierte, die dem Aufsichtsrat verschwiegen worden waren. Im Zuge dessen wurde dem Aufsichtsrat vorgeworfen, nicht in ausreichendem Umfang Berichte des Vorstands eingefordert zu haben. In Bezug auf die kontroversen Debatten über die Effektivität der Kontrolle durch den Aufsichtsrat wurde jedoch bereits lange vor besagtem Fall auf dem deutschen Industrie- und Handelstag im Jahr 1954 treffend angemerkt, dass „die tatsächlichen Machtverhältnisse in der Verwaltung in der Praxis sehr stark durch die Persönlichkeit der einzelnen Beteiligten bestimmt" (Deutscher Industrie- und Handelstag, 1954, S. 19) wurde.

Die Informationsbeziehung zwischen Vorstand und Hauptversammlung (bzw. im weiteren Sinne der allgemeinen Öffentlichkeit) war ebenfalls von einer restriktiven Natur geprägt. Da die Gläubiger der Unternehmen in der Regel, wie beschrieben, im Aufsichtsratsorgan vertreten waren, war eine umfassende Veröffentlichung von Unternehmensinformationen gegenüber der Öffentlichkeit unattraktiv, da sie mit keinerlei Vorteilen verbunden waren (vgl. Velte & Weber, 2011a, S. 544). Zum Vergleich: Die weitaus stärkere Abhängigkeit von externen Kapitalgebern (Nichtbanken) und Aktionären in der Finanzierung des Unternehmens führte in angloamerikanischen Ländern zu einer deutlich erhöhten Transparenz und einer oftmals sehr umfassenden Außendarstellung (Beyer, 2006, S. 75). Neben fehlenden Anreizen Unternehmensinformationen zu veröffentlichen, materialisiert sich in der Informationsbeziehung zwischen dem Vorstand und der Hauptversammlung jedoch auch in erheblichem Ausmaß das normative Schutzinteresse des Gesetzgebers, das die Restriktion der Unternehmenspublizität legitimierte.

Wie bereits beschrieben bot das Handelsgesetzbuch (HGB) folglich zahlreiche Möglichkeiten, um tiefe Einblicke in die Vermögens-, Finanz- und Ertragslage der Unternehmen zu vermeiden. So erlaubte die Rechnungslegung die Bilanzierung nach dem Niederstwertprinzip, was in vielen Fällen zur Bildung von hohen stillen Reserven führte (Kopper, 2012, S. 109) und verhinderte, dass die wahre Vermögenslage nach dem sogenannten True-and-Fair-View-Prinzip realistisch dargestellt wurde. Diesbezüglich wird den Vorstandsvorsitzenden Wolfgang Schieren (Allianz; gleichzeitig Aufsichtsratsmitglied Münchener Rück) und Horst Jannott (Münchener Rück) die Aussage „stille Reserven sind nicht mehr still, wenn sie aufgedeckt werden" als Antwort auf Aktionärsrückfragen zu diesem Thema zugeschrieben (Schmitz et al., 1997, S. 254). Hinzu kam die Vielzahl der Wahlmöglichkeiten, die die Erstellung der Bilanz nach HGB bot. Neben Aktivierungs-, Passivierungs- und Bewertungswahlrechten bestanden Wahlrechte beim Wechsel von degressiven und linearen Abschreibungsmethoden, bei der Zuordnung von Wertpapieren zum Finanzanlage- oder Umlaufvermögen, bei der Bewertung von Vorräten und Aufwandsrückstellungen, bei der Behandlung von Pensionsrückstellungen und bei der Aktivierung latenter Steuern aus bestehenden Verlustvorträgen (Höpner, 2003, S. 39). Unternehmen, die durch die gezielte Nutzung dieser Wahlrechte einen positiven Einfluss auf die Darstellung ihrer Bilanz nahmen, wurde eine „aktive Bilanzpolitik" nachgesagt.

Bei einem entsprechenden Unternehmen musste man folglich davon ausgehen, dass ein im Jahresbericht gutes Geschäftsergebnis in Wahrheit noch besser war, da stille Reserven aufgebaut wurden, während ein augenscheinlich schlechtes Ergebnis unter Umständen in Wahrheit noch schlechter ausgefallen sein könnte, weil zum teilweisen Ausgleich der Verluste stille Reserven aufgelöst wurden (vgl. Höpner, 2003, S. 39).

In Summe ergab sich unter Anwendung der bilanziellen Freiheiten und Wahlrechte ein für Außenstehende schwer zu lösendes Puzzle, das selbst wenn man alle öffentlichen Informationen berücksichtigte, kein umfassendes Bild über die Unternehmenskonstitution lieferte. Insbesondere für ausländische Investoren, die lediglich mit den internationalen Bilanzierungspraktiken des International Accounting Standards (IAS) oder der General Accepted Accounting Principles (US-GAAP) vertraut waren, hatte die Informationsbeziehung keinerlei Kontrollwirkung.

3.4 Folgen: Keine Kontrollmöglichkeiten für „Outsider"

Das Coporate-Governance-System der Deutschland AG beschränkte die Möglichkeiten, die den Stakeholdern des Unternehmens zur Kontrolle des Vorstands zur Verfügung standen, stark. So konnte aufgrund der Eigentümerstrukturen, die anhand starker Ankeraktionäre aus den Reihen der deutschen Finanzinstitute und Industrieunternehmen sehr konzentriert und langfristig ausgerichtet waren, keine Markt für Unternehmenskontrolle entstehen. Daher gab es von der Nachkriegszeit bis zur feindlichen Übernahme von Mannesmann durch Vodafone im Jahr 1999 (die von vielen Beobachtern als Anfang vom Ende der Deutschland AG angesehen wird und nur durch Zustimmung der Deutschen Bank ermöglicht wurde; vgl. Ahrens et al., 2013, S. 12), lediglich drei Versuche einer feindlichen Übernahme: Die erfolgreichen „unfreundlichen" Übernahmen der Feldmühle Nobel AG durch die Flick Gruppe (1989) und der Hoesch AG durch Krupp (1992) sowie die gescheiterte feindliche Übernahme von Continental durch den italienischen Wettbewerber Pirelli (1991) (vgl. Franks & Mayer, 1998, S. 1388–1395). Darüber hinaus konnten auch bestehende Aktionäre, die nicht zu den Ankeraktionäre gehörten, keinen großen Einfluss auf die Unternehmen ausüben, da (i) sie aufgrund der eingeschränkten Unternehmenspublizität keine Transparenz über die tatsächlichen Vorgänge im Unternehmen hatten, (ii) sie auf den Hauptversammlungen keine realistische Chance gegen die Stimmmehrheit der Kreditinstitute hatten und (iii) ihre Androhung eines Anteilsverkaufs keine disziplinierende Wirkung auf die Vorstände ausüben konnte, da ihre Beteiligung zu gering war. Somit war der Aufsichtsrat in vielen Fällen die einzige Instanz, die eine effektive Kontrolle des Vorstands leisten konnte. Allerdings galt auch dies nur mit Einschränkungen: Grundsätzlich sah sich der Aufsichtsrat vor allem mit einem strukturellen Informationstransferproblem konfrontiert, das nur durch eine enge Beziehung zum Vorstand und entsprechende Kooperationsanreize überwunden werden konnte.

Daher kam den Vertretern der Kreditinstitute in den Aufsichtsräten eine zentrale Rolle zu. Die Banken hatten sowohl ein hohes intrinsisches Interesse an einer gewissenhaften Kontrolle der Vorstände, um ihr Kreditausfallrisiko zu minimieren, als auch ein umfassendes Sachverständnis, das sie zu einer effektiven Kontrolle bemächtigte. Sie waren daher in der Regel Willens, von dem ihnen zur Verfügung stehenden Instrumentarium zur Vorstandskontrolle Gebrauch zu machen, um eine Kooperation zu erwirken. Zusätzlich hatten sie als Ultima Ratio die Möglichkeit, die Hausbankbeziehung zu einem Unternehmen abzubrechen. Zwar war dies grundsätzlich auch für die Bank unattraktiv, da sie auf die kontinuierlichen Erträge aus dem Kreditgeschäft hätte verzichten müssen, allerdings war der Abbruch einer etablierten Hausbankbeziehung für die Unternehmen ungleich schädlicher, da sie nicht nur mit dem Verlust des mit Senioritätsrechten ausgestatteten Vertrauenskapitals (Fiedler, 2005, S. 98) und damit höheren zukünftigen Finanzierungskosten konfrontiert waren, sondern auch mit einer negativen externen Wahrnehmung rechnen mussten. Zusätzlich wurde eine Kooperation durch die Personalverflechtungen forciert, da man sich häufig in verschiedenen Rollen in verschiedenen Gremien gegenübersaß und ein unkooperatives Verhalten in einer Situation negative Implikationen für die weiteren Zusammentreffen gehabt hätte.

Insgesamt erfolgte die Kontrolle im Corporate-Governance-System der Deutschland AG im allgemeinen nahezu ausschließlich durch die Aufsichtsräte und im speziellen insbesondere durch die Personen, die dem Unternehmen und dem Vorstand nahe standen (Insider) (Gorton & Schmid, 2000, S. 68 f.; Velte & Weber, 2011b, S. 475). Die Rahmenbedingungen dieses Systems sowie die Gestaltung der Organe und ihrer Beziehungen untereinander wiesen dabei eine hohe Kohärenz auf, die diese Kontrollausrichtung stärkte und eine stabilisierende Wirkung auf die Gesamtstruktur des Systems und das koordinative Kapitalismusverständnis der Deutschland AG hatte. Unsere Befunde stimmen daher mit früheren Studien überein, die das Corporate-Governance-System der Deutschland AG als Insider-System kategorisieren (Franks & Mayer, 2001, S. 943; Gehlen, 2013, S. 170; Goergen et al., 2008, S. 50 ff.; Hofer, 2008, S. 3; Hopt, 2015, S. 8; Münchow, 1995, S. 39; Velte & Weber, 2011b, S. 477).

4 Strategie

Innerhalb des durch die Corporate Governance geschaffenen Ordnungsrahmens ist es die Aufgabe des Managements, anhand der Strategie die langfristigen unternehmerischen Ziele sowie die zu ihrer Erreichung notwendigen Maßnahmen und Ressourcenallokationen festzulegen (vgl. Chandler, 1962, S. 13). Eine zentrale Determinante für die Strategie eines Unternehmens ist folglich die Entscheidung über die Ausdehnung (und somit auch die Grenzen) des Unternehmens (vgl. Plinke, 2002, S. 11). Dazu werden die Geschäftsfelder analysiert, in denen ein Unternehmen aktiv ist. Unter einem Geschäftsfeld wird ein abgegrenztes Tätigkeitsgebiet des Unternehmens verstanden, das durch eine spezifische Kombination von abgegrenzten Produkten und Dienstleistungen und einer abgegrenzten Kundengruppe in einem bestimmten geografischen Markt gekennzeichnet ist (vgl. Hutzschenreuter, 2001, S. 46). Ausgehend von der Betrachtung der Geschäftsfelder gilt es, zwei Ebenen von Strategie im Unternehmenskontext zu differenzieren:

- Einerseits werden im Rahmen der Unternehmensstrategie alle Tätigkeitsgebiete, in denen ein Unternehmen aktiv ist, als Portfolio von Geschäftsfeldern betrachtet (vgl. Hutzschenreuter, 2001, S. 47). Somit legt die Unternehmensstrategie fest, in welchen Geschäftsfeldern sich ein Unternehmen betätigt und in welcher Beziehung die Geschäftsfelder zueinanderstehen (Hutzschenreuter, 2001, S. 3).
- Andererseits gibt die Wettbewerbsstrategie vor, wie innerhalb eines spezifisches Geschäftsfeldes agiert werden soll, um im Wettbewerb mit konkurrierenden Unternehmen erfolgreich zu sein (vgl. Hutzschenreuter, 2001, S. 47).

In Bezug auf die Wettbewerbsstrategie beschreiben verschiedene wissenschaftliche Arbeiten (vgl. Busse von Colbe, 1964; Gutenberg, 1962), dass es für ein Unternehmen innerhalb eines Geschäftsfeldes eine optimale Betriebsgröße gibt, die zu einer wertmaximierenden Geschäftstätigkeit führt. Penrose zeigte jedoch bereits 1959, dass auch die Annahme einer optimalen Betriebsgröße in einem Geschäftsfeld keine Ableitung einer optimalen Unternehmensgröße (d. h. die Größe über alle Geschäftsfelder hinweg) ermöglicht. Dies rückt die Gestaltung der Unternehmensstrategie in den Fokus, die durch die zielgerichtete Zusammenstellung von Geschäftsfeldern das Unternehmensportfolio definiert und somit maßgeblich prägt, wie sich das Unternehmen weiterentwickelt. Motivation für eine spezifische Gestaltung des Unternehmensportfolios ist die Erwartung, mit einer besonderen Kombination von Geschäftsfeldern unter dem Dach eines Gesamtunternehmens einen größtmöglichen Gesamteffekt zu erreichen. In Abhängigkeit der Ausrichtung des Unternehmens kann dieser Effekt, nachdem das Unternehmensportfolio ausgerichtet wird, aus dem erwartetem Unternehmenswert aus Sicht der Eigentümer, Mitarbeiter, Kunden, oder weiterer Interessensgruppen bestehen (vgl. Plinke, 2002, S. 13).

https://doi.org/10.1515/9783110735611-005

4.1 Historie deutscher Unternehmensstrategien

Zu Beginn des 19. Jahrhunderts waren die deutschen Unternehmen in der Regel als Einproduktunternehmen aufgestellt, sodass die Unternehmensstrategie der Wettbewerbsstrategie entsprach. Manufakturen dominierten die Industrielandschaft und die Produktion war zumeist auf die Herstellung einfacher Konsumgüter und die Verarbeitung diverser Agrarprodukte fokussiert. Eine Expansion in neue Geschäftsfelder (sowohl produktseitig als auch geografisch) wurde insbesondere durch die territoriale Zersplitterung Deutschlands, das Fehlen attraktiver und kapitalstarker Absatzmärkte sowie (vor der verbreiteten Nutzung der Dampfmaschine) fehlender Transport- und Produktionstechnologien erschwert. Obwohl die Fokussierung auf nur ein Geschäftsfeld den Vorteil einer überschaubaren Komplexität und vergleichsweise geringer Managementanforderungen hatte, bedeutete sie auch eine große Abhängigkeit von einzelnen Branchen- und Produktzyklen.

Erst mit Gründung und Erweiterung des Deutschen Zollvereins (1834 bzw. 1866) sowie der sich beschleunigenden technologischen Entwicklung der industriellen Revolution (ab 1848/49) wandelte sich das Bild. Entsprechend nahmen die Diversifikationstendenzen im späten 19. und frühen 20. Jahrhundert deutlich zu, wobei insbesondere die Montanindustrie, der Schwermaschinenbau sowie die elektrische- und chemische Industrie in neue Geschäftsfelder expandierten (vgl. Kocka, 1975, S. 208). Im Bereich der Montanindustrie und des Schwermaschinenbaus nutzten die Unternehmen verstärkt relationale Wachstumspfade in Form von vertikalen Integrationen. Dabei drangen sie entweder in Geschäftsfelder vor, deren Produkte als Vorprodukte für andere Geschäftsfelder des Unternehmens dienten (Rückwärtsintegration), oder in Geschäftsfelder, deren Produkte andere Geschäftsfelder des Unternehmens als Vorprodukte nutzten (Vorwärtsintegration). Entsprechend expandierten Unternehmen, deren originärer Fokus die Kohle- und Erzförderung war, häufig in die Roheisen- und Stahlerzeugung, den Schwermaschinenbau und den Stahlhandel (vgl. Kocka, 1975, S. 208). Geleitet wurde die Expansion dabei von der Absicht, „technische Vorteile durch Kombination verschiedener Produktionsstufen auszunutzen und damit Ersparnisse bzw. Wettbewerbsvorteile zu erzielen" (Kocka, 1975, S. 208 f.). Zusätzlich förderte die geltende Kartell-Regulierung sowohl den Zusammenschluss von Bergwerken und Hütten, da selbstverbrauchte Kohle nicht als Teil der Kartellquote galt, als auch die vertikale Integration in weniger stark kartellierte Bereiche wie die Stahlherstellung und -weiterverarbeitung (Kocka, 1975, S. 209). Obwohl mit BASF, Bayer und AGFA Anfang des 20. Jahrhunderts auch Unternehmen der chemischen Industrie anhand der Akquisition der Zeche Augusta Victoria eine vertikale Integration eingingen, um ihre Versorgung mit Kohle zu sichern, überwog in der elektrotechnischen- und chemischen Industrie dieser Zeit ein anderes Vorgehen bei der Expansion. Grund dafür war, dass die Verfügbarkeit von qualifizierten Spezialisten sowie modernen Methoden und Maschinen vielseitige Verwendungen angesichts ständig neuer Anwendungsmöglichkeiten erlaubte, sodass oftmals große Teile eines umfangreichen technisch-industriellen Bereiches abgedeckt wurden (Kocka, 1975, S. 210). Folglich expandierten die Unternehmen in neue Geschäftsfelder, indem beispielsweise Siemens neben Telegrafen auch Eisenbahnläutwerke und Drahtisolierungen, und BASF neben Farbstoffen auch Düngemittel herstellten.

Neben dem (vertikalen oder horizontalen) relationalen Wachstum waren konglomerate Entwicklungspfade, bei dem Unternehmen in Geschäftsfelder vordringen, deren Produkte, externe Beziehungen und interne Leistungsprozesse deutlich von denen der bestehenden Geschäftsfelder abweichen, im frühen 20. Jahrhundert unüblich (Kocka, 1975, S. 211). Ein gewichtiger Grund dafür waren die heterogenen internen und externen Führungsanforderungen sowie ein hoher Koordinationsaufwand, der mit den damaligen Managementtechniken nicht bewältigt werden konnte (vgl. Kocka, 1975, S. 211).

Auch aus regionaler Sicht drangen deutsche Unternehmen im späten 19. Jahrhundert in neue Geschäftsfelder vor und gründeten Auslandsgesellschaften, die dazu dienten, den Zugang zu Ressourcen, die Produktion oder den Vertrieb zu sichern. So gründete die Metallgesellschaft, die zunächst ebenfalls einen Kurs der vertikalen Integration verfolgte (und neben dem Handel auch den Abbau und die Weiterverarbeitung von Metallen betrieb), Auslandsgesellschaften unter anderem in den USA, Belgien und Großbritannien. Jede der Auslandsdependancen wurde gegründet, um sich durch die Ausnutzung von Standorteigenschaften einen Wettbewerbsvorteil zu verschaffen: Die amerikanische Tochtergesellschaft („American Metal Company") betrieb ab 1887 mehrere Minen, um lokale Kohlevorkommen zu erschließen, von der Dependance in Belgien wurden ab 1912 die dort aus der Kolonie Belgisch-Kongo ankommenden Eisenerzlieferungen angekauft und weiterverarbeitet und die britische Tochtergesellschaft mit Sitz im Handelszentrum London war für den Absatz der Erzeugnisse verantwortlich (Tolentino, 2000, S. 154).

Auch im elektrotechnischen und chemisch-pharmazeutischen Sektor expandierten Unternehmen wie Siemens & Halske (Russland, 1855; Großbritannien 1858), Merck (USA,1887), BASF (Russland, 1877); Bayer (Russland, 1883) oder Hoechst (Russland, 1885) ins Ausland (Tolentino, 2000, S. 158 ff.). Einer der deutschen Vorreiter in der Expansion in neue ausländische Geschäftsfelder war das Unternehmen Siemens, das bis 1914 über insgesamt zehn ausländische Produktionsanlagen in fünf Ländern verfügte und nahezu ein Fünftel seiner insgesamt rund 80.000 Mitarbeiter im Ausland beschäftigte (Weiher & Goetzeler, 1984).

In den Jahren zwischen den Weltkriegen verlangsamte sich die Expansion deutscher Unternehmen in neue geografische Geschäftsfelder deutlich, nicht zuletzt aufgrund einer zunehmenden Risikoaversion nach der Konfiszierung deutscher Produktionsanlagen nach dem Ersten Weltkrieg (Tolentino, 2000, S. 163). Infolgedessen siedelten zahlreiche Unternehmen ihre Produktionsanlagen ausschließlich auf deutschem Gebiet an oder wählten Auslandsstandorte nicht primär basierend auf möglichen Standortvorteilen, sondern aufgrund der politischen Einstellung des Gastlandes gegenüber Deutschland (Tolentino, 2000, S. 163). Folglich bestanden die meisten Auslandsdependancen zu dieser Zeit lediglich aus Handelsgesellschaften, deren möglicher Verlust im Konfliktfall im Gegensatz zu teuren Produktionsanlagen als verkraftbar galt. Dennoch waren jegliche Expansionsabsichten in der Nachkriegszeit auch durch eine stark limitierte Kapitalversorgung begrenzt, sodass sich die Unternehmen primär auf das Wachstum im heimischen Markt und den Export fokussierten (Tolentino, 2000, S. 163). Der Umstand, dass sich viele deutsche Unternehmen aufgrund der internationalen Rahmenbedingungen primär auf den Heimatmarkt konzentrierten, begünstigte zunehmende Vernetzung untereinander (zunächst durch die Kartellierung und später auch durch Personal- und Kapitalverflechtungen), sodass die gewählten Unternehmensstrategien bereits zu diesem Zeitpunkt einen Einfluss auf ihr Eigentum und Governance ausübten.

Auf dem heimischen Markt verstärkte sich in der Zeit zwischen den Weltkriegen der Trend zur Expansion in nachgelagerte Geschäftsfelder durch die Gründung eigener Vertriebs- und Handelsgesellschaften. Nachdem die Unternehmen der Elektrotechnik- und Chemieindustrie diese bereits vor dem Krieg verfolgte Expansionsstrategie fortsetzten, adaptierten bald darauf beispielsweise auch die Brauerei- und Textilindustrie diese Strategie (vgl. Siegrist, 1980, S. 79). Ab den 1920er-Jahren erfolgten allmählich auch konglomerate Diversifikationsschritte in branchenfremde Geschäftsfelder (vgl. Siegrist, 1980, S. 82).

Nach dem Zweiten Weltkrieg stellte sich ab Mitte der 1950er-Jahre eine dynamische wirtschaftliche Entwicklung der (west-)deutschen Unternehmen ein, mit der oftmals eine breite Ausdehnung in neue geografische und produktseitige Geschäftsbereiche einherging. Trotz neuer Herausforderungen (bspw. bezüglich der Koordinationsaufgaben der Unternehmensführung) waren die expansiven Unternehmensstrategien zur Zeit des deutschen Wirtschaftswunders von großem Erfolg geprägt, weshalb sie auch zur Zeit der Deutschland AG die strategische Grundausrichtung vieler Unternehmen prägte.

4.2 Ausgangslage und strategische Grundausrichtung

Auch im Betrachtungszeitraum von 1985 bis 1995 zeigte die Wirtschaft in Deutschland eine robuste Entwicklung. Das preisbereinigte Bruttoinlandsprodukt stieg, abgesehen von einem leichten Rückgang im Jahr 1993, stetig und erreichte in einer besonders starken Wachstumsphase von 1988 bis 1991 jährliche Zuwachsraten von bis zu 5,3 Prozent (eigene Berechnung). Doch welche Unternehmensstrategien verfolgten die deutschen Unternehmen in dieser Zeit des Wachstums? Wurde das Vorgehen aus der Zeit des deutschen Wirtschaftswunders, mit einer starken Ausdehnung der Geschäftsfelder entlang der Produkt- und regionalen Dimension, aufrechterhalten? Und sind Gemeinsamkeiten beim Vorgehen der Unternehmen zu erkennen?

Zur Beantwortung dieser Fragen ziehen wir erneut eine Stichprobe deutscher HDAX-Unternehmen heran. Darin enthalten sind alle Unternehmen, die in der initialen Zusammenstellung des Index im Jahr 1994 oder zu mindestens einem Zeitpunkt bis Ende 2015 enthalten waren. Anders als bei der Untersuchung der Eigentümerstrukturen und Corporate Governance müssen zur Gewährleistung einer aussagekräftigen und vergleichbaren Analyse der Strategien jedoch einige Unternehmen ausgeschlossen werden, darunter Finanzinstitute, Holdinggesellschaften, Handelsgesellschaften, Immobilienunternehmen, Unternehmen mit ausländischem Hauptsitz, Tochterunternehmen, die Teil eines Konzernverbundes sind sowie Unternehmen, für die die benötigten Daten nicht in vollem Umfang verfügbar sind. So verbleiben für den Beobachtungszeitraum von 1985 bis 1995 insgesamt 62 Unternehmen, die in Form eines unbalancierten Panels (d. h. mit unterschiedlich vielen Perioden in Abhängigkeit der ersten Publikation von Unternehmensdaten und des Fortbestandes des Unternehmens über den Beobachtungszeitraum) in die Analyse einfließen. Als Datenquelle dient die Scope Change Datenbank (vgl. Anhang 2).

Eine Untersuchung der strategischen Grundausrichtung der Stichprobenunternehmen zeigt, dass rund 98 Prozent von ihnen am Ende des Beobachtungszeitraums in mehr Ländern und/oder Produktbereichen tätig waren als noch zu Beginn (vgl. Abbildung 9). Die meisten Unternehmen (69 Prozent) drangen dabei gleichzeitig sowohl in neue geografische als auch in produktbezogene Geschäftsfelder vor. Hingegen waren insgesamt nur rund 2 Prozent der Stichprobenunternehmen in Bezug auf Regionen und Produkte am Ende der Beobachtung in weniger Geschäftsfeldern tätig als noch am Anfang.

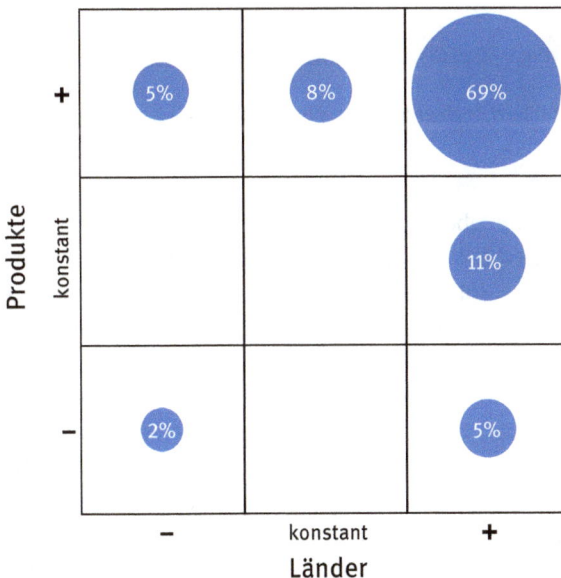

Abbildung 9: Strategische Entwicklung der Stichprobenunternehmen (1985–1995). N = 62 (unbalancierte Paneldaten).

Einher ging die Expansion in neue Geschäftsfelder auch mit einem deutlichen Wachstum in der Anzahl der Tochtergesellschaften der Stichprobenunternehmen. Abbildung 10 zeigt diesbezüglich die durchschnittliche jährliche Veränderung in der Anzahl der Tochtergesellschaften für jedes untersuchte Unternehmen. Die Verteilung verdeutlicht, dass der Großteil von ihnen ein starkes Wachstum in der Anzahl der Tochtergesellschaften verzeichnete, wobei knapp ein Drittel im Durchschnitt sogar zweistellige jährliche Wachstumsraten erzielen konnte. Der Durchschnitt der Wachstumsraten aller Stichprobenunternehmen liegt mit rund 8 Prozent ebenfalls auf einem sehr hohen Niveau.

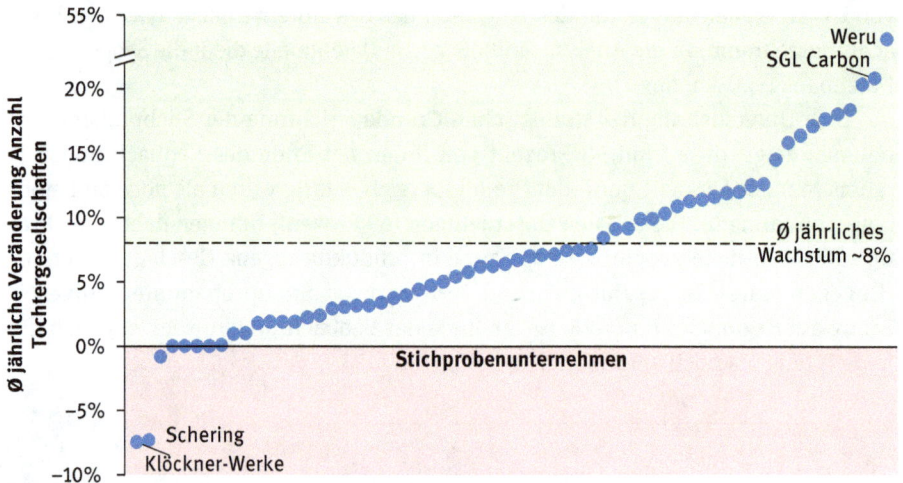

Abbildung 10: Veränderung in der Anzahl der Tochtergesellschaften (1985–1995). N = 62 (unbalancierte Paneldaten).

Die beiden einzigen Unternehmen, die über den Beobachtungszeitraum eine deutlich negative Entwicklung zu verzeichnen hatten, waren die Klöckner Werke (–8 Prozent p. a.) und Schering (–8 Prozent p. a.). Im Falle der Klöckner Werke ist die schrumpfende Anzahl von Tochtergesellschaften primär auf die im Jahr 1992 drohende Insolvenz des Konzerns zurückzuführen. Nach hohen Defiziten und einem starken Anstieg in der Nettoverschuldung aufgrund der anhaltenden Stahlkrise musste das Unternehmen 1992 ein Vergleichsverfahren anmelden (nach damaliger Rechtslage das letzte Mittel vor der Insolvenz). Im Zuge der folgenden Restrukturierung wurden zahlreiche Tochtergesellschaften aufgegeben und bis 1994 rund ein Drittel der Mitarbeiter entlassen. Im Gegensatz dazu entschied sich Schering im Jahr 1992 zum Verkauf der drei chemisch-technischen Sparten (Industrie-Chemika, Naturstoffe und Galvanotechnik) mit dem Ziel, sich stärker auf die Kerngeschäftsbereiche Pharma und Pflanzenschutz zu konzentrieren.

Auch die Betrachtung der Unternehmen mit den höchsten durchschnittlichen Wachstumsraten zeigt unterschiedliche Entwicklungspfade auf: Während das Wachstum von Weru (+53 Prozent p. a.) primär auf die Gründung ausländischer Vertriebsgesellschaften (bspw. in den Niederlanden) und ausländische Produktionsgesellschaften (bspw. in Polen) zurückzuführen ist, gewann SGL Carbon (+21 Prozent p. a.) neue Tochtergesellschaften insbesondere durch Akquisitionen, beispielsweise der Spezialgraphitaktivitäten der Graphite Group in den USA, des französischen Unternehmens VICARB oder des polnischen Wettbewerbers Polgraph S. A., hinzu.

Die bisherigen Analysen verdeutlichen, dass das wirtschaftliche Umfeld in Deutschland während des Beobachtungszeitraums eine positive Entwicklung nahm, die die Stichprobenunternehmen mehrheitlich dazu nutzten, in neue Geschäftsfelder zu expandieren und neue Tochtergesellschaften zu erwerben. Um jedoch ein tiefergehendes Verständnis der Unternehmensstrategien zu ermöglichen und die eingangs formulierten Fragen zu den Wachstumspfaden der Unternehmen zu beantworten, wird ihr Vorgehen im Folgenden separat für die Produkt- und die Regionenbasis analysiert.

4.3 Expansion in neue Geschäftsfelder durch die Ausweitung der Produktbasis

Entscheidet sich ein Unternehmen, durch die Ausweitung seiner Produktbasis in neue Geschäftsfelder vorzudringen, so stellt sich die grundlegende Frage, *welche* neuen Produkte hinzugenommen werden sollen. Bereits die Betrachtung der historischen Unternehmensstrategien hat gezeigt, dass Konzerne diese Frage auf unterschiedliche Weise beantworteten und dass beispielsweise Siemens ausgehend vom Kerngeschäft mit Telegrafen eine Expansion in den Produktbereich Eisenbahnläutwerke vornahm, während sich andere Unternehmen auf die Expansion in Richtung ihrer Vorprodukte fokussierten.

Im Kern der Frage nach der Ausweitung der Produktbasis steht oftmals auch die Frage nach der Verwandtschaft des neu hinzukommenden Produktbereiches zu den bereits im Portfolio befindlichen. Diese Verwandtschaft kann in vielerlei Hinsicht untersucht werden: Neben dem reinen Grad der Verwandtschaft kann auch die Ähnlichkeit der adressierten Kundengruppen, der benötigten Ressourcen oder der produkttypischen Managementanforderungen betrachtet werden. In unseren weiterführenden Analysen konzentrieren wir uns auf die direkte Verwandtschaft der Produkte und orientieren uns an der Systematik des Statistischen Bundesamts zur Klassifizierung von Wirtschaftszweigen. Diese Systematik beruht auf vierstelligen Branchenkennziffern, wobei die ersten zwei Ziffern die Branche (offiziell „Abteilung") und die letzten beiden Ziffern das Segment (offiziell „Klasse") angeben. Gemäß des in der Literatur etablierten Vorgehens nutzen wir diese beiden Gliederungsebenen für unsere Analyse, stets unter der Annahme, dass sich Produkte der gleichen Branchen verwandtschaftlich näherstehen als Produkte aus unterschiedlichen Branchen.

Ausgestattet mit diesem Instrumentarium untersuchen wir die Unternehmensstrategien zur Zeit der Deutschland AG in zwei Richtungen: Einerseits gibt die Veränderung in der Anzahl der Branchen und Segmente, die von einem Unternehmen
abgedeckt werden, Auskunft über das Ausmaß, in dem sich die Unternehmen in
neue Geschäftsfelder ausbreiten (oder auch zurückziehen). Andererseits gewährt
eine Betrachtung der Veränderung der durchschnittlichen Branchendurchdringung
zusätzliche Einblicke in das Vorgehen der Unternehmen bei der Adaption der adressierten Geschäftsfelder. Die durchschnittliche Branchendurchdringung wird als
Quotient aus der Summe aller Segmente und aller Branchen eines Unternehmens
definiert. Eine Betrachtung der Branchendurchdringung im zeitlichen Vergleich gibt
folglich Auskunft darüber, ob ein Unternehmen bei der Adaption der Geschäftsfelder
das ursprüngliche Verhältnis zwischen Segmenten (mit hohem Verwandtschaftsgrad)
und Branchen (mit geringem Verwandtschaftsgrad) verändert hat. Eine steigende
Branchendurchdringung im Expansionsfall deutet darauf hin, dass ein Unternehmen
stärker in Geschäftsfelder vordringt, die einen hohen Verwandtschaftsgrad mit dem
bestehenden Portfolio haben, während eine Ausdehnung mit abnehmender Durchdringung erkennen lässt, dass es überproportional in Geschäftsfelder mit niedrigerem
Verwandtschaftsgrad zum bestehenden Portfolio vordringt.

Hinsichtlich der Veränderung der adressierten Segmente und Branchen zeigt
Abbildung 11 für die Stichprobenunternehmen, dass der Großteil der Unternehmen
(71 Prozent) über den Beobachtungszeitraum sowohl die Anzahl der abgedeckten
Branchen (X-Achse) als auch die Anzahl der abgedeckten Segmente (Y-Achsen) erhöhte. Wir sprechen in dieser Nettobetrachtung von einer Ausweitung der Geschäftsfelder, wenn ein Unternehmen am Ende der Betrachtung in mindestens einer Dimension

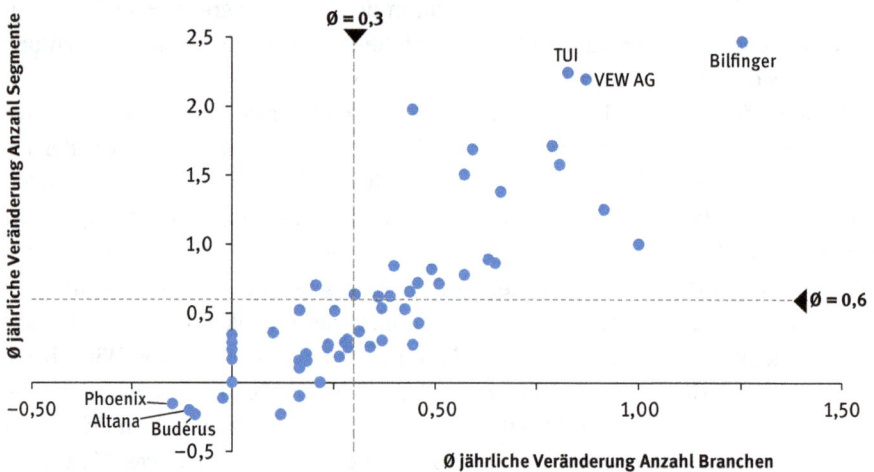

Abbildung 11: Veränderung in der Anzahl abgedeckter Segmente und Branchen (1985–1995).
N = 62 (unbalancierte Paneldaten).

einen höheren Wert und in der anderen Dimension mindestens den gleichen Wert aufweist, wie zu Beginn der Beobachtung.

Über alle Stichprobenunternehmen lag die durchschnittliche jährliche Veränderung dabei bei zusätzlich 0,3 Branchen und 0,6 Segmenten. Eine besonders starke Ausdehnung nahmen Bilfinger, TUI und VEW vor. Das Bauunternehmen Bilfinger expandierte über den Betrachtungszeitraum in zahlreiche neue Geschäftsfelder. Durch Akquisitionen regional tätiger Bauunternehmer wurden die Kapazitäten lokal gesteigert und, je nach fachlichem Fokus der akquirierten Unternehmen, oftmals auch Nischendienstleistungen im Hoch- und Tiefbau in das Produkt- und Dienstleistungsportfolio übernommen (bspw. bot die polnische Gesellschaft Hydrobudowa-6, die im Jahr 1994 akquiriert wurde, neben vielfältigen Hoch- und Tiefbaudienstleistungen eine besondere Expertise im Bau von Pipelines sowie Wasserver- und entsorgungsanlagen). Darüber hinaus nahm Bilfinger auch einige Expansionsschritte vor, mit denen das Unternehmen gemäß des WZ-Klassifizierungssystems nicht nur neue Segmente, sondern auch neue Branchen abdecken konnte. Beispiele dafür sind unter anderem der Erwerb der Aktienmehrheit an der Passavant-Werke AG (1988), die auf die Herstellung von Maschinen und Technologien für die Wasseraufbereitung sowie für die Behandlung kommunaler und industrieller Abwässer spezialisiert war, oder der Aufbau der Bilfinger Berger Umweltsanierung GmbH (ebenfalls ab 1988), die Dienstleistungen im Bereich der Sanierung kontaminierter Standorte und Böden anbot. Zusätzlich wurde auch in die Branche der Baustoffproduzenten (durch Akquisitionen der Westsächsische Steinwerke GmbH, der Kieswerke GmbH Nordhausen oder der Zapadokamen Pilsen), des Landschafts- und Gartenbaus (durch die Akquisition von Lachaux Paysage Conseil), sowie in die Produktion von Verkehrssicherungsanlagen (durch die Akquisition der SVA Verkehrssicherungs-Anlagen GmbH) expandiert. Darüber hinaus gab es beispielsweise mit der Akquisition der bebit Informationstechnik GmbH (1994), einem Anbieter von IT-Services, -Lösungen und -Consulting sowie Business Process Outsourcing im Personalbereich, auch Expansionen in Geschäftsfelder, die einen noch deutlich niedrigeren Verwandtschaftsgrad mit dem bestehenden Portfolio hatten.

Ähnlich verhielt es sich auch beim TUI-Konzern, der während des Beobachtungszeitraums noch unter dem Namen Preussag aktiv war (vgl. Fallstudie TUI). Das Unternehmen, das als Mischkonzern positioniert war, übernahm zum 1. Oktober 1989 die bis dahin im Staatsbesitz befindliche Salzgitter AG. Mit der Übernahme fand eine starke Ausweitung des Produktportfolios statt, das fortan zahlreiche neue Aktivitäten in den Bereichen Stahl, Anlagen-, Schiff- und Waggonbau, Maschinenbau, Komponenten und Bautechnik sowie Informationstechnik, Erdöl und Erdgas umfasste. Durch die Transaktion gingen auch Geschäftsfelder an die Preussag über, die selbst für einen breit aufgestellten Mischkonzern zum Teil einen niedrigen Verwandtschaftsgrad zu bestehenden Produktbereichen aufwiesen, wie beispielsweise Festnetz- und Mobiltelefone (die Tochtergesellschaft Hagenuk war zu dieser Zeit Marktführer für kabellose Festnetztelefone in Deutschland), Sondermüllverbrennungsanlagen und Entsorgungsdienste einschließlich des Abbaus kerntechnischer Anlagen, Reisezugwagen, Güter- und Spezialwaggons, Schallisolation und Dämmstoffe, Maschinen für die Fertigungsautomatisierung sowie Schiffsreparaturen und -neubauten.

Im Falle der VEW AG ist die starke Expansion des regionalen Energieversorgers durch Akquisitionen zu erklären. Mit dem Kauf von Edelhoff und der Harpen AG im Jahr 1990 wuchs das Produktportfolio um Entsorgungsdienstleistungen sowie ein weitreichendes Immobilien-Dienstleistungsangebot, das die Bauträgerschaft, die schlüsselfertige Errichtung von Gewerbeimmobilien und die Vermietung und Verwaltung umfasst, und die europaweite Beteiligung an Anlagen zur dezentralen und regenerativen Energiegewinnung. Insbesondere die Immobilien- und Entsorgungsdienstleistungen weisen dabei auf Produktebene einen niedrigen Verwandtschaftsgrad zum bestehenden Portfolio auf (während ein höherer Verwandtschaftsgrad in Bezug auf die Kundengruppen besteht).

Auf der anderen Seite gibt es jedoch auch einige Unternehmen, die sich im Beobachtungszeitraum aus Geschäftsfeldern zurückzogen, darunter Phoenix, Altana und Buderus. Im Falle der Phoenix AG, einer ehemals eigenständigen Aktiengesellschaft, die primär als Automobilzulieferer aktiv war und seit 2004 Teil des Continental-Konzerns ist, entschied man sich nach einem verlustreichen Geschäftsjahr 1994 zu einer Verschlankung des Geschäfts mit einem Fokus auf die vier Geschäftsbereiche Akustik, Fördergurte, Dichtungsbahnen und Schläuche. Daher wurden zum 31. Mai 1995 alle Anteile an der auf Verschlusstechnik und Reißverschlüsse spezialisierten Tochtergesellschaft DYNAT veräußert, was zu einer deutlichen Verringerung der Geschäftsfelder führte.

Der Chemiekonzern Altana, der 1977 aus der Teilung des VARTA-Konzerns hervorging, verringerte die Anzahl der abgedeckten Segmente und Branchen im Beobachtungszeitraum durch den Verkauf des Diätetik-Geschäfts (1995), das primär auf Säuglings- und Kindernahrung fokussiert war. Obwohl das Unternehmen bereits Anfang der 1970er-Jahre (noch unter VARTA) in diesen Geschäftsbereich eingestiegen war und es durch weitere Zukäufe zu einem Kerngeschäftsbereich mit einem 30- bis 40-prozentigem Beitrag zum Konzernumsatz ausgebaut hatte, führte eine zunehmende Marktkonsolidierung und ein sich verschärfender Wettbewerb zu der Entscheidung, diesen Geschäftsbereich an den Nutricia-Konzern zu veräußern. Somit führten wettbewerbsstrategische Überlegungen im Geschäft mit Diätetik dazu, die Strategie anzupassen.

Im Falle von Buderus ist die verringerte Anzahl der abgedeckten Segmente und Branchen primär auf den Verkauf des Kunststoffrohrhersteller Omniplast (1988) und der Tochtergesellschaft Rittershaus & Blecher (1995), die in der Herstellung von Filterpressen für Feststoff-Flüssigtrennung in der Chemie tätig war, zurückzuführen. Aufgrund der wechselnden Konzernzugehörigkeiten und Rahmenbedingungen (zunächst als Teil der Flick-Gruppe, dann als Teil der insolvenzgefährdeten Metallgesellschaft und schließlich als eigenständiges, an der Börse notiertes Unternehmen) ist der Rückzug aus den Geschäftsfeldern keinem klaren strategischen Kalkül zuzuordnen.

Insgesamt zeigt die Analyse der durchschnittlichen jährlichen Veränderung der Segmente und Branchen, dass die Mehrheit der Stichprobenunternehmen über den Beobachtungszeitraum in neue Segmente und Branchen expandierte, während nur ein sehr geringer Anteil eine Reduktion in beiden Dimensionen vornahm. Die Einzelfallbetrachtungen von Phoenix, Altana und Buderus zeigen in diesem Zusammenhang, dass der Rückzug aus Geschäftsfeldern primär auf wirtschaftlichem Druck auf Konzernebene oder auf Wettbewerbsdruck innerhalb der veräußerten Geschäftsfelder zurückzuführen war. Für eine Fokussierungsstrategie ohne wirtschaftlichen oder wettbewerblichen Druck gibt es im Rahmen der Stichprobe keinen Präzedenzfall.

Zur Konkretisierung der bisherigen Analyseergebnisse ziehen wir im Folgenden die Veränderung der Branchendurchdringung in die Untersuchung ein (vgl. Abbildung 12). Von den vier Stichprobenunternehmen, die über den Beobachtungszeitraum sowohl die Anzahl der adressierten Segmente als auch die der Branchen reduzierten, erhöhte die eine Hälfte die Branchendurchdringung, während die andere eine Reduktion vornahm. Diese Veränderung der Branchendurchdringung ist dabei darauf zurückzuführen, wie sich das Segmente-Branchen-Verhältnis in den veräußerten Geschäftsfeldern gegenüber dem ursprünglichen Portfolio verhielt. Für die Fälle mit reduzierter Durchdringung enthielten die veräußerten Geschäftsfelder folglich überproportional viele Segmente, wohingegen eine erhöhte Durchdringung darauf hindeutet, dass die veräußerten Geschäftsfelder aus überproportional vielen Branchen bestanden.

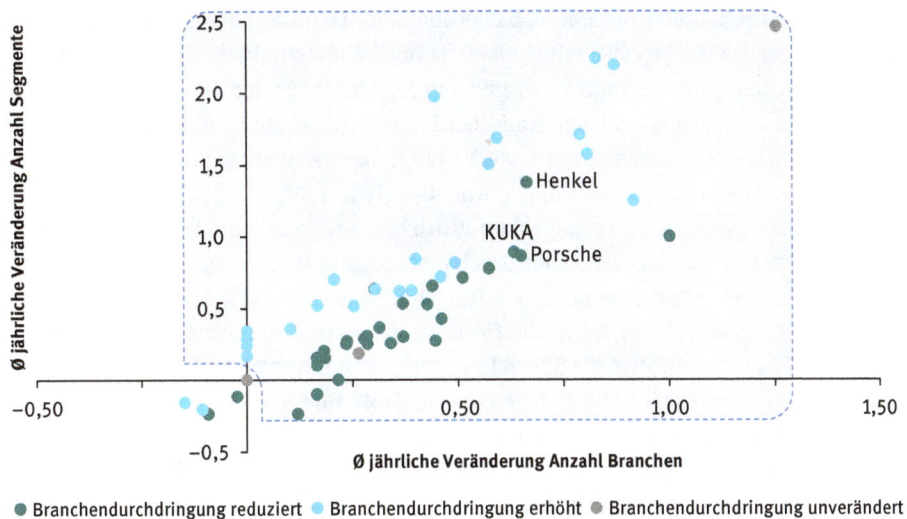

Abbildung 12: Veränderung der Branchendurchdringung je Stichprobenunternehmen. N = 62 (unbalancierte Paneldaten).

Die Betrachtung der Fälle mit Ausdehnung der adressierten Geschäftsfelder (blauer Kasten) verdeutlicht, dass im Rahmen der Stichprobe die Unternehmen, die eine hohe durchschnittliche jährliche Ausdehnung ihrer Geschäftsfelder vornahmen (mit großer Entfernung vom Ursprung in den positiven Bereich), zumeist eine Erhöhung der Branchendurchdringung erreichten. Die im Vergleich zum initialen Verhältnis überproportionale Ausdehnung in der Anzahl der Segmente ist dabei darauf zurückzuführen, dass beim Vordringen in ein neues Segment einer bestehenden Branche ein hoher Verwandtschaftsgrad mit dem bestehenden Portfolio vorliegt, was den Eintritt erleichtert.

Dennoch reduzierten auch zahlreiche Unternehmen der Stichprobe die Branchendurchdringung bei gleichzeitiger Ausdehnung in neue Geschäftsfelder, darunter beispielsweise auch Henkel, KUKA und Porsche. Obwohl sich Henkel im Beobachtungszeitraum durch die Übernahme der Mehrheitsbeteiligung an Schwarzkopf von der Hoechst AG in zahlreichen Segmenten des Körperpflegegeschäft verstärkte, in denen das Unternehmen auch zuvor bereits aktiv war, führten weitere Expansionsschritte dazu, dass in der Gesamtbetrachtung die Branchendurchdringung abnahm. Maßgeblich dazu beigetragen haben die Akquisitionen von vier Tochtergesellschaften der auf Bauchemikalien spezialisierten Beeacham Group (1986), des Unternehmens Samex (1987), das Produkte und Dienstleistungen auf dem Hygienesektor anbot, sowie von Seabord Chemical (ebenfalls 1987), einem Lederhilfsmittelhersteller. Zusätzlich wurde mit der Akquisition der Pelikan Holding AG (Zug/ Schweiz) und dem Erwerb der Markenrechte für Produkte des Pelikan-Geschäftsbereiches „Büro Allgemein" ab August 1995 der Vertrieb eines breiten Schreibwarenportfolios außerhalb des deutschsprachigen Raumes übernommen. Darüber hinaus wurde beispielsweise mit der Tochtergesellschaft OptiMel Schmelzgußtechnik, die aus einer internen Entwicklungsgruppe hervorging, ab 1995 ein Spezialist für den Niedrigdruckverguss zum Schutz elektrischer und elektronischer Bauteile ins Portfolio aufgenommen.

Im Falle von KUKA führte der Erwerb der Boehringer Werkzeugmaschinen GmbH (1987; eingegliedert unter der neugegründeten Hydrokraft GmbH), einem Hersteller von Drehmaschinen und hydraulischen Antrieben zur Expansion in neue Geschäftsfelder und zur Gründung des neuen Geschäftsbereiches Werkzeugmaschinen. Zusätzlich wurde im gleichen Jahr auch die Tubest S. A. und die SFZ S. A. akquiriert, mit deren Hilfe das Unternehmen in die Geschäftsfelder der Metallschläuche, flexiblen Rohre und Kompensatoren für Spezialanwendungen eintrat. Darüber hinaus wurde ein Handelsgeschäft mit BMW-Fahrzeugen im Großraum Moskau aufgebaut (ab 1991 überführt in die 100-prozentige Tochtergesellschaft GEWIKA Autoservice GmbH), womit KUKA in die Branche des Automobilhandels eintrat.

Porsche brachte während des Beobachtungszeitraums die Produktion eines Flugmotors für Leichtflugzeuge (Porsche PFM 3200) zur Serienreife, womit das Unternehmen in die Branche des Luft- und Raumfahrtbaus vordrang. Obwohl die Serienproduktion aufgrund fehlender Nachfrage bereits 1990 wieder eingestellt wurde, musste der Konzern die Tätigkeiten noch deutlich über den Beobachtungszeitraum hinaus aufgrund von gesetzlichen Vorschriften zur Wartung und Ersatzteilverfügbarkeit in den USA (dem ursprünglich avisierten Kernmarkt für das Produkt) aufrechterhalten. Die dafür zuständige Tochtergesellschaft erwirtschaftete in den Folgejahren jährlich einen Verlust in zweistelliger Millionenhöhe („Der Spiegel", 2005). Im November 1988 drang Porsche darüber hinaus mit der Gründung der Porsche Leasing GmbH (später Porsche Financial Service), wie viele deutsche Automobilhersteller in dieser Zeit, in die Branche für Finanzdienstleistungen vor. Daneben erfolgte durch die Gründung der Porsche International Reinsurance im Jahr 1992 die Expansion in das Versicherungsgeschäft, da die Tochtergesellschaft fortan die Rückversicherung von Gewährleistungsansprüchen aus dem Gebrauchtwagengeschäft übernahm. In eine weitere neue Branche rückte das Unternehmen dann beispielsweise auch im Jahr 1994 vor, als es mit Porsche Consulting eine Unternehmensberatung für konzernfremde Unternehmen gründete.

Ob durch den Vertrieb von Schreibwaren (Henkel), den Handel mit Automobilen in Moskau (KUKA), dem Bau von Flugzeugmotoren (Porsche), oder, wie im eingangs beschriebenen Fall von Thyssen, dem Betrieb eines Mobilfunknetzes – die Entscheidung, in neue Geschäftsfelder mit einem niedrigeren Verwandtschaftsgrad zum bestehenden Portfolio zu expandieren, wurde zur Zeit der Deutschland AG häufig getroffen. Dies bestätigt auch Abbildung 13, die Abbildung 12 in eine Häufigkeitsverteilung überführt. Demnach nahmen 82 Prozent der Stichprobenunternehmen (hellblau) eine Ausweitung der Geschäftsfelder vor (d. h. eine Erhöhung der Anzahl der Segmente und/oder Branchen über den Betrachtungszeitraum; vgl. blauer Kasten in Abbildung 13) und insgesamt 44 Prozent der Stichprobenunternehmen (grün) reduzierten bei der Ausweitung der Geschäftsfelder die Branchendurchdringung. Demgegenüber stehen insgesamt lediglich 35 Prozent der Stichprobenunternehmen (cyan), die bei der Ausweitung der Geschäftsfelder eine Erhöhung der Branchendurchdringung erwirkten.

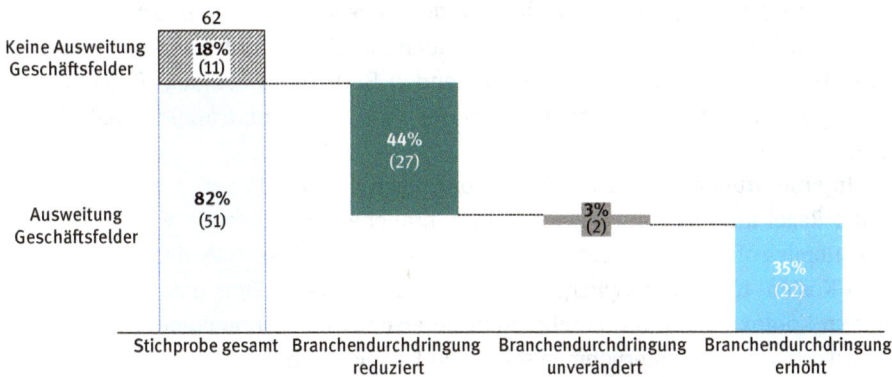

Abbildung 13: Veränderung der Branchendurchdringung bei Ausweitung der Produktbasis. N = 62 (unbalancierte Paneldaten).

Unter den Stichprobenunternehmen, die über den Beobachtungszeitraum zusätzliche Geschäftsfelder hinzunahmen, wurde die Branchendurchdringung folglich mehrheitlich reduziert. Die betroffenen Konzerne drangen also im Vergleich zu ihrer jeweiligen Ausgangssituation (d. h. Verhältnis Segmente zu Branchen) überdurchschnittlich stark in neue Branchen vor, was im Vergleich zur Expansion in neue Segmente einer bereits bestehenden Branche die Überwindung der Hürde eines niedrigeren Verwandtschaftsgrades zum bestehenden Portfolio erforderte.

4.4 Motive für die Reduktion der Branchendurchdringung

Warum entschied sich nicht ein höherer Anteil der untersuchten Unternehmen dazu, primär durch die Hinzunahme zusätzlicher Segmente innerhalb der bereits adressierten Branchen zu wachsen, wenn so unter Umständen Vorteile eines höheren Verwandtschaftsgrades zu realisieren waren? Die Entscheidung für eine Expansion der Geschäftsfelder unter Reduktion der Branchendurchdringung kann auf Unternehmensebene sowohl auf externe und interne Gründe sowie auf Management-Ebene auf Kontrollaspekte zurückgeführt werden.

Externe Gründe konnten aus Unternehmenssicht beispielsweise durch eine schlechte Geschäftsentwicklung in den initial adressierten Branchen entstehen (Plinke, 2002, S. 26), die z. B. auf strukturelle Veränderungen der Branche, neu auftretende Wettbewerbsnachteile, oder das nahende Ende der Produktlebenszyklen zurückzuführen sein können. Das Beispiel des Thyssen-Konzerns, der im Zuge der europäischen Stahlkrise mit grundlegenden Veränderungen in der Branche (Überkapazitäten, Wettbewerbsverzerrung durch staatliche Subventionen) konfrontiert war, gleichzeitig jedoch durch den Beitritt zum E-Plus-Konsortium in den Aufbau eines Mobilfunknetzes investierte, verdeutlicht diese Motivation. Darüber hinaus wurde eine verstärkte Expansion in neue Branchen oftmals auch dann genutzt, wenn eine gute Geschäftsentwicklung in den angestammten Branchen vorlag, der erwirtschaftete Netto-Überschuss der liquiden Mittel jedoch den Finanzierungsbedarf für die Investitionen in den bestehenden Branchen überstieg (Plinke, 2002, S. 26), oder Investitionen außerhalb dieser Branchen grundsätzlich eine höhere Rentabilität versprachen.

Interne Gründe für das verstärkte Vordringen in neue Branchen waren dagegen in der Regel auf das Ziel zurückzuführen, branchenübergreifende Verbundvorteile („Economies of Scope") zu realisieren. Dabei standen neben strategischen Synergien auch Kosten- und Finanzsynergien im Fokus. Strategische Synergien entstanden in diesem Kontext, wenn die Kombination unterschiedlicher Branchen einen Wettbewerbsvorteil für das Unternehmen schuf. Ein Beispiel dafür sind die Finanzdienstleistungen, die während des Beobachtungszeitraums neben Porsche beispielsweise auch von Daimler (Gründung Mercedes Benz Finanz GmbH im Jahr 1987) als neue Branche zum Produktportfolio hinzugenommen wurden. (Der Volkswagen-Konzern hatte schon seit 1966 eine Leasing GmbH, die 1974 eine Vollbanklizenz erhielt und auch BMW war bereits seit 1971 in diesem Geschäftsfeld aktiv.) Durch die Kombination der beiden Branchen gelang es den Herstellern, den PKW-Absatz zu fördern, da die internen Finanzdienstleister aufgrund eines geringeren Risikozuschlags durch eine genauere Abschätzung des für die Finanzierungskonditionen entscheidenden Restwertrisikos (mittels langjähriger Datenhistorie und besserer Markttransparenz) günstigere Preise bieten konnten als externe Finanzierungspartner (vgl. Häcker & Stenner, 2013, S. 8). Zusätzlich zeigen Studien, dass die Finanzierungsdienstleistungen zu einer höheren Markentreue, einer kürzeren Haltedauer (und damit einem schnelleren Abschluss eines Neuvertrags), und höheren Ausgaben für Sonderausstattungen führen (vgl. Häcker & Stenner, 2013, S. 13). Kostensynergien ergeben sich hingegen dann, wenn bereits bestehende Ressourcen genutzt werden, um zu niedrigeren Kosten (bspw. im Vergleich zu einem Einproduktunternehmen) zu produzieren. Als Beispiel dafür dient die beschriebene Produktion von Flugzeugmotoren durch Porsche. Zwar handelt es sich bei der Herstellung von PKW und Flugzeugmotoren formal um zwei unterschiedliche Branchen, allerdings ist jeweils das gleiche technische Know-how und eine ähnliche Fertigungstechnologie erforderlich. Neben Effizienzvorteilen in der Produktion können zusätzlich auch bei der Forschung und Entwicklung sowie bei Verwaltungsaufgaben Kostensynergien realisiert werden. Die letzte Gruppe der Verbundvorteile betrifft die Finanzsynergien. Da sich die Unternehmen zur Zeit der Deutschland AG stark über Bankkredite finanzierten, konnten sie durch eine überproportionale Expansion in neue Branchen niedrigere Fremdkapitalzinsen erwirken, da die unterschiedliche Zyklizität der verschiedenen Branchen das Ergebnis stabilisierte und somit das Insolvenzrisiko senkte. Dies galt in besonderem Maße für Unternehmen, deren Kerngeschäft in der Stahlindustrie lag, da diese Branche außergewöhnlich stark von Konjunkturzyklen beeinflusst wurde. Obwohl mit der Strategie der überproportionalen Expansion in neue Branchen oftmals auch Quersubventionen temporär verlustbringender Geschäftsfelder zu Lasten der gewinnbringenden einhergingen (vgl. Plinke, 2002, S. 34), hatte der Kapitalmarkt, der diesem Vorgehen oftmals mit einen Abschlag in der Unternehmensbewertung begegnet („Conglomerate Discount"), aufgrund seiner zu dieser Zeit untergeordneten Relevanz in der Unternehmensfinanzierung keine restriktive Wirkung auf diese Praxis.

Darüber hinaus konnte eine überproportionale Expansion in neue Branchen auf Management-Ebene auch Kontrollaspekten geschuldet sein, da sie zu einer Stärkung der Machtposition des Managements führen konnte. Da diese Art der Expansion mit einer gesteigerten Komplexität einher geht, wurde es sowohl Outsidern als auch Insidern erschwert, kausale Rückschlüsse von den unternehmerischen Entscheidungen des Managements auf die wirtschaftliche Entwicklung des Unternehmens vorzunehmen. Somit wurde eine effektive Kontrolle des Managements zusätzlich erschwert.

4.5 Expansion in neue Geschäftsfelder durch die Ausweitung der Regionenbasis

Neben der Produktbasis nutzten die Stichprobenunternehmen während des Beobachtungszeitraums von 1985 bis 1995 auch die Regionenbasis, um in neue internationale Geschäftsfelder vorzudringen. Abbildung 14 zeigt zu drei Zeitpunkten, welcher Anteil der Stichprobenunternehmen in welchem Land mit lokalen Tochtergesellschaften aktiv war. Bereits 1985 hatte ein großer Anteil der Stichprobenunternehmen Auslandsdependancen in West- und Südeuropa sowie Nord- und Südamerika. Während in Nordamerika die meisten Unternehmen über Auslandsdependancen in den USA verfügten (88 Prozent; zugleich auch global das Land, in dem die meisten Stichprobenunternehmen eine Auslandsdependance unterhielten), war Brasilien (56 Prozent), das nach Fläche und Bevölkerung größte Land des Kontinents, in Südamerika das häufigste Ziel. Auf einem ähnlichen Niveau wie Brasilien rangierten darüber hinaus Australien und Japan (jeweils 44 Prozent) gefolgt von Südafrika (39 Prozent). In den übrigen Ländern Afrikas sowie in Osteuropa und Südostasien unterhielten hingegen nur sehr wenige Stichprobenunternehmen Auslandsdependancen. Die Zweiteilung in Europa, mit einer hohen Präsenz der Stichprobenunternehmen im Westen und einer nur vereinzelten Präsenz im Osten, spiegelt die politische Trennung der beiden Blöcke zu dieser Zeit wider.

Im Vergleich zu 1985 zeigt die Weltkarte für das Jahr 1990 nur wenige Veränderungen und nur vereinzelt expandierten Stichprobenunternehmen nach Slowenien, Ungarn, die Türkei und einzelne Staaten Westafrikas. Anders verhält sich dies jedoch zum Ende des Beobachtungszeitraums im Jahr 1995. Die Karte zeigt, dass bereits wenige Jahre nach dem Fall des Eisernen Vorhangs ein Aufholeffekt in Osteuropa stattfand, bei dem ein mittlerer Anteil der Stichprobenunternehmen Internationalisierungsbewegungen in die ehemaligen Ostblockstaaten vornahmen. Diese Internationalisierung fand dabei auch geografisch von West nach Ost statt, d. h. während bis zum Jahr 1995 bereits ein hoher Anteil der Stichprobenunternehmen in Polen (52 Prozent), Tschechien (52 Prozent), Ungarn (43 Prozent) und der Slowakei (20 Prozent) Tochtergesellschaften etabliert hatten, waren in die weiter östlich gelegenen Staaten Estland, Lettland, Litauen, Belarus, Russland und die Ukraine nur jeweils deutlich unter 10 Prozent der Unternehmen vorgedrungen. Erschwert wurde die Expansion und die wirtschaftlich erfolgreiche Tätigkeit in den ehemaligen Ostblockstaaten häufig durch fehlende staatliche, wirtschaftliche und rechtliche Strukturen sowie eine zunächst oftmals stark limitierte Kaufkraft der lokalen Bevölkerung. Neben der Expansion in Osteuropa erhöhte sich bis 1995 auch der Anteil der Stichprobenunternehmen mit Auslandsdependancen in Indien und China, was die zunehmend globalere Ausrichtung vieler deutscher Unternehmen zu dieser Zeit widerspiegelt.

Verfeinert man die Analyse und betrachtet die internationale Expansion der Stichprobenunternehmen auf Einzelfallbasis (vgl. Abbildung 15), so werden die unterschiedlichen Wachstumsausrichtungen und -geschwindigkeiten deutlich. Ver-

1985

1990

1995

>0%   14%   29%   43%   57%   71%   86%   100%

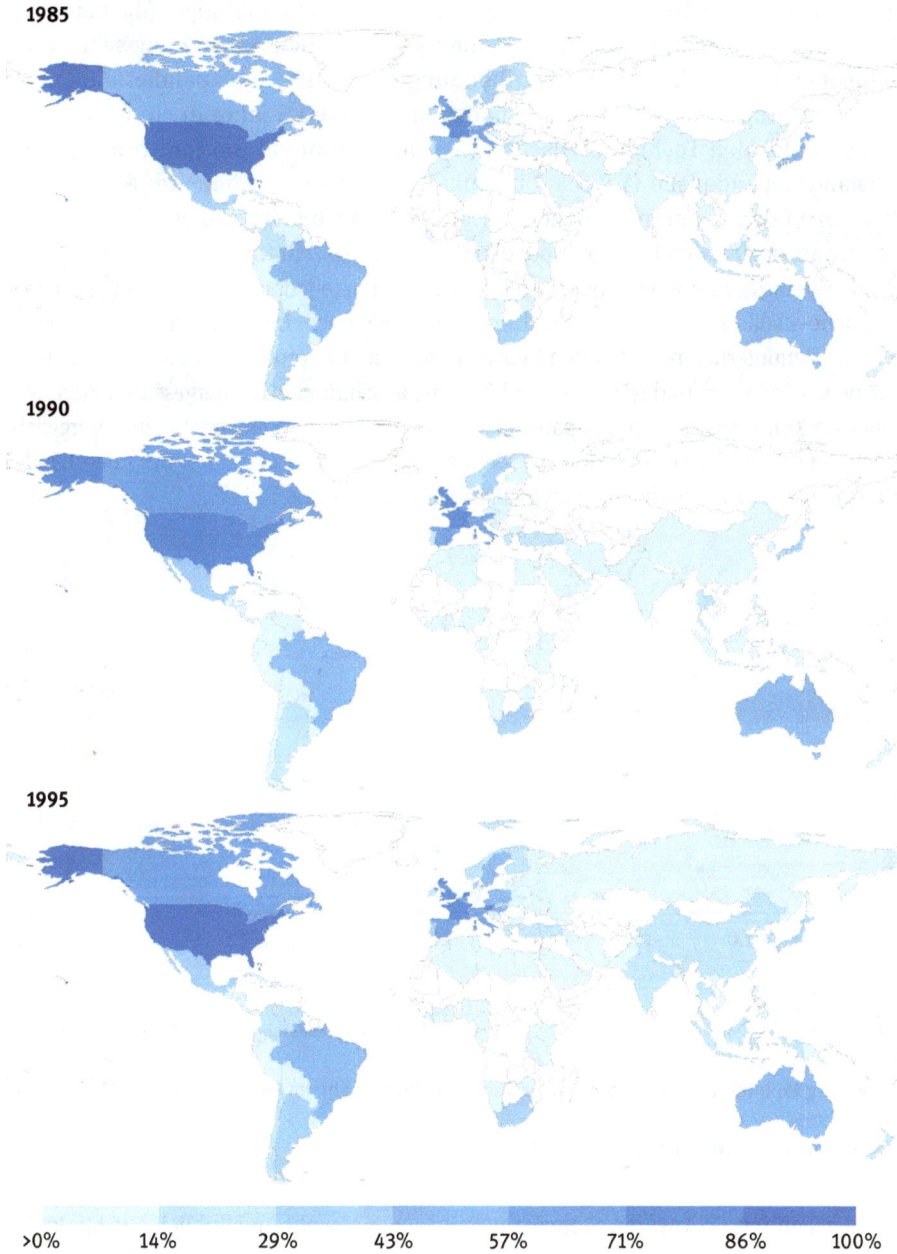

Abbildung 14: Fortschritt der Internationalisierung (1985–1995).
N = 62 (unbalancierte Paneldaten).

gleicht man beispielsweise die Expansion von Siemens und Bilfinger (die bereits zu Beginn der Beobachtung hinsichtlich ihrer geografischen Ausbreitung sehr unterschiedlich aufgestellt waren, vgl. Abbildung 17 und 18), so expandierte Siemens über den Beobachtungszeitraum lediglich knapp alle 1,5 Jahre in ein neues Land mit einer lokalen Tochtergesellschaft (X-Achse), während pro Jahr rund 11 neue Auslandsdependancen (Y-Achse) hinzukamen. Folglich erhöhte der Konzern die Präsenz in den Ländern, in denen der Markteintritt bereits erfolgt war, stetig. Im Gegensatz dazu nahm Bilfinger über den Beobachtungszeitraum im Durchschnitt rund 2,5 Markteintritte in neue Länder pro Jahr vor, gründete jedoch jährlich deutlich weniger neue ausländische Tochtergesellschaften als Siemens. Im Durchschnitt nahm jedes Stichprobenunternehmen über den Beobachtungszeitraum pro Jahr Markteintritte in rund 0,7 neue Länder vor und gründete rund 2,1 neue ausländische Tochtergesellschaften, was einer stetigen internationalen Expansion auf niedrigem Niveau entspricht (zum Vergleich: nach dem Ende der Deutschland AG kamen pro Jahr durchschnittlich 0,9 neue Länder und 5,0 neue ausländische Tochtergesellschaften hinzu; siehe Teil IV).

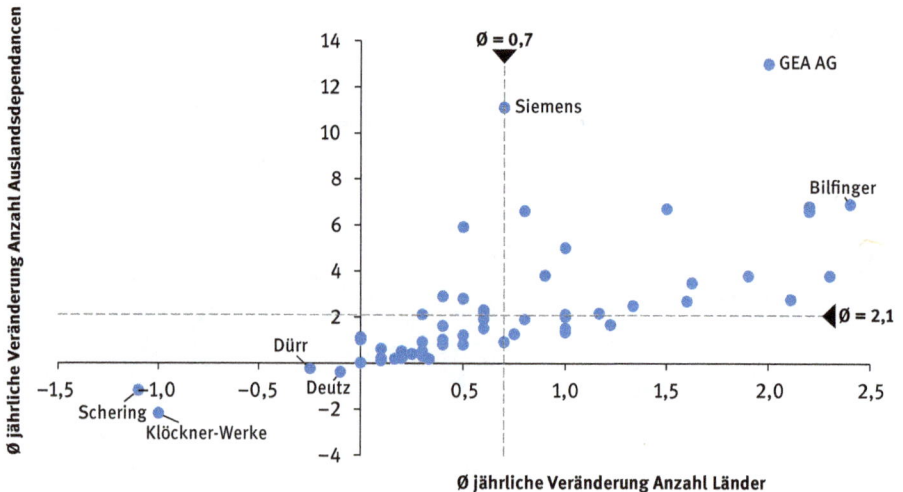

Abbildung 15: Internationale Expansion je Stichprobenunternehmen im Beobachtungszeitraum (1985–1995).
N = 62 (unbalancierte Paneldaten).

Gemeinsam mit GEA waren Siemens und Bilfinger sowohl im Hinblick auf Markteintritte in neue Länder als auch in die Eröffnung neuer Auslandsdependancen sehr aktiv. Im Falle von GEA ist ein großer Anteil der internationalen Expansion während des Beobachtungszeitraums auf die Akquisition der dänischen NIRO-Gruppe im Februar 1993 zurückzuführen. Im Geschäftsbericht heißt es dazu: „Neben den Produktsynergien ist die sehr gute geografische Ergänzung beider Unternehmen von Bedeutung. Das Geschäft der bisherigen GEA-Gesellschaften [...] konzentriert sich auf Europa.

NIRO ist darüber hinaus stark in Nord- und Südamerika, Asien und Australien/Neuseeland vertreten" (GEA Aktiengesellschaft, 1993, S. 9). Abbildung 16 zeigt die Auswertung der geografischen Daten des Unternehmens. Jeder farbige Punkt auf der Weltkarte repräsentiert den lokalen Hauptsitz einer ausländischen Tochtergesellschaft. Dabei wird jeder geografische Standort nur einmal markiert, sodass für den Fall, dass zwei verschiedene ausländische Tochtergesellschaften unter der gleichen Adresse ihren Hauptsitz haben, dieser Ort besser erkennbar ist. Darüber hinaus werden neben dem Hauptsitz keine weiteren lokalen Standorte einer ausländischen Tochtergesellschaft angezeigt. Im Fall der GEA zeigt sich so, dass das Unternehmen zum Ende des Beobachtungszeitraums im Jahr 1995 zahlreiche Auslandsdependancen hinzugewonnen hatte mit neuen Standorten unter anderem in Großbritannien, Skandinavien, Kanada, den USA, Mexiko, Australien, Neuseeland und dem asiatischen Raum. Mit jeweils neun Standorten in den Niederlanden und Großbritannien sowie sieben Standorten in den USA nahmen einige internationale Märkte eine besondere Stellung ein. Mit eigenen Tochtergesellschaften in Świebodzice (Polen), Liberec (Tschechien) und Budapest (Ungarn) drang das Unternehmen auch in die ehemaligen Ostblockstaaten vor. Obwohl anhand von Tochtergesellschaften in Singapur, Jakarta und Tokio bereits eine internationale Expansion im Südostasiatischen Raum stattgefunden hatte, war ein Eintritt in den chinesischen Markt bis dato nicht erfolgt.

Der Siemens-Konzern, der zu dieser Zeit ebenfalls eine weitreichende Internationalisierungsstrategie verfolgte, war im Gegensatz zu GEA bereits zu Beginn des Beobachtungszeitraums mit 110 ausländischen Tochtergesellschaften in 45 Ländern sehr global aufgestellt. Entsprechend wurde auch im Geschäftsbericht für das Geschäftsjahr 1985 betont, dass das Unternehmen „auf den Weltmarkt ausgerichtet" (Siemens Aktiengesellschaft, 1986, S. 1) ist. Abbildung 17 verdeutlicht, dass der Konzern diesen Anspruch auch über den Beobachtungszeitraum weiter umsetzen konnte. Regional fokussierte sich die Expansion von Siemens insbesondere auf Nordamerika, West- und Osteuropa sowie Südostasien. Dabei wurde in Nordamerika und Westeuropa verstärkt das lokale Produktangebot gemäß des breiten Konzernportfolios ausgebaut. In Westeuropa wurde darüber hinaus das historisch gewachsene Standortnetzwerk vor dem Hintergrund der beschlossenen Einführung des westeuropäischen Binnenmarktes neu ausgerichtet und nach Möglichkeit konsolidiert. Im Vergleich zu GEA drang Siemens darüber hinaus bereits kurze Zeit nach Fall des Eisernen Vorhangs mit zahlreichen Engagements in das Gebiet der ehemaligen Ostblockstaaten vor und hatte bis zum Ende des Geschäftsjahres 1991 bereits 21 Joint-Ventures gegründet, davon sieben auf dem Gebiet der ehemaligen Sowjetunion (Siemens Aktiengesellschaft, 1992, S. 29). Um die Vertriebsaktivitäten zu fördern, wurde, neben weiteren Produktionsgesellschaften (bspw. für Turbinen- und Generatorenbau in Sankt Petersburg), im Jahr 1995 auch ein eigenes Vertriebsbüro in Moskau gegründet. Das Unternehmen hob stets die Vorteile einer weitreichenden internationalen Präsenz hervor. Beispielsweise anlässlich einer gewonnenen Ausschreibung für die Ausrüstung eines Kraftwerks in Indien hieß

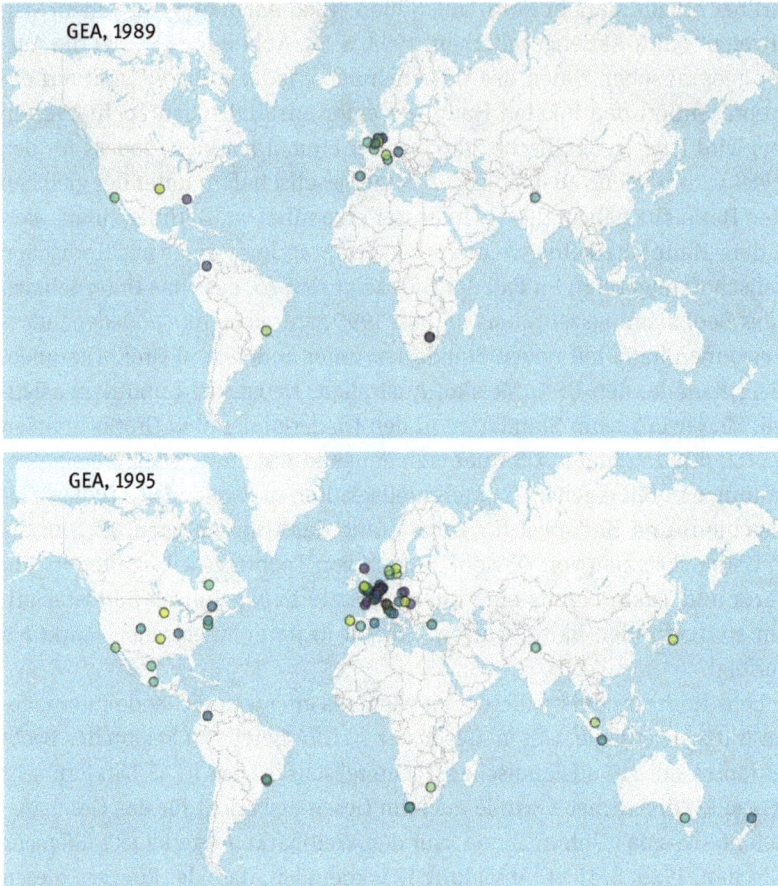

Abbildung 16: Auslandsdependancen GEA 1989 und 1995.

es: „Wir erhielten den Zuschlag, weil die Lieferungen weitgehend aus landeseigener Fertigung kommen und Engineering wie auch Montage von indischen Mitarbeitern erbracht werden" (Siemens Aktiengesellschaft, 1989, S. 17).

Aufgrund der starken internationalen Ausrichtung erwirtschaftete Siemens im Geschäftsjahr 1994/1995 bereits 57 Prozent seines Umsatzes im Ausland. Für die Folgejahre sollte die Internationalisierungsstrategie zunehmend darauf ausgelegt werden, den Anteil der Wertschöpfung im Ausland weiter zu erhöhen. Im Geschäftsbericht kündigte Siemens diesbezüglich an: „Zu unserer Strategie gehört auch die Beseitigung des Ungleichgewichts zwischen regionaler Wertschöpfungsstruktur und regionaler Umsatzstruktur [...]. Wir wollen dieses Ungleichgewicht vor allem durch Wachstum und weiteren Aufbau in den Weltmärkten ausbalancieren" (Siemens Aktiengesellschaft, 1996, S. 6).

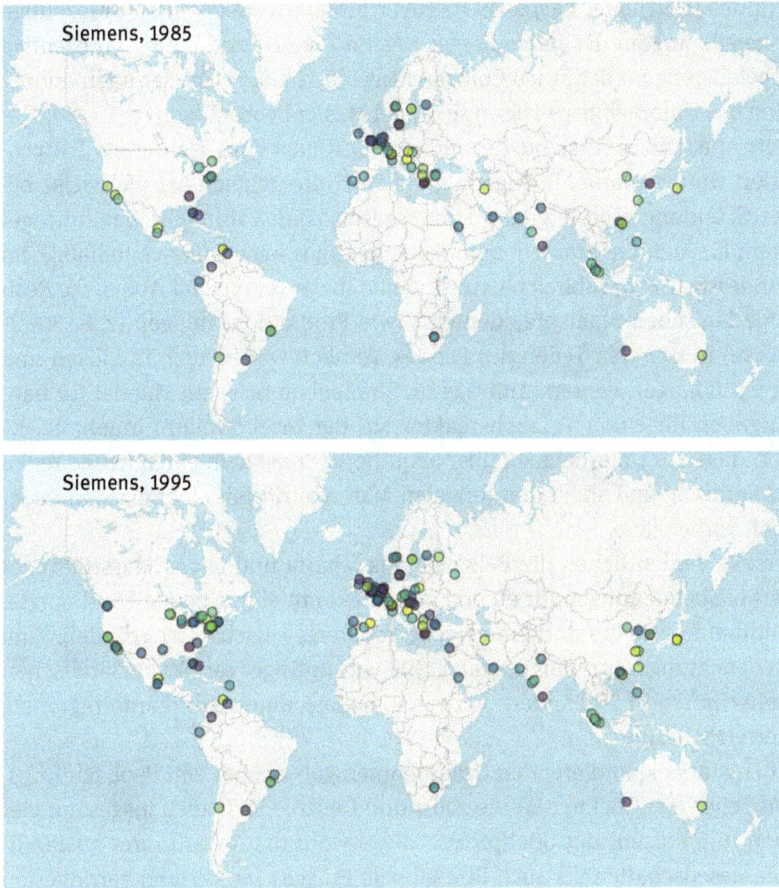

Abbildung 17: Auslandsdependancen Siemens 1985 und 1995.

Im Vergleich zu den beiden zuvor beschriebenen Unternehmen verfügte Bilfinger zu Beginn des Beobachtungszeitraums im Jahr 1985 nur über elf ausländische Tochtergesellschaften in fünf Ländern (vgl. Abbildung 18). Ähnlich wie bei GEA war auch hier ein regionaler Fokus auf die USA und Westeuropa (in diesem Fall die Niederlande und Belgien) erkennbar, allerdings kam trotz der geringen internationalen Ausbreitung bereits eine Tochtergesellschaft in Saudi-Arabien hinzu. Grund dafür war eine Bauflaute in Deutschland und anderen Staaten Mitteleuropas sowie eine dynamische Entwicklung der Baukonjunktur im Mittleren Osten, die in den 1970er-Jahren viele Baukonzerne dorthin lockte. Über den Beobachtungszeitraum wuchs das Unternehmen dann global sehr stark, mit einem erkennbaren Fokus auf Südostasien, Afrika und Westeuropa. Dazu wurden zahlreiche eigene ausländische Tochtergesellschaften gegründet, wie beispielsweise in Bangkok (1988), Madrid (1989), Jakarta (1991; zuvor bestand bereits eine 25,5-prozentige Minderheitsbeteiligung an der P.T. Coniplant Indonesia), Tripolis (1991) oder Lagos (1991; zuvor bestand bereits eine 40-prozentige Minderheitsbeteiligung an der Julius Berger Nigeria Limited und eine 40-prozentige Minderheitsbeteiligung an der Fruco Company Nigeria Limited). Bei der internationalen Expansion des Unternehmens lassen sich zwei Muster beobachten:

Einerseits entstanden Auslandsdependancen oftmals dort, wo bereits Bauprojekte akquiriert worden waren. In Nigeria hatte das Unternehmen beispielsweise bereits vor der Gründung einer eigenen Landesgesellschaft zahlreiche Bauaufträge, unter anderem für mehrere Straßenbauprojekte in Lagos, eine Düngemittelfabrik im heutigen Bundesstaat Edo, zahlreiche Kunstbauten in der Hauptstadt Abuja, die Residenz des nigerianischen Staatspräsidenten sowie Produktionsanlagen (z. B. Stahl- und Walzwerke) in weiteren Teilen des Landes. Ähnlich war es auch in Libyen und Indonesien, wo Bilfinger mehrere Aufträge im Straßenbau bzw. ein Mandat für bauleitende Aufgaben für einen Versuchsreaktor auf der Insel Sumatra innehatte. Es kam also vor, dass das Unternehmen über akquirierte Projekte in einen neuen regionalen Markt vordrang und somit den formalen Markteintritt mit einer eigenen Tochtergesellschaft vorbereitete.

Andererseits verdeutlichen die Beispiele aus Jakarta und Lagos, dass Bilfinger auch Minderheitsbeteiligungen für einen Erstkontakt mit einem neuen Land nutzte, um darauf aufbauend später dort eine eigene Tochtergesellschaft zu gründen. Zum Ende des Beobachtungszeitraums im Jahr 1995 war Bilfinger mit 80 ausländischen Tochtergesellschaften in 29 Ländern vertreten, sodass eine signifikante regionale Expansion erreicht wurde.

Neben den stark expandierenden Unternehmen gab es über den Beobachtungszeitraum mit Schering, Klöckner-Werke, Dürr und Deutz jedoch auch insgesamt vier Unternehmen (6,5 Prozent der Stichprobe), die sowohl die Anzahl ihrer ausländischen Tochtergesellschaften als auch ihre globale Präsenz im Ausland verringerten (vgl. Abbildung 15). Im Falle von Schering ist der deutliche Rückgang auf den bereits beschriebenen Verkauf der drei chemisch-technischen Sparten im Jahr 1992 zurückzuführen. Nach der Transaktion hatte das Unternehmen daher beispielsweise keine eigene Tochtergesellschaft mehr in der Schweiz, Argentinien, Kolumbien, oder Indonesien. Da die strategische Entscheidung des Unternehmens jedoch primär die Adaption des Produktportfolios betraf, handelte es sich nicht um einen gezielten Rückzug aus diesen Ländern, sondern um einen Sekundäreffekt aus der produktseitigen Reduktion der Geschäftsfelder. Im Falle der Klöckner-Werke AG ist die Reduktion der internationalen Präsenz auf die eingangs beschriebene Stahlkrise und die Anmeldung eines Vergleichsverfahrens im Jahr 1992 zurückzuführen. Folglich zog sich das Unternehmen unter anderem aus Singapur, Argentinien und Spanien zurück. Hingegen zog sich die Dürr AG, ausgehend von 17 ausländischen Tochtergesellschaften in zehn Ländern, im Februar 1995 trotz positiver Entwicklung des Gesamtunternehmens mit einer eigenen Tochtergesellschaft aus der Schweiz zurück und schloss im gleichen Jahr eine der zwei spanischen Tochtergesellschaften. Im Gegensatz zu den Klöckner-Werken handelte es sich um strategische Entscheidun-

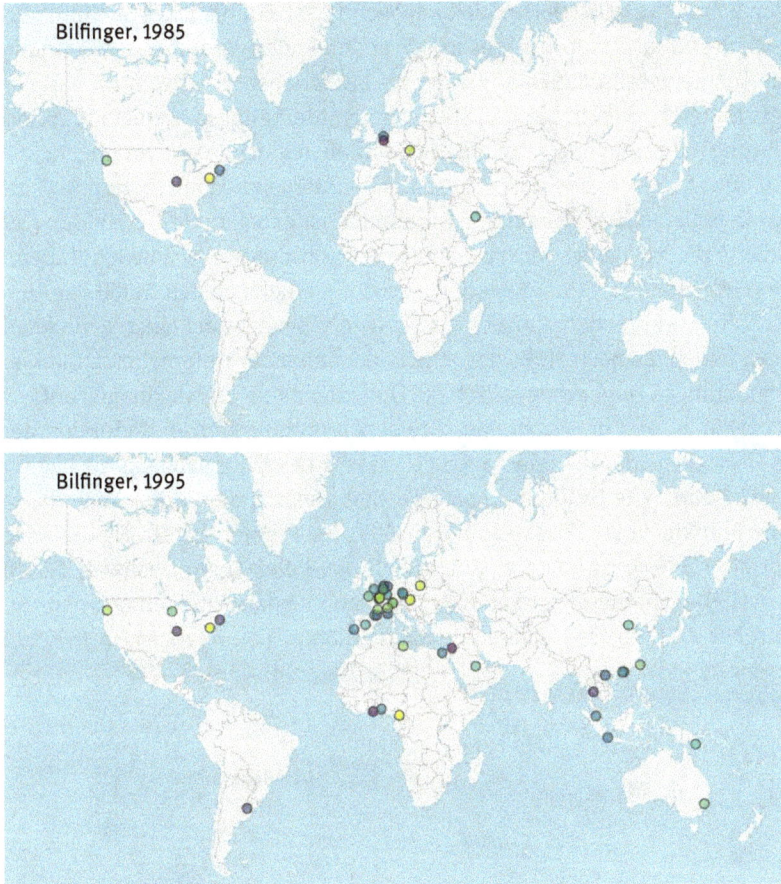

Abbildung 18: Auslandsdependancen Bilfinger 1985 und 1995.

gen, die frei von Restrukturierungsdruck getroffen wurden. Auch die Deutz AG verringerte ihre Auslandspräsenz über den Beobachtungszeitraum geringfügig. Zunächst veräußerte das Unternehmen einen 50-prozentigen Anteil an seiner Tochtergesellschaft in Südafrika (1987), dann erfolgte der Rückzug aus Argentinien, indem es drei im Mehrheitsbesitz befindlichen Tochtergesellschaften (Deutz Argentina S. A., DEFA S. A., Sociedad Argentina de Maquinas y Motores) verkaufte bzw. liquidierte. Im Jahr 1990 folgte der Rückzug aus Algerien durch den Verkauf der lokalen Tochtergesellschaft. Bereits 1994 trat das Unternehmen durch Gründung der KHD Holding S. A. wieder mit einer eigenen Tochtergesellschaft in den südafrikanischen Markt ein. Somit verdeutlicht das Beispiel der Deutz AG, dass auch die strategische Entscheidung zum Rückzug aus einem bestimmten regionalen Geschäftsfeld zukünftig revidiert und durch einen neuerlichen Markteintritt ersetzt werden kann.

Die Untersuchung zeigt, dass über den Beobachtungszeitraum jedes Stichproben-unternehmen im Durchschnitt pro Jahr in 0,7 neue Länder vordrang und 2,1 neue ausländische Tochtergesellschaften aufbaute. Die beschriebenen Fälle geben darüber hinaus einen Einblick, wie einige der Stichprobenunternehmen bei der Adaption ihrer Ausrichtung auf bestimmte geografische Geschäftsfelder konkret vorgingen.

Abschließend stellt sich die Frage, wie stark die Unternehmen relativ zu ihrer Ent-wicklung auf dem deutschen Heimatmarkt international expandierten. Abbildung 19 zeigt daher die Veränderung des Auslandsanteils der Konzerngesellschaften auf. Dem-nach erhöhten insgesamt 59 Prozent der Stichprobenunternehmen den Anteil der Aus-landsgesellschaften, während 39 Prozent zum Ende der Betrachtung einen geringeren Auslandsanteil hatten als noch zu Beginn. Die Betrachtung der Unternehmen mit den größten Veränderungen zeigt exemplarisch die Ursachen dieser Entwicklungen auf.

Buderus erhöhte trotz der bereits beschriebenen produktseitigen Reduktion der adressierten Geschäftsfelder die internationale Präsenz des Unternehmens zu Beginn der 1990er-Jahre durch die Gründung neuer Tochtergesellschaften unter anderem in Italien (1992), Frankreich (1993), Luxemburg (1993), Tschechien (1993), Niederlande (1994), Österreich (1994), USA (1994), Ungarn (1994), Polen (1994), Schweiz (1995) und Slowakei (1995). Mit dieser starken Expansion konnte das Unternehmen den An-teil ausländischer Tochtergesellschaften deutlich erhöhen, von 7 Prozent in 1985 auf rund 55 Prozent im Jahr 1995.

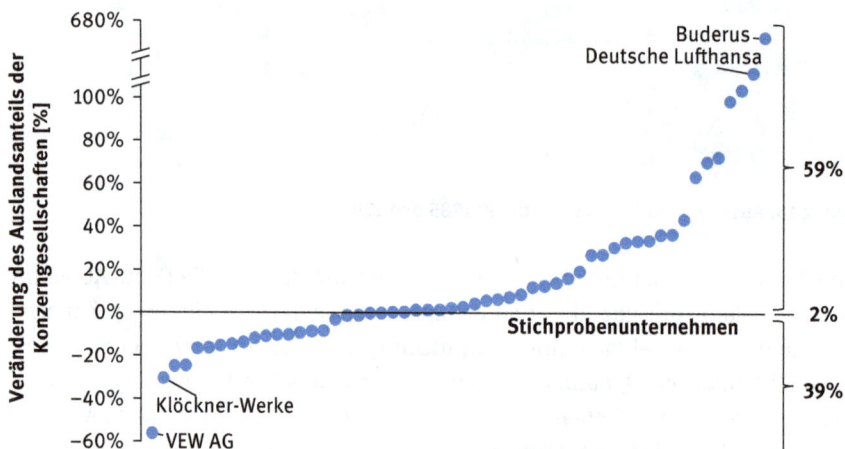

Abbildung 19: Veränderung Anteil der ausländischen Gesellschaften an den Konzerngesellschaften (1985–1995).
N = 62 (unbalancierte Paneldaten).

Zum Anfang des Beobachtungszeitraums resultierte die internationale Expansion der Deutschen Lufthansa zunächst aus der 1988 gegründeten Lufthansa Hotel-Gesellschaft mbH, die fortan für das Hotelmanagement zuständig war. Ihr wurden die durch die Lufthansa gehaltenen Mehrheitsanteile an der Penta Hotel Gruppe übertragen. Daher schlug sich die internationale Expansion der Penta Gruppe auch in der Anzahl der zurechenbaren ausländischen Tochtergesellschaften der Lufthansa nieder. Anfang der 1990er-Jahre reduzierte die Penta-Gruppe jedoch die Anzahl der ausländischen Tochtergesellschaften, da sie im Zuge der Öffnung Osteuropas eine Neuorientierung der eignen Aktivitäten vornahm und sich aus einigen Ländern, darunter den USA und Großbritannien, zurückzog. Die LSG Lufthansa Service Gesellschaft verfolgte über den Beobachtungszeitraum hingegen einen kontinuierlichen Expansionskurs und trug somit bis 1995 sowohl zum Aufstieg zum größten Airline Caterer der Welt als auch zur starken Internationalisierung des Unternehmens bei. So erhöhte sich der Anteil der Auslandsgesellschaften von 10 Prozent im Jahr 1985 auf mehr als 32 Prozent im Jahr 1995.

Bei den Stichprobenunternehmen mit der stärksten Reduktion des Auslandsanteils der Konzerngesellschaften handelt es sich um die bereits beschriebenen Klöckner-Werke und VEW. Entsprechend ist der Rückgang im Falle der Klöckner-Werke auf die Restrukturierung des Konzerns Anfang der 1990er-Jahre zurückzuführen, während bei VEW die Akquisitionen von Edelhoff und der Harpen AG, die beide primär in Deutschland aktiv waren, zu der gezeigten Reduktion führten.

4.6 Chancen und Hürden bei der Ausweitung der Regionenbasis

In Anbetracht der verschiedenen Vorgehensweisen und Größenordnungen der Internationalisierung der Stichprobenunternehmen stellt sich die Frage, warum sich die Unternehmen überhaupt für eine Adaption der adressierten regionalen Geschäftsfelder entschieden haben. Zusätzlich ließe sich anhand der lediglich moderaten durchschnittlichen Ausbreitung (im Vergleich zu der nach dem Ende der Deutschland AG zu beobachtenden internationalen Expansion, vgl. Teil IV) auch fragen, warum die Unternehmen nicht schneller und umfassender in weitere Länder expandierten.

Ähnlich wie im Falle der Motive für eine Ausweitung der Produktbasis lassen sich auch bei den Beweggründen für eine Ausweitung der Regionenbasis interne und externe Gründe differenzieren. Interne Gründe sind auf das Ziel zurückzuführen, durch eine zunehmende regionale Ausbreitung Skalenvorteile („Economies of Scale") zu erzielen. Diese resultieren aus sinkenden Stückkosten bei steigender Ausbringungsmenge, die unter anderem auf geringere Einkaufskosten für Rohstoffe, Spezialisierungsvorteile aus Arbeitsteilung oder eine effizientere Nutzung von Produktionskapazitäten (bspw. durch größere Losgrößen) zurückzuführen sind. Kann die Absatzmenge auf dem heimischen Markt aufgrund einer gesättigten Nachfrage und konstanter Marktanteile nicht weiter erhöht werden, so stellt die Expansion in neue geografische Märkte eine mögliche Lösung dar, um die Absatzmenge weiter zu steigern und Skalenvorteile zu realisieren. Obwohl dies auch durch einen reinen Export von Waren möglich ist, hat nicht zuletzt das Beispiel des von

Siemens gewonnenen Auftrags für einen Kraftwerksbau in Indien gezeigt, dass ein Markteintritt mit einer eigenen Auslandsdependance dem wirtschaftlichen Erfolg auf den ausländischen Märkten zuträglich sein kann.

Externe Motive ergeben sich hingegen aus der Verfügbarkeit spezifischer Produktionsfaktoren und der Attraktivität der neuen Absatzmärkte. Demnach lockten die Anfang der 1990er-Jahre erstmals zugänglichen osteuropäischen Märkte die deutschen Unternehmen mit niedrigen Lohnkosten, was insbesondere aufgrund des aus heutiger Sicht niedrigen Automatisierungsgrads für zahlreiche produzierende Unternehmen attraktiv war. In anderen Ländern, wie beispielsweise in den USA, standen den Unternehmen qualifizierte Fachkräfte zur Verfügung, die eine hohe Expertise in vielen Zukunftstechnologien hatten, weshalb beispielsweise auch Siemens einige Standorte in den USA unterhielt. Neben dem Produktionsfaktor Arbeit gab es jedoch auch zahlreiche andere Ressourcen, die deutsche Unternehmen ins Ausland lockten. Auch die Attraktivität der Absatzmärkte konnte ein entscheidendes Argument darstellen, wie einige der bereits beschriebenen Beispiele belegen. Entsprechend nutzte Bilfinger die hohe Nachfrage nach Baudienstleistungen im Mittleren Osten und Teilen Afrikas, um die Flaute auf dem heimischen deutschen Markt zu kompensieren. Porsche gründete eine eigene Tochtergesellschaft in den USA, da dort die Leichtflugzeuge, in denen der Porsche-Motor verbaut werden sollte, besonders zahlreich vertreten waren. Und für die Lufthansa Hotel Gesellschaft waren Standorte an attraktiven und ferngelegenen Urlaubszielen wichtig, um der Muttergesellschaft möglichst viele Fluggäste zu verschaffen.

Warum expandierten die Stichprobenunternehmen während des Beobachtungszeitraums dann nicht noch schneller in neue Länder? Die Expansion in neue Länder stellt Unternehmen vor eine Reihe von Herausforderungen. Neben der reinen physischen Distanz, die unter logistischen Gesichtspunkten und aufgrund der damals noch nicht flächendeckend verfügbaren Kommunikationstechnologien gewisse Hürden schaffte, erschwerten insbesondere auch wirtschaftliche, kulturelle und institutionelle Unterschiede den Markteintritt. Die Nachteile, die Unternehmen in ausländischen Märkten haben, weil ihnen die neue Umwelt unbekannt ist und sie nicht Teil der relevanten formellen und informellen Netzwerke sind, wird in der Forschung als „liability of outsidership", also „Bürde der Außenseiterschaft" bezeichnet (vgl. Johanson & Vahlne, 2009). Auf diese Bürde trafen die Stichprobenunternehmen in besonderem Ausmaß sowohl in den osteuropäischen Ländern, die von einem anderen Wirtschaftssystem geprägt waren und bei denen viele Staatsinstitutionen sowie die gesellschaftlichen Strukturen insgesamt noch in frühen Entwicklungsstadien steckten, als auch in den bevölkerungsreichen Länder Ostasiens, die erhebliche kulturelle Unterschiede zu Deutschland aufwiesen. Doch selbst in Europa, wo der europäische Integrationsprozess angestoßen, aber in keiner Hinsicht vollendet war, war die Bürde der Außenseiterschaft ein Hemmnis für eine schnellere und umfassender Expansion. Dennoch deuten unsere Fallbeispiele darauf, dass die Stichprobenunternehmen verschiedene Ansätze nutzten, um das von der Bürde der Außenseiterschaft ausgehende Risiko bei einem neuen Markteintritt zu reduzieren. Entsprechend zeigte die Expansion von Bilfinger, dass das Unternehmen oftmals dort den Markteintritt mit einer eigenen Tochtergesellschaft vornahm, wo bereits zuvor Bauprojekte abgewickelt wurden. Mit der Erfahrung dieser vorangegangenen Projekte konnten die wirtschaftlichen, kulturellen und institutionellen Besonderheiten des Gastlandes identifiziert und beim Markteintritt besser berücksichtigt werden. Im Gegensatz dazu zeigt das Beispiel der Akquisition der NIRO Gruppe durch GEA, dass die Übernahme bestehender lokaler Gesellschaften eine schnellere und einfachere Expansion ermöglichen kann, da die Gesellschaften oftmals bereits Teil der örtlichen formellen und informellen Netzwerke sind.

Das Vorgehen der untersuchten Unternehmen ist also das Ergebnis einer Abwägung zwischen den Möglichkeiten und den Hürden, die mit der Internationalisierung zu dieser Zeit einhergingen. Das besondere an unserer Betrachtung ist jedoch, dass bezogen auf die Möglichkeiten während des Beobachtungszeitraums zu einer grundsätzlichen Versschiebung kam, da die zweite Hälfte der Betrachtung von der politischen und wirtschaftlichen Öffnung zahlreicher Auslandsmärkte geprägt war. Im Gegensatz zum internationalen Wettbewerb der Nachkriegszeit, der unter der Prämisse der Blockbildung stand, führten die Ereignisse der späten 1980er-Jahre dazu, dass zahlreiche neue Volkswirtschaften am internationalen Wettbewerb teilnahmen (Berger, 2002, S. 21). Durch die Öffnung der ehemaligen Ostblockstaaten, die Liberalisierungen in Lateinamerika sowie Chinas wachsende wirtschaftliche Ambitionen kamen innerhalb kürzester Zeit drei Milliarden Menschen, die Hälfte der damaligen Weltbevölkerung, „als neue Teilnehmer – Kunden, aber auch Konkurrenten – auf den globalen Märkten" (Berger, 2002, S. 22) hinzu.

5 Zwischenfazit

Von der Nachkriegszeit bis in die 1990er-Jahre hatte das System der Deutschland AG eine Unternehmensrealität geschaffen, die die Eigentümerstrukturen, Corporate Governance und Unternehmensstrategien vieler deutscher Unternehmen entscheidend prägte.

Eigentum. Die inländischen Finanzinstitute und Industrieunternehmen dominierten wie keine andere Aktionärsgruppe die Eigentümerstrukturen der börsennotierten deutschen Unternehmen. Bereits lange bevor sich das System der Deutschland AG herausbildete, wurden die historischen Weichen für diese zentrale Rolle gestellt. Schon ab dem späten 19. Jahrhundert etablierte sich das Universalbank-System zunehmend in Deutschland, wodurch es den Kreditinstituten möglich war, Einlagen-, Kredit-, und Wertpapiergeschäft gleichermaßen zu betreiben. Zusammen mit dem historisch hohen Stellenwert der Fremdkapitalfinanzierung, der aus unterentwickelten alternativen Finanzierungsquellen für Unternehmen resultierte, ergab sich eine traditionelle Nähe zwischen Finanzinstituten und Industrieunternehmen, die maßgeblich für die enge „Hausbankbeziehung" und die späteren Eigenkapitalbeteiligungen der Finanzinstitute waren. Auch die Eigenkapitalbeteiligungen der Industrieunternehmen folgten in vielen Fällen einem historischen Vorbild: Der ab 1897 in Deutschland legalisierten Kartell-Regulierung, die nach dem Zweiten Weltkrieg (unter teils großem Protest) verboten worden war. Zwar waren seit dem Verbot keine wettbewerbsverzerrenden Absprachen zwischen Unternehmen mehr möglich, dennoch wurden die Eigenkapitalbeteiligungen als neues Instrument zur Koordination innerhalb des gesetzlichen Rahmens genutzt.

Zur Zeit der Deutschland AG bauten die Finanzinstitute ihre Eigenkapitalbeteiligungen aus und verfolgten anhand verschiedener Geschäftsmodelle ihre monetären Interessen. Das Kalkül dahinter war indes vielschichtiger und konnte auch auf strategische Überlegungen (wie beispielsweise die Vorbereitung einer Mergers-and-Acquisitions-Transaktion) ausgerichtet sein.

Im Jahr 1995 hielten die inländischen Finanzinstitute knapp 15 Prozent des aggregierten stimmberechtigten Eigenkapitals der HDAX-Unternehmen aus der Stichprobe; zum gleichen Zeitpunkt entfielen zusätzlich mehr als 10 Prozent der Anteile auf die inländischen Industrieunternehmen. Im Durchschnitt hätten diese beiden Eigentümergruppen bei gleichem Abstimmungsverhalten also in jedem Unternehmen aus der Stichprobe eine Sperrminorität erreichen können, was ihren erheblichen Einfluss verdeutlicht (auch ohne das Depotstimmrecht der Banken miteinzubeziehen).

Governance. Das Corporate-Governance-System war zur Zeit der Deutschland AG auf Insider ausgerichtet. Außenstehenden war es derweil nur stark eingeschränkt möglich, die tatsächliche Vermögens-, Finanz-, und Ertragslage eines Unternehmens zu beurteilen. Grund dafür waren die niedrigen gesetzlichen Anforderungen an die Un-

https://doi.org/10.1515/9783110735611-006

ternehmenspublizität sowie die konservativen Regelungen zur Rechnungslegung aus dem HGB, die durch die Anwendung des Niederstwertprinzips und ein breites Spektrum an Wahlrechten (Aktivierungs-, Passivierungs-, und Bewertungswahlrechte) eine aktive Bilanzpolitik und die Bildung stiller Reserven ermöglichten. Auch in der Hauptversammlung spielte das Abstimmungsverhalten der „normalen" Aktionäre in der Regel keine Rolle, da die Kreditinstitute nicht nur die Stimmen aus ihrem eigenen Aktienbesitz innehatten, sondern aufgrund des Depotstimmrechts auch die Stimmen ihrer Depotkunden ausüben konnten (sofern vom Aktionär keine anderslautende Weisung erteilt wurde). Dies ermöglichte es den Finanzinstituten, ihre Vertreter in die Aufsichtsräte der Unternehmen zu wählen und den eigenen Einfluss als Teil des Insider-Systems weiter auszubauen. Da die Banken so ein genaueres Bild von der Konstitution der Unternehmen erhielten, konnten sie ihr Kreditrisiko, das aufgrund der oftmals erheblichen Fremdkapitalnutzung der Unternehmen stets eine relevante Größe war, besser steuern und Informationsasymmetrien und mögliche Prinzipal-Agenten-Probleme mildern. Die Unternehmen profitierten im Gegenzug von besseren Kreditbedingungen. Auch Vorstandsmitglieder der Industrieunternehmen strebten Aufsichtsratsmandate in anderen Unternehmen an, um die Koordination mit ihnen zu erleichtern, mögliche Prinzipal-Agenten-Probleme aus bestehenden Eigenkapitalbeteiligungen abzuschwächen, oder die persönliche Machtposition zu stärken. Da neue Aufsichtsratsmitglieder stets von bestehenden Mitgliedern vorgeschlagen wurden und diese Vorschläge in der Regel ohne Revision von der Hauptversammlung abgesegnet wurden, entstand ein sich selbst verstärkender Effekt. Er führte dazu, dass im Jahr 1995 jedes Stichprobenunternehmen aus dem HDAX über direkte Personalverflechtungen im Durchschnitt mit 13 Prozent der übrigen HDAX-Unternehmen verbunden war. Unter Hinzunahme von indirekten Personalverflechtungen, bei dem zwei Unternehmensvertreter im Gremium eines dritten Unternehmens aufeinandertreffen, war jedes Unternehmen im Durchschnitt mit 61 Prozent der übrigen Stichprobenunternehmen verbunden. Einige Vertreter schöpften dabei den rechtlichen Rahmen, der eine Obergrenze von maximal zehn gleichzeitig ausgeübten Aufsichtsratsmandaten vorsah, gänzlich aus.

Strategie. Die Unternehmensstrategien zur Zeit der Deutschland AG zeichneten sich dadurch aus, dass viele Unternehmen ihre Aktivitäten auf sehr diverse Geschäftsfelder ausdehnten, um durch die unterschiedliche Zyklizität verschiedener Branchen eine stabile Ergebnisentwicklung zu erzielen. Dabei schreckten die Unternehmen auch nicht vor Geschäftsfeldern zurück, die nur einen sehr geringen Verwandtschaftsgrad mit dem bestehenden Produktportfolio auswiesen, wie es beispielsweise bei Thyssen im Telekommunikationsbereich (Mobilfunk und satellitengestützte Kommunikation), bei Preussag im Bereich der Sondermüllverbrennungsanlagen oder im Schiffsbau, oder bei KUKA im Bezug auf den Automobilhandel der Fall war. Die entstehenden Finanzsynergien waren dabei durchaus im Sinne der im Insider-System vertretenen Institute, da eine stabile Ergebnisentwicklung das Kreditausfallrisiko reduzierte.

Aus regionaler Sicht verfolgten die Unternehmen eine moderate internationale Expansion, die sich aufgrund der bestehenden Blöcke primär auf die Länder der westlichen Hemisphäre fokussierte. Entsprechend unterhielten im Jahr 1985 bereits 88 Prozent der Stichprobenunternehmen aus dem HDAX eine ausländische Tochtergesellschaft in den USA, und auch in Brasilien waren rund 56 Prozent der Unternehmen mit einer eignen Tochtergesellschaft vertreten. In den Jahren nach dem Fall des Eisernen Vorhangs stellte sich dann zwar eine zunehmende Expansion in den Osten ein, dennoch verhinderten die fehlenden staatlichen, wirtschaftlichen und rechtlichen Strukturen bis zum Ende der Deutschland AG eine noch deutlichere Expansionsbewegung.

Das System der Deutschland AG war von einer hohen Stabilität geprägt. Maßgeblich dafür war die hohe Kohärenz zwischen den Kerndimensionen Eigentum, Governance und Strategie, wobei jede der Dimensionen so ausgerichtet war, dass sie gut zu den Ausrichtungen der übrigen Dimensionen passte. Aufgrund ihrer zentralen Rolle für die Eigentümerstrukturen der Unternehmen konnten die inländischen Finanzinstitute und Industrieunternehmen als Insider dazu beitragen, dass eine Öffnung des Corporate-Governance-Systems, solange dies nicht von außen durch den Gesetzgeber erzwungen wurde, ausbleiben würde. Mit Hilfe des auf die Insider ausgerichteten Corporate-Governance-Systems konnten sie so ihre Interessen verfolgen, ohne dass Outsider maßgeblich Einfluss nehmen konnten. Die Interessen übertrugen sich folglich auch in die Unternehmensstrategien, die anhand einer deutlichen Ausweitung der Produktbasis bei moderater internationaler Expansion gemäß der Ziele der Eigentümer in vielen Fällen eine Reduktion des Kreditausfallrisikos bewirken sollten. So konnte über viele Jahre sichergestellt werden, dass im Zusammenspiel der Kerndimensionen Konflikte ausblieben.

Dennoch war das System der Deutschland AG kein abgeschottetes System, das sich den Entwicklungen der Außenwelt entziehen konnte. Folglich wurden die grundlegenden politischen und gesellschaftlichen Wandlungsprozesse, die in den 1980er- und 1990er-Jahren in Gang kamen, zu einem Katalysator, der die Unternehmen in den folgenden Jahren in eine gänzlich neue Unternehmensrealität führen sollte.

Teil III: **Der Wandel**

(Geo-)Politischer Umbruch, technologischer Fortschritt
und neue Geschäftsmodelle

„Wir wollen mit dem Corporate Governance–Kodex den Standort Deutschland für internationale und nationale Investoren attraktiver machen, in dem wir alle wesentlichen – vor allem internationalen – Kritikpunkte an der deutschen Unternehmensverfassung und – führung aufgegriffen und einer Lösung zugeführt haben." (Cromme, 2001)

Gerhard Cromme
- *1989 – 1999 Vorstandsvorsitzender Fried. Krupp AG Hoesch-Krupp*
- *1999 – 2001 Co-Vorstandsvorsitzender ThyssenKrupp AG*
- *2001 – 2013 Aufsichtsratsvorsitzender ThyssenKrupp AG*

Gegen Ende der 1990er-Jahre kam das System der Deutschland AG, obwohl es über einen so langen Zeitraum für alle beteiligten (Insider) gut funktioniert hatte, an seine Grenzen. Es wurde deutlich, dass sich die Unternehmen angesichts einer zunehmenden Liberalisierung der Kapital- und Gütermärkte mit einer wachsenden internationalen Konkurrenz konfrontiert sahen. Dadurch wurde es erforderlich, alle Wachstumsmöglichkeiten zu nutzen, um die eigene Wettbewerbsfähigkeit langfristig zu sichern. Aufgrund der systemischen Beschaffenheit (die die Kapitalversorgung der Unternehmen aufgrund der Rolle der Finanzinstitute limitierte) war ein uneingeschränktes Wachstum mit den Strukturen der Deutschland AG allerdings nicht möglich. So begann ein grundlegender Wandel, der zu einer Neuausrichtung des Gesamtsystems führte, die sich, wie das Zitat von Gerhard Cromme verdeutlicht, nunmehr auch stärker an internationalen Investoren orientierte.

https://doi.org/10.1515/9783110735611-007

6 Dimensionen des Wandels

Die Neuausrichtung des Gesamtsystems und der Aufbruch in eine neue Unternehmensrealität ist keinem singulären Einfluss zuzuordnen, sondern das Ergebnis mehrerer Dimensionen (vgl. Abbildung 20). Neben (geo-)politischen Veränderungen, wie dem Zerfall des Ostblocks und der zunehmenden Deregulierung der Kapital- und Gütermärkte, sind dabei auch der beschleunigte technologische Fortschritt, die Globalisierung sowie eine darauf aufbauende Neuausrichtung der Finanzinstitute und Industrieunternehmen ausschlaggebend.

Abbildung 20: Dimensionen des Wandels.

6.1 Zerfall des Ostblocks

Seit der Nachkriegszeit kam es in den Ostblockstaaten wiederholt zu Protesten, die sich gegen die Lebensbedingungen (bspw. beim Volksaufstand in der DDR im Jahr 1953) oder den Einfluss der Sowjetunion (bspw. beim Streik der Danziger Werftarbeiter im August 1980) richteten. In den 1980er-Jahren verschärften sich die wirtschaftlichen Probleme der Sowjetunion aufgrund der hohen Rüstungsausgaben im kalten Krieg. Viele Betriebe verfehlten die vorgegebenen Produktionsziele und die Qualität zahlreicher Erzeugnisse konnte nicht mit der von westlichen Pendants mithalten. Auch in der DDR führte eine stetig steigende Staatsverschuldung und der wachsende Rückstand der Lebensstandards im Vergleich zum Westen zu einer Verschärfung der Ausgangslage.

Mit seinem Amtsantritt als Generalsekretär des Zentralkomitees der Kommunistischen Partei der Sowjetunion leitete Michail Gorbatschow mit Perestroika und Glasnost weitreichende Prozesse zum Umbau und zur Modernisierung von Politik, Gesellschaft und Wirtschaft in der Sowjetunion ein (vgl. Abbildung 21). In der Folge sollte auch die kommunistische Planwirtschaft gelockert und einige marktwirtschaftliche Merkmale eingeführt werden, die Betrieben beispielsweise ab 1987 die Befugnis zu eigenständigen Entscheidungen einräumte. Ebenfalls ab 1987 wurden die Grundlagen für Joint Ventures zwischen sowjetischen und westlichen Unternehmen geschaffen, die mittels westlichem Privatkapital zu einer Verbesserung der wirtschaftlichen Situation führen sollten. Neben frühen Gemeinschaftsunternehmen im

https://doi.org/10.1515/9783110735611-008

11.03.1985
Gorbatschow wird zum Generalsekretär des ZK der KPdSU gewählt

01.01.1987
Beginn der staatlichen Förderung von Joint Ventures mit westlichen Firmen

Oktober 1989 – Dezember 1991
zahlreiche Ostblockstaaten erklären ihre Unabhängigkeit von der Sowjetunion und rufen die Republik aus

12.09.1990
Abschluss „Zwei-plus-Vier-Vertrag"

31.12.1991
Auflösung der Sowjetunion

Ab Anfang 1986
Gorbatschow leitet mit Glasnost und Perestroika fundamentale Veränderungsprozesse zur Modernisierung der Sowjetunion ein

Ab September 1989
Montagsdemonstrationen in der DDR

09.11.1989
Verkündung der Reisefreiheit in die BRD

03.10.1990
Deutsche Wiedervereinigung

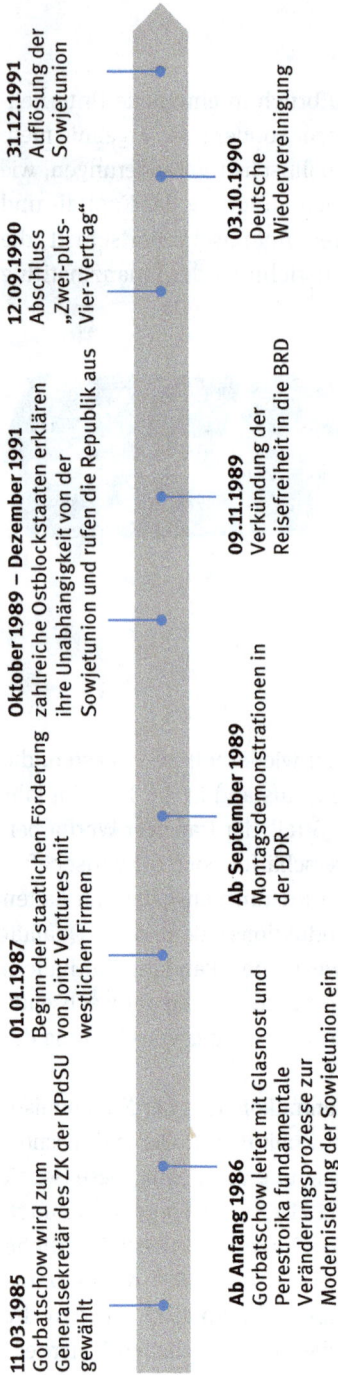

Abbildung 21: Zeittafel zum Zerfall des Ostblocks.

Hotelsektor führte dies im Jahr 1990 schließlich auch zur vielbeachteten Eröffnung einer McDonald's Filiale in Moskau (die mit 30.000 Besuchern am ersten Geschäftstag bis heute einen Rekord aufrechterhält).

Die von Gorbatschow angestoßenen Veränderungen, die von vielen Historikern als Versuch zum Erhalt der Sowjetunion interpretiert werden, führten in zahlreichen Satellitenstaaten zu Forderungen nach mehr Eigenständigkeit und einem verstärkten Streben nach Demokratie. Auch in der DDR wurden die Forderungen nach politischen Reformen nachdrücklicher und im September 1989 kam es zu den ersten Montagsdemonstrationen in Leipzig und weiteren ostdeutschen Städten. Ab Oktober 1989 erklärten die ersten Satellitenstaaten ihre Unabhängigkeit und riefen die Republik aus. Kurz darauf wurde den DDR-Bürgern zunächst irrtümlich die Reisefreiheit in die Bundesrepublik gewährt, was zu einer Beschleunigung des Umbruchs führte und schließlich am 3. Oktober 1990 in der Wiedervereinigung Deutschlands mündete. Ende 1991 wurde dann schließlich auch die Sowjetunion aufgelöst. Die neu entstandenen, unabhängigen Staaten etablierten marktwirtschaftliche Wirtschaftssysteme in ihren Ländern, waren jedoch aufgrund defizitärer Staatshaushalte, fehlendem Know-how und veralteter Produktionsanlagen in hohem Maße auf ausländische Direktinvestitionen angewiesen. Nur mit ausländischem Kapital konnten die Staaten die erhoffte Verbesserung der Lebensverhältnisse herbeiführen.

Die Staaten öffneten sich folglich für ausländische Investitionen und ermöglichten den Unternehmen der westlichen Welt erstmals einen umfassenden Zugang zu ihren wirtschaftlich unterentwickelten Märkten. Ein solch abrupter Marktzugang stellte für die westlichen Unternehmen eine Opportunität, aber auch eine signifikante Gefahr dar. Unternehmen, die sich frühzeitig für eine Expansion in die neuen Märkte entschieden, hatten die Aussicht, ihre Wettbewerbsfähigkeit deutlich zu steigern. Einerseits hatten sie die Möglichkeit, direkt von dem durch die Expansion induzierten Wachstum innerhalb der neuen Märkte zu profitieren. Andererseits bot die Ausdehnung mittelfristig zusätzliche Kostenvorteile, die sich durch die beschriebenen Skaleneffekte oder eine kostengünstige lokale Produktion aufgrund des niedrigen Lohnniveaus ergaben, und die die Wettbewerbsfähigkeit der Unternehmen in allen regionalen Märkten positiv beeinflussen konnten. Umgekehrt drohten Unternehmen, die eine Expansion in die neuen Märkte verpassten (beispielsweise aufgrund von finanziellen oder organisatorischen Restriktionen), somit mittelfristig auch Nachteile in der Wettbewerbsfähigkeit auf den bestehenden regionalen Märkten, da sie keine vergleichbaren Kostenvorteile erzielen konnten.

Folglich bestand auch für die deutschen Unternehmen der Anreiz, die aus der Liberalisierung der Märkte resultierenden Potenziale zu nutzen. Allerdings mussten sie nicht nur die beschriebenen operativen Hürden überwinden, die sich aus der Bürde der Außenseiterschaft ergaben, sondern auch einen erheblichen Finanzierungsbedarf decken, um ihren Markteintritt realisieren zu können. Für die kreditgebenden (Haus-) Banken der Unternehmen, die einen erheblichen Anteil zur Finanzierung beisteuerten, stellte diese Expansion eine große Herausforderung dar, die sich aus der Kombination großer Kreditvolumina und erheblicher struktureller Risiken ergab. So drohten beispielsweise für den Fall, dass die ehemaligen Ostblockstaaten die erhoffte politische und wirtschaftliche Entwicklung nicht aufrechterhalten konnten, hohe Abschreibungen der Unternehmen, die zu einer Erhöhung des Kreditausfallrisikos und damit (sollten viele Kunden betroffen sein) im Extremfall zu einer Gefährdung des wirtschaftlichen Fortbestands der Kreditinstitute führen konnte. Damit wurden erstmals die Wachstumsgrenzen deutlich, die das Insider-System und die traditionelle Unternehmensfinanzierung der Deutschland AG den beteiligten Unternehmen setzten.

6.2 Politische Reformen und Deregulierung der Kapital- und Gütermärkte

Der Zerfall des Ostblocks fand in einer Zeit statt, die auch durch eine starke europäische Integration und nationale Reformmaßnahmen geprägt war (Tabelle 7 fasst die wichtigsten Maßnahmen von 1990 bis 2005 zusammen).

Der europäische Integrationsprozess hatte bereits in der Nachkriegszeit mit der Gründung des Europarats 1949 begonnen, und wurde in unterschiedlicher Intensität über die Jahrzehnte vorangetrieben. Mit dem Beschluss zur Einberufung einer Regierungskonferenz zur Ausarbeitung der Wirtschafts- und Währungsunion (WWU) und der politischen Union im Jahr 1989 wurde der Prozess nochmals beschleunigt und der Grundstein für die Umsetzung weitreichender Integrationsmaßnahmen in den 1990er-Jahren gelegt. Auch die bereits beschriebene Wiedervereinigung Deutschlands, die mit Inkrafttreten des Staatsvertrages zwischen der Bundesrepublik Deutschland und der DDR im Oktober 1990 erreicht wurde, war dabei ein Impuls für das Zusammenwachsen Europas.

Die wichtigsten Meilensteine im europäischen Integrationsprozess waren in Deutschland (i) die Umsetzung der vierten und fünften Novelle zum Kreditwesengesetz (KWG) (1992 bzw. 1994), (ii) das Inkrafttreten des Europäischen Binnenmarktes (1993), sowie (iii) die Einführung des Euro in der neu geschaffenen Währungsunion (1999 formale Einführung; 2002 Einführung des Bargelds in den Mitgliedsstaaten der Währungsunion). Mit Erreichen dieser Meilensteine wurde im Wirtschaftsraum der EG ein gemeinsamer Binnenmarkt mit freiem Verkehr von Personen, Waren, Dienstleistungen und Kapital geschaffen. Somit hatten deutsche Unternehmen freien Zugang zu allen Märkten des Binnenmarktes; gleichzeitig hatten auch ausländische Unternehmen einen verbesserten Zugang zum deutschen Markt. Die Gemeinschaftswährung vereinfachte die operative Geschäftsabwicklung zwischen Unternehmen der ursprünglich zwölf Mitgliedsstaaten und eliminierte darüber hinaus das Risiko von Währungsschwankungen.

Als Folge der Integration verstärkte sich der innereuropäische Wettbewerb auf den (Kapital-)Beschaffungs- und Absatzmärkten. Um langfristig wettbewerbsfähig zu bleiben, benötigten die Unternehmen Kapital zur Finanzierung wichtiger Investitionen. Somit stieg der ohnehin durch die Ost-Expansion vieler Unternehmen hohe Kapitalbe-

Tabelle 7: Politische Reformmaßnahmen zur Zeit des Wandels.

Jahr	Reformmaßnahme	Inhalte (Auszug)
1990	Gesetz zur Verbesserung der Rahmenbedingungen der Finanzmärkte (Erstes Finanzmarktförderungsgesetz)	– Abschaffung der Börsenumsatz-, Gesellschafts- und Wechselsteuer – Erweiterung der Anlagemöglichkeiten für Investmentfonds – Aufhebung bestimmter Genehmigungserfordernisse für Spezialfonds – Folge: Geringere Kosten bei Aktienemission für Emittenten und niedrigere Transaktionskosten für Anleger
1990	Gesetz zur Vereinfachung der Ausgabe von Schuldverschreibungen	– Abschaffung des Genehmigungsverfahrens für die Emission von Schuldverschreibungen – Folge: Unternehmen können, wie auch an ausländischen Börsen üblich, Schuldverschreibungen („Corporate Bonds") zur FK-Finanzierung ausgeben
1992/1994	Vierte und fünfte Novelle zum Kreditwesengesetz (KWG)	– Umsetzung der EU-Richtlinien für den freien Verkehr von Finanzdienstleistungen im europäischen Binnenmarkt – Überführung einheitlicher Eigenmittelrichtlinie für Einlagenkreditinstitute in das nationale Recht – Öffnung des deutschen Marktes für ausländische Wettbewerber, und gleichermaßen vereinfachter Zugang zu ausländischen Märkten für deutsche Institute
1993	Inkrafttreten des Europäischen Binnenmarktes	– Schaffung eines gemeinsamen Wirtschaftsraums der EG ohne Binnengrenzen und mit freiem Verkehr von Personen, Waren, Dienstleistungen und Kapital

Tabelle 7 (fortgesetzt)

Jahr	Reformmaßnahme	Inhalte (Auszug)
1994	Gesetz über den Wertpapier-Handel und zur Änderung börsenrechtlicher und wertpapierrechtlicher Vorschriften (Zweites Finanzmarktförderungsgesetz)	– Anpassung des Anlegerschutzes an international übliche Regeln (Publizitätspflicht für AGs, Regeln zum Insider-Handel) – Errichtung eines Bundesaufsichtsamts für den Wertpapierhandel (später BaFin) – Schaffung der Voraussetzungen für die Errichtung einer Warenterminbörse und Erweiterung der Anlagemöglichkeiten für Investmentfonds
1998	Gesetz zur Kontrolle und Transparenz im Unternehmensbereich	– Einführung einer expliziten aktienrechtlichen Verpflichtung des Vorstands zur Einrichtung eines Risikomanagementsystems – Erweiterung der Informationsversorgung des Aufsichtsrats durch den Vorstand zur Verbesserung der Ex-ante-Kontrolle (insbes. Berichterstattung über grundsätzliche Fragen der Unternehmensplanung) – Abschaffung von Mehrfach- und Höchststimmrechten sowie Einschränkung des Depotstimmrechts von Kreditinstituten (eine Ausübung des Stimmrechts durch die Bank ohne explizite schriftliche Zustimmung des Depotinhabers wurde verboten) – Erleichterung bei der Ausgabe von Aktienoptionen – Erweiterung der Aufsichtsratsberichterstattung – Offenlegung aller Aktionäre mit Anteilen > 5 Prozent

Tabelle 7 (fortgesetzt)

Jahr	Reformmaßnahme	Inhalte (Auszug)
1998	Kapitalaufnahmeerleichterungsgesetz	– Befreiung von deutschen kapitalmarktorientierten Mutterunternehmen von der Pflicht zur Erstellung eines HGB Konzernabschlusses, wenn alternativ ein Konzernabschluss nach IAS/IFRS oder US-GAAP vorliegt, den das Unternehmen zur Zulassung an einer ausländischen Börse erstellt
1998	Gesetz zur weiteren Fortentwicklung des Finanzplatzes Deutschland (drittes Finanzmarktförderungsgesetz)	– Liberalisierung und Deregulierung des Finanzmarktes; Verbesserung der Rahmenbedingungen für die Marktteilnehmer – Erhöhung des börslichen Eigenkapitalangebots durch die Zulassung bisher nicht gestatteter Investmentfondstypen
1999/2002	Einführung des Euro in der Währungsunion (2002 Einführung Bargeld)	– Schaffung eines gemeinsamen Währungsraums in den zunächst zwölf Staaten der Währungsunion mit der EZB als verantwortliche Instanz für die Geldpolitik
2000	Gesetz zur Senkung der Steuersätze und zur Reform der Unternehmensbesteuerung (Steuersenkungsgesetz)	– Steuerbefreiung von Gewinnen aus der Veräußerung von Anteilen an Kapitalgesellschaften durch Kapitalgesellschaften – Einführung eines einheitlichen Körperschaftsteuersatzes von 25 Prozent

Tabelle 7 (fortgesetzt)

Jahr	Reformmaßnahme	Inhalte (Auszug)
2001	Gesetz zur Regelung von öffentlichen Angeboten zum Erwerb von Wertpapieren und von Unternehmensübernahmen	– Auferlegung von Wohlverhaltenspflichten für den Vorstand und den Aufsichtsrat bei feindlichen Übernahmeversuchen – Einführung umfassender Informationsrechte für Aktionäre und Arbeitnehmer – Verpflichtung des Bieters zur Gleichbehandlung von Minderheitsaktionären – Regelung der Bedingungen für einen Ausschluss von Minderheitsaktionären („Squeeze Out") – Übertragung der Aufsicht über Übernahmeverfahren auf das Bundesaufsichtsamt für den Wertpapierhandel
2002	Gesetz zur weiteren Fortentwicklung des Finanzplatzes Deutschland (viertes Finanzmarktförderungsgesetz)	– Schaffung von mehr Flexibilität für Börsen bei der Gestaltung des Börsenhandels – Konkretisierung der Vorschriften zur Ad-hoc-Publizität – Einführung einer Pflicht zur Offenlegung der Geschäfte des Vorstands und des Aufsichtsrats börsennotierter Gesellschaften in Wertpapieren des eigenen Unternehmens („Directors Dealings") – Zulassung neuer Geschäfts- und erweiterter Anlagemöglichkeiten von Investmentfondsgesellschaften (u. a. verbesserte Möglichkeit für Indexnachbildung)

Tabelle 7 (fortgesetzt)

Jahr	Reformmaßnahme	Inhalte (Auszug)
2002	Deutscher Corporate Governance Kodex	– Grundsätze, Empfehlungen und Anregungen für die verantwortungsvolle Unternehmensführung und für die Angleichung an internationale Standards – Konkretisierung der Verantwortlichkeiten von Vorstand und Aufsichtsrat – Stärkung der Hauptversammlung – Konkretisierung und Erweiterung der Unternehmenspublizität
2002	Gesetz über die integrierte Finanzdienstleistungsaufsicht	– Errichtung der Bundesanstalt für Finanzdienstleistungsaufsicht (BaFin), in der die Aufsichtskompetenzen des Bundesaufsichtsamts für den Wertpapierhandel (BaWe), des Bundesaufsichtsamts für das Versicherungswesen (BaV) und des Bundesaufsichtsamts für das Kreditwesen (BaKred) zusammengeführt werden
2002	Transparenz- und Publizitätsgesetz	– Erweiterung der Informationsversorgung des Aufsichtsrats durch den Vorstand – Einführung einer Pflicht zur Billigung des Konzernabschlusses durch den Aufsichtsrat bzw. die Hauptversammlung – Ausrichtung der Rechnungslegung an den IFRS (insbes. durch Integration einer Kapitalflussrechnung, einer Segmentberichterstattung und eines Eigenkapitalspiegels in den Konzernabschluss)
2004	Anlegerschutzverbesserungsgesetz	– Verschärfung des Insiderrechts und der Vorschriften zur Ad-hoc-Publizität – Ausweitung der Überwachungs- und Untersuchungsbefugnisse der BaFin

Tabelle 7 (fortgesetzt)

Jahr	Reformmaßnahme	Inhalte (Auszug)
2004	Bilanzrechtsreformgesetz	– Verpflichtung kapitalmarktorientierter Mutterunternehmen zur Konzernrechnungslegung nach Maßgabe der IFRS – Verschärfung der Vorschriften zur Unabhängigkeit des Abschlussprüfers
2005	Gesetz zur Einführung von Kapitalanleger-Musterverfahren	– Einführung eines Kapitalanleger-Musterverfahrens zur Bündelung gleichgerichteter Ansprüche geschädigter Kapitalanleger, mit dem Ziel, das Prozesskostenrisiko der einzelnen Investoren zu reduzieren

Quellen: BaFin, 2019; Boss, 1996, S. 223 ff.; Velte & Weber, 2011a, S. 545 ff.

darf vor dem Hintergrund der innereuropäischen Integration und den dadurch ermöglichten und oftmals erforderlichen Investitionen weiter an. Daher stand das
Ziel der Kapitalversorgung deutscher Unternehmen auch im Zentrum der nationalen Reformmaßnahmen.

Mit den vier Finanzmarktförderungsgesetzen von 1990 bis 2002 wurden verschiedene Maßnahmen implementiert, um (i) den Zugang für Unternehmen zum
Kapitalmarkt zu vereinfachen und die Transaktionskosten zu reduzieren, (ii) den
Anlegerschutz zu stärken und die entsprechenden gesetzlichen Verpflichtungen
an internationale Standards anzugleichen und (iii) den Investoren den Zugang
zum Markt zu erleichtern. Als Teil dieser Maßnahme wurde mit der Errichtung des
Bundesaufsichtsamts für den Wertpapierhandel (BaWe, nach dem Gesetz über die
integrierte Finanzdienstleistungsaufsicht (2004) Konsolidierung mit anderen Auf-
sichtsämtern unter dem Dach der BaFin) auch die staatliche Aufsicht neu organisiert und die Einhaltung der neuen Gesetze überwacht.

Mit dem Gesetz zur Kontrolle und Transparenz im Unternehmensbereich
(1998) und dem Gesetz zur Regelung von öffentlichen Angeboten zum Erwerb
von Wertpapieren und von Unternehmensübernahmen (2001) wurde die Kontroll-
funktion des Aufsichtsrats deutlich gestärkt, insbesondere durch eine Erweiterung der vorgeschriebenen Informationsversorgung des Aufsichtsrats durch den
Vorstand. Neben dem Aufsichtsrat erhielten darüber hinaus auch Aktionäre und
Arbeitnehmer umfassendere Informationsrechte. Gleichzeitig wurde der Hand-
lungsspielraum der bis dato einflussreichen Insider deutlich eingeschränkt. Neben
der Abschaffung von Mehrfach- und Höchststimmrechten wurde mit der Ein-

schränkung des Depotstimmrechts von Kreditinstituten auch die Basis für die Stimmrechtshoheit der Banken bei vielen Hauptversammlungen erstmals seit der Aktienrechtsnovelle von 1965 reformiert. Zusätzlich wurden auch die im System der Deutschland AG traditionell wenig beachteten Outsider gestärkt und die Grundlagen für die Entstehung eines Marktes für Unternehmenskontrolle geschaffen, da dem Vorstand und dem Aufsichtsrat Wohlverhaltenspflichten im Falle von feindlichen Übernahmeversuchen auferlegt wurden. Das Transparenz- und Publizitätsgesetz, das Anlegerschutzverbesserungsgesetz, das Bilanzrechtsreformgesetz und das Gesetz zur Einführung von Kapitalanleger-Musterverfahren richteten das Corporate-Governance-System weiter auf Outsider aus. Zusätzlich zur Angleichung der Rechnungslegung an den IFRS und der Integration von Kapitalflussrechnung, Segmentberichterstattung und Eigenkapitalspiegel in den Konzernabschluss, was auch ausländischen Investoren und Analysten die Analyse des Geschäftsberichts ermöglichte, wurde die Transparenz durch verschärfte Vorschriften zur Ad-hoc-Publizität verbessert. Auch im Falle von Klagen gegen die Gesellschaft wurden die Rechte der Kapitalanleger durch die Einführung eines Kapitalanleger-Musterverfahrens zur Bündelung gleichgerichteter Ansprüche gestärkt.

Viele der beschriebenen Reformmaßnahmen wurden kontrovers im Bundestag diskutiert und hatten einen starken Einfluss auf die Unternehmen in Deutschland. Das mit Abstand strittigste und für die Verwandlung der Deutschland AG folgenschwerste Reformvorhaben war jedoch das Gesetz zur Senkung der Steuersätze und zur Reform der Unternehmensbesteuerung (Steuersenkungsgesetz), das im Sommer 2000 auf Initiative der Rot-Grünen Bundesregierung unter Kanzler Schröder verabschiedet wurde (Höpner, 2000, S. 656 ff.). Kern des Reformvorschlags war, die politisch induzierte Stabilität der Kapitalverflechtungen zwischen deutschen Unternehmen, die über Jahrzehnte durch das Schachtelprivileg und prohibitiv hohe Steuersätze auf Gewinne aus Beteiligungsveräußerungen aufrechterhalten wurde, abzubauen. Konkret sah das Gesetz dazu vor, Gewinne aus der Veräußerung von Anteilen an Kapitalgesellschaften durch Kapitalgesellschaften gänzlich von der Steuer zu befreien. Von dieser Umkehr des staatlichen Anreizsystems waren selbst Vertreter der Finanzinstitute überrascht, da beispielsweise der Allianz-Chef Henning Schulte-Noelle noch kurz vor Bekanntgabe der Steuerreform lediglich eine Absenkung der Steuer auf Veräußerungsgewinne auf 20 Prozent gefordert hatte (Höpner, 2000, S. 660 ff.). Da insbesondere in den Bilanzen der Finanzinstitute eine Vielzahl von Eigenkapitalbeteiligungen nach dem Niederstwert-Prinzip verbucht waren, befeuerte die Nachricht der geplanten Steuerreform die Aktienkurse dieser Unternehmen. Innerhalb eines Tages stieg der Kurs der Münchener Rück um knapp 20 Prozent (Pfeiffer, 2000) und die Kurse der Allianz, Deutschen Bank und Dresdner Bank legten ebenfalls zweistellig zu (Höpner, 2000, S. 656). Verschiedene Forschungsergebnisse verdeutlichen die Implikationen der Steuerreform: In einer umfassenden Studie konnte Rünger (2014, S. 55 ff.) belegen, dass die Steuerreform zu einer signifikanten Reduktion der Eigenkapitalbeteiligungen von Unternehmen führte. Weber (2006) zeigte darüber hin-

aus, dass in Folge der Reform die Eigentumskonzentration der ursprünglichen Großaktionäre zurückging.

Ein weiterer Baustein der Reformmaßnahmen ist der Deutsche Corporate-Governance-Kodex, der im Jahr 2002 von der vom Bundesministerium der Justiz einberu-
fenen Regierungskommission unter Vorsitz von Gerhard Cromme vorgelegt wurde.
Ziel der Einführung des Kodex war, das deutsche Corporate-Governance-System
verständlicher und transparenter für ausländische Investoren zu gestalten, um Investments in Deutschland zu fördern (Ringe, 2015, S. 520). Dazu wurden in Form
von Empfehlungen und Anregungen die Verantwortlichkeiten von Vorstand und
Aufsichtsrat konkretisiert und eine Stärkung der Hauptversammlung sowie eine Erweiterung der Unternehmenspublizität vorgeschlagen. Gleichzeitig wurde bereits
im Vorwort der ersten Fassung von der Kommission auf die fortbestehende Notwendigkeit hingewiesen, „den Finanzplatz Deutschland noch mehr an den Anforderungen der internationalen Kapitalmärkte auszurichten und ihn durch Flexibilisierung
und Weiterentwicklung der geltenden Vorschriften attraktiver zu gestalten" (Regierungskommission Deutscher Corporate Governance Kodex, 2002, S. 2). Insgesamt
wird deutlich, dass durch die beschriebenen Reformmaßnahmen viele der Elemente,
die das Corporate-Governance-System der Deutschland AG bis in die 1990er-Jahre zu
einem kohärenten Insider-System gemacht hatten, verschoben wurden. Das Resultat
war eine deutlich gestärkte Machtposition der Outsider, die nach dem Ende der
Deutschland AG immer stärker die Unternehmenswirklichkeit prägen sollte.

Abgesehen von eventuellen parteipolitischen Motiven (vgl. Höpner, 2000, S. 658
ff.) sind die Reformmaßnahmen der Einsicht zuzurechnen, dass der Finanzbedarf der
deutschen Unternehmen angesichts des verstärkten internationalen Wettbewerbs im
Zuge der europäischen Integration, der Öffnung der Märkte und der Ost-Expansion
nicht innerhalb des bestehenden Systems bedient werden konnten. Zusätzlich übten
auch Liberalisierungsprozesse in ausländischen Märkten einen Reformdruck auf die
deutsche Politik aus, da man fürchtete, dass ausländische Unternehmen durch einen
verbesserten Kapitalzugang einen Vorsprung gegenüber deutschen Unternehmen erlangen könnten. Die Reformmaßnahmen erfolgten daher auch keineswegs gegen den
Willen der Unternehmen. Hilmar Kopper, der damalige Vorstandsvorsitzende der
Deutschen Bank, hatte bereits 1995 den Wunsch geäußert, den Anteilsbesitz umzu-
schichten. Er wies darauf hin, dass dies aber durch die Steuergesetzgebung verhindert würde, da die hohe Besteuerung von Veräußerungsgewinnen einen schweren
Substanzverlust für die Anleger bedeutete (Beyer, 2006, S. 107).

6.3 Beschleunigung des technologischen Fortschritts und der Globalisierung

Neben den politischen und regulatorischen Faktoren wurde die Beschleunigung des
technologischen Fortschritts und der Globalisierung zu einem wichtigen Treiber des

Wandels. Durch Innovationen in der Informationstechnologie und Kapazitätserweiterungen im Personen- und Güterverkehr wurde ein einfacher, sicherer und kostengünstiger Transport von Gütern, Personen, Kapital und Informationen (Ermisch, 2008, S. 1) in einem bis dahin unbekannten Ausmaß möglich. Die wichtigsten Innovationen dieser Zeit im Bereich Informationstechnologie waren zuverlässige und nutzerfreundliche Betriebssysteme für Computer, das Internet, E-Mails und der Mobilfunk.

Nachdem Großrechner bereits in den 1950er- und 1960er-Jahren allmählich Einzug in deutsche Unternehmen gehalten hatten, beschleunigte sich die Verbreitung und Nutzung von Computern durch die Entwicklung von Personal Computern (PC) in den 1980er-Jahren in Deutschland. Als die Bedienung mit der Einführung des Windows 95 Betriebssystems deutlich vereinfacht und somit massentauglich wurde, war ein erster wichtiger Grundstein für die umfassende Digitalisierung von Arbeitsprozessen in Unternehmen gelegt. Darauf aufbauend gewann auch das bereits 1989 am Forschungsinstitut CERN entwickelte World Wide Web an Relevanz. Es griff die Grundlagen des bereits in den 1960er-Jahren im Auftrag des US-Verteidigungsministeriums entwickelten Arpanet auf und konnte mit der Einführung des Netscape Navigator Browsers 1993 auch von fachfremden Anwendern genutzt werden konnte. Der Ausbau des Internetzugangs ging schnell voran: Während zu Beginn nur acht Staaten weltweit mit dem Internet verbunden waren, waren es 1993 bereits 55 Staaten und 1995 mit 115 Staaten erstmals mehr als die Hälfte aller Staaten weltweit (Bundeszentrale für politische Bildung, 2017). Parallel dazu stiegen die globalen Nutzerzahlen, von 2,6 Millionen Menschen 1990 auf 44,4 Millionen in 1995 und 1,03 Milliarden im Jahr 2005 (Roser et al., 2020). Nachdem die erste E-Mail in Deutschland erst am 3. August 1984 empfangen wurde, verbreitete sich auch diese Facette des Internets sehr schnell (vgl. Abbildung 22) und machte den herkömmlichen Übertragungsmedien wie Post oder Fax zunehmend Konkurrenz. Mit GSM („Global System for Mobile Communications") wurde in Deutschland 1992 das erste Netz nach digitalem Mobilfunkstandard eingeführt, wodurch Unternehmen einzelne Mitarbeiter (bspw. im Außendienst) besser erreichen und koordinieren konnten. Abbildung 22 fasst die rasante Verbreitung von Internet, E-Mail und Mobilfunk in Deutschland zusammen.

Für Unternehmen bedeuteten die Innovationen der Informationstechnologie nicht nur die Möglichkeit, eine globale Organisation in Echtzeit zu koordinieren, sondern auch einen direkten Informationsaustausch mit externen Partnern in weltweiten Beschaffungs- und Absatzmärkten. Um die durch die Informationstechnologie (und die Liberalisierung globaler Märkte) geschaffenen Potenziale jedoch auch durch den physischen Verkehr von Personen und Gütern voll ausnutzen zu können, musste die Transport- bzw. Logistikbranche ihre Kapazitäten deutlich erweitern.

Dementsprechend wurden die Kapazitäten der Containerschifffahrt in den 1990er-Jahren ausgebaut (vgl. Abbildung 23). Ab 1987 kam vermehrt die 4. Containerschiffgeneration zum Einsatz, deren Kapazität im Vergleich zur Vorgängergeneration um 50 Prozent auf 4.500 Container (TEU, „Twenty-foot equivalent units") gesteigert wurde. Ab 1997 folgte dann die 5. Generation mit nochmals 1.000 zusätzlichen Containern.

Internetnutzer in Deutschland

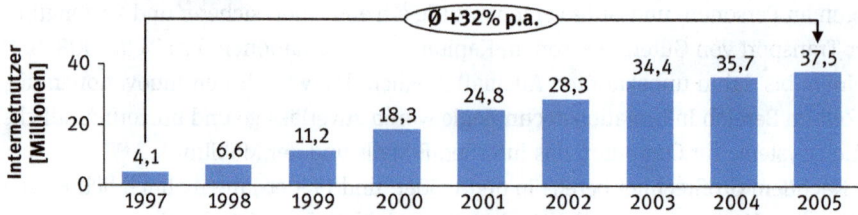

Versendete E-Mails in Deutschland

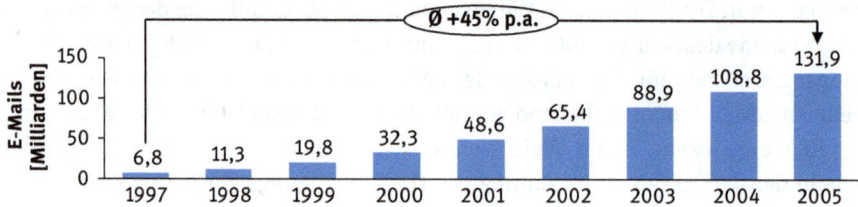

Mobilfunkanschlüsse in Deutschland

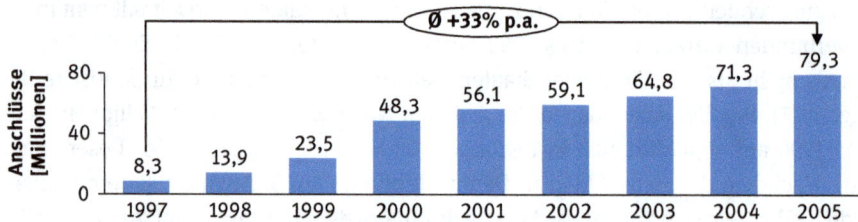

Abbildung 22: Verbreitung der Informationstechnologie in Deutschland.
Quellen: Jansen, 2017, Rabe, 2019, Tenzer, 2020.

Folglich stieg auch der Seegüter-Umschlag am Hamburger Hafen, dem größten Seehafen Deutschlands, stetig an (vgl. Abbildung 23).

Auch die Mobilitätsbedürfnisse im Personenverkehr wuchsen, sodass das Passagieraufkommen im deutschen Flugverkehr mit Auslandsdestination deutlich anstieg (vgl. Abbildung 23). Darüber hinaus wurde auch der Abschluss von Freihandelsabkommen zum Abbau von Zöllen und anderen Handelshemmnissen vorangetrieben. Abbildung 24 zeigt, dass der Ausgangwert von 14 regionalen Freihandelsabkommen im Jahr 1985 bis zum Jahr 2005 auf insgesamt 134 Abkommen erhöht werden konnte, was die Rahmenbedingungen für global ausgerichtete Unternehmen deutlich verbesserte.

Insgesamt wurden durch die Beschleunigung des technischen Fortschritts und der Globalisierung die Voraussetzungen geschaffen, um die durch den politisch und regulatorisch Umbruch entstandenen Wachstumspotenziale in der Praxis für Unternehmen nutzbar zu machen.

Kapazität von Containerschiffen im Weltseehandel

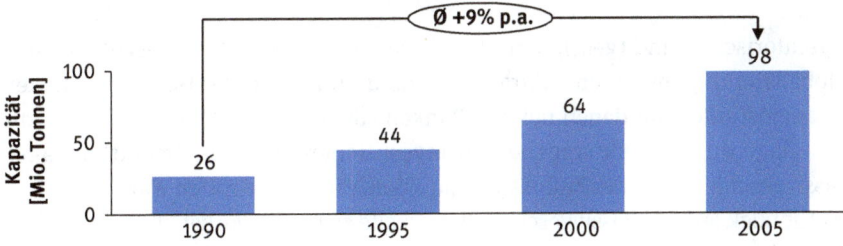

Seegüterumschlag am Hamburger Hafen

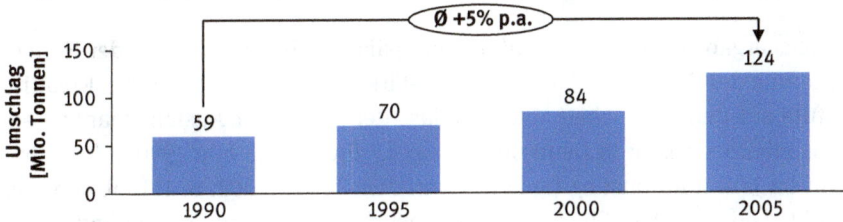

Flugpassagiere aus Deutschland mit Auslandsziel

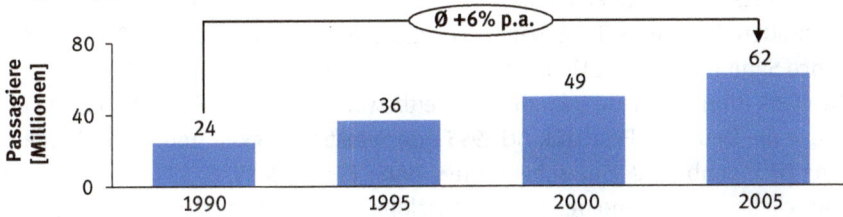

Abbildung 23: Entwicklung der Güter- und Personenmobilität.
Quellen: Hafen Hamburg Marketing e.V., 2020, Statista, 2020, Statistisches Bundesamt [Destatis], 2020.

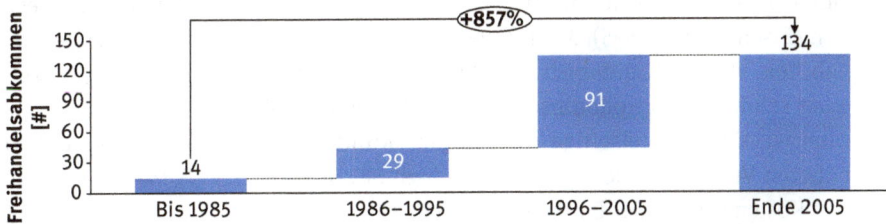

Abbildung 24: Entwicklung der Anzahl regionaler Freihandelsabkommen.
Quelle: WTO, 2020.

6.4 Neuausrichtung der Finanzinstitute

Die regulatorischen und (geo-)politischen Veränderungen und die Beschleunigung der Globalisierung bewirkten zahlreiche Veränderungen in der Geschäftstätigkeit der Finanzinstitute, von denen bei den Banken sowohl das Aktivgeschäft (d. h. die Kapitalanlage durch Kreditvergabe und Investitionen am Kapitalmarkt) als auch das Passivgeschäft (d. h. der Zufluss von liquiden Mitteln) betroffen war.

Im Hinblick auf das Passivgeschäft entwickelte sich eine stärkere Konkurrenz um Kundeneinlagen, wobei die schwindende Instituts- und Produkttreue (vgl. Beyer, 2003, S. 127; Welteke, 2013, S. 27) primär auf drei Ursachen zurückgeführt werden kann.

– Erstens ergab sich basierend auf der europäischen Integration und der Harmonisierung der Gesetzesvorgaben eine verstärkte Präsenz ausländischer Kreditinstitute auf dem deutschen Markt, sodass der Anteil der Auslandsbanken am Gesamtbankensektor in Deutschland von 3,7 Prozent im Jahr 1990 auf 6,6 Prozent im Jahr 2001 anstieg (Spahn & van den Busch, 2002, S. 16), obwohl der Markt schon vor dem Eintritt der Wettbewerber durch eine im internationalen Vergleich sehr hohen Bankendichte geprägt war (Lexis, 2004, S. 42 ff.). Beispiele für die verstärkt auftretenden ausländischen Wettbewerber sind die Citibank Privatkunden AG (heute Targobank AG) und die CC-Bank (seit 1987 Tochter der Banco Santander, später Umbenennung in Santander Consumer Bank).

– Zweitens drängten neue inländische Wettbewerber auf den Markt. Einerseits erlangte die Deutsche Postbank AG 1995 ihre Selbstständigkeit und die Vollbanklizenz (Hungenberg & Hutzschenreuter, 1998; Ringe, 2015, S. 523), andererseits ermöglichen die technologischen Entwicklungen IT-nahen Wettbewerbern, insbesondere den sogenannten Direktbanken, den Eintritt in die Finanzbranche. Diese Entwicklung wird in Abbildung 25 dargestellt. Im Jahr 2000 zählten die Direktbanken in Deutschland bereits 10 Mio. Kunden (Swoboda, 2000b, S. 171).

– Drittens kommt es im Bereich der Altersvorsorge und im Assetmanagement zu einem verstärkten Wettbewerb zwischen Banken und anderen Finanzdienstleistern (Fischer, 2013, S. 5). Auch Investmentfonds erfreuten sich wachsender Beliebtheit, da die Kunden die marktgerechten Renditen und die Möglichkeit einer schnellen Portfolioumschichtung schätzten (Welteke, 2013, S. 27). Insgesamt weckte das vielseitige Angebot aus Kundensicht die Erwartungen einer höheren Verzinsung der Spareinlagen (vgl. Beyer, 2003, S. 127), was zu steigenden Kosten seitens der Banken führte.

Die Herausforderungen im Einlagengeschäft in Kombination mit dem hohen Kapitalbedarf zur Realisierung der eigenen Wachstumspotenziale aus der europäischen Integration führten im Passivgeschäft der Banken dazu, dass zunehmend von der Möglichkeit der Refinanzierung durch die Emission von Schuldverschrei-

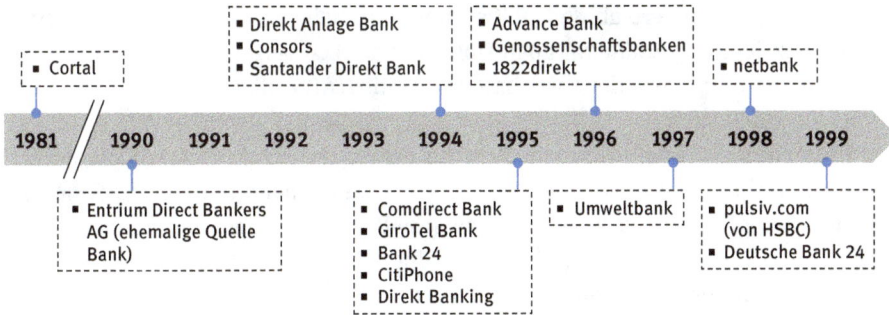

Abbildung 25: Entwicklung der Direktbanken in Deutschland.
Quelle: Swoboda, 2000a, S. 82.

bungen Gebrauch gemacht wurde (Welteke, 2013, S. 24). Folglich waren die Refinanzierungskosten für die Banken stärker vom Markt abhängig.

Auch bei der Kreditvergabe stieg der Wettbewerb und das Risiko für Banken. Einerseits hatten Privat- und Geschäftskunden aufgrund der europäischen Integration und der neuen Wettbewerber ähnlich wie bei den Einlagen eine größere Auswahl (Beyer, 2003, S. 128). Andererseits stieg das Risiko bei der Kreditvergabe an Geschäftskunden deutlich an, da die Unsicherheiten in der unternehmerischen Tätigkeit der Industrieunternehmen im globalen Wettbewerb gestiegen und für Banken deutlich schwieriger zu übersehen waren als noch zur Zeit der Deutschland AG (Ringe, 2015, S. 518). Folglich konnten „vertrauensvolle Kontakte und interne Überwachung Ausfallrisiken nur noch bedingt reduzieren" (Beyer, 2003, S. 128), wie auch die Deutsche Bank Anfang der 1990er-Jahre durch die Krise bei einem ihrer Schuldner, der Metallgesellschaft, erfahren musste („Der Spiegel", 1994). Darüber hinaus war auch der Ausblick für die zukünftige Kostenintensität des Kreditgeschäfts aufgrund der für die Mitte der 2000er-Jahre geplanten Umsetzung der Basel-II-Regularien negativ. (Strengere Mindestkapitalanforderungen für Kreditrisiken und die individuellere Berücksichtigung der Bonität von Kreditnehmern erhöhten den Aufwand für Kreditinstitute.)

Dem entgegen wirkte der seit Beginn der 1980er-Jahre vor allem in den USA zu beobachtende Trend der Verbriefung von Kreditforderungen (Carl, 2001, S. 45). Hierbei werden Kredite von einer eigens zu diesem Zweck gegründete Gesellschaft („Special Purpose Vehicle") aufgekauft, die sich durch die Ausgabe von Wertpapieren refinanziert und den Investoren aufgrund der durch die Zahlungen der Schuldner entstehenden Cashflows eine Rendite ermöglicht. Somit werden illiquide Vermögenswerte (in diesem Fall finanzielle Forderungen) in handelbaren Wertpapieren beschrieben (Greenbaum & Thakor, 1987, S. 379). Als ursprünglicher Anwendungsfall der Verbriefung gelten Hypothekenkredite, die sich aufgrund der langfristigen und prognostizierbaren Zahlungsströme besonders für die Anwendung dieses Finanzinstruments eignen. Die Praxis der Verbriefung von bestehenden Buchkrediten, die international insbesondere ab den 1990er-Jahren an Relevanz gewann, wurde fortan mit der Bezeichnung Collateral Loan Obligations (CLO) versehen (Carl, 2001, S. 45) und als eine Untergruppe der Asset-based Securities (ABS) eingeordnet (Burger & Untenberger, 2005, 1201).

In Deutschland kam es im Jahr 1998 zur ersten CLO-Emission, nachdem der Gesetzgeber Verbriefungsvorschriften für Banken erlassen hatte (Carl, 2001, S. 46). Im Rahmen dieser Emission verbriefte die Deutsche Bank 5.300 Kreditforderungen gegenüber mittelständischen Unternehmen mit einem Volumen von 4,3 Mrd. DM (Carl, 2001, S. 46). In den Folgejahren nahm die Verbreitung weiter zu und bis zum Ende des Jahres 2005 hatten alle deutschen börsennotierten Großbanken eine Verbriefungstransaktion durchgeführt (Ricken, 2007, S. 147). Bereits im Jahr 2000 schuf die KfW mit „Promise" (Promotinal Mittelstand Loan Securitisation) darüber hinaus ein standardisiertes Angebot für Banken, mit dem sie Forderungen aus Mittelstandskrediten am Kapitalmarkt platzieren konnten (Burger & Untenberger, 2005, 1199), was die Bedeutung der Verbriefung für die Kapitalversorgung der Wirtschaft verdeutlicht. Ihre hohe Relevanz für den Wandel der Deutschland AG basiert auf ihrem grundlegenden Einfluss auf das Risikomanagement eines Kreditinstitutes. Sie ermöglicht die aktive Steuerung von Kreditausfallrisiken, Liquiditätsrisiken (die bspw. durch eine unplanmäßige Verlängerung der Kapitalbindungsdauer im Kreditgeschäft resultieren können) und drohenden Liquiditätsverknappungen, bspw. aufgrund einer unerwarteten Inanspruchnahme von Kreditzusagen (Carl, 2001, S. 49). Die Verbriefung stellt somit ein effektives Instrument zum Risikomanagement dar, das die Bedeutung von traditionellen Ansätzen der Absicherung signifikant reduziert. Konkret waren die Gläubigerbanken im Zuge der Verbriefung also nicht mehr darauf angewiesen, durch die Ausübung von Aufsichtsratsmandaten bei ihren Schuldnern als „Insider" Zugang zu Unternehmensinformationen zu erhalten und so Einfluss auf das Kreditausfallrisiko zu nehmen, da sie ihre Forderungen nun bei entsprechender Risikoindikation einer Verbriefung zuführen konnten. Folglich waren auch Eigenkapitalbeteiligungen an Industrieunternehmen nicht mehr nötig und die Institute konnten ihre Beteiligungen, die in der Regel nur verhältnismäßig niedrige Renditen erwirtschafteten (Kopper, 2012, S. 109), aufgrund der Reform der Unternehmensbesteuerung ohne Substanzverluste abziehen und angesichts des sich intensivierenden Wettbewerbs in renditeträchtigere Geschäftsbereiche und die eigene internationale Expansion reinvestieren.

Neben der Expansion in ausländische Märkte richteten die größten deutschen Banken ihr Augenmerk dabei auch auf das Investmentbanking, um die Renditeerwartungen zu erreichen. Insbesondere da die Bedeutung von grenzüberschreitenden Fusionen und Übernahmen im Zuge der Deregulierung und der europäischen und globalen Integration zugenommen hatte, stellte das Investmentbanking ein attraktives Tätigkeitsfeld dar. Die Deutsche Bank hatte daher schon 1989 mit der Übernahme der Londoner Investmentbank Morgan Grenfell den Aufbau des Investmentbanking-Geschäfts gestärkt. Neben dem strategischen Kalkül der Transaktion verfolgte man aufgrund einer fehlenden internen Expertise im Investmentbanking auch das Ziel eines intensiven Wissensaustausches (Fröhlich & Huffschmid, 2004, S. 124; Kopper, 2012, S. 107). Gleichermaßen verstärkten die Commerzbank mit der Jupiter International Group und die Dresdner Bank mit Kleinwort Benson Ende der 1990er-Jahre ihr Geschäft. Lediglich die Genossenschaftsbanken und die Sparkassen, letztere insbesondere aufgrund der rechtlichen Beschränkungen des Regionalprinzips (Fröhlich & Huffschmid, 2004, S. 124), integrierten das Investmentbanking weniger stark in ihre Portfolios.

Der erhebliche Bedeutungszuwachs des Investmentbankings und die Neuausrichtung der deutschen Banken lässt sich auch an der Entwicklung des Provisionsüberschusses im Verhältnis zum Zinsüberschuss ablesen. Abbildung 26 zeigt exemplarisch für die Deutsche Bank, dass der Provisionsüberschuss, das heißt der zinsunabhängige, aus Dienstleistungen erwirtschaftete Überschuss (dies sind im Privatkundengeschäft bspw. Gebühren für die Kontoführung und im Firmenkundengeschäft bspw. die Erlöse aus dem Investmentbanking), im Verhältnis zum Zinsüberschuss (nach Risikovorsorge) deutlich an Bedeutung für das Jahresergebnis der Bank zunahm. Während der Provisionsüberschuss der Deutschen Bank 1990 nur 37 Prozent des Zinsüberschusses betrug, überschritt er bereits Ende der 1990er-Jahre den Wert des Zinsüberschusses. Ähnlich war die Situation auch bei den anderen deutschen Großbanken, wo der Provisionsüberschuss im Verhältnis zum Zinsüberschuss im Jahr 2000 rund 96 Prozent (Commerzbank) bzw. knapp 160 Prozent (Dresdner Bank) betrug.

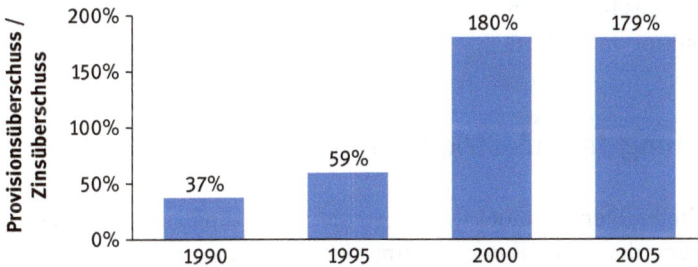

Abbildung 26: Provisionsüberschuss der Deutschen Bank im Verhältnis zum Zinsüberschuss. Quelle: Geschäftsberichte Deutsche Bank (1990, 1995, 2000, 2005).

Die wachsende Relevanz des Investmentbankings verstärkte die Motivation zusätzlich, Personal- und Kapitalverflechtungen aufzulösen, da die Beteiligungen an zahlreichen Industrieunternehmen die Gefahr bargen, dass lukrative Investmentbanking-Mandate aufgrund möglicher Interessenskonflikte an Wettbewerber vergeben werden könnten (vgl. Kopper, 2012, S. 109).

Die Ergebnisse für den Bankensektor lassen sich weitestgehend auch auf die Assekuranz übertragen, wobei drei spezifische Motive für die Auflösung der Kapitalverflechtungen durch Versicherungen ausgemacht werden können.

– Erstens konnte über den Verkauf von Eigenkapitalbeteiligungen das eigene internationale Wachstum finanziert werden. Bereits bevor Veräußerungen von Eigenkapitalbeteiligungen durch die Reform der rot-grünen Bundesregierung steuerfrei erfolgen konnten, hatte beispielsweise die Allianz mit der Akquisition des US-amerikanischen Asset Managers Pimco (Allianz Group, 2000, S. 5) ihre globalen Ambitionen umgesetzt.
– Zweitens bewirkte die Einführung der europäischen Gemeinschaftswährung, dass die Assekuranz nach dem Grundsatz der währungskongruenten Deckung nicht mehr auf den deutschen Markt limitiert war, sondern ihre Investitionen viel stärker über liquide Anlagen innerhalb der Währungsunion diversifizieren konnte.
– Drittens wurde unter Renditegesichtspunkten ein aktives Assetmanagement attraktiv. Dabei wurden (direkte) stabile Industriebeziehungen von indirekten Beteiligungen über Fonds abgelöst (Beyer, 2003, S. 137). Im Gegensatz zu direkten Beteiligungen, die sich über Verflechtungen gut absichern ließen, nutzen Fondsgesellschaften Investorentreffen und ein aktives Portfoliomanagement zur Ausübung von Kontrolle über das Management (Beyer, 2003, S. 137).

Somit gilt für Assekuranz und Kreditinstitute gleichermaßen, dass ein Aufrechterhalten der Verflechtungsbeziehungen zu den deutschen Industrieunternehmen im Wege stand, die eigenen Profitabilitäts- und Wachstumsansprüche zu realisieren und somit angesichts des intensiven Wettbewerbs langfristig auch die Unabhängigkeit der eigenen Institute zu gefährden.

6.5 Neuausrichtung der Industrieunternehmen

Die Öffnung der ehemaligen Ostblockstaaten sowie die europäische Integration und die Deregulierung der Kapital- und Gütermärkte schafften ein großes Wachstumspotenzial für die Industrieunternehmen, das durch die Beschleunigung der technologischen Innovation und der Globalisierung ausgeschöpft werden konnte. Zur Finanzierung des Wachstums waren die deutschen Finanzinstitute nur eingeschränkt bereit, da sie vermehrt das profitable Provisionsgeschäft gegenüber dem traditionellen Kreditgeschäft priorisierten. Die zunehmende Praxis der Kreditverbriefung verringerte darüber hinaus die Bedeutung von Kapital- und Personalverflechtungen mit den Industrieunternehmen, die vor dem Hintergrund möglicher Interessenskonflikte auch für den Ausbau des Investmentbankings hinderlich sein konnten. Die Finanzmarktförderungsgesetze sowie weitere nationale und europäische Initiativen erhöhten die Attraktivität des Kapitalmarktes für in- und ausländische Investoren, so dass sich die Unternehmen die benötigten Mittel dort sowohl über Eigenkapital (von der stetig wachsenden Investorenbasis) als auch über Fremdkapital durch die Platzierung von Anleihen („Corporate Bonds"; die vereinfachte Emission war seit dem Gesetz zur Vereinfachung der Ausgabe von Schuldverschreiben im Jahr 1990 möglich) verschaffen konnten.

Obwohl die Stärkung der Kapitalmärkte die Abhängigkeit der Unternehmen von der Kreditfinanzierung der Banken reduzierte (vgl. Welteke, 2013, S. 27), mussten sich die Unternehmen einem starken Wettbewerb am Kapitalmarkt stellen, indem sie um die Gelder der Investoren konkurrierten. Um in diesem Wettbewerb erfolgreich zu sein, mussten sie nicht nur eine gute Positionierung auf den Produktmärkten erreichen, sondern insbesondere auch eine gute Positionierung (und Bewertung) auf den Kapitalmärkten. Bereits der Fall Mannesmann hatte den Vorständen der deutschen Unternehmen eindrucksvoll gezeigt, dass eine Unterbewertung auf dem Kapitalmarkt zu einem Verlust der Eigenständigkeit führen konnte, und dies galt umso mehr bei einem Rückzug der ehemaligen Ankeraktionäre aus der Finanzwirtschaft. Eine gute Bewertung am Kapitalmarkt erleichterte hingegen das eigene anorganische Wachstum, da die eigenen Aktien als eine wertvolle Währung bei Übernahmen eingesetzt werden konnten und ein hoher Aktienkurs es ermöglichte, zusätzlich Eigen- oder Fremdkapital aufzunehmen. Die veränderten Rahmenbedingungen zwangen die Vorstände somit, das Ziel einer guten Positionierung auf dem Kapitalmarkt durch eine entsprechende konsequente Kapitalmarktorientierung in den Fokus der unternehmerischen Tätigkeit zu rücken.

Die Etablierung der Kapitalmarktorientierung hatte weitreichende Folgen für die Unternehmen, die auf drei Ebenen differenziert werden können (Beckmann & Pokorny, 2002, S. 72). Die erste Ebene betrifft die operative Implementierung der Kapitalmarktorientierung durch die Bildung von Profit-Centern, die der Vermarktlichung der innerbetrieblichen Beziehungen dient und die Ausrichtung auf konkrete Profitabilitätsziele fördert (Beckmann & Pokorny, 2002, S. 72). Da die Unternehmen als Investitionsobjekte sowohl untereinander als auch mit anderen Formen der Geldanlage konkurrierten, wurden Geschäftsfelder, die die Profitabilitätsziele nicht erreichen, in der Regel nicht mehr innerhalb des Konzerns quersubventioniert, sondern abgestoßen. Ein prägnantes Beispiel dafür ist der Daimler-Konzern. Während er zu Beginn der 1990er-Jahre noch als integrierter Technologiekonzern mit den drei Kernbereichen Personen- und Lastkraftwagen (das traditionelle Geschäft unter der Mercedes-Benz-Marke), Elektroindustrie (gestärkt durch die Übernahme der AEG) und Aerospace (mit Messerschmitt-Bölkow-Blohm, MTU und Dornier) galt (Freye, 2013, S. 339), forcierte Jürgen Schrempp, der aufgrund seiner oft proklamierten Philosophie auch „Mr. Shareholder Value" genannt wurde (Harke, 2005), bis zur Jahrtausendwende den Ausstieg aus allen nicht automobilen Geschäften (Freye, 2013, S. 347). Im Zuge der Konzentration auf das Kerngeschäft, mit der Schrempp die „erste Deutsche Welt AG" formen wollte, wurde dann 1998 eine Fusion mit dem US-amerikanischen Chrysler-Konzern durchgeführt. Die von Schrempp als „Hochzeit im Himmel" betitelte Transaktion (Harke, 2005) erwies sich jedoch als folgenschwerer Fehler und der Börsenwert der DaimlerChrysler AG sank bis 2005 um 50 Milliarden Euro (Hillenbrand, 2005), sodass Chrysler schließlich 2007 wieder veräußert wurde. Der Fall dient folglich noch heute als Paradebeispiel für eine gescheiterte Operationalisierung der Kapitalmarktorientierung. Darüber hinaus verdeutlicht er ähnlich wie auch der Fall Mannesmann, dass im Zuge des Wandels Mergers-and-Akquisitions-Transaktionen mit sehr hohen Volumina (die Mannesmann-Akquisition ist mit einem Volumen von rund 190 Milliarden Euro bis heute eine der teuersten Übernahmen der Welt) deutlich an Relevanz gewonnen hatten, was das steigende Interesse der Banken am Investmentbanking begründete.

Die zweite relevante Ebene der durch die Kapitalmarktorientierung verursachten Veränderungen betrifft die Außendarstellung der Unternehmen und ihre Investor-Relations-Aktivitäten (Beckmann & Pokorny, 2002, S. 72). Wie eingangs dargestellt verfolgte der Gesetzgeber mit seinen Reformmaßnahmen das Ziel, die Unternehmenspublizität deutscher Aktiengesellschaften aufzuwerten und für internationale Investoren und Analysten verständlicher zu gestalten. Eine auf die Interessen der Investoren ausgerichtete Informationspolitik lag auch im fundamentalen Eigeninteresse der deutschen Unternehmen (Lachnit et al., 2000, S. V), da sie mit der Verwandlung der Deutschland AG zu einer Grundvoraussetzung für eine erfolgreiche Positionierung auf dem Kapitalmarkt wurde. Die Stärkung der traditionellen Outsider im deutschen Corporate-Governance-System erfolgte daher nicht nur aufgrund von regulatorischem Druck, sondern war auch im Eigeninteresse der deutschen Unternehmen. Während das Thema Investor Relations bei einer Podiumsdiskussion unter dem Titel „Investor Relations kommt – Der Kampf ums Kapital fordert ein Umdenken in der bisherigen Aktionärs- und Kapitalmarktpflege" im Rahmen des „4. Internationalen Investment Congress" 1984 in München (Köhler, 2015, S. 157) noch von einer theoretischen Perspektive behandelt wurde, erreichte es bald darauf auch die unternehmerische Wirklichkeit in Deutschland. Mit dem Chemieunternehmen BASF richtete Ende der 1980er-Jahre die erste deutsche Aktiengesellschaft eine IR-Abteilung ein (Köhler, 2015, S. 167), und viele Unternehmen folgten zeitnah, um mehr Wissen über die Finanzmarktentwicklung aufzubauen und sich im direkten Austausch mit Investoren (beispielsweise auf sogenannten Road-Shows) zu präsentieren (Welteke, 2013, S. 28). Zusätzlich wurden regelmäßige informelle Treffen zwischen den Vorständen und institutionellen Anlegern organisiert, um die Beziehungen zu pflegen (Beckmann & Pokorny, 2002, S. 74). In der formellen Publizität hatten bis 1997 schon zwei Drittel der DAX Unternehmen Quartalsberichte eingeführt (Jürgens et al., 2000, S. 16) und 43,3 Prozent der Unternehmen griffen, wie durch die Reformmaßnahmen erlaubt, auf internationale Rechnungslegungsstandards zurück (Jürgens et al., 2000, S. 16). Als Meilenstein der IR-Arbeit in Deutschland gilt der Börsengang der Deutschen Telekom 1996, bei dem eine hohe mediale Aufmerksamkeit geschaffen wurde, die zu einer mehrfachen Überzeichnung der Aktie führte (Köhler, 2015, S. 134, 332 ff.).

Die dritte Ebene der Kapitalmarkorientierung betrifft die Incentivierung des Managements durch eine renditeabhängige Entlohnung (Beckmann & Pokorny, 2002, S. 72), die in der Praxis oftmals über sogenannte Aktienoptionen erfolgte. Grundsätzlich sind Aktienoptionen ein werteorientiertes Vergütungsinstrument, das im Outsider-System der US-amerikanischen Governance bereits verbreitet zur Entschärfung des Prinzipal-Agenten-Problems genutzt wurde. Diese Optionen eröffnen dem Management die Möglichkeit, in der Zukunft eine bestimmte Anzahl Aktien zu einem zum Zeitpunkt der Vereinbarung geltenden Preis zu erwerben, um bei steigendem Aktienkurs eine attraktive Rendite zu erzielen (Beckmann & Pokorny, 2002, S. 75). Damit sind Aktienoptionen auch ein Kontrollinstrument für Outsider-Aktionäre, da Vorstandsmitglieder dazu motiviert werden sollen, im Sinne einer Steigerung des Unternehmenswertes zu handeln. In Deutschland wurde die Vergabe von Aktienoptionen formal erst zum 1. Mai 1998 durch das Gesetz zur Kontrolle und Transparenz im Unternehmensbereich möglich. Trotzdem ließen Daimler-Chef Jürgen Schrempp und Deutsche Bank Vorstand Hilmar Kopper bereits auf der jeweiligen Hauptversammlung im Jahr 1996 die Zustimmung der Aktionäre für eine entsprechende wertorientierte Gestaltung ihrer Vergütung einholen (Eglau, 1997). Da die Vergabe von Aktienoptionen an Vorstände zu diesem Zeitpunkt allerdings noch nicht zulässig war, musste eine alternative Operationalisierung über Wandel- bzw. Optionsanleihen gewählt werden (Löhr et al., 2002, S. 341). Die Einführung der Aktienoptionen war zunächst umstritten und es erfolgte eine Klage gegen die Einführung dieses Vergütungsinstruments vor dem Frankfurter Landgericht (Eglau, 1997); nach dem Ende der Deutschland AG setzte sich dieses Mittel zur Förderung der Kapitalmarktorientierung des Managements jedoch durch.

Teil IV: **Eine Neue Unternehmensrealität**

Eigentum, Governance und Strategie in einer Phase des
Auf- und Umbruchs

„Unsere Kultur und Zielsetzung ist, dass jeder im Konzern kapitalmarktorientiert denkt. Dauerhafte Wertvernichter werden nicht im Portfolio gehalten oder durch Quersubventionierung durchgeschleppt." (Schäfer et al., 1997, S.92)

Ulrich Hartmann
- *1993 – 2003 Vorstandsvorsitzender VEBA (später E.ON)*
- *2003 – 2011 Ausfsichtsratsvorsitzender E.ON*
- *2003 – 2008 Ausfsichtsratsmitglied Deutsche Bank*

Der Vergleich des Zitats von Ulrich Hartmann aus dem Jahr 1997 mit der eingangs zitierten Position von Hermann Josef Abs („Gewinn ist gut, aber nicht alles") aus dem Jahr 1973 verdeutlicht stellvertretend den Wandel in den von den Managern kommunizierten Unternehmenszielen, der auf die in Teil III beschriebenen Wandlungsprozesse zurückzuführen ist. Jedoch gingen die Implikationen des Wandels weit über die Management-Philosophie der deutschen Vorstände hinaus: Das Gesamtkonstrukt der Deutschland AG, das zuvor oftmals als „Bollwerk" bezeichnet worden war, zerfiel und wurde „zum Mythos" (Dunsch, 2002). Der Umbruch führte zu einer neuen Unternehmensrealität, in der die Kerndimensionen Eigentum, Governance und Strategie eine grundlegend andere Ausprägung annahmen, als dies jemals zuvor in Deutschland der Fall war.

https://doi.org/10.1515/9783110735611-009

7 Eigentum

In Folge der beschriebenen Wandlungsprozesse wurden die bestehenden Eigentümerstrukturen der Deutschland AG nicht nur in Frage gestellt; mit den regulatorischen Reformen und der Steuerbefreiung von Gewinnen aus der Veräußerung von Eigenkapitalbeteiligungen (von Kapitalgesellschaften durch Kapitalgesellschaften) wurde den traditionellen Aktionären von der Politik der Weg geebnet, um das Netz der Kapitalverflechtungen ohne Substanzverlust aufzulösen. Mit einer stärkeren Kapitalmarktorientierung, die neben Ulrich Hartmann auch viele weitere Vorstände ausriefen, versuchten die um Kapital und neue Investoren konkurrierenden Unternehmen den Wegfall der ehemaligen Ankeraktionäre zu kompensieren. Diese Ausgangssituation wirft einige Fragen bezüglich der Eigentümerstrukturen nach dem Ende der Deutschland AG auf:

- Wie stark zogen sich die deutschen Finanzinstitute und Industrieunternehmen infolge des Wandels tatsächlich aus den Kapitalverflechtungen zurück?
- In welchem Umfang kamen neue Eigentümer hinzu und welche Auswirkungen hatten ihre Eigenkapitalbeteiligungen auf die Eigentumsverhältnisse des Gesamtsystems?
- Wer sind die neuen Eigentümer?

Zur Beantwortung dieser Fragen werden wir zunächst die für die Zeit der Deutschland AG durchgeführten Analysen auf den Zeitraum nach dem Wandel ausweiten und die Eigentümerstrukturen im Rahmen der Stichprobe der HDAX-Unternehmen für die Jahre 2005, 2015 und 2020 evaluieren. Anschließend stellen wir die identifizierten neuen Eigentümer vor und dokumentieren das von ihnen ausgehende Beteiligungsnetzwerk anhand von Netzwerkanalysen. Um einen genauen Einblick in das Vorgehen ausgewählter neuer Eigentümer zu gewähren, präsentieren wir darüber hinaus einige Fallstudien konkreter Beteiligungsverhältnisse in Deutschland.

7.1 Rückzug der alten Eigentümer

Die zeitliche Erweiterung der Aktionärserhebung wurde analog zum Vorgehen für den Zeitraum der Deutschland AG für die Stichprobe der HDAX-Unternehmen durchgeführt. In die Stichprobe flossen alle Unternehmen ein, die zum jeweiligen Beobachtungszeitpunkt Teil des HDAX-Index waren (unter Berücksichtigung veränderter Regeln zur Indexzusammensetzung (vgl. Anhang 1) und der Datenverfügbarkeit wurden so Stichprobengrößen von 107 (2005), 110 (2015) und 98 (2020) erreicht). Hinsichtlich der Eigentümer wurden alle Aktionäre berücksichtigt, die im „Hoppenstedt Aktienführer" oder in der Datenbank „Refinitiv Eikon" geführt sind und deren Beteiligung am stimmberechtigten Eigenkapitel eines Stichprobenunternehmens zum jewei-

https://doi.org/10.1515/9783110735611-010

ligen Beobachtungszeitraum mindestens 2 Prozent betrug. Ebenfalls berücksichtigt wurden darüber hinaus Aktionäre, die Teil einer Beteiligungsgesellschaft waren, die mindestens 2 Prozent am stimmberechtigten Eigenkapital eines Stichprobenunternehmen hielt.

Die Ergebnisse verdeutlichen, dass es im Rahmen der Stichprobe zwischen den Beobachtungszeitpunkten im Jahr 1995 und 2005 zu einer fundamentalen Verschiebung des Anteilsbesitzes kam (vgl. Abbildung 27). Dabei sank der Anteil der inländischen Finanzinstitute am kumulierten stimmberechtigten Eigenkapital der Stichprobenunternehmen um rund 10 Prozentpunkte und der Anteil der inländischen Industrieunternehmen um rund 7 Prozentpunkte. Gleichzeitig entfielen auf die Gruppe der Investmentgesellschaften und Fonds erstmals ein relevanter Anteil, der von zunächst 7 Prozent im Jahr 2005 auf knapp 20 Prozent im Jahr 2020 anstieg. In dieser Gruppe befinden sich einerseits verschiedene Unterkategorien von Investmentgesellschaften, deren Betriebszweck in der Verwaltung von (Sonder-)Vermögen und dem Angebot von Investmentfonds besteht (seit Inkrafttreten des Kapitalanlagegesetzbuch im Jahr 2013 werden diese Unternehmen offiziell als Kapitalverwaltungsgesellschaften (KVG) bezeichnet (vgl. § 17 KAGB), in Anlehnung an den international üblichen Sprachgebrauch bezeichnen wir die KVG hier vereinfachend als „Investmentgesellschaften") und andererseits Staatsfonds und öffentliche Pensionsfonds, die einen Sonderstatus innehaben und deren Leistungsangebot der öffentlichen Hand vorenthalten ist.

Ausländische Finanzinstitute und ausländische Industrieunternehmen, die auf Ebene der Einzelunternehmen den 2-prozentigen Grenzwert für die Betrachtung überschritten, hatten zu allen Beobachtungszeitpunkten auf Ebene der gesamten Stichprobe nur einen geringfügigen Eigenkapitalanteil und wurden zusammen mit allen weiteren privaten und institutionellen Investoren dem sonstigen Freefloat zugerechnet. Trotz der kumuliert hohen Stimmrechtsanteile dieser Kategorie (zwischen 54,9 und 68,4 Prozent) entfällt somit aufgrund der Vielzahl der enthaltenen Einzelaktionäre jeweils nur ein geringfügiger Bruchteil der Stimmrechte auf die einzelnen Investoren, sodass diese Kategorie nur eine untergeordnete Relevanz für die systemischen Eigentümerstrukturen aufweist. Allerdings ist anzunehmen, dass die deutliche Erhöhung des Freefloat zwischen 1995 und 2005 auch Ausdruck des hier diskutierten Systemwechsels ist.

Abbildung 28 konkretisiert die Befunde der Aktionärserhebung und zeigt, dass inländische Finanzinstitute im Jahr 2020 lediglich an 3 Prozent der Stichprobenunternehmen mit einem Anteil über dem 2-prozentigen Grenzwert beteiligt sind. Unter Ausschluss eines Ausreißers, der aus der Eigenkapitalbeteiligung in Höhe von 50,2 Prozent von Talanx an Hannover Rück resultiert (die beiden Finanzinstitute stellen trotz der individuellen Notierung im HDAX im weiteren Sinne einen Konzernverbund dar), betrug die durchschnittliche Beteiligungshöhe bei den verbleibenden Stichprobenunternehmen 4 Prozent. Zum Vergleich: Mitte der 1990er-Jahre waren die inländischen Finanzinstitute noch an mehr als 60 Prozent der Stichpro-

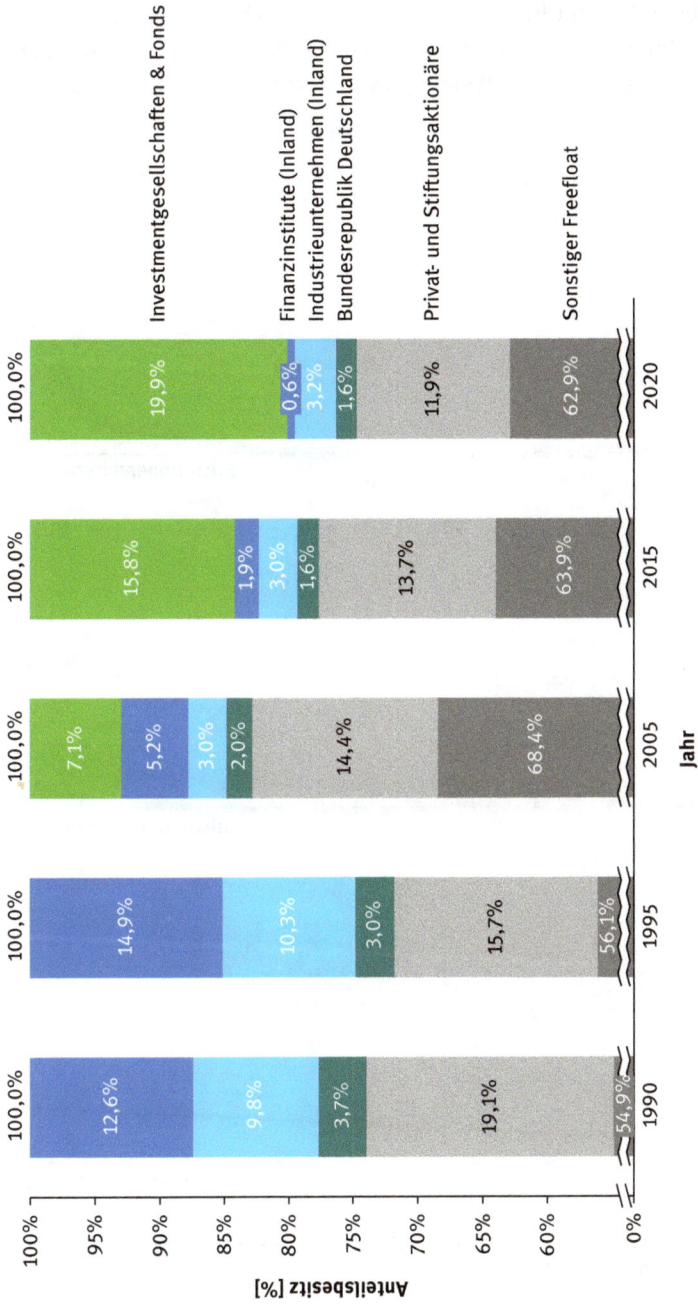

Abbildung 27: Eigentümerstrukturen der Stichprobenunternehmen.
N = 80 (1990), 97 (1995), 107 (2005), 110 (2015) und 98 (2020).

benunternehmen beteiligt und hielten bei diesen Unternehmen im Durchschnitt einen Anteil von 24 Prozent. Es kam also innerhalb weniger Jahre zu einer umfassenden Veräußerung von Eigenkapitalbeteiligungen durch die Finanzinstitute.

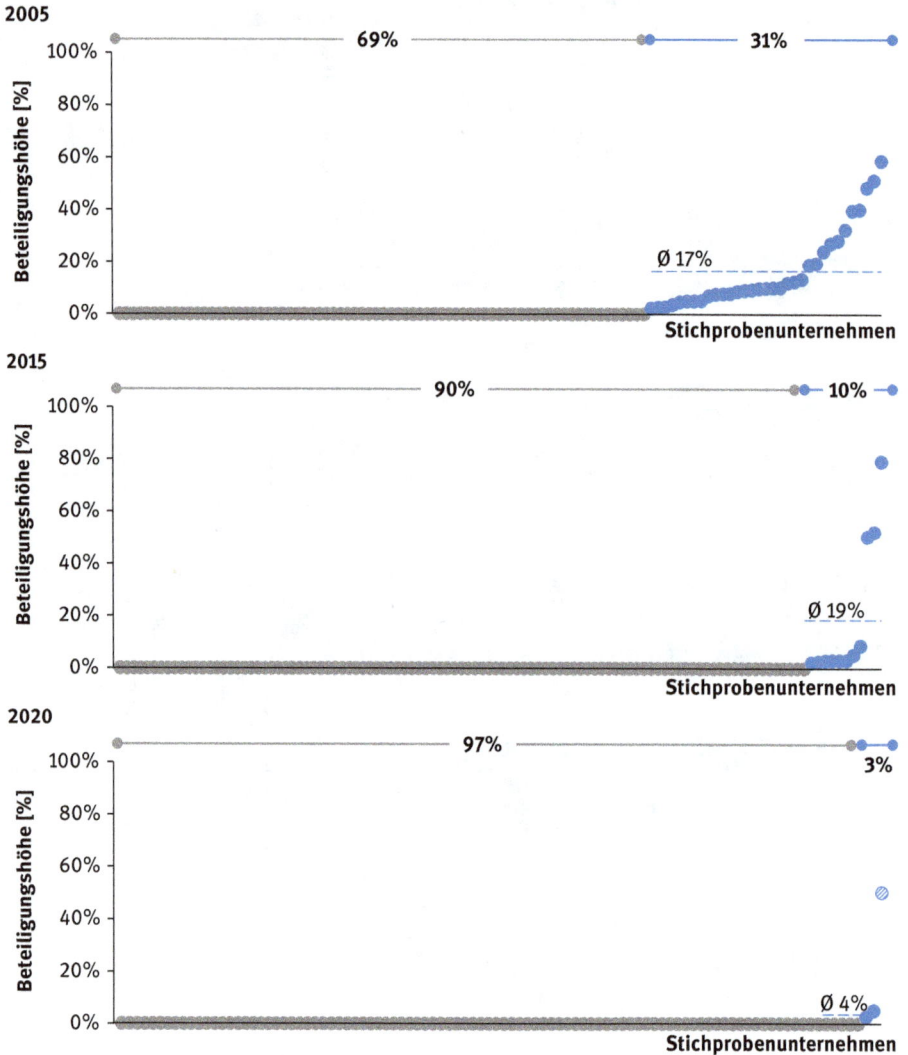

Abbildung 28: Beteiligungshöhe inländischer Finanzinstitute (2005, 2015 und 2020). N = 107 (2005), 110 (2015) und 98 (2020).

Die Befunde aus Abbildung 28 werden durch Hinzunahme der Netzwerkanalysen in Abbildung 29 weiter konkretisiert. Abgesehen von der Eigenkapitalbeteiligung durch Talanx an der Hannover Rück sind somit im Jahr 2020 im Rahmen unserer

Betrachtung nur noch zwei Eigenkapitalbeteiligungen, die von der Allianz und der Deutschen Bank gehalten werden, verblieben.

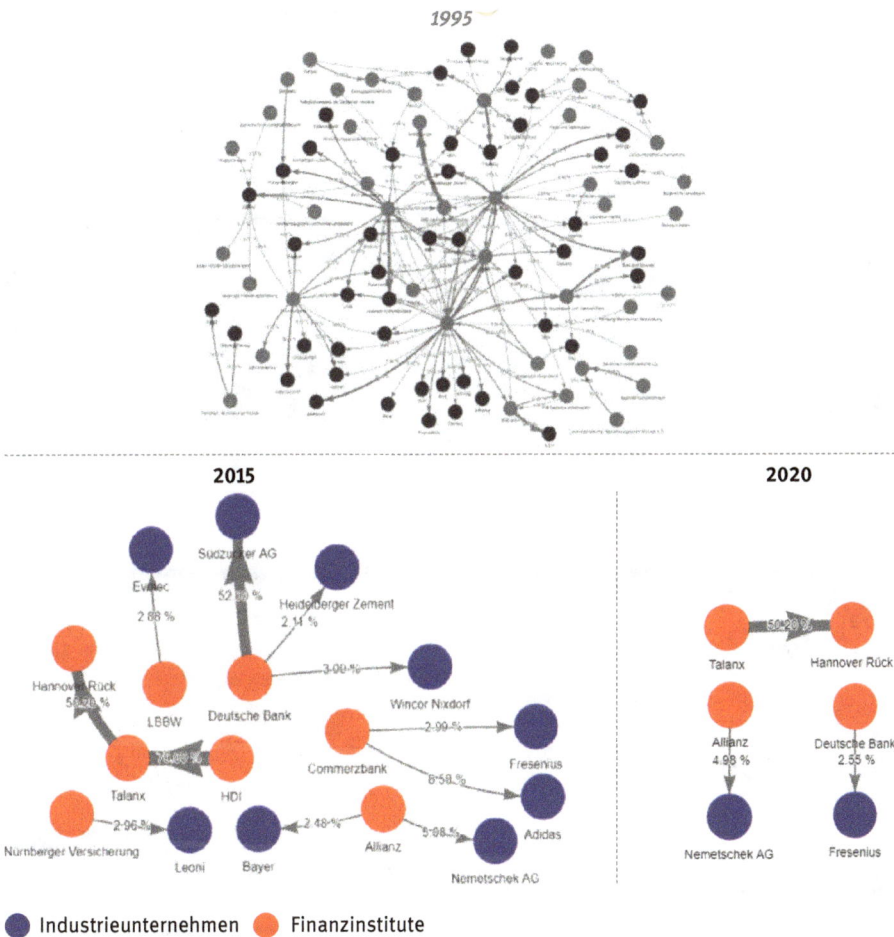

Abbildung 29: Eigenkapitalbeteiligungen inländischer Finanzinstitute (2015 und 2020).

Inländische Industrieunternehmen hielten in den Jahren 2015 und 2020 im Rahmen der Stichprobe Eigenkapitalbeteiligungen (über dem 2-prozentigen Grenzwert) an 11 bzw. 10 Prozent der Stichprobenunternehmen (vgl. Abbildung 30). Ähnlich wie im Falle der Finanzinstitute lag auch dieser Wert deutlich unter dem historischen Wert von 31 Prozent aus dem Jahr 1995. Die durchschnittliche gemeinsame Beteiligungshöhe in den Stichprobenunternehmen, in denen eine Beteiligung (über dem 2-prozentigen Grenzwert) durch Industrieunternehmen vorlag, verblieb jedoch auch 2015 und 2020 auf einem hohen Niveau und lag mit 27 und 31 Prozent nur leicht unter den Werten von 34 und 33 Prozent aus den Jahren 1990 und 1995. Die Indus-

2005

2015

2020

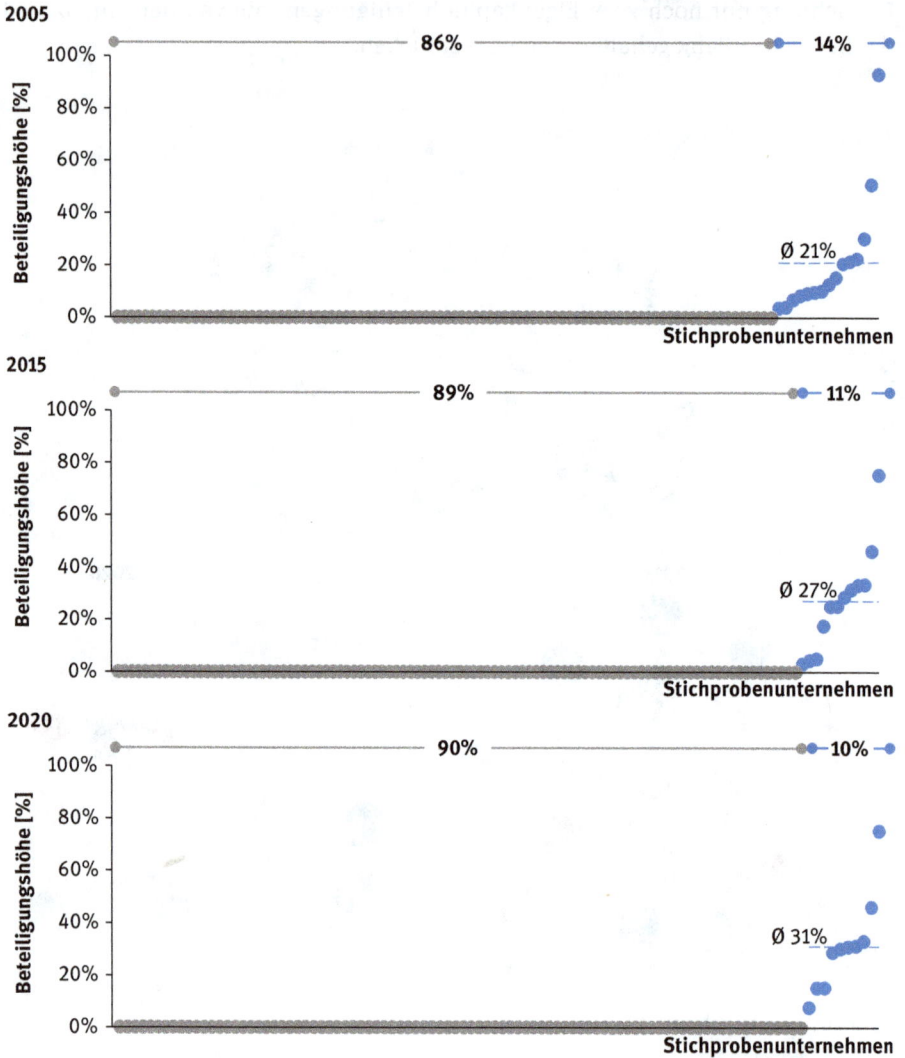

Abbildung 30: Beteiligungshöhe inländischer Industrieunternehmen (2005, 2015 und 2020).
N = 107 (2005), 110 (2015) und 98 (2020).

trieunternehmen führten folglich eine Bereinigung ihres Beteiligungsportfolios durch, hielten jedoch selektiv an einzelnen Beteiligungen fest.

Dies verdeutlicht auch die Netzwerkanalyse der Eigenkapitalbeteiligungen durch Industrieunternehmen (vgl. Abbildung 31). Beteiligungen wie von Volkswagen an MAN, von SAP an RIB Software AG, oder von Asklepios Kliniken und B. Braun an Rhön Klinikum im Jahr 2015 bestätigen den Befund selektiver strategischer Beteiligungen. Sowohl im Jahr 2015 als auch im Jahr 2020 fällt darüber hinaus auf, dass

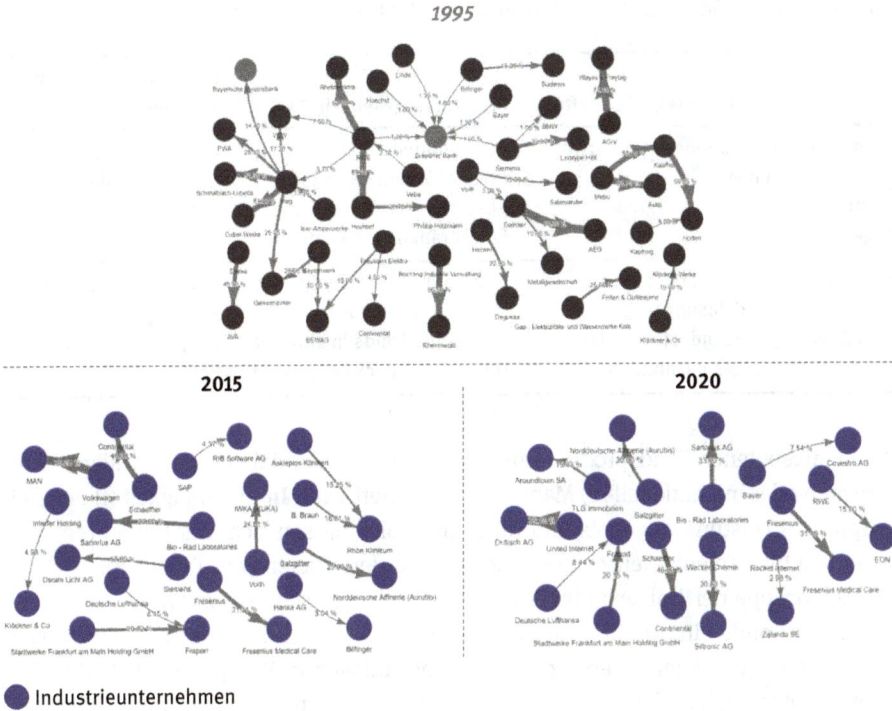

Abbildung 31: Eigenkapitalbeteiligungen inländischer Industrieunternehmen (2015 und 2020).

keine klassischen Verflechtungen mehr bestehen, bei denen der Eigentümer eines Stichprobenunternehmens gleichzeitig an weiteren Unternehmen aus der Stichprobe beteiligt ist. Dass dies im Jahr 2020 sowohl im Hinblick auf die Beteiligungen der deutschen Finanzinstitute als auch auf die der Industrieunternehmen zutrifft, verdeutlicht das Ausmaß des Rückzuges der traditionellen Eigentümer sowie die im Rahmen unserer Stichprobe vollständige Auflösung der ehemals charakteristischen Kapitalverflechtungen.

7.2 Aufstieg der neuen Eigentümer

Der umfassende Verkauf von Unternehmensanteilen durch die traditionellen Eigentümer und die weitreichende Liberalisierung des deutschen Finanzmarkts ermöglichten neuen Investoren den bis dato exklusiven Zugang zum Aktionärskreis der deutschen Unternehmen. Die Gruppe der Investmentgesellschaften und Fonds bildete sich dabei innerhalb weniger Jahre als wichtiger neuer Eigentümer heraus und sicherte sich einen zunehmenden Anteil am stimmberechtigten Eigenkapital der Stichprobenunternehmen. Der Anteilsbesitz dieser Eigentümer ist dabei auf die von

Tabelle 8: Investorentypen unter den Investmentgesellschaften und Fonds.

	Universal-Investmentgesellschaften	Spezial-Investmentgesellschaften	Staatsfonds & öffentl. Pensionsfonds
Zielgruppe des Leistungs-angebots	institutionelle und private Anleger	institutionelle Anleger; bei Privatanlegern kann es zu gesetzlichen Einschränkungen kommen	öffentliche Hand (auf nationaler oder subnationaler Ebene)
Fokus des Leistungs-angebots	Stark diversifizierte Fondslösungen, die ggf. ganze Industrien oder Indizes nachbilden	Alternative Investments, bei denen selektiv über speziell aufgelegte Fonds in einzelne Unternehmen investiert wird	Fondslösungen, die einem gesetzlich vorgeschriebenen Risikoprofil folgen

ihnen angebotenen Fondsprodukte zurückzuführen, anhand derer das Vermögen ihrer (privaten oder institutionellen) Mandanten investiert wird. In Abhängigkeit (i) der Zielgruppe des Leistungsangebots und (ii) seines Fokus lassen sich drei Investorentypen unter den Investmentgesellschaften und Fonds differenzieren (vgl. Tabelle 8).

Die Gruppe der Universal-Investmentgesellschaften schließt im Wesentlichen alle Investmentfonds ein, die im Einklang mit der OGAW-Richtlinie der EU-Kommission strukturiert sind. Organismen für gemeinsame Anlagen in Wertpapiere (OGAW) sind Investmentvermögen, deren Zweck darin besteht, beim Publikum beschaffte Mittel auf gemeinsame Rechnung nach dem Grundsatz der Risikostreuung in Wertpapiere oder andere liquide Finanzanlagen zu investieren und die Fondsanteile auf Verlangen der Anteilinhaber unmittelbar oder mittelbar zulasten des Vermögens dieser Organismen zurückzunehmen oder auszubezahlen (Gänßler, 2016). Im Gegensatz dazu werden Private Equity Fonds, Hedge Fonds und alle weiteren Fonds, deren Angebot sich nicht ausschließlich an die öffentliche Hand richtet und die keine OGAW sind, gemäß der Richtlinie der EU-Kommission als Alternative Investmentfonds (AIF) eingeordnet (vgl. Gänßler, 2016) und in unserer Nomenklatur als Spezial-Investmentgesellschaften bezeichnet. Staatsfonds und öffentliche Pensionsfonds lassen sich demgegenüber aufgrund des Mandates der öffentlichen Hand klar von den übrigen Investmentgesellschaften unterscheiden.

Erschwert wird die Zuordnung von Eigenkapitalbeteiligungen zu den drei Investorentypen durch die im Vergleich zur Zeit der Deutschland AG gestiegene Komplexität der Kapitalflüsse. Ein weitläufiges und globales Netzwerk von Intermediären und Finanzdienstleistern administriert dabei die Vermögensallokation unter Wahrung einer größtmöglichen Diskretion. So kann beispielsweise eine ausländische Stiftung auf einen deutschen Asset-Manager zurückgreifen, der wiederum das Stiftungsvermögen mit Hilfe von mehreren Universal- und Spezial-Investmentgesellschaften in diverse Fondslösungen mit Unternehmensbeteiligungen investiert. Da mehrstufige Beteiligungsverhältnisse (auch zwischen den drei Investorentypen) jedoch aufgrund mangelnder Transparenz nicht aufgelöst werden können, wird bei der Analyse der Eigentümerstrukturen nur die Eigentümerebene betrachtet, der nach dem Wertpapierhandelsgesetz die Stimmrechte an dem Beteiligungsunternehmen zuzurechnen sind (Stimmrechte aus Aktien sind in der Regel den Investment- bzw. Kapitalverwaltungsgesellschaften zuzurechnen und nicht den Anlegern; vgl. Höring, 2013, S. 104). Dies gilt auch unabhängig davon, ob die Struktur eines Investmentprodukts eine Treuhandlösung oder eine Miteigentümerlösung zwischen der Investmentgesellschaft und dem Anleger vorsieht (vgl. Höring, 2013, S. 57).

Eine zusätzliche Hürde in der Zuordnung besteht darin, dass die Investoren ihr Tätigkeitsgebiet in den letzten Jahren zunehmend ausgeweitet haben und beispielsweise mit unterschiedlichen Tochtergesellschaften als Universal- und Spezial-Investmentgesellschaft am Markt tätig sind. Die in diesem Kapitel vorgenommene Zuordnung von Investoren zu einer der drei Kategorien basiert daher darauf, auf welches Geschäftsmodell die in Deutschland gehaltenen Eigenkapitalbeteiligungen an börsennotierten Unternehmen zurückzuführen sind.

Abbildung 32 zeigt, wie sich der wachsende Anteil der Gruppe der Investmentgesellschaften und Fonds am aggregierten stimmberechtigten Eigenkapital der Stichprobenunternehmen auf die drei Investorentypen verteilt. Die Universal-Investmentgesellschaften, die bereits im Jahr 2005 mit rund 4,3 Prozent einen moderaten Anteil hielten, konnten auch in den Folgejahren ihre dominante Stellung unter den Investmentgesellschaften und Fonds aufrechterhalten und hielten im Jahr 2020 insgesamt 14,1 Prozent des stimmberechtigten Eigenkapitals der untersuchten Unternehmen. Die Spezial-Investmentfonds, Staatsfonds und öffentliche Pensionsfonds erzielten im Vergleich eine deutlich geringere Beteiligungshöhe; dennoch deutet auch deren starke relative Steigerung durch die Staatsfonds und öffentlichen Pensionsfonds von 0,2 Prozent im Jahr 2005 auf rund 2,5 Prozent im Jahr 2020 auf klare Expansionstendenzen hin.

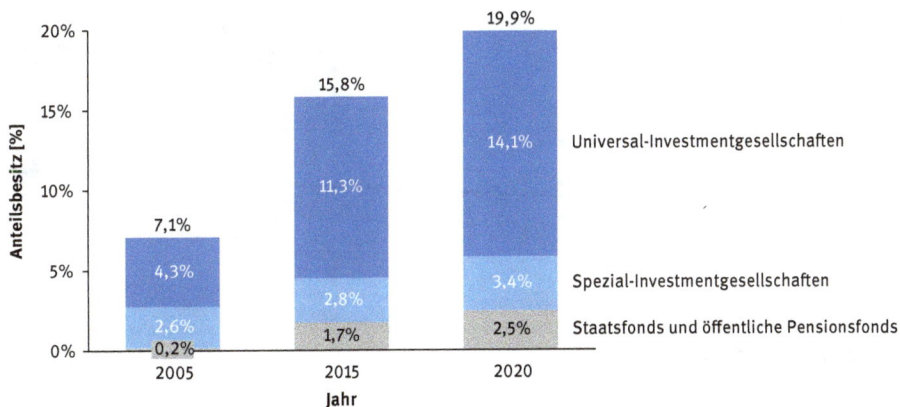

Abbildung 32: Anteilsbesitz der Investmentgesellschaften an den Stichprobenunternehmen.

Wie genau sich diese Investoren über die Jahre in der Stichprobe ausbreiteten, welche Investmentgesellschaften in Deutschland besonders aktiv sind und wie sich die Beteiligungen dieser Investoren aus systemischer Sicht auf die Eigentümerstrukturen auswirkten, beschreiben die folgenden Abschnitte.

7.2.1 Universal-Investmentgesellschaften

7.2.1.1 Fonds: Kapitalsammelstellen und Modernisierer der Eigentümerstrukturen

Universal-Investmentgesellschaften investieren das Geld eines Fonds nach vorab festgelegten Anlageprinzipien. Die primäre Ertragsquelle für die Investmentgesellschaften sind dabei Gebühren, die für die Fondsverwaltung erhoben werden. In ihrer Funktion als Kapitalsammelstelle bündeln die Universal-Investmentgesellschaften die Gelder einer Vielzahl von privaten und institutionellen Investoren in ihren Fonds, sodass erfolgreichen Investmentgesellschaften erhebliche Fondsvolumina zur Disposition stehen. Da im Hinblick auf die Eigentümerstrukturen der deutschen börsennotierten Unternehmen nur die Fonds relevant sind, in denen Aktien (physisch) enthalten sind, sind Aktien- und Mischfonds („Multi-Asset-Fonds") ausschlaggebend für die durch Universal-Investmentgesellschaften gehaltenen Eigenkapitalbeteiligungen. Abbildung 33 verdeutlicht die wachsende Beliebtheit von Aktienfonds, die von inländischen Investmentgesellschaften aufgelegt wurden – das investierte Volumen wuchs von rund 26 Milliarden Euro im Jahr 1995 auf 423 Milliarden Euro im Jahr 2019.

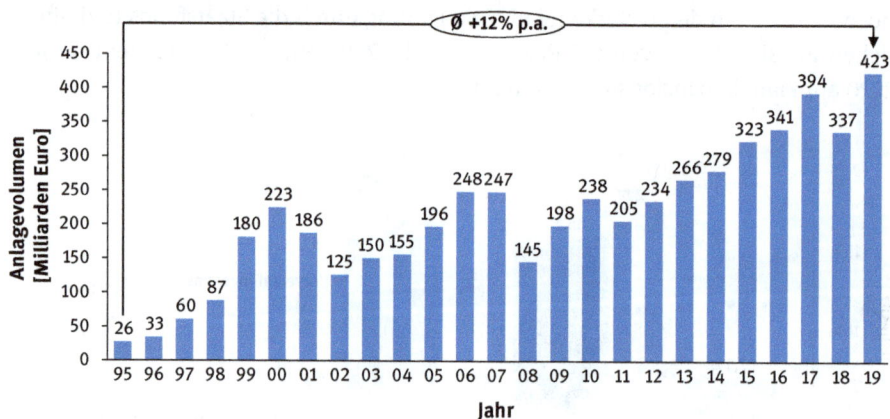

Abbildung 33: Anlagevolumen der Aktienfonds inländischer Universal-Investmentgesellschaften. Quellen: BVI, 2020; Statista, 2019.

OGAW-konforme Aktien- und Mischfonds sind grundsätzlich „offene Fonds" („Open-End-Funds"), die in der Höhe der verwalteten Anlagegelder nicht limitiert sind und bei entsprechender Nachfrage unbegrenzt Fondsanteile ausgeben können. Da jedoch für

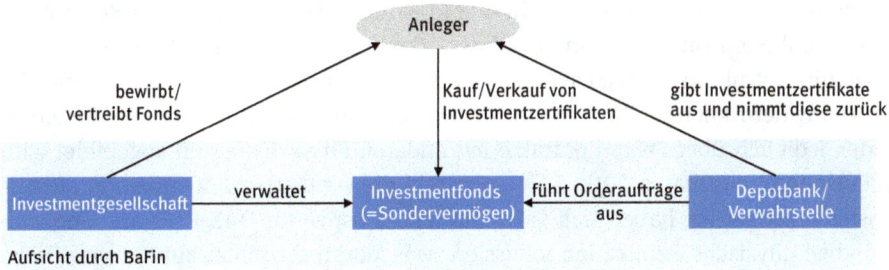

Abbildung 34: Funktionsweise offener Investmentfonds.

die Anleger ein Rückgaberecht besteht, muss die Investmentgesellschaft jederzeit in der Lage sein, den Anlegern ihren Anteil am Sondervermögen auszubezahlen (abzüglich eines ggf. anwendbaren Rücknahmeabschlags). Die Funktionsweise eines offenen Investmentfonds wird in Abbildung 34 erläutert. (Neben den offenen Fonds gibt es auch geschlossene; diese fallen jedoch grundsätzlich in die Kategorie der Alternativen Investmentfonds (AIF) und dienen in der Regel zur Finanzierung spezifischer Projekte, bspw. im Immobilien- oder Schiffsbau).

Eine Sonderform der offenen Fonds sind sogenannte ETFs („exchange-traded fund"), bei denen die Investmentzertifikate (d. h. die Wertpapiere, die als Anteils-schein einen Miteigentumsanteil am Sondervermögen von Investmentfonds verbrie-fen) über die Börse am Sekundärmarkt und nicht im direkten Austausch mit der emittierenden Investmentgesellschaft gehandelt werden (Deutsche Bundesbank, 2018, S. 83). Insbesondere im Bereich der Aktienindexfonds, die erst im Jahr 1998 durch das dritte Finanzmarktförderungsgesetz in Deutschland zugelassen wurden, dominieren die ETFs den Markt. Folglich wird die Bezeichnung ETF heute umgangssprachlich oft-mals auch synonym mit Indexfonds genutzt. ETFs haben in den vergangenen Jahren in Deutschland sehr dynamische Wachstumsraten gezeigt (vgl. Deutsche Bundes-bank, 2018, S. 83), insbesondere da sie den Anlegern eine einfache und kostengüns-tige Möglichkeit zur Diversifizierung ihrer Anlage bieten (Deutsche Bundesbank, 2018, S. 105).

Für den Einfluss von ETFs auf die Eigentümerstrukturen der Unternehmen ist al-lerdings die Wahl der Replikationsmethode entscheidend, das heißt der Mechanis-mus, mit dem der Fonds die Entwicklung der ihm zugrundeliegenden Werte abbildet. Die vollständige physische Replikation hat die höchste Relevanz für die Eigentümer-strukturen, da bei dieser Methode der Referenzindex vollständig über den von der emittierenden Kapitalverwaltungsgesellschaft geordneten Wertpapierkorb abgebildet wird (Deutsche Bundesbank, 2018, S. 87). Diese Methode eignet sich besonders für Aktien-ETFs, die aus einer limitierten Anzahl von liquiden Wertpapieren, wie bei-spielsweise dem DAX, bestehen (Deutsche Bundesbank, 2018, S. 87). Bei der physi-schen Replikation durch Sampling wird, im Gegensatz dazu, nur ein Teil der im Referenzindex enthaltenen Wertpapiere in den Wertpapierkorb des Emittenten übernommen, sodass der ETF nicht alle Eigentümerstrukturen der im Referenzindex enthaltenen Unternehmen beeinflusst. Gänzlich ohne direkten Einfluss auf die Eigentümerstrukturen ist die synthetische Replikation, bei der keine physische Hinterlegung der Aktien im Wertpapierkorb des Emittenten stattfindet und der Referenzindex lediglich über Swap-Kontrakte mit anderen Finanzinstituten abgebildet wird (Deutsche Bundesbank, 2018, S. 88). Obwohl die synthetische Replikation oftmals kostengünstiger ist, haben sich viele Emittenten bspw. für DAX-ETFs auf eine vollständige physische Replikation fokussiert, was Marktbeobachter auf die spezifische Kundennachfrage zurückführen.

Die unterschiedlichen Zielgruppen der Universal-Investmentgesellschaften, die sowohl aus privaten als auch aus institutionellen Investoren bestehen, werden durch die Auflage von Publikums- und Spezialfonds angesprochen. Während sich Publikumsfonds an die Öffentlichkeit richten und somit zumeist von Privatanlegern genutzt werden, richten sich Spezialfonds an institutionelle Investoren. Dabei können sie bei Bedarf auch exklusiv für einen einzelnen institutionellen Anleger aufgelegt werden. Laut den gesetzlichen Vorgaben des KAGB dürfen jedoch ausschließlich semi-professionelle oder professionelle Anleger in Spezialfonds investieren.

Im Folgenden evaluieren wir zunächst anhand von deskriptiven Statistiken und Netzwerkanalysen den Einfluss der Universal-Investmentgesellschaften auf die Eigentümerstrukturen deutscher HDAX-Unternehmen. Da eine Vielzahl von Universal-Investmentgesellschaften als Investoren in Deutschland aktiv ist, fokussieren wir uns an dieser Stelle auf die in unserem Kontext wichtigsten Investoren: Allianz Global Investors (AGI), BlackRock, Capital Group, Deka, DWS, Fidelity, Union Investment und Vanguard. Nach der quantitativen Analyse stellen wir eine Auswahl der betrachteten Investoren getrennt nach (i) Investmentgesellschaften der traditionellen deutschen Finanzinstitute und (ii) internationalen Investmentgesellschaften näher vor.

7.2.1.2 „Common Ownership" statt „Macht der Banken"

Die Eigenkapitalbeteiligungen der ausgewählten Universal-Investmentgesellschaften an den HDAX-Unternehmen der Stichprobe haben nach Ende der Deutschland AG eine rasante Entwicklung genommen (vgl. Abbildung 35). Bereits im Jahr 2005 waren die Gesellschaften an 29 Prozent der Stichprobenunternehmen mit durchschnittlich rund 9 Prozent des stimmberechtigten Eigenkapitals beteiligt. Zum Vergleich: Im Jahr 1990 waren deutsche Industrieunternehmen ebenfalls durch Eigenkapitalbeteiligungen an 29 Prozent der Stichprobenunternehmen beteiligt. Zwar war die durchschnittliche Beteiligungshöhe der Industrieunternehmen mit 34 Prozent deutlich höher als die der ausgewählten Universal-Investmentgesellschaften im Jahr 2005, dennoch zeigt diese Gegenüberstellung, wie stark sich der neue Investorentyp innerhalb kürzester Zeit ausbreitete. Diese Entwicklung hielt auch in den Folgejahren bis zum Ende des Beobachtungszeitraums im Jahr 2020 an. Zu diesem Zeitpunkt hielten die ausgewählten Gesellschaften Eigenkapitalbeteiligungen an 89 Prozent der Stichpro-

2005

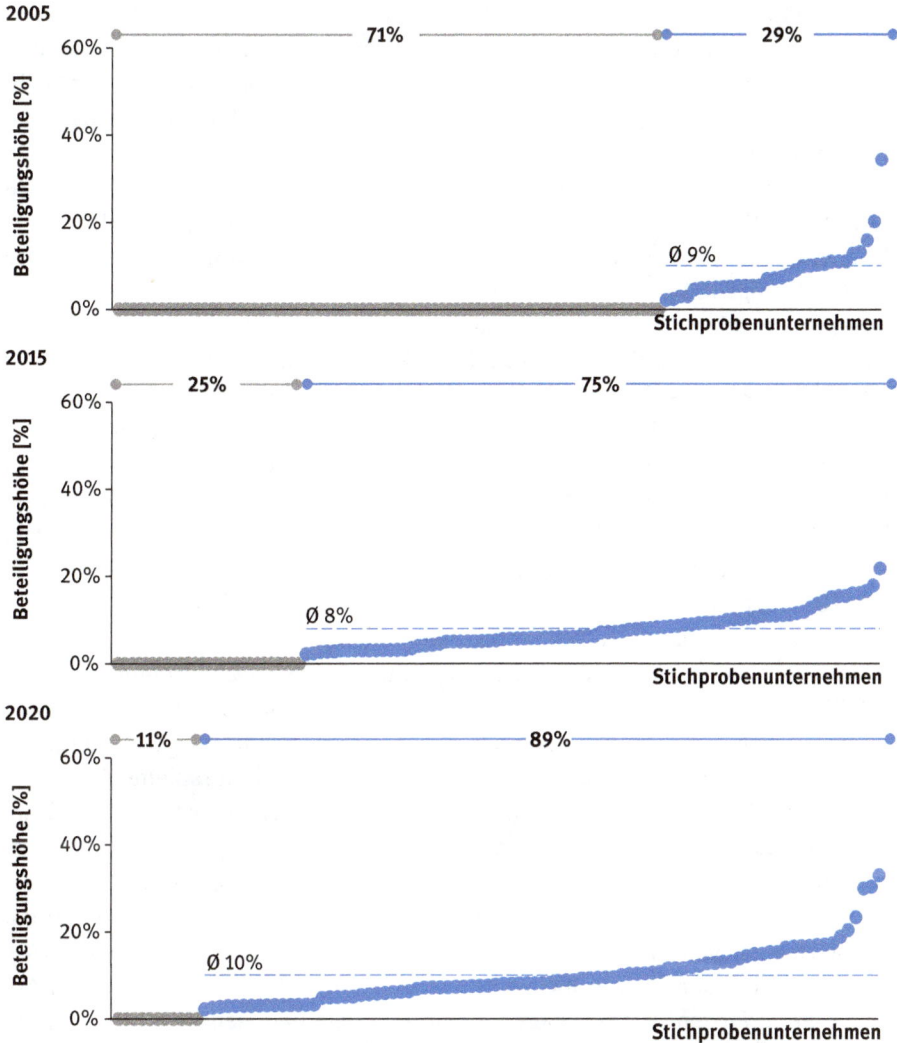

2015

2020

Abbildung 35: Beteiligungshöhe ausgewählter Universal-Investmentgesellschaften (2005, 2015 und 2020).
N = 107 (2005), 110 (2015) und 98 (2020).

benunternehmen, was im Rahmen unserer Betrachtung den Höchstwert der deutschen Finanzinstitute von 63 Prozent aus dem Jahr 1995 deutlich übertrifft. Analog zum Vergleich mit den Industrieunternehmen gilt allerdings auch hier, dass die durchschnittliche Beteiligungshöhe der Finanzinstitute mit 24 Prozent deutlich über dem Wert von 10 Prozent der Universal-Investmentgesellschaften liegt. Folglich breiteten sich die ausgewählten Universal-Investmentgesellschaften im Vergleich zu den traditionellen Eigentümern mit ihren Eigenkapitalbeteiligungen stärker aus, beteiligten sich in aggregierter Sicht jedoch nur mit deutlich geringeren Anteilen als die inländischen Finanzinstitute und Industrieunternehmen zur Zeit der Deutschland AG.

Wie die Netzwerkanalysen der Eigenkapitalbeteiligungen im Rahmen der Stichprobe verdeutlichen (vgl. Abbildung 36 und 37), ging sowohl am Anfang als auch am Ende des Beobachtungszeitraums die Mehrheit der Beteiligungen auf internationale Investmentgesellschaften zurück. Mit insgesamt 16 Beteiligungen (über dem 2-prozentigen Grenzwert) hielt die US-amerikanische Fidelity Gruppe im Jahr 2005 die meisten Beteiligungen im Rahmen der Stichprobe, gefolgt von der Capital Gruppe (elf Beteiligungen). Mit neun Beteiligungen belegte die DWS zu diesem Zeitpunkt den dritten Rang und war damit unter den deutschen Gesellschaften führend.

Bereits zum Beobachtungszeitpunkt im Jahr 2005 lassen sich darüber hinaus zahlreiche Fälle feststellen, bei denen mehrere der ausgewählten Universal-Investmentgesellschaften gleichzeitig mit mehr als 2 Prozent an einem Stichprobenunternehmen beteiligt waren und gemeinsam einen deutlich zweistelligen Anteilswert auf sich vereinigten. Beispiele dafür sind der Bilfinger-Konzern, an dem Allianz Global Investors (AGI), Fidelity und Deka gemeinsam rund 34 Prozent hielten, sowie Qiagen (rund 20 Prozent gehalten von Fidelity, Union Investment und DWS) oder TUI (knapp 16 Prozent gehalten von Capital Group, DWS, Union Investment und Deka). Da die Gesellschaften als Kapitalsammelstellen und Treuhänder der Kundengelder ähnlichen Investmentprinzipien folgten und vergleichbare Anforderungen an Beteiligungsunternehmen stellten, mussten sich die deutschen Unternehmen innerhalb weniger Jahre auf einen neuen Investorentyp einstellen, der aufgrund des hohen aggregierten Anteilsbesitz fortan eine zentrale Rolle spielte.

Bis zum Ende des Beobachtungszeitraums im Jahr 2020 nahm die Anzahl der Eigenkapitalbeteiligungen der ausgewählten Universal-Investmentgesellschaften nochmals stark zu. Es entstand ein weitreichendes Beteiligungsnetz, in dessen Zentrum die beiden US-amerikanischen Investmentgesellschaften BlackRock und Vanguard mit deutlich mehr Beteiligungen als ihre Wettbewerber platziert waren (vgl. Abbildung 38). So entfielen im Rahmen der Stichprobe insgesamt 69 Beteiligungen mit einem Anteil größer 2 Prozent auf BlackRock (entspricht Beteiligungen an 70 Prozent der Stichprobenunternehmen), gefolgt von Vanguard (57 Beteiligungen; 58 Prozent der Stichprobe) und DWS (25 Beteiligungen, 26 Prozent der Stichprobe). Neben den hohen Anteilen, die die ausgewählten Gesellschaften wie bereits im Jahr 2005 gemeinsam an den Stichprobenunternehmen halten, ist ein weiteres wichtiges strukturelles Merkmal des Beteiligungsnetzwerkes, dass Unternehmen der gleichen Branche die gleichen Investmentgesellschaften unter ihren Aktionären haben. Dies war beispielsweise für die Chemiekonzerne BASF und Bayer der Fall, bei denen rund 9 Prozent ihres stimmberechtigten Eigenkapitals jeweils gemeinsam von BlackRock und Vanguard gehalten wurde.

Das Ausmaß des Anteilsbesitz der Universal-Investmentgesellschaften, allen voran gehalten von den internationalen Gesellschaften BlackRock und Vanguard, hat in der Öffentlichkeit zu einem Diskurs geführt, der im historischen Vergleich

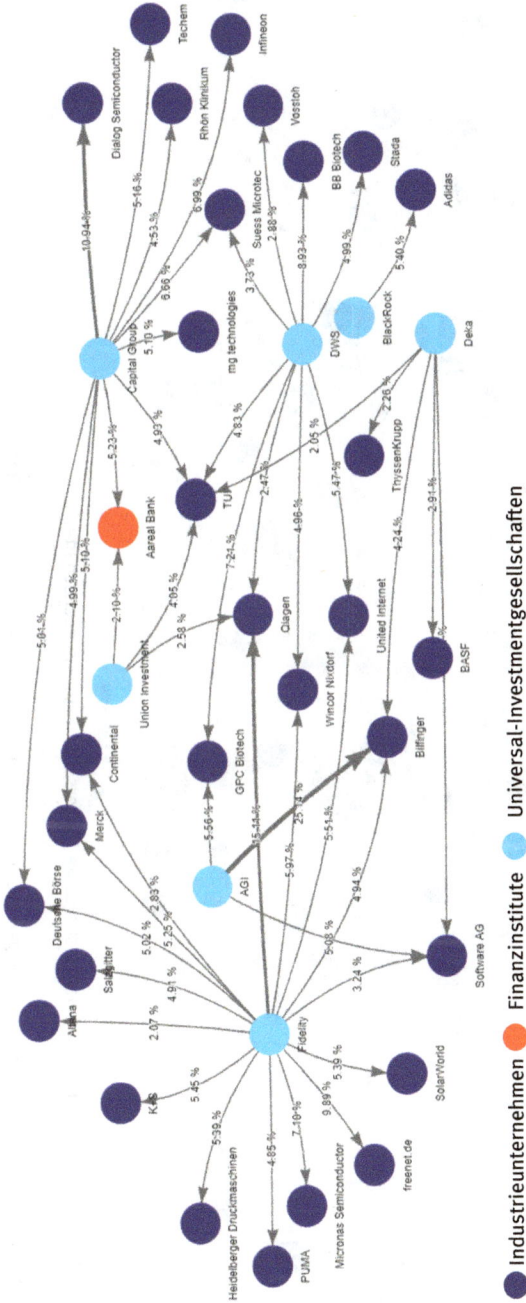

Abbildung 36: Eigenkapitalbeteiligungen ausgewählter Universal-Investmentgesellschaften (2005).

● Industrieunternehmen ● Finanzinstitute ● Universal-Investmentgesellschaften

● Eigenkapitalbeteiligungen ausgewählter Universal-Investmentgesellschaften

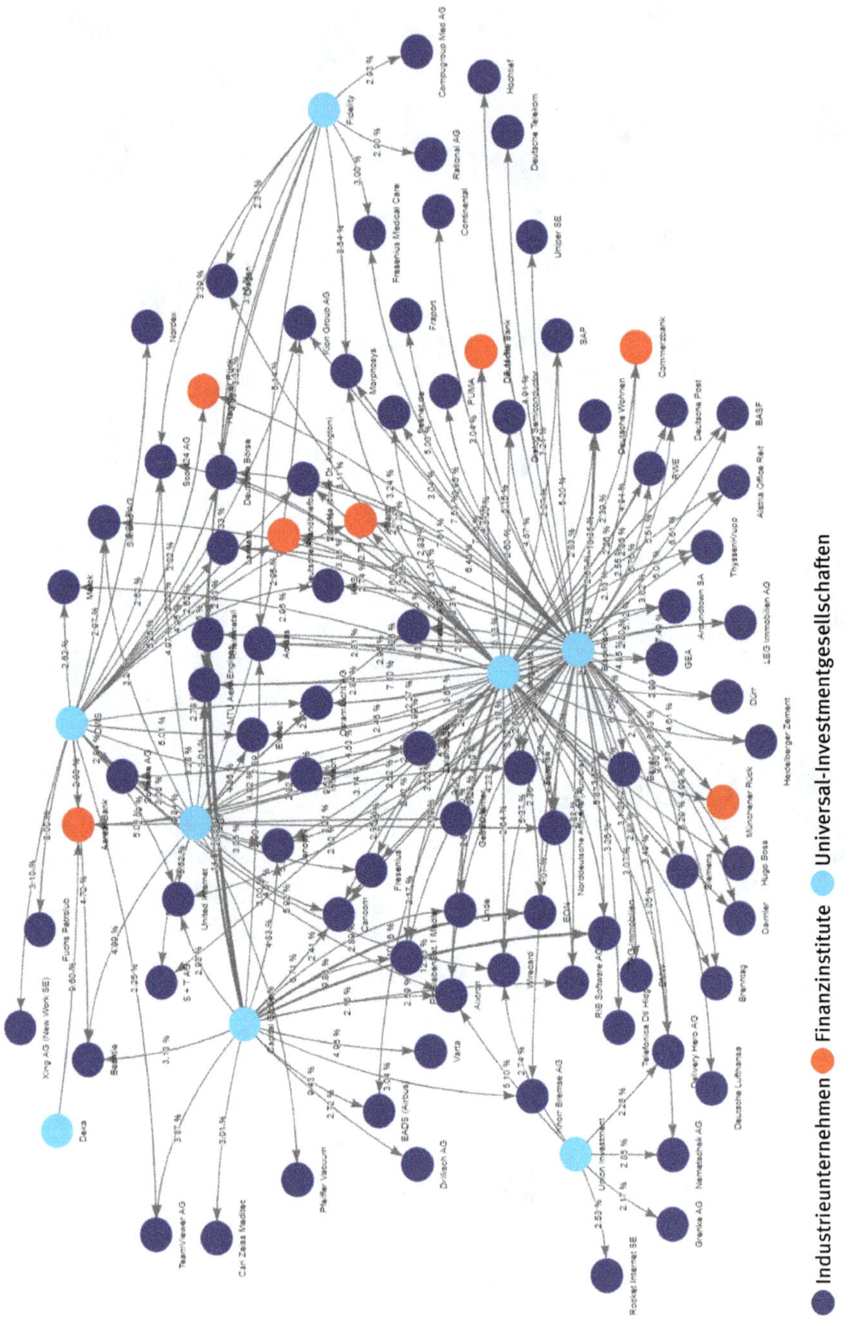

Abbildung 37: Eigenkapitalbeteiligungen ausgewählter Universal-Investmentgesellschaften (2020).

Parallelen zur „Diskussion um die Macht der Banken" aus der Zeit der Deutschland AG aufweist. Ähnlich wie im Falle der Banken wird moniert, dass die Investoren aufgrund ihres breit gestreuten Anteilsbesitz einen Grad der Kontrolle über Teile der Wirtschaft ausüben können, der sie zur Durchsetzung ihrer Interessen über die Interessen Dritter befähigt. Im Vergleich zur Situation in der Deutschland AG wird das als „Common Ownership" (vgl. Seldeslachts et al., 2017, S. 611) bezeichnete Problem durch die noch breiter angelegte Beteiligungsstruktur der internationalen Universal-Investmentgesellschaften weiter verschärft.

Im Kern des Diskurses steht die Befürchtung, dass gemeinsame Eigentümerstrukturen die Anreize für einen aggressiven Wettbewerb zwischen Konkurrenten im gleichen Gütermarkt reduzieren, was beispielsweise aufgrund von sinkenden Forschungsausgaben oder steigenden Preisen dem Verbraucherinteresse entgegensteht (Seldeslachts et al., 2017, S. 613). Insbesondere in den USA, wo die Universal-Investmentgesellschaften ebenfalls ein umfangreiches Beteiligungsnetz verwalten, haben Wirtschaftswissenschaftler und Kartellbehörden die Folgen der Common Ownership im Vergleich zu Europa bereits früh kontrovers diskutiert (Seldeslachts et al., 2017, S. 612), ohne jedoch einen abschließenden Konsens zu erzielen. Zwar deuten Studien zum US-amerikanischen Bankensektor (vgl. Azar et al., 2016) und zur US-amerikanischen Luftfahrtindustrie (vgl. Azar et al., 2018) darauf hin, dass die Wettbewerbsintensität infolge der Common Ownership signifikant reduziert wird, allerdings widersprechen andere Studien den genannten Ergebnissen (vgl. O'Brien & Waehrer, 2017). Folglich liegt aufgrund der deutlich widersprüchlichen Forschungsergebnisse bisher kein klarer wissenschaftlicher Befund bezüglich der Auswirkungen der Common Ownership vor (Monopolkommission, 2018, S. 206 ff.).

In einer Anhörung der Federal Trade Commission (FTC) in den USA im Jahr 2018 kam das Organ zu dem Schluss, dass es aus kartellrechtlicher Sicht nicht erwiesen ist, dass durch Common Ownership Kartellrechtsverstöße begangen werden. Für Deutschland stellte die Monopolkommission fest, dass ein „wettbewerbsverzerrendes Potenzial durch indirekte Horizontalbeteiligungen zwischen Portfoliounternehmen desselben Wirtschaftsbereichs über institutionelle Investoren" (Monopolkommission, 2016, S. 187) besteht. Auch in ihrem Hauptgutachten aus dem Jahr 2018 kommt die Kommission jedoch zu keinem finalen Urteil darüber, ob dieses Potenzial in Deutschland auch ausgenutzt wird. Es wurde aber bereits im Gutachten aus dem Jahr 2016 darauf hingewiesen, dass „das wettbewerbsschädigende Potenzial indirekter horizontaler Verflechtungen [...] durch zusätzliche Faktoren, wie etwa durch eine homogene Interessenlage bei den institutionellen Investoren und eine institutionalisierte Stimmrechtsberatung" (S. 187) verstärkt wird. (Die Tätigkeit der Stimmrechtsberater wird in Kapitel 8 eingehend analysiert.)

Zukünftige Studien werden zeigen müssen, welche Folgen das Phänomen der Common Ownership in Deutschland tatsächlich hat. Für den Moment gilt es hingegen, weitere dringende Fragen zu adressieren: Wer sind die Universal-Investmentgesellschaften? Und was sind ihre Ursprünge? Das folgende Kapitel stellt die wichtigsten nationalen und internationalen Akteure vor und zeigt auf, wie sie zu ihrer zentralen Rolle in den Eigentümerstrukturen vieler deutscher Unternehmen gelangten.

7.2.1.3 Von Allianz Global Investors bis BlackRock

Die Investmentgesellschaften der traditionellen deutschen Finanzinstitute spielen aus heutiger Sicht eine untergeordnete Rolle, da ihr Anteilsbesitz im Rahmen unserer Betrachtung deutlich hinter dem der internationalen Wettbewerber zurückbleibt. Dennoch lohnt sich eine genauere Betrachtung dieser Gesellschaften, nicht nur, weil sie beispielsweise mit der Ausgabe des ersten deutschen Fonds ein Stück Börsengeschichte schrieben, sondern auch, weil sie in unterschiedlicher Ausprägung für die deutschen Finanzinstitute einen ersten Schritt zu einem neuen Geschäftsmodell, fernab des Kreditgeschäfts und der Eigenkapitalbeteiligungen (auf eigene Rechnung) darstellten. Daher werden zunächst diese nationalen Gesellschaften vorgestellt, bevor ihre internationalen Wettbewerber in den Fokus rücken.

ADIG und DIT. Aus historischer Sicht legte die Allgemeine Deutsche Investment-Gesellschaft (ADIG) mit ihrer Gründung im Jahr 1949 den Grundstein für die Verbreitung von Investmentgesellschaften in Deutschland (Raab, 2019, S. 1). Die Gesellschaft gab bereits im Jahr 1950 mit dem „Fondak", dessen Name sich aus den Worten „Fonds" und „Aktien" zusammensetzt, den erste deutsche Aktienfonds aus. Der Fondak investiert noch heute in deutsche Standardwerte, speziell im MDAX und SDAX (ISIN DE0008471012). Die ADIG wurde ursprünglich unter Beteiligung der Commerzbank aufgebaut, existiert jedoch nach einer vorübergehenden Integration in eine Commerzbank Tochtergesellschaft und einen anschließenden Verkauf an Allianz Global Investors heute nicht mehr eigenständig am Markt. Ähnlich erging es auch der zweiten deutschen Investmentgesellschaft. Die Deutsche Investment Trust Gesellschaft für Wertpapieranlagen mbH (DIT), wurde als eine Tochtergesellschaft der Dresdner Bank gegründet und ging nach dem zwischenzeitlichen Verkauf der Dresdner Bank an die Allianz ebenfalls in Allianz Global Investors auf.

Union Investment. Mit der Gründung am 26. Januar 1956 war Union Investment die dritte Investmentgesellschaft in Deutschland (Union Investment, 2020). Während die Gründung von einem Konsortium aus 16 Privat- und Genossenschaftsbanken vollzogen wurde (Union Investment, 2020), hat Union heute nur noch ausschließlich genossenschaftliche Eigentümer (Union Investment, 2019). Bereits drei Monate nach ihrer Gründung legte die Gesellschaft mit dem UniFonds, bestehend aus deutschen Aktien, ihren ersten Fonds auf. Neben Veränderungen im Gesellschaftsgefüge und dem Hinzukommen weiterer Kapitalverwaltungs- und Servicegesellschaften in einer Holdingstruktur unter der Marke Union Investment (vgl. Union Investment, 2020) wurde das Portfolio kontinuierlich erweitert, sodass heute eine Vielzahl verschiedener Aktien- und Aktienmischfonds für Privatanleger sowie entsprechende Spezialfonds und institutionelle Publikumsfonds für professionelle Anleger angeboten werden.

DWS. Wenige Monate nach der Gründung von Union Investment wurde am 22. Mai 1956 auch die Deutsche Gesellschaft für Wertpapiersparen (DWS) von einem großen Konsortium, bei dem die Deutsche Bank mit 30 Prozent den größten Einzelanteil hielt, gegründet (Müller, 2006, S. 12). Von 2004 bis zum Börsengang 2018 war das Unternehmen eine hundertprozentige Tochter der Deutschen Bank. Seit dem Börsengang ist die Aktie der DWS im SDAX gelistet, da der Streubesitz mit nur 25 Prozent für einen Aufstieg in den MDAX zu gering ist.

Deka. Die Deka Investmentgesellschaft wurde am 17. August 1956 unter dem Namen Deka Deutsche Kapitalanlagegesellschaft mbH in Düsseldorf (DekaBank, 2020) als Investmentgesellschaft der öffentlich-rechtlichen Kreditinstitute gegründet. Nachdem noch im gleichen Jahr der erste Investmentfonds aufgelegt wurde (Deka-Fonds, WKN 847450), folgte bereits 1962 der erste internationale Fonds (AriDeka, WKN 847451) mit europäischen Aktien und festverzinslichen Wertpapieren (Beckers, 2018, S. 231ff.). In den Folgejahren wuchs die Deka stetig und bot ihren Kunden bald ein umfassendes Portfolio, das Aktien-, Renten- und Geldmarkt-Publikumsfonds sowie Spezialfonds für institutionelle Anleger umfasste (Deka-Bank, 2020). Das Angebot wurde im Jahr 2008 auch um ETFs ergänzt, die im Zuge der Gründung des Geschäftsfelds Corporates and Markets speziell auf die Bedürfnisse institutioneller Kunden zugeschnitten wurden (DekaBank, 2020).

Allianz Global Investors. Während die deutschen Banken in den 1950er-Jahren säulenübergreifend (d. h. Privatbanken, öffentlich-rechtliche Banken und Genossenschaftsbanken) mit geringem zeitlichen Abstand Investmentgesellschaften gründeten, fand dieser Schritt bei der Allianz erst deutlich später statt. Erst mit dem Erwerb einer Mehrheitsbeteiligung am italienischen Versicherungskonzern Riunione Adriática di Sicurtá (RAS), der eine eigene Asset Management Tochter (RAS Asset Management) unterhielt, expandierte die Allianz im Jahr 1984 erstmalig in dieses Geschäftsfeld (Allianz Global Investors, 2008). Durch den Erwerb einer weiteren Mehrheitsbeteiligung im Jahr 1997, in diesem Fall an der französischen Versicherungsgesellschaft AGF, konnte die Allianz das Asset Management Geschäft durch Hinzunahme des AGF Asset Managements auf europäischer Ebene weiter stärken (Allianz Global Investors, 2008). Erst im Juli 1998 wurde mit der Allianz Global Investors (damals unter dem Namen Allianz Asset Management) die erste eigene Tochtergesellschaft gegründet, die das Portfolio einer Kapitalverwaltungsgesellschaft abdecken konnte. Im Geschäftsbericht 1998 hieß es dazu, dass mit der Gründung ein neues Kerngeschäftsfeld aufgebaut werden sollte, das ein lohnendes Engagement aufgrund von zweistelligen Wachstumsraten und einem großen globalen Marktpotenzial darstellte (Allianz Group, 1999). Bis zum Ende des Geschäftsjahres 1998 wurden von Allianz Global Investors bereits Vermögenswerte von Dritten in Höhe von 23 Milliarden Euro verwaltet (Allianz Global Investors, 2008). Mit der Expansion in den US-amerikanischen Markt durch die Akquisition der Pimco Gruppe im Jahr 2000 wurde das verwaltete Vermögen von Dritten bis zum Ende des Geschäftsjahres 2000 auf 336 Milliarden Euro erhöht (Allianz Global Investors, 2008).

Unter den internationalen Wettbewerbern der deutschen Investmentgesellschaften halten insbesondere BlackRock und Vanguard im Rahmen unserer Stichrobe aufgrund des Ausmaßes ihrer Eigenkapitalbeteiligungen eine Vormachtstellung inne. Aufgrund der weitreichenden Investments geriet der BlackRock-Konzern in den letzten Jahren auch immer wieder in die Schlagzeilen der Wirtschaftspresse, die bezüglich seiner Stellung in Deutschland zu dem Ergebnis kommt: „Waren es früher die Chefs von Deutscher Bank und Allianz, die die Fäden der Deutschland AG in der Hand hielten, hat diese Rolle mittlerweile ein amerikanischer Vermögensverwalter übernommen" (Kaiser, 2015). Aber wer genau ist dieser amerikanische Vermögensverwalter?

BlackRock. BlackRock wurde im Jahr 1988 von einem Team um den noch heute amtierenden Vorstandsvorsitzenden Laurence Fink als interne Finanzmanagementorganisation der Investmentgesellschaft Blackstone gegründet (BlackRock, 2019). Das Unternehmen, das zunächst unter dem Namen Blackstone Financial Management (BFM) firmierte und ein Joint Venture von Blackstone und dem Gründerteam um Fink war (Buchter, 2015, S. 43 f.), wuchs schnell und war bereits im ersten Geschäftsjahr profitabel. Im Jahr 1992, als das Unternehmen bereits 17 Milliarden Dollar an Anlegerkapital verwaltete, wurde BFM in BlackRock umbenannt (BlackRock, 2019). Nachdem es zwischen Blackstone-CEO Stephen Schwarzman und BlackRock Differenzen über die weitere Wachstumsstrategie des Unternehmens gab (Buchter, 2015, S. 45 f.), verkaufte Blackstone seine Anteile an den Finanzdienstleister PNC (BlackRock, 2019).

Neben einem starken organischen Wachstum konnte BlackRock in den Folgejahren durch zahlreiche Akquisitionen die weltweite Marktführerschaft unter den Investmentgesellschaften etablieren. Zu den wichtigsten Transaktionen zählen die Übernahmen von State Street Research and Management (2005), Merrill Lynch Investment Managers (MLIM) (2006) und Barclays Global Investors (BGI) (2009) (BlackRock, 2019). Insbesondere die BGI-Transaktion, bei der das gesamte Fondsgeschäft der Großbank Barclays übernommen wurde, war ein wichtiger Meilenstein für BlackRock, da das verwaltete Fondsvolumen verdoppelt wurde und BlackRock so von Platz drei der weltgrößten Vermögensverwalter auf Platz eins vorrücken konnte. Starken Einfluss darauf hatte das BGI-Geschäftsfeld iShares, in dem der zum damaligen Zeitpunkt führenden Anbieter von börsengehandelten Indexfonds mit einer weitreichenden Expertise im passiven Fondsmanagement verortet war (von Gaertringen & Paul, 2009). Der BlackRock-Konzern integrierte iShares in sein Portfolio und konnte damit seither ein starkes Wachstum erzielen (von Gaertringen & Paul, 2009). Nach den Transaktionen war BlackRock in drei strategischen Geschäftsfeldern tätig, (i) dem aktiven Management und der Verwaltung klassischer Investmentfondslösungen, (ii) dem passiven Wertpapiermanagement mit ETFs unter der Marke iShares und (iii) Consulting und IT-Lösungen für das Risikomanagement mit dem System Aladdin (Bacher & Deschenhalm, 2015, S. 37).

In Deutschland ist BlackRock seit dem Ende der Deutschland AG zu einem der größten Einzelaktionäre von deutschen börsennotierten Unternehmen herangewachsen, wobei die von ihm gehaltenen Eigenkapitalbeteiligungen zum Großteil das Resultat von physisch replizierenden ETFs sind (Gries, 2019). Über zwischengeschaltete Private-Equity-Gesellschaften ist BlackRock darüber hinaus auch an vielen mittelständischen nicht börsennotierten Unternehmen beteiligt (Bacher & Deschenhalm, 2015, S. 37). Spätestens seitdem BlackRock zum weltgrößten Vermögensverwalter aufgestiegen ist, wird auch die Kritik an dem Unternehmen lauter. Ausgangspunkt dafür ist die Machtkonzentration, die das Unternehmen aufgrund seiner globalen Investitionen und umfassender Beratungsdienstleistungen für private und staatliche Institutionen (wie beispielsweise Zentralbanken) etabliert hat. Abbildung 38 zeigt die rasante Entwicklung des weltweit von BlackRock verwalteten Anlagevermögens im Zeitraum von 1995 bis 2020.

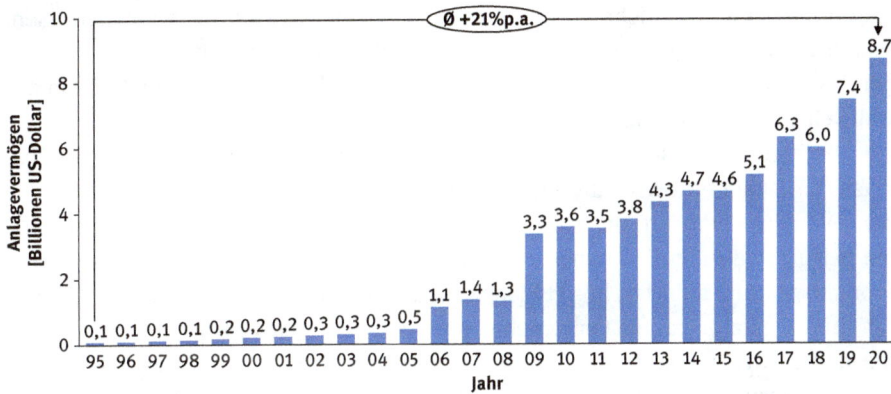

Abbildung 38: Global verwaltetes Anlagevermögen BlackRock.
Hinweis: 2009 erfolgte die Übernahme von Barclays Global Investors.
Quelle: SEC 10-K Filings.

Vanguard. Neben BlackRock ist Vanguard im Jahr 2020 mit Eigenkapitalbeteiligungen an 58 Prozent der Stichprobenunternehmen die zweitgrößte internationale Investmentgesellschaft im Rahmen der Analyse. Die Relevanz des Unternehmens im Kontext unserer Betrachtung fußt jedoch nicht ausschließlich auf seinem Anteilsbesitz in Deutschland, sondern auch auf der Erfindung des Indexfonds, die auf den Gründer von Vanguard, John Clifton Bogle, zurückzuführen ist („The Economist", 2019).

Ausgangspunkt für Bogles Innovation war die bereits während seiner Studienzeit an der Princeton University aufgestellte These, dass es den meisten aktiv verwalteten Fonds nicht gelänge, einen höheren Wertzuwachs als relevante Vergleichsindizes zu erwirtschaften. Selbst in dem Fall, dass eine gute Auswahl an Wertpapieren getroffen wurde, würden die hohen Kosten des Managements den Ertrag für die Anleger doch wieder unter den Vergleichswert drücken (Armbruster, 2016). Im Jahr 1975 gründete Bogle Vanguard (Vanguard, 2020a) und legte am 31. August 1976 mit dem First Index Investment Trust (heute geführt unter dem Namen Vanguard 500) den weltweit ersten Aktienindexfonds auf (Culloton, 2011), dem der S&P 500 Index als Grundlage diente. Trotz einiger Startschwierigkeiten und scharfer Kritik aus der Finanzbranche (Sommer, 2012), etablierte sich die Idee der Indexfonds, sodass heute zahlreiche Eigenkapitalbeteiligungen von Investmentgesellschaften auf Bogles Idee zurückzuführen sind.

Während die Indexfonds von anderen Wettbewerbern zu ETFs, die an der Börse gehandelt werden konnten, weiterentwickelt wurden, war Bogle ein erklärter Gegner von ETFs, da er fürchtete, dass sie Kleinanleger zur übermäßigen Spekulation verleiten würden (Sommer, 2012). Daher nahm Vanguard erst vergleichsweise spät im Jahr 1999 ETFs in das Leistungsportfolio auf, als Bogle altersbedingt aus der Unternehmensführung ausgeschieden war (Sommer, 2012). Besonderen Wert legte er immer auf möglichst niedrige Kosten für die Anleger (Sommer, 2012), weshalb das Unternehmen selbst nicht an der Börse notiert ist, sondern in einer genossenschaftsähnlichen Eigentümerstruktur im Besitz der Anleger der in den USA ansässigen Vanguard Fonds und ETFs ist (Vanguard, 2020b). 2021 verwaltet Vanguard weltweit ein Vermögen von rund 6,2 Billionen US-Dollar (Vanguard, 2020a).

Mit ihrem Leistungsangebot und ihrer Rolle als Kapitalsammelstellen haben Universal-Investmentgesellschaften wie BlackRock und Vanguard ein Geschäftsmodell der Geldanlage etabliert, das viele Parallelen zu plattformbasierten Geschäftsmodellen beispielsweise im E-Commerce aufweist. Ähnlich wie es Amazon für ein breites Produktspektrum anbietet, bringt BlackRock als Intermediär Kapitalangebot (Investoren) und Kapitalnachfrage (Unternehmen) zusammen. Analog zum E-Commerce treten dabei zwei wichtige Effekte auf, die das Geschäftsmodell prägen. Einerseits profitieren sowohl die Angebots- als auch die Nachfrageseite von niedrigen Transaktionskosten. Unternehmen sind nicht zwingend darauf angewiesen, bei unzähligen privaten und institutionellen Kleininvestoren um Kapital zu werben, sondern können die Investmentgesellschaften ins Zentrum ihrer Investor-Relations-Tätigkeiten rücken. Die Investoren profitieren dagegen von einem umfassenden Angebot an Produkten und können dabei kostengünstig breit diversifizierte Fonds erwerben, deren individuelle Zusammenstellung ein Vielfaches der Kosten verursachen würde. Hinzu kommt andererseits der Plattformeffekt (auch genannt Netzwerkeffekt), wonach die Attraktivität einer Plattform selbstverstärkend zunimmt, wenn die Anzahl der Parteien auf Angebots- und Nachfrageseite steigt. Dies lässt sich auch an den steigenden Anlagevolumina von BlackRock und Vanguard sowie an dem Stellenwert, den Unternehmen den Gesellschaften beispielsweise bei Investoren Roadshows zurechnen, ablesen. BlackRock und ähnliche Unternehmen können also durchaus mit Amazon verglichen werden. Anders als im Falle der Universal-Investmentgesellschaften lässt sich der Plattformgedanke jedoch nicht auf das Leistungsangebot der Spezial-Investmentgesellschaften übertragen. Die Hintergründe sowie eine Analyse der Spezial-Investmentgesellschaften folgen im nächsten Kapitel.

7.2.2 Spezial-Investmentgesellschaften

7.2.2.1 Geschäftsmodelle der Private-Equity-Gesellschaften und Hedgefonds

Die Fonds der Spezial-Investmentgesellschaften fallen gemäß der Klassifizierung der EU-Kommission in die Kategorie der AIF und werden im Rahmen unserer Betrachtung zumeist von Private-Equity-Gesellschaften (PEs) oder Hedgefonds aufgelegt. Für PEs und Hedgefonds gilt gleichermaßen, dass sich ihr Leistungsangebot aufgrund hoher Mindesteinlagen oder gesetzlicher Einschränkungen primär an institutionelle Anleger richtet und dass die Auswahl der Beteiligungsunternehmen sehr selektiv stattfindet. Daher ist ein Plattformgedanke nicht auf die Geschäftsmodelle der Spezial-Investmentgesellschaften anwendbar. Wie genau die Geschäftsmodelle funktionieren, und wie sich die PEs von Hedgefonds unterscheiden, wird im Folgenden beschrieben.

Private-Equity-Gesellschaften (PEs). Obwohl es bei PEs im Gegensatz zu den Hedgefonds keine gesetzlichen Einschränkungen gibt, wer in die Fonds investieren darf, bestehen in der Regel hohe Mindestanlagesummen, die dazu führen, dass der Großteil der investierten Mittel auf Versicherungen, Pensionskassen, Kreditinstitute oder Dachfonds (die ihr Kapital auf verschiedene Fonds verteilen) zurückzuführen ist. Bevor PEs eine Eigenkapitalbeteiligung an einem Unternehmen eingehen, führen sie eine umfassende Due Diligence durch, bei der Investitionshypothesen und konkrete Hebel zur Verbesserung des Unternehmenswertes identifiziert werden. Fällt die Entscheidung für ein Investment, so versuchen die PEs durch eine Kombination von finanzieller und managementbezogener Unterstützung eine Wertsteigerung des Beteiligungsunternehmens zu erreichen (Zölls & Brink, 2009, S. 280). Um ein möglichst hohes Maß an Einfluss auf die Beteiligungsunternehmen ausüben zu können, streben PE-Fonds in der Regel Mehrheits- oder hohe Minderheitsbeteiligungen an.

Die Vergütung des Fondsmanagements basiert auf einer erfolgsabhängigen Prämie, die in der Regel bei ca. 20 Prozent des erzielten Gewinns eines Fonds liegt (Zölls & Brink, 2009, S. 280). Darüber hinaus halten die Investmentgesellschaften selbst zumeist einen einstelligen Anteil am Fonds (Zölls & Brink, 2009, S. 280), um zusätzlich vom Gewinn zu profitieren und gleichzeitig durch die Beteiligung am Verlustrisiko ein vertrauensförderndes Signal an die Anleger zu senden. Um die Rendite zu steigern, übertragen PE-Fonds die Kredite, die sie zur Finanzierung der Beteiligung aufgenommen haben, bei entsprechenden Rahmenbedingungen oftmals auf das akquirierte Unternehmen („debt push down"). Folglich ist es üblich, dass der Verschuldungsgrad eines Unternehmens nach dem Einstieg eines PE-Fonds deutlich ansteigt. Während der Fokus der PEs traditionell auf Beteiligungen an nicht börsennotierten Unternehmen lag, kommt es mittlerweile auch zu Beteiligungen an börsennotierten Unternehmen (ggf. in Verbindung mit einem anschließenden Delisting).

Obwohl angesichts absehbarer Eigenkapitallücken deutscher Unternehmen erste PE-Gesellschaften in Deutschland bereits in den 1960er- und 1970er-Jahren gegründet wurden, erschwerte fehlende Branchenerfahrung die Tätigkeit der frühen PEs (Frommann & Dahmann, 2005, S. 12). Ein wichtiger Meilenstein für die Etablierung von PEs war die Gründung der Deutschen Wagnisfinanzierungs-Gesellschaft mbH (WFG) durch 27 deutsche Kreditinstitute (Frommann & Dahmann, 2005, S. 12), wobei die WFG durch ihren Fokus auf Early Stage Venture Capital ein Segment bediente, das für die Betrachtung der Eigenkapitalstrukturen der börsennotierten Unternehmen irrelevant ist. Andere deutsche Gesellschaften, wie beispielsweise die Deutsche Beteiligungs AG, hielten Anfang der 1990er-Jahre noch Anteile an größeren Unternehmen, legten aber in der Folge (auch aufgrund ihrer vergleichsweise kleinen Fondsvolumina) ihren Fokus auf kleinere Unternehmen (vgl. Schäfer, 2010, S. 157 f.).

Erstmals im Fokus der Öffentlichkeit standen Private-Equity-Gesellschaften in Deutschland im April 2005, als sie der damalige SPD-Vorsitzende Franz Müntefering als „Heuschreckenschwärme" bezeichnete („Die Welt", 2009). (Obwohl von vielen Autoren abweichend berichtet, bezog sich Müntefering in seiner ursprünglichen Äußerung ausschließlich auf PE-Gesellschaften und nicht auf Hedgefonds.) Im Kern der darauf folgenden „Heuschreckendebatte" stand Münteferings Vorwurf, dass PEs ausschließlich das Ziel kurzfristiger Gewinnmaximierung verfolgten und dabei die Substanz der Unternehmen, an denen sie sich beteiligten, nachhaltig schädigten (Dowideit, 2005). Auslöser für seine Kritik war die Übernahme des deutschen Armaturenherstellers Grohe durch PEs im Jahr 2004, bei der weitreichende Restrukturierungsmaßnahmen sowie die Übertragung von Fremdkapitalverbindlichkeiten durchgeführt wurden. Aufgrund der kontroversen öffentlichen Diskussion nahm auch der Sachverständigenrat zur Begutachtung der gesamtwirtschaftlichen Entwicklung in seinem Jahresgutachten 2005/2006 Stellung zur Heuschreckendebatte (vgl. Sachverständigenrat zur Begutachtung der gesamtwirtschaftlichen Entwicklung, 2005) und äußerte sich dabei wie folgt:

> Im Vordergrund der Debatte in diesem Jahr standen die Risiken für Unternehmen, über die kurzfristig orientierte Finanzinvestoren – Heuschrecken gleich – herfielen, sie abgrasten und dann weiterzögen. Diese einfache Argumentationslinie ist ökonomisch nicht begründet, da sie unterstellt, dass Investoren systematisch den Wert des Unternehmens zerstören, ihre Beteiligung dann aber gleichwohl mit Gewinn veräußern können.
> (Sachverständigenrat zur Begutachtung der gesamtwirtschaftlichen Entwicklung, 2005, S. 35).

Dennoch zeigt auch der Fall des deutschen Modeunternehmens Hugo Boss, das Ende der 2000er-Jahre im Besitz der britischen Private-Equity-Gesellschaft Permira war, dass die PEs die Profitabilität eines Investments nicht nur durch einen höheren Wiederverkaufswert, sondern auch durch zusätzliche Zahlungsströme während der Halteperiode gewährleisteten.

Fallstudie Hugo Boss, ab 2007

Mitte der 2000er-Jahre befand sich das deutsche Modeunternehmen Hugo Boss, das bereits seit 1985 an der Börse geführt wurde, mehrheitlich im Besitz der Valentino Fashion Group

(50,9 Prozent am Aktienkapital der Hugo Boss AG, darunter 78,8 Prozent der Stamm-, sowie 22 Prozent der Vorzugsaktien; Hugo Boss AG, 2006, S. 28), einer Tochtergesellschaft der italienischen Unternehmensgruppe Gaetano Marzotto & Figli S.p. A. (Hugo Boss AG, 2006, S. 28).

Nachdem die britische Private-Equity-Gesellschaft Permira im Sommer 2007 zunächst die Valentino Fashion Group für rund 2,6 Milliarden Euro erwarb (Reuters, 2007) und so auch die Kapitalbeteiligung an Hugo Boss übernahm, wurde ein Übernahmeangebot für die restlichen, im Streubesitz befindlichen Hugo-Boss-Aktien abgegeben (Schlautmann, 2007). Infolgedessen hielt Permira zum Ende des Geschäftsjahres 2007 rund 72 Prozent des gesamten Aktienkapitals an Hugo Boss (Hugo Boss AG, 2008b, S. 11). Im Oktober 2007 wurden daraufhin vier Vertreter von Permira in den Aufsichtsrat der Hugo Boss AG gewählt (Hugo Boss AG, 2008b, S. 16).

Anfang 2008 geriet das Unternehmen wiederholt in die Schlagzeilen der Wirtschaftspresse, einerseits weil der Vorstandsvorsitzende Bruno Sälzer aufgrund „unterschiedlicher Auffassungen über die weitere Geschäftspolitik des Unternehmens" (Hugo Boss AG, 2008a) zurücktrat und andererseits wegen Permiras Forderung nach einer hohen Sonderdividende, die auf starken Widerstand der Arbeitnehmervertreter im Aufsichtsrat stieß (Preuß, 2008).

Bis zum Jahr 2012 wurden die Anteile an Hugo Boss von der Valentino Fashion Group auf ein anderes Investmentvehikel von Permira übertragen, sodass Valentino im Juli 2012 an Investoren aus Katar veräußert werden konnte, während die Boss-Anteile zunächst bei Permira verblieben (David & Porter, 2015). Bereits ab 2011 begann Permira dann jedoch damit, seine Anteile in limitierten Paketen zu veräußern („Frankfurter Allgemeine Zeitung", 2015). Anfang Februar 2015 war die von Permira gehaltene Beteiligung durch eine Platzierung und einen Direktverkauf unter die Sperrminorität von 25 Prozent gesunken, bevor kurz darauf schließlich auch die verbliebenen Anteile an institutionelle Investoren veräußert wurden („Frankfurter Allgemeine Zeitung", 2015).

Der Fall von Hugo Boss beschreibt anhand der geforderten Sonderdividende eine weitere Möglichkeit, die Profitabilität einer Transaktion zu steigern, die alternativ oder zusätzlich zu der von Müntefering kritisierten Übertragung von Fremdkapitalverbindlichkeiten von PEs eingesetzt werden kann. Darüber hinaus verdeutlicht der Fall die unter PEs verbreitete Praxis, eigene Vertreter in den Aufsichtsrat der Beteiligungsunternehmen zu entsenden, um den Vorstand kontrollieren zu können.

Eine weitere zentrale Strategie der Private-Equity-Gesellschaften zur Steigerung des Unternehmenswertes ist die sogenannte „Buy-and-Build" Strategie. Dabei werden durch mehrere Einzeltransaktionen vormals eigenständige Unternehmen zusammengeführt, die nach dem Kalkül der PEs gemeinsam für ein Premium veräußert werden können. In Deutschland zeigt das Medienunternehmen ProSiebenSat.1 ein anschauliches Beispiel für die Umsetzung dieser Strategie.

Fallstudie ProSiebenSat.1, ab 2006

Die ProSieben Television GmbH, Vorgänger der heutigen ProSiebenSat.1 Media SE, wurde im Jahr 1995 in eine Aktiengesellschaft umgewandelt (ProSiebenSat.1 Media SE, 2020), an der der Medienkonzern Kirch mit 58,4 Prozent und die Rewe-Beteiligungs-Holding mit 41,6 Prozent beteiligt waren (ProSieben Media AG, 2000, S. 2). Am 7. Juli 1997 erfolgte der Gang an die Frankfurter Wertpapierbörse, wobei die Emission 50-fach überzeichnet war (ProSiebenSat.1 Media SE, 2020).

Nachdem eine geplante Fusion mit der Kirch-Media aufgrund der Insolvenz der Kirch-Gruppe nicht zustande kam, wurde das ProSieben Aktienpaket, auf das zum Zeitpunkt der Insolvenz

rund 72 Prozent der Stimmrechte entfielen, im Jahr 2003 durch einen eingesetzten Gläubiger-
ausschuss an einen Investorenkreis um den US-amerikanischen Medienunternehmer Haim
Saban veräußert („Die Welt", 2003). Zum Investorenkreis von Saban gehörten dabei mit Alpine
Equity Partners, Bain Capital Investors, Hellman & Friedman, Providence Equity Partners, Put-
nam Investments, Quadrangle Group und Thomas H. Lee Partners einige der weltweit führenden PE-Gesellschaften (ProSieben Media AG, 2004, S. 28 f.).

Nach einer Haltedauer von rund drei Jahren veräußerte Saban seine Mehrheitsbeteiligung im
Dezember 2006 an die Lavena Holding, die zu gleichen Teilen den PE-Gesellschaften Kohlberg
Kravis Roberts & Co. (KKR) und Permira gehörte (ProSiebenSat.1 Media AG, 2007, S. 7). Die PE-
Gesellschaften waren dabei ein sehr attraktiver Käufer, da sie bereits im Oktober 2005 zusam-
men mit einem weiteren Minderheitsgesellschafter (der niederländischen Telegraaf Media Groep)
die Sendergruppe SBS Broadcasting Group übernommen hatten (APA-OTS, 2005; Majunke, 2008,
S. 407) und vor dem Hintergrund einer „Buy-and-Build"-Strategie bereit waren, einen hohen
Preis zu zahlen. So sollte durch die Akquisition der SBS Broadcasting Group, die über TV-Sender,
Radiostationen und Zeitschriften in 14 Ländern verfügte, ein großer paneuropäischen Medienkonzern entstehen (Riering, 2006). In Folge der Übernahme entsandten beide PEs mehrere Vertreter
in den Aufsichtsrat der ProSiebenSat.1 Media (vgl. ProSiebenSat.1 Media AG, 2007).

Im Juni 2007 wurde dann die Übernahme der SBS Broadcasting Group durch die ProSiebenSat.1
Media vollzogen, bei der ProSieben das Akquisitionsziel von den eigenen Großaktionären (und
dem Minderheitsaktionär Telegraaf Media Groep) zu einem Kaufpreis von rund 3,3 Milliarden Euro
erwarb (Majunke, 2008, S. 407). Im Rahmen der Transaktion trat Telegraaf Media von einem Vor-
kaufsrecht bei der SBS Broadcasting Group zurück und erhielt im Gegenzug eine Option über
rund 12 Prozent der Anteile an ProSieben von KKR und Permira (Mantel, 2007).

In der Folge wurde das Portfolio von ProSieben durch einige Zu- und Verkäufe wiederholt weiterentwickelt. Zwei wichtige Transaktionen waren der Verkauf der Aktivitäten von ProSiebenSat.1
in den Niederlanden und Belgien im Jahr 2011, bei der „das Multiple des Gesamt-Konzerns"
deutlich übertroffen wurde (Krei, 2011) und der Verkauf der Aktivitäten in Skandinavien im Jahr
2013 („Manager Magazin", 2013). Während der Verkauf im Jahr 2011 insbesondere dazu diente,
die hohen Netto-Finanzschulden durch den Erlös von 1,225 Milliarden Euro zu reduzieren (Krei,
2011), wurde die zweite Transaktion zur Finanzierung einer Dividende für die PE-Fonds genutzt
(„Manager Magazin", 2013).

Anfang 2013 veräußerten die PE-Fonds dann zunächst ihren gesamten Bestand an Vorzugsaktien für rund 485 Millionen Euro an institutionelle Investoren („Manager Magazin", 2013),
bevor auf der Hauptversammlung im Juli 2013 ein weiterer Schritt getroffen wurde, um den
Ausstieg der PE-Fonds vorzubereiten. Dabei wurden die Vorzugsaktien, die im Gegensatz zu
den Stammaktien an der Börse gehandelt wurden, in Stammaktien umgewandelt, sodass
fortan nur noch an der Börse gehandelte Stammaktien existierten („Tagesspiegel", 2013). Anschließend veräußerten die PEs bei einem „Ausstieg über die Börse" ihre verbleibenden Aktien-
pakete in mehreren Tranchen bis zum Januar 2014, wobei das Management der ProSiebenSat.1
vertragsgemäß eine Ausstiegsprämie erhielt („Der Spiegel", 2014).

Im vorliegenden Fall gelang es mit den Investoren um den Medienunternehmer
Haim Saban und den Eigentümern des Vehikels Lavena Holding (KKR und Per-
mira), also gleich zwei PE-Eigentümergenerationen, einen Profit zu erwirtschaften.
Anders als die traditionellen Eigentümer zur Zeit der Deutschland AG und als die
Universal-Investmentgesellschaften sind die PEs also keine per se langfristig orien-
tierten Eigentümer, da das Ende ihrer Beteiligung maßgeblich durch die Aussicht

auf gute Veräußerungsbedingungen bestimmt wird. Ähnliches gilt auch für die Hedgefonds, deren Geschäftsmodell sich ansonsten jedoch in vielerlei Hinsicht von dem der Private-Equity-Gesellschaften unterscheidet.

Hedgefonds. Hedgefonds investieren nahezu ausschließlich in Minderheitsbeteiligungen an börsennotierten Unternehmen (Sachverständigenrat zur Begutachtung der gesamtwirtschaftlichen Entwicklung, 2005, S. 464) und profitieren von umfassenden rechtlichen Freiheiten (vgl. Sachverständigenrat zur Begutachtung der gesamtwirtschaftlichen Entwicklung, 2005, S. 464; Zölls & Brink, 2009, S. 282 ff.), die es ihnen ermöglichen, bei ihren Transaktionen in großem Umfang auf derivative Finanzinstrumente, Leerverkäufe und hohe Fremdkapitalquoten („Leverage") zurückzugreifen. So können Hedgefonds durch Leerverkäufe auch von fallenden Kursen profitieren, was den Kern der Idee des ersten Hedgefonds-Gründers Alfred W. Jones widerspiegelt (Hornberg, 2006, S. 9). Da diese Facette der Geschäftstätigkeit allerdings aufgrund der fehlenden Übertragung von Vermögens- und Herrschaftsrechten an den Fonds keinen direkten Einfluss auf die Eigentümerstrukturen der börsennotierten Unternehmen ausübt, werden die sogenannten Short-Strategien an dieser Stelle nicht näher erläutert.

Weitere Besonderheiten der Hedgefonds sind (i) die Gebührenstruktur, die in der Regel neben einer laufenden Verwaltungsgebühr eine variable ergebnisabhängige Gebühr vorsieht, (ii) die hohe Beteiligung des Fondsmanagers am Fonds, die aus dem eigenen Vermögen finanziert wird, sowie (iii) eine Renditegarantie, die den Anlegern in der Regel unabhängig von der zukünftigen Marktentwicklung gewährt wird (vgl. Sachverständigenrat zur Begutachtung der gesamtwirtschaftlichen Entwicklung, 2005, S. 464 ff.). Zudem werden Hedgefonds in Tradition des Gründers oftmals in der Rechtsform der Partnership aufgesetzt, da die Wahl einer Personengesellschaft kein öffentliches Angebot an Investoren darstellt und folglich auch auf regulierten Märkten nur von wenigen gesetzlichen Vorgaben betroffen ist (vgl. Zölls & Brink, 2009, S. 283).

Während Hedgefonds auf internationaler Ebene aufsehenerregende (und teils verlustreiche) Transaktionen abwickelten (wie bspw. durch den von George Soros geleiteten Quantum Fund oder den Long Term Capital Management Fonds, bei dem die Nobelpreisträger Myrton Scholes und Robert Merton zum Partnerkreis zählten vgl. Hornberg, 2006, S. 8 ff.) waren sie in Deutschland bis zum Inkrafttreten des Investment-Modernisierungsgesetz im Jahr 2004 (vgl. Teil III) gänzlich verboten (Sachverständigenrat zur Begutachtung der gesamtwirtschaftlichen Entwicklung, 2005, S. 465). Daher kam es erst nach der Liberalisierung Anfang der 2000er-Jahre zur ersten Gründung eines deutschen Hedgefonds durch die unabhängige Gesellschaft Lupus Alpha (Schäfer, 2004, S. 467).

Das Vorgehen der Hedgefonds bei ihren Investments ist in Deutschland beispielsweise durch die Fälle der Deutschen Börse und des Arzneimittelherstellers Stada gut dokumentiert. Zwei Besonderheiten dieser Investoren, die sich auch in diesen beiden Fällen wiederfinden, sind eine gezielte Auswahl der Beteiligungsunternehmen und das häufig erfolgende gleichzeitige Auftreten mehrerer Hedgefonds in kritischen Unternehmenssituationen.

Viele Hedgefonds wählen ihre Beteiligungsunternehmen danach aus, wo sie eine Unterbewertung eines Unternehmens, unzureichende Corporate-Governance-Mechanismen oder wertmindernde Unternehmensentscheidungen ausmachen. Sobald ein Hedgefonds dann eine Beteiligung bei einem entsprechenden Unternehmen aufgebaut hat und in der Regel öffentlich Gegenmaßnahmen zu den identifizierten Schwächen fordert, können weitere Hedgefonds hinzukommen und ebenfalls eigene Eigenkapitalpositionen in dem betroffenen Unternehmen aufbauen. Wie der Fall der Deutschen Börse verdeutlicht, kann die Koordination zwischen den Hedgefonds dabei sowohl über eine direkte Absprache erfolgen (was als „acting in concert" bezeichnet wird und eine Meldung nach § 26 WpHG erfordert), als auch durch die einfache Beobachtung und entsprechende reziproke Handlungen entstehen, ohne dass eine direkte (meldungspflichtige) Kommunikation stattgefunden hat.

Fallstudie Deutsche Börse, ab 2004

Die Deutsche Börse AG entstand 1992 aus der Frankfurter Wertpapierbörse AG und ist neben ihren Kerngeschäftstätigkeiten im Bereich des Betriebs und der Entwicklung von Handelsplattformen auch Träger der öffentlich-rechtlichen Frankfurter Wertpapierbörse (FWB), die zuvor unter der Trägerschaft der IHK Frankfurt am Main stand (Gruppe Deutsche Börse, 2020).

Nachdem ihre Aktie nach dem Börsengang Anfang 2001 (Deutsche Börse Group, 2003, S. 33) zunächst im MDAX geführt wurde, erfolgte Ende 2002 der Aufstieg in den DAX („Frankfurter Allgemeine Zeitung", 2002b). Mit dem Börsengang veränderte sich auch die Eigentümerstruktur des Unternehmens, da sich die Banken und Makler (gleichzeitig auch Kunden der Börse), die zuvor alle Anteile gehalten hatten, nahezu vollständig zurückzogen und ihre Beteiligungen bis zum Geschäftsjahr 2003 auf rund 3 Prozent reduzierten.

Im Oktober 2004 kamen erstmals Gerüchte auf, dass die Deutsche Börse nach der im Jahr 2000 gescheiterten Fusion mit der Londoner Börse einen zweiten Übernahmeversuch unternehmen wolle (Labuhn & Braun, 2000). Im gleichen Monat übernahm der britische Hedgefonds The Children's Investment Fund (TCI) erstmals eine Eigenkapitalbeteiligung an der Deutsche Börse AG in Höhe von rund 1 Prozent und baute den Anteil bis zum Ende des Jahres auf etwa 1,8 Prozent aus (Seifert & Voth, 2006, S. 26). Im Dezember 2004 folgte dann die öffentliche Absichtserklärung der Deutschen Börse, ein Kaufangebot für die Londoner Börse (LSE) abgeben zu wollen (Treanor & Hume, 2004). Anfang 2005, als TCI seine Beteiligung bereits auf 7,5 Prozent ausgebaut hatte (von Heusinger, 2005), machte der Hedgefonds deutlich, dass er den Übernahmeplänen kritisch gegenüberstand („Die Zeit", 2005). Zu diesem Zeitpunkt hatte mit der US-amerikanischen Gesellschaft Atticus Capital ein zweiter Hedgefonds eine größere Eigenkapitalbeteiligung aufgebaut (in Höhe von rund 5 Prozent des stimmberechtigten Eigenkapitals), der den Kurs von TCI unterstützte (von Heusinger, 2005).

Auf Druck der Hedgefonds musste der Vorstand der Deutschen Börse im März 2005 das Ende der Übernahmepläne bekannt geben („The Economist", 2005), woraufhin die deutsche Wirtschaftspresse kommentierte, dass sich Anteilseigner in Deutschland noch nie „so massiv in die Unternehmensstrategie eingemischt" (von Heusinger, 2005) hätten. Allerdings waren die Anteilseigner mit dem Rückzug der Übernahmepläne noch nicht zufrieden, sondern forderten weitreichende Änderungen in der Corporate Governance des Unternehmens („The Economist", 2005). Seitens TCI wurde daher für die im Mai 2005 geplante Jahreshauptversammlung ein

Aktionärsantrag eingereicht, nachdem der Vorsitzende des Aufsichtsrats, Rolf-Ernst Breuer (zeit-gleich Vorsitzender des Aufsichtsrats der Deutschen Bank), abgelöst und der Aufsichtsrat nicht entlastet werden sollte ("The Economist", 2005).

Im Vorfeld der Jahreshauptversammlung sicherten sich neben TCI und Atticus mit der Capital Group, Lone Pine Capital und Harris Associates weitere gleichgesinnte Investoren größere Anteile an der Deutschen Börse ("Die Zeit", 2005). Somit stieg der Druck auf den Vorstandsvorsitzenden Werner Seifert, der trotz Zugeständnissen an die Aktionäre in Form eines Aktienrückkaufpro-gramms ("Manager Magazin", 2005) schließlich im Mai 2005 seinen Rücktritt erklären musste ("Die Zeit", 2005). Der Aufsichtsratsvorsitzende Rolf-Ernst Breuer erklärte ebenfalls, dass er bis zum Jahresende 2005 sein Mandat niederlegen wolle ("Die Zeit", 2005). TCI und Atticus erhöhten ihre Beteiligungen an der Deutschen Börse in der Folge weiter und teilten ihr im Geschäftsjahr 2008 mit, dass sie die Meldeschwellen von 10 und 15 Prozent überschritten, da die Gesellschaften eine „Acting-in-concert"-Vereinbarung abgeschlossen hätten, nach der „das Verhalten in Bezug auf die Beteiligung an der Deutschen Börse AG abgestimmt werden könne" (Deutsche Börse Group, 2009, S. 81). Im Geschäftsjahr 2009 reduzierten beide Hedgefonds schließlich ihre jeweili-gen Anteile unter die Meldeschwelle von 3 Prozent (Deutsche Börse Group, 2010, S. 76).

In seinem 2006 veröffentlichten Buch zeigte sich der ehemalige Vorstandsvorsit-zende der Deutschen Börse, Werner Seifert, rückblickend verwundert über die schnelle Veränderung der Eigentümerstruktur seines Unternehmens. Er beklagte im Zuge dessen, dass sich trotz der vom Unternehmen ausgegebenen Namensaktien viele Aktionäre hinter Custodians, also Treuhändern wie beispielsweise Depotban-ken, versteckt hätten, oder ihre Anteile im freien Meldebestand beließen, sodass die Deutsche Börse „offiziell nie mehr als zehn bis zwanzig Prozent" (Seifert & Voth, 2006, S. 25) der Aktionäre namentlich kannte. Auch darin liegt ein großer Un-terschied gegenüber der Zeit der Deutschland AG, als sich Unternehmen und Akti-onäre mit größeren Anteilen unabhängig von der Art der ausgegebenen Aktien kannten und im Rahmen des Insider-Systems oftmals enge Kontakte pflegten. Zu-sätzlich zeigt die Fallstudie der Deutschen Börse jedoch auch, dass die Hedgefonds im Gegensatz zu den traditionellen Eigentümern nicht ausschließlich über einen di-rekten Austausch mit den Unternehmensvertretern Einfluss ausübten, sondern be-vorzugt auch öffentlich Druck auf Unternehmensvertreter aufbauten, um ihre Ziele zu erreichen. Dieses Vorgehen, das als Aktionärsaktivismus bezeichnet wird, stellte nach dem Ende der Deutschland AG eine gänzlich neue Facette des Corporate-Governance-Systems dar (siehe Kapitel 8). Welche weitreichenden Implikationen der Aktionärsaktivismus von Hedgefonds dabei auf Unternehmen in Deutschland haben kann, verdeutlicht auch das folgende Fallbeispiel von Stada.

Fallstudie Stada, ab 2016

Stada wurde 1895 als Genossenschaft der Apotheker gegründet und 1970 in eine Aktiengesell-schaft mit vinkulierten Namensaktien, die nur an Apotheker und Mitarbeiter des Unterneh-mens ausgegeben wurden, umgewandelt (STADA Arzneimittel AG, 2020). Ab 1993 konnte die Stada-Aktie auch von Nichtapothekern erworben werden und 1997 erfolgte zunächst der Bör-sengang mit stimmrechtslosen Vorzugsaktien (STADA Arzneimittel AG, 2020), bevor 1998 auch der Börsengang für die vinkulierten Stammaktien folgte (STADA Arzneimittel AG, 2020). Im Jahr 2001 wurden alle Vorzugsaktien in Stammaktien umgewandelt und Stada gelang der Aufstieg in den MDAX (STADA Arzneimittel AG, 2020).

Im März 2016 meldeten Florian Schuhbauer und Klaus Röhrig, Gründungspartner des in Luxemburg ansässigen Hedgefonds Active Ownership Capital (AOC), dass sie 5,05 Prozent der Stada Aktien kontrollierten (Buschmann et al., 2018; DGAP.de, 2016b, 2016c) und Optionen über weitere 1,92 Prozent hielten (Moeser, 2019; Smolka, 2016a). Parallel gab der Vermögensverwalter BNY Mellon bekannt, dass er ebenfalls rund 5 Prozent der Stimmrechte kontrolliere, und dass zwischen AOC und BNY Mellon eine „Acting-in-concert"-Vereinbarung getroffen worden war, wonach sich die beiden Investoren in Bezug auf ihre Beteiligungen an Stada abgestimmt verhielten (DGAP.de, 2016a; Smolka, 2016a).

Nachdem die Absichten der Investoren zunächst unklar waren, reichte AOC am 9. Mai 2016 einen Antrag für die ursprünglich am 9. Juni 2016 geplante Hauptversammlung ein (Moeser, 2019). Er sah vor, fünf der neun Aufsichtsratsmitglieder auszutauschen und die vinkulierten Namensaktien in reguläre Namensaktien umzuwandeln (vgl. Moeser, 2019; Schmitt, 2016; Smolka, 2016b). Die Investoren adressierten damit Kritik, die bereits vor dem Engagement des Hedgefonds AOC von Aktionären geäußert worden war, wonach sich der Aufsichtsrat insbesondere bei der Vorstandsvergütung und der Ablehnung von Übernahmeangeboten zu managementtreu verhalten hatte (vgl. „Die Zeit", 2016; Schmitt, 2016; Smolka, 2016a). Die fünf Aufsichtsratsmitglieder, die gemäß dem Antrag von AOC ersetzt werden sollten, hielten ihre Mandate bereits zwischen 13 und 33 Jahren (Moeser, 2019).

Nachdem sich der Konflikt zuspitzte, beschlossen die Aktionäre schließlich auf der auf den 26. August 2016 verschobenen Hauptversammlung die Abwahl des Aufsichtsratsvorsitzenden Martin Abend („Die Zeit", 2016), ein Veto für ein vorgeschlagenes neues Gehalts- und Bonissystem („Die Zeit", 2016) und eine Satzungsänderung im Handelsregister, die die Vinkulierung der Stada-Aktien ab Dezember 2016 aufhob (STADA Arzneimittel AG, 2017, S. 11). Der Stimmrechtsberater Institutional Shareholder Services (ISS) empfahl dabei allen Aktionären, der Abwahl des Aufsichtsratsvorsitzenden zuzustimmen (Moeser, 2019). Durch die Umwandlung der vinkulierten Namensaktien verschaffte sich AOC eine attraktive Exit-Option, da mit diesem Schritt die Unternehmensübernahme durch einen Investor erleichtert wurde (Buschmann et al., 2018).

Im Februar 2017 machte die US-amerikanische Private-Equity-Gesellschaft Advent International dem Vorstand von Stada ein Angebot zum Erwerb aller Stada Aktien (Advent International, 2017), woraufhin AOC das Management aufforderte, nach weiteren potenziellen Käufern Ausschau zu halten (Hofmann, 2017). Im Zuge der Übernahmebestrebungen verschiedener Investoren veräußerte AOC die Eigenkapitalbeteiligung an Stada im Juni 2017 gänzlich („WirtschaftsWoche", 2017). Im August 2017 konnten schließlich die Investmentgesellschaften Bain Capital und Cinven durch die Überschreitung der Mindestannahmeschwelle für ihr Kaufangebot eine erfolgreiche Übernahme vollziehen („Frankfurter Allgemeine Zeitung", 2017; STADA Arzneimittel AG, 2020).

Ähnlich wie im Fall der Deutschen Börse kam es also auch bei Stada zu einer „Acting-in-concert"-Vereinbarung zwischen mehreren Investoren und zu deutlichen Veränderungen in den Eigentümerstrukturen des Unternehmens während des Engagements der Hedgefonds. Neben diesen Einzelfallbetrachtungen gilt es jedoch zu klären, inwiefern Hedgefonds trotz ihres selektiven Investmentansatzes einen Einfluss auf die Eigentümerstrukturen der deutschen börsennotierten Unternehmen haben.

7.2.2.2 Eigenkapitalbeteiligungen der Spezial-Investmentgesellschaften

Analog zur Situation bei den Universal-Investmentgesellschaften sind auch eine Vielzahl von Spezial-Investmentgesellschaften an den Stichprobenunternehmen beteiligt. Folglich wurden auch hier wichtige Gesellschaften für die Querschnittsanalyse selektiert, deren Investmentverhalten und Aktivität in Deutschland ein repräsentatives Bild dieser Gruppe zeichnet. Die ausgewählten Spezial-Investmentgesellschaften sind: 3i Investments, Baker Capital, Black Creek, Carlyle Group, Cerberus Capital, Cevian, CVC Capital Partners, Deutsche Beteiligungs AG, Deutsche Effecten- und Wechsel-Beteiligungsgesellschaft, Elliott, KKR, Lansdowne, Pelham Capital, Permira, Triton, Warburg Pincus und York Capital.

Abbildung 39 zeigt, wie sich der Anteilsbesitz der ausgewählten Spezial-Investmentgesellschaften im Rahmen der Stichprobe nach dem Ende der Deutschland AG entwickelte. Im Jahr 2005 verzeichneten demnach lediglich 3 Prozent der Stichprobenunternehmen eine Beteiligung durch eine Spezial-Investmentgesellschaft, die den 2-prozentigen Grenzwert überschritt. Zu den Beobachtungszeitpunkten in den Jahren 2015 und 2020 waren die ausgewählten Spezial-Investmentgesellschaften hingegen an 13 bzw. 11 Prozent der Stichprobenunternehmen beteiligt und hielten dabei im Durchschnitt 13 bzw. 12 Prozent des stimmberechtigten Eigenkapitals. Im Vergleich zu den Universal-Investmentgesellschaften waren die Spezial-Investmentgesellschaften damit zu jedem Beobachtungszeitraum an deutlich weniger Stichprobenunternehmen beteiligt, hielten jedoch an den Unternehmen, an denen sie beteiligt waren, einen teils deutlich höheren durchschnittlichen Anteil.

Bei der Auswertung der Netzwerkanalysen für die Jahre 2015 und 2020 (vgl. Abbildung 40) zeigt sich die unterschiedliche Bandbreite der Beteiligungshöhen, mit denen sich die ausgewählten Spezial-Investmentgesellschaften bei den Stichprobenunternehmen engagierten. Demnach hielten Investoren wie Cevian oder Permira zu beiden Beobachtungszeitpunkten jeweils hohe Eigenkapitalbeteiligungen, die zwischen 15 und 58 Prozent lagen, während sich Black Creek oder York Capital auf Beteiligungshöhen von rund 3 Prozent beschränkten. Zudem bildeten sich selbst bei diesen im deutschen Markt sehr aktiven Spezial-Investmentgesellschaften keine umfassenden Beteiligungsnetzwerke, was die selektive Natur des Ansatzes dieser Investoren unterstreicht. Im Jahr 2020 hielten demnach Elliott und Lansdowne mit jeweils drei Beteiligungen über dem 2-prozentigen Grenzwert die meisten Eigenkapitalbeteiligungen im Rahmen der Stichprobe.

Trotz der selektiven Auswahl der Beteiligungsunternehmen zeigt die Netzwerkanalyse auch, dass Beteiligungskonstellationen entstanden, bei denen zeitgleich mehrere der ausgewählten Spezial-Investmentgesellschaften an einem der untersuchten Unternehmen beteiligt waren. Dies traf 2015 auf Kontron (Triton und Warburg Pincus) und Kion (KKR und Pelham Capital) und im Jahr 2020 auf die Scout AG (Elliott, York Capital, Pelham Capital) zu. Damit wird deutlich, dass sowohl PEs als auch Hedgefonds für ein zeitgleiches Engagement bei einem Beteiligungsunternehmen offen waren. Dies kann wie im Fall von ProSieben durch ein gemeinsames

2005

2015

2020

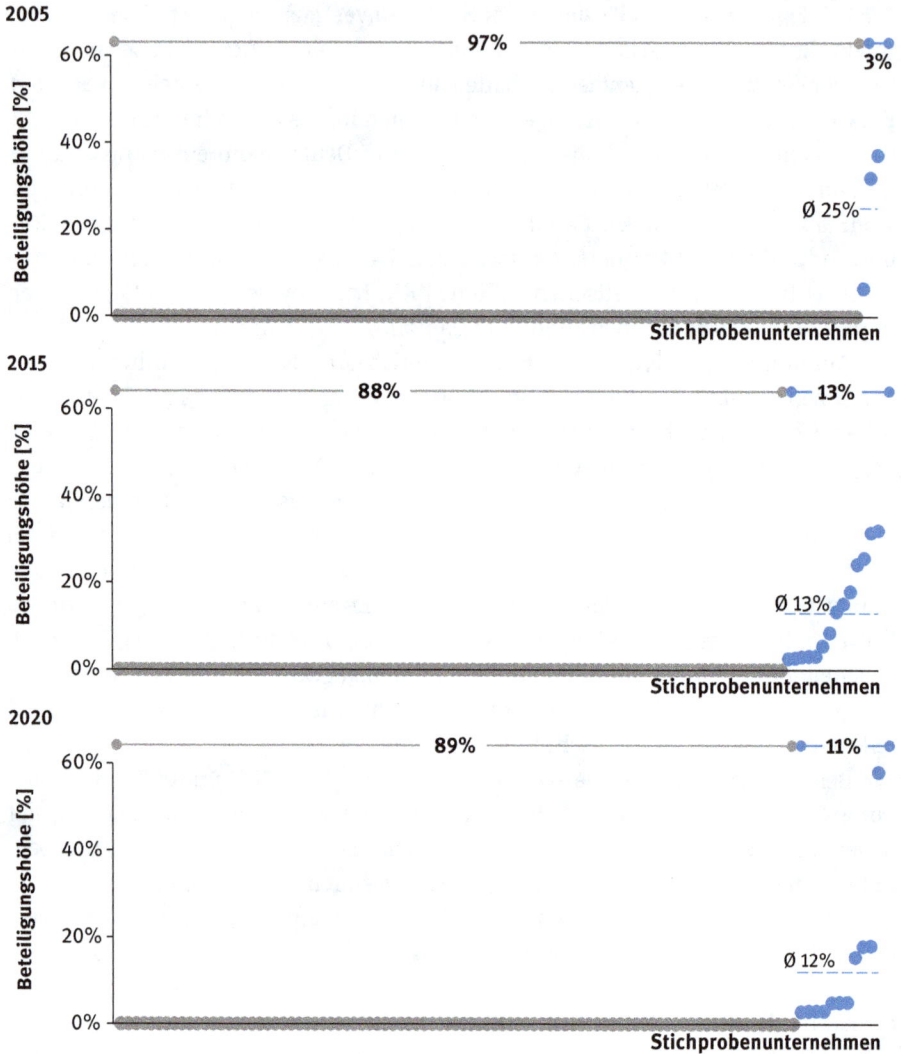

Abbildung 39: Beteiligungshöhe ausgewählter Spezial-Investmentgesellschaften
(2005, 2015 und 2020).
N = 107 (2005), 110 (2015) und 98 (2020).

Beteiligungsvehikel mehrerer PE Gesellschaften oder, wie beispielsweise im Fall der
Deutschen Börse, durch eine (abgestimmte oder unabgestimmte) Koordination mehrerer Hedgefonds erfolgen.

Die Netzwerkanalysen der zwei Beobachtungszeitpunkte weisen zudem auch darauf hin, dass die Beteiligungsdauer der Spezial-Investmentgesellschaften tendenziell
kurz ist, und dass keine kontinuierliche Erweiterung der Beteiligungen erfolgt, sondern mehrere gleichzeitige Beteiligungen sequenziell durch neue Engagements abge-

2015

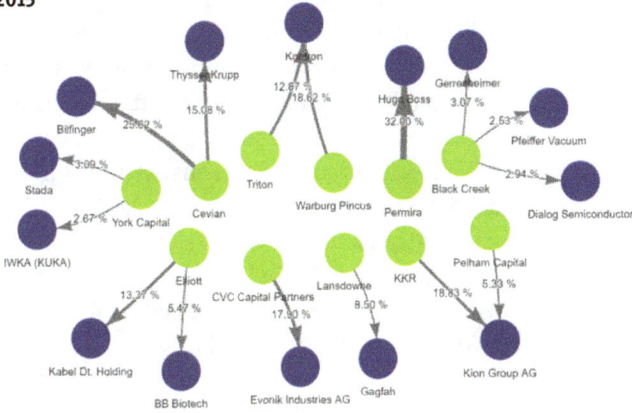

2020

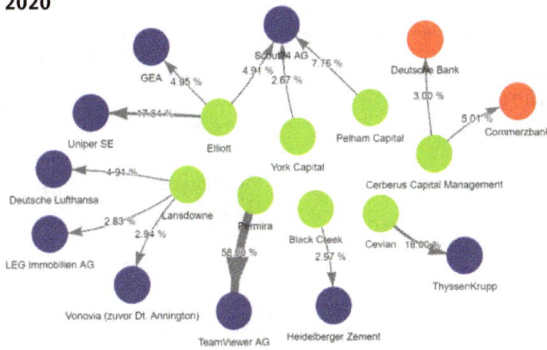

● Industrieunternehmen ● Finanzinstitute ● Spezial-Investmentgesellschaften

Abbildung 40: Eigenkapitalbeteiligungen ausgewählter Spezial-Investmentgesellschaften.

löst werden (was darauf zurückzuführen ist, dass es sich, anders als bei den Universal-Investmentgesellschaften, nicht um offene Fonds handelt). Bis auf die Beteiligung von Cevian an ThyssenKrupp wurde allen Beteiligungen durch Spezial-Investmentgesellschaften, die im Jahr 2015 im Rahmen der Stichprobe registriert wurden, bis zum Beobachtungszeitpunkt im Jahr 2020 aufgelöst oder unter den Grenzwert von 2 Prozent reduziert. Wie die Beteiligungen der Staatsfonds und öffentlichen Pensionsfonds im Vergleich dazu gehandhabt werden, wird im Folgen untersucht.

7.2.3 Staatsfonds und öffentliche Pensionsfonds

7.2.3.1 Investoren der öffentlichen Hand

Die dritte und letzte Gruppe der relevanten Eigentümer nach dem Ende der Deutschland AG besteht aus Staatsfonds und öffentlichen Pensionsfonds. Anders als im Falle der beschriebenen Investmentgesellschaften richtet sich das Leistungsangebot dieser Investoren ausschließlich an die öffentliche Hand ihres jeweiligen Landes. Der Diversifikationsgrad der Anlagen variiert für diese Gruppe der Investoren stark, sodass auch bezüglich des Umfangs der Eigenkapitalbeteiligungen an börsennotierten Unternehmen unterschiedliche Ausprägungen zu beobachten sind.

Die Abgrenzung zwischen Staatsfonds und öffentlichen Pensionsfonds hat in der Vergangenheit, beispielsweise bei der Einordnung des „California Public Employees' Retirement System" (vgl. Anhang 4), zu kontroversen Diskussionen geführt (vgl. Monk, 2008, S. 1 f.). Wir folgen daher in unserer Differenzierung dem Vorgehen von Monk (2008) (vgl. Tabelle 9) sowie den Definitionen der International Working Group of Sovereign Wealth Funds (IWG) und von Hentov und Kollegen (2018).

Tabelle 9: Abgrenzung Staatsfonds und öffentliche Pensionsfonds.

	Staatsfonds	öffentliche Pensionsfonds
Träger	öffentliche Hand	öffentliche Hand
Kontrolle	öffentliche Hand	unabhängig
Begünstigter	öffentliche Hand	Pensionäre
Verbindlichkeit gegenüber	öffentliche Hand/keine	Pensionäre
treuhänderische Pflicht	nein	ja
Beispiel	Government Pension Fund Global	Stichting Pensioenfonds ABP

Quelle: Monk, 2008, S. 4.

Staatsfonds. Gemäß der Definition der International Working Group of Sovereign Wealth Funds (IWG), sind Staatsfonds staatliche Vermögen, die in speziellen Fonds der öffentlichen Hand mit makroökonomischer Zielsetzung gehalten und verwaltet werden, wobei ein Teil des Vermögens im Ausland angelegt sein muss (IWG, 2008, S. 27). Die finanziellen Mittel, die von den Staatsfonds verwaltet werden, stammen dabei meist aus Überschüssen in der Zahlungsbilanz, Privatisierungserlösen, fiskalischen Überschüssen oder Einnahmen aus Rohstoffexporten (IWG, 2008, S. 3).

Ein Staatsfond hat in der Regel keine direkten Verbindlichkeiten gegenüber Personen oder Institutionen außerhalb des öffentlichen Sektors, sodass er zwar gesetzlich verpflichtet sein kann, einen Beitrag in den öffentlichen Haushalt oder in das Sozialsystem zu zahlen, direkte Verpflichtungen gegenüber nicht staatlichen Stellen sind jedoch nicht zulässig (Monk, 2008, S. 3 f.). Gleichermaßen sind Begünstigte aus den Erträgen des Fonds keine spezifischen Individuen, sondern stets staatliche Institutionen oder in abstrakter Form die Bürger bzw. die Steuerzahler des Landes (Monk, 2008, S. 3 f.). Aufgrund unterschiedlicher nationaler Ausgangssituationen, Zielsetzungen und Auszahlungsstrategien werden in der wirtschaftswissenschaftlichen Literatur bis zu sechs verschiedene Staatsfondstypen unterschieden (vgl. Anhang 5).

Der erste Vorläufer der heutigen Staatsfonds wurde bereits im Jahr 1854 auf sub-nationaler Ebene in Texas mit dem sogenannten „Texas Permanent School Fund" (PSF) gegründet (Texas Permanent School Fund, 2019b, S. 63). Ziel des Fonds war es, die Einnahmen aus Pachtverträgen und einer Zahlung von der US-Regierung zum Verzicht auf Gebietsansprüche durch Texas zu investieren, um mit den generierten Erträgen zur Finanzierung des öffentlichen Schulsystems beizutragen (Texas Permanent School Fund, 2019b, S. 63). Der PSF ist noch heute aktiv und ist Anfang 2020 laut Sovereign Wealth Fund Institute auf Platz 26 der weltweit größten Staatsfonds (Sovereign Wealth Fund Institute, 2020b). Mit einem verwalteten Vermögen in Höhe von rund 46 Milliarden US-Dollar (Sovereign Wealth Fund Institute, 2020b) hält der Fonds auch zahlreiche kleine Eigenkapitalbeteiligungen an deutschen Unternehmen (die jedoch deutlich unterhalb der 2-prozentigen Betrachtungsgrenze unserer Stichprobe liegen), wie beispielsweise an der Deutschen Bank, der Deutschen Telekom, BASF, oder SAP (Texas Permanent School Fund, 2019a).

Der weltweit erste Staatsfonds auf nationaler Ebene wurde mit dem Kuwait Investment Board im Jahr 1953 gegründet, um einen Teil der Gewinne aus dem Export der endlichen Ölreserven für die zukünftige finanzielle Stabilität anzulegen und die wirtschaftlichen Folgen schwankender Rohstoffpreise auszugleichen (Bönke & Harnack, 2017, S. 11; Preisser, 2013, S. 5). In der Folge stieg die Anzahl der Staatsfonds zunächst nur langsam und erreichte im Jahr 1990 den Wert von 15 aktiven Staatsfonds (vgl. Ueberschär, 2010, S. 130). Mit Ende der 1990er-Jahre beschleunigte sich das Wachstum jedoch deutlich und Anfang 2020 waren weltweit knapp 100 Staatsfonds (Rundell, 2020; Sovereign Wealth Fund Institute, 2020b) mit einem Gesamtanlagevolumen von rund 8,2 Billionen US-Dollar (Sovereign Wealth Fund Institute, 2020b) aktiv.

In Deutschland wurde die Gründung eines Staatsfonds unter anderem in einer Studie der Bertelsmann Stiftung als „Lösungsansatz für verschiedene gesellschaftliche Herausforderungen wie zunehmende Altersarmut, steigende Einkommens- und Vermögenspolarisation, erhöhter Investitionsbedarf in den Infrastrukturausbau oder intergenerationale Gerechtigkeit" (Bönke & Harnack, 2017, S. 4) untersucht. Obwohl es bis heute nicht zur Gründung eines Staatsfonds zur Lösung dieser gesellschaftlichen Herausforderungen gekommen ist, wurde im Jahr 2017 mit dem „Fonds zur Finanzierung der kerntechnischen Entsorgung" (KENFO) der erste deutsche Staatsfonds auf nationaler Ebene aufgelegt. Der KENFO soll die Finanzierung der Zwischen- und Endlagerung des deutschen Atommülls sicherstellen und liegt mit einem Anlagevolumen von rund 27 Milliarden US-Dollar Anfang 2020 auf Platz 33 der weltweit größten Staatsfonds (Sovereign Wealth Fund Institute, 2020b).

Seit einigen Jahren werden auch die Implikationen von Eigenkapitalbeteiligungen durch Staatsfonds kontrovers diskutiert (vgl. Clark et al., 2013, S. 3ff.; Truman, 2010, S. 1; siehe auch Anhang 4 zur Fallstudie CalPERS). Die eingangs beschriebene Staatsfonds-Definition der IWG kategorisiert Staatsfonds als renditeorientierte Finanzmarktakteure (Klein, 2015, S. 38) und legt somit ein Handeln frei von politi-

schen Motiven nahe. Gleichermaßen schreiben die im Jahr 2008 von der IWG etablierten Prinzipen für Staatsfonds („Generally Accepted Principles and Practices"
oder Santiago-Prinzipien), zu deren Einhaltung sich Staatsfonds auf freiwilliger
Basis verpflichten, das Ziel einer Ertragsorientierung vor und fordern darüber hinaus die öffentliche Bekanntmachung von Investment-Entscheidungen, die nicht
ausschließlich auf Grundlage von finanziellen und ökonomischen Überlegungen
getroffen werden (IWG, 2008, S. 8). Dennoch identifizierte beispielsweise der US-
amerikanische Ökonom Edwin M. Truman (2010) zehn Staatsfonds, die nach seiner Einordnung strategische Ziele verfolgten. Truman beobachtete dabei, dass
während die Mehrheit der Staatsfonds lediglich Minderheitsbeteiligungen erwarb
und ihre Portfolios breit diversifizierte, einige Fonds signifikante und kontrollge-
bende Beteiligungen an wenigen Einzelunternehmen aufnahmen (Truman, 2010).
Inwiefern diese Differenzierung auch in Bezug auf die Stichprobenunternehmen
aus dem HDAX zutreffend ist, evaluieren wir nach der Vorstellung der öffentlichen Pensionsfonds anhand einer Querschnittsuntersuchung.

Öffentliche Pensionsfonds. Neben den Staatsfonds kommt es auch bei den öffentlichen Pensionsfonds zu großen langfristigen Vermögensansammlungen, die zu
weitreichenden Eigenkapitalbeteiligungen führen. Öffentliche Pensionsfonds sind
Fonds der öffentlichen Hand, die zur Deckung der Pensionsansprüche von Mitarbeitern des öffentlichen Sektors oder aller Arbeitnehmer dienen (vgl. Hentov et al.,
2018; Monk, 2008). Einzahlungen in die Fonds stammen dabei entweder aus dem
öffentlichen Haushalt und/oder aus gesetzlich vorgeschriebenen Einzahlungen von
Arbeitgebern und/oder Arbeitnehmern. Darüber hinaus besteht eine direkte Ver-
bindlichkeit des Fonds gegenüber den begünstigten Individuen, wobei jedoch die
öffentliche Hand in der Regel die Möglichkeit hat, die Höhe der Verbindlichkeiten
einseitig durch gesetzliche Regelungen anzupassen (Hentov et al., 2018, S. 4). Aufgrund derartiger Vorgaben darf beispielsweise der mit einem Anlagevolumen in
Höhe von rund 2,9 Billionen US-Dollar weltweit größte öffentliche Pensionsfonds
(Sovereign Wealth Fund Institute, 2020a), der US-amerikanischen „Social Security
Trust Funds", nicht in Aktien, sondern lediglich in US-Staatsanleihen investieren.

Ein für die Betrachtung der Eigentümerstrukturen von börsennotierten Unternehmen relevanter Trend ist jedoch der starke Anstieg des Aktienanteils in den
Portfolios vieler öffentlicher Pensionsfonds. Hentov und Kollegen (2018) berichten,
dass sich der durchschnittliche Aktienanteil in den Portfolios von 19,9 Prozent im
Jahr 2008 auf rund 28,2 Prozent im Jahr 2016 erhöhte (S. 10). Diese Entwicklung ist
primär auf niedrige Anleiherenditen aufgrund der weltweiten Niedrigzinsphase zurückzuführen, sodass der Aktienanteil in den Portfolios auch zukünftig weiter ansteigen könnte. Für einige öffentliche Pensionsfonds geht die Entscheidung, den
Aktienanteils in ihren Portfolios zu erhöhen mit der Erhöhung des Anteils ausländischer Aktien einher, da die Auswahl geeigneter inländischer Aktien in vielen Ländern limitiert ist (Hentov et al., 2018, S. 10).

7.2.3.2 Das Beteiligungsnetz der Staatsfonds und öffentlichen Pensionsfonds

Noch zur Zeit der Deutschland AG spielten Staatsfonds und öffentliche Pensionsfonds als Eigentümer nur für sehr wenige deutsche Unternehmen eine Rolle. In Bezug auf die Stichprobenunternehmen zählten lediglich Daimler, die Metallgesellschaft (beide Staatsfonds Kuwait) und Krupp (Staatsfonds Iran) diese Eigentümer zu ihren Aktionären. Auch zum Beobachtungszeitpunkt im Jahr 2005 zählten lediglich 2 Prozent der Stichprobenunternehmen Staatsfonds oder öffentliche Pensionsfonds mit einem Anteil über dem 2-prozentigen Grenzwert zu ihren Aktionären (vgl. Abbildung 41). Diese Situation veränderte sich jedoch in den Folgejahren deutlich, und 2015 waren Staatsfonds und öffentliche Pensionsfonds bereits an 38 Prozent der Stichprobenunternehmen mit durchschnittlich 4 Prozent am stimmberechtigten Eigenkapital beteiligt. Dieser Trend setzte sich auch bis zum Jahr 2020 fort, als diese Investoren an 52 Prozent der Stichprobenunternehmen mit durchschnittlich 5 Prozent beteiligt waren. Der Anteil der untersuchten Unternehmen, an dem die Staatsfonds und öffentlichen Pensionsfonds zu diesem Zeitpunkt beteiligt waren, lag damit nur rund 11 Prozentpunkte unter dem Anteil, der im Jahr 1995 von den traditionellen inländischen Finanzinstituten abgedeckt wurde. Den Staatsfonds und öffentlichen Pensionsfonds gelang somit eine starke Ausbreitung, die, wie die nachfolgenden Netzwerkanalysen zeigen werden, insbesondere auf einen einzelnen Investor zurückzuführen sind.

Bereits im Jahr 2015 waren die meisten Beteiligungen der Staatsfonds und öffentlichen Pensionsfonds im Rahmen der Stichprobe auf den norwegischen Staatsfonds zurückzuführen (vgl. Abbildung 42). Von insgesamt 49 Beteiligungsverhältnissen, die den 2-prozentigen Grenzwert überschreiten, sind damit 36 (73) Prozent auf diesen Einzelinvestor zurückzuführen. Die Anzahl der Beteiligungen aller weiteren Fonds bewegte sich derweil deutlich im einstelligen Bereich. Die Beteiligungshöhe des norwegischen Staatsfonds schwankte dabei zwischen 2 Prozent (aufgrund des Grenzwertes bei der Erhebung) und knapp 8 Prozent, während insbesondere die Staatsfonds aus Abu Dhabi und Katar auch mit deutlich höheren Beteiligungen von knapp 12 und 17 Prozent auffallen.

Wie die Netzwerkanalyse zeigt, kam es auch bereits 2015 im Rahmen der Stichprobe zu Beteiligungsverhältnissen, bei denen mehrere Staats- und öffentliche Pensionsfonds gleichzeitig Anteile von mehr als 2 Prozent am gleichen Unternehmen hielten. Besonders hohe gemeinsame Anteile ergaben sich dabei beispielsweise bei Vonovia (knapp 20 Prozent gehalten von Staatsfonds Abu Dhabis und Norwegens), Volkswagen (19 Prozent gehalten von den Staatsfonds Katars und Norwegens), oder GEA (knapp 11 Prozent gehalten von den Staatsfonds Kuwaits und Norwegens).

Bis zum Beobachtungszeitpunkt im Jahr 2020 hatte sich das Beteiligungsnetz der Staatsfonds und öffentlichen Pensionsfonds im Rahmen der Stichprobe dann nochmals stark ausgebreitet (vgl. Abbildung 43). Der norwegische Staatsfonds stand weiterhin im Zentrum des Beteiligungsnetzwerkes und hielt zu diesem Zeitpunkt Beteiligungen über der 2 Prozentgrenze an 47 Stichprobenunternehmen

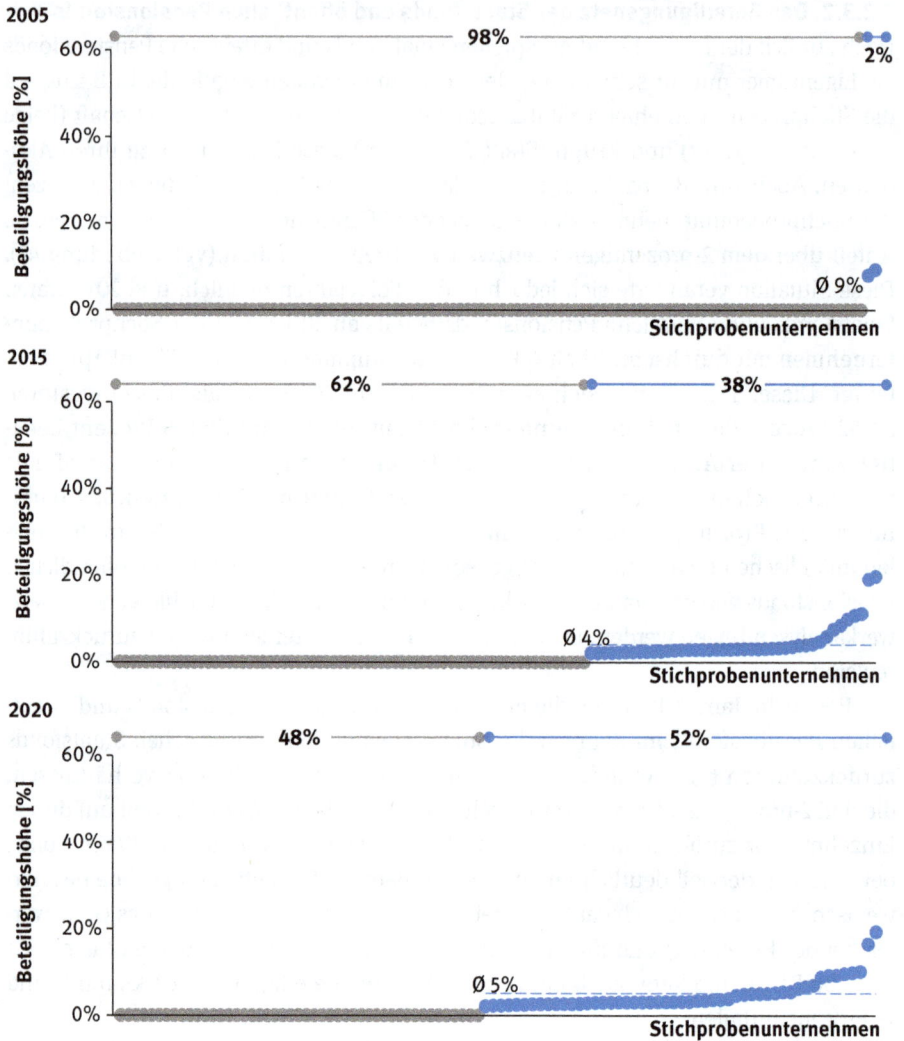

Abbildung 41: Beteiligungshöhe von Staatsfonds und öffentlichen Pensionsfonds (2005, 2015, 2020).
N = 107 (2005), 110 (2015) und 98 (2020).

(48 Prozent der Stichprobe). Auch der niederländische Pensionsfond („Stichting Pensioenfonds ABP") konnte seine Beteiligungen an den Stichprobenunternehmen verdoppeln, von zunächst zwei Beteiligungen oberhalb des 2-prozentigen Grenzwertes im Jahr 2015 auf vier Beteiligungen im Jahr 2020 (an Symrise, Gerresheimer, Vonovia und Alstria Office Reit).

Ein Vergleich des Beteiligungsportfolios der Investoren zwischen den Beobachtungszeitpunkten 2015 und 2020 zeigt zudem, dass obwohl der norwegische Staats-

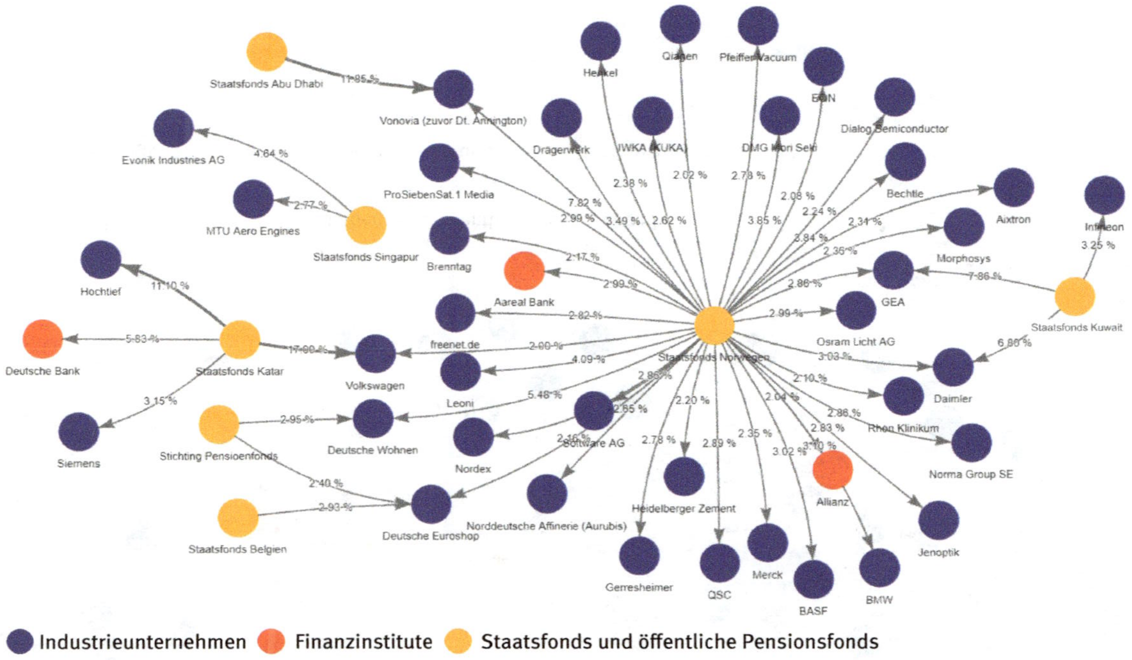

Abbildung 42: Eigenkapitalbeteiligungen ausgewählter Staatsfonds und öffentlicher Pensionsfonds (2015).

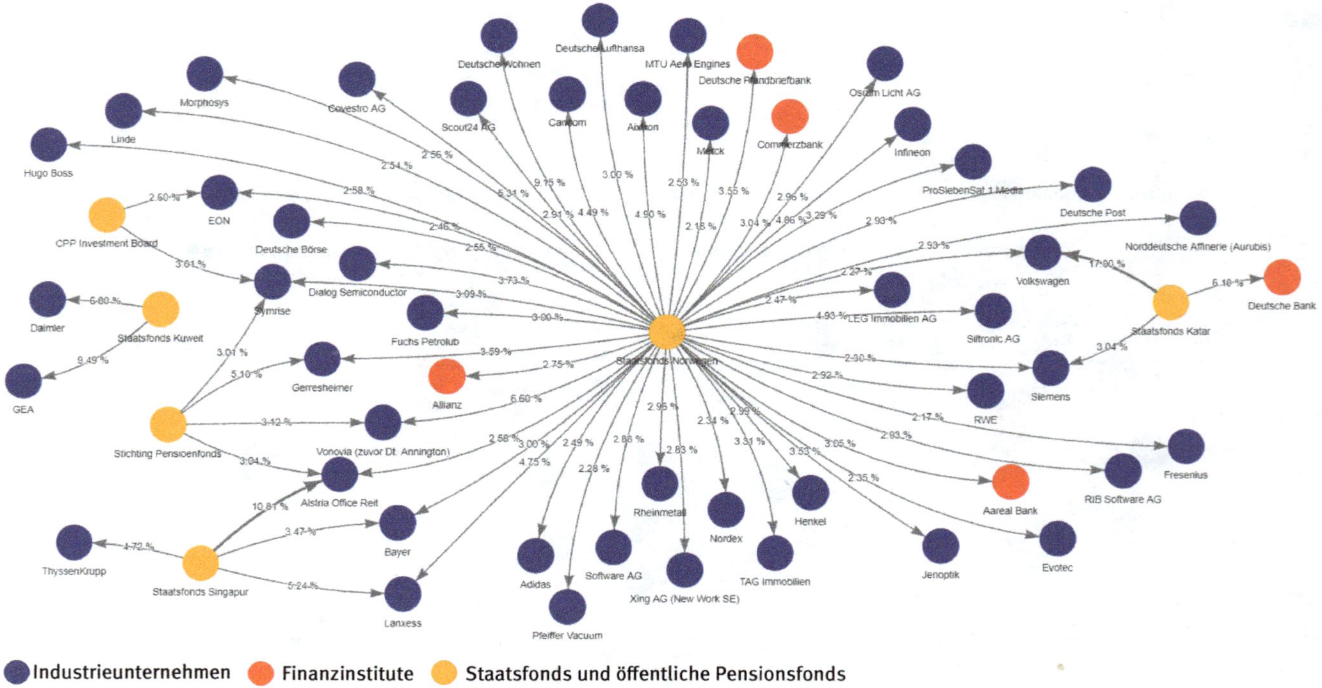

Abbildung 43: Eigenkapitalbeteiligungen ausgewählter Staatsfonds und öffentlicher Pensionsfonds (2020).

● Industrieunternehmen ● Finanzinstitute ● Staatsfonds und öffentliche Pensionsfonds

fond im Rahmen der Stichprobe eine kontinuierliche Erweiterung seines Portfolios vornahm, lediglich knapp 53 Prozent der Stichprobenunternehmen, an dem der Fonds 2015 mit mehr als 2 Prozent beteiligt war, auch 2020 noch mit einem Wert oberhalb des 2-prozentigen Grenzwertes Teil des Portfolios waren. Folglich verfolgte der Fonds, wie auch die anderen Investoren dieser Gruppe, ein aktives Portfoliomanagement.

Mit der rasanten Ausdehnung seines Anteilsbesitz sicherte sich der norwegische Staatsfonds seit dem Ende der Deutschland AG einen zentralen Platz in den Eigentümerstrukturen vieler deutscher Unternehmen. Doch wie kam der Fonds zu den investierten Mitteln? Und was unterscheidet ihn, abgesehen vom Umfang seines Anteilsbesitzes, vom Staatsfonds Katars oder dem niederländischen Stichting Pensioenfonds ABP?

7.2.3.3 Die wichtigsten Investoren im Überblick

Im Folgenden werden einige der wichtigsten Akteure aus der Gruppe der Staatsfonds und öffentlichen Pensionsfonds näher vorgestellt. Neben dem norwegischen Staatsfonds, der aufgrund der Vielzahl seiner Beteiligungen eine zentrale Rolle für die Eigentümerstrukturen der Stichprobenunternehmen eingenommen hat, untersuchen wir anhand des stärker fokussierten Staatsfonds von Katar, wie sich konkrete Beteiligungsverhältnisse an zwei deutschen börsennotierten Unternehmen (Volkswagen und Hochtief) gestalteten. Stellvertretend für die Gruppe der öffentlichen Pensionsfonds stellen wir abschließend den niederländischen Stichting Pensioenfonds vor, der die Anzahl seiner Beteiligungen an den Stichprobenunternehmen (über dem 2-prozentigen Grenzwert) von 2015 bis 2020 verdoppeln konnte und die wachsende Relevanz dieser Eigentümergruppe verdeutlicht.

Staatsfonds Norwegen. Der offizielle Name des norwegischen Staatsfonds lautet „Government Pension Fund Global" (Norges Bank, 2020a) und obwohl der Name suggeriert, dass es sich um einen öffentlichen Pensionsfonds handelt, ist er gemäß der vorgestellten Kategorisierung als Staatsfonds einzuordnen. Dies wird auch bei der Betrachtung der Ziele des Fonds deutlich (vgl. Norges Bank, 2020a), die aus (i) dem Schutz der norwegischen Wirtschaft vor Schwankungen im Ölpreis, (ii) der generationsübergreifenden Sicherung des Vermögens aus dem Ölexport und (iii) der Bezuschussung des öffentlichen Haushalts bestehen.

Die fiskalpolitischen Regeln Norwegens sehen vor, dass der Fonds in seiner Substanz nicht gemindert werden darf, um den Wert zum Wohle künftiger Generationen zu erhalten (Norges Bank, 2020a). Daher darf jährlich nicht mehr als die erwartete Rendite in den öffentlichen Haushalt fließen, was aufgrund seiner Größe trotzdem zur Deckung von rund 20 Prozent des jährlichen Haushalts ausreicht (Norges Bank, 2020a). Darüber hinaus fließen ihm Haushaltsüberschüsse sowie Erlöse aus dem Rohölexport zu (Norges Bank, 2020a).

Die Existenzgrundlage für den Staatsfonds ist die Entdeckung von großen Ölreserven vor der Küste Norwegens im Jahr 1969 (Norges Bank, 2020a). Mit Beginn der

Ölförderung wuchs die Wirtschaft des Landes stark und 1990 wurde ein Gesetz zur Gründung des Staatsfonds mit den oben genannten Zielen verabschiedet (Norges Bank, 2020a). Nachdem 1996 die erste Einlage erfolgte, wuchs der Fonds in den Folgejahren stark an (vgl. Abbildung 44) und war Ende 2019 mit einem Gesamtvolumen in Höhe von mehr als 1,1 Billionen US-Dollar der größte Staatsfonds der Welt (Sovereign Wealth Fund Institute, 2020b).

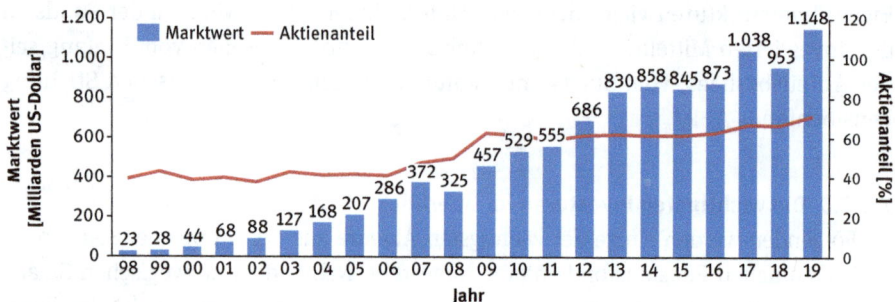

Abbildung 44: Wertentwicklung des norwegischen Staatsfonds.
Quelle: Norges Bank, 2020b.

Der Fonds wird von der norwegischen Zentralbank im Auftrag des Finanzministeriums verwaltet und hält weltweit rund 9.000 Eigenkapitalbeteiligungen, was einer Abdeckung von rund 1,5 Prozent aller börsennotierten Unternehmen der Welt entspricht (Norges Bank, 2020b). Aufgrund des insgesamt sehr stark diversifizierten Portfolios aus Minderheitsbeteiligungen ist gemäß des Ansatzes von Truman grundsätzlich davon auszugehen ist, dass der Fonds zur Erreichung monetärer Ziele genutzt wird und nicht beispielsweise außenpolitischen Zielen dient.

Staatsfonds Katar. Ähnlich wie im Falle des norwegischen Staatsfonds ist auch die Existenz des katarischen Staatsfonds auf die Ölvorkommen des Landes zurückzuführen. Entsprechend wurde im Jahr 2000 ein Rat für die Anlage der Staatsreserven gegründet, um die Einnahmen des Emirates aus dem Ölexport zu investieren (Qatar Investment Authority, 2020). Im Jahr 2005 erfolgte dann die offizielle Gründung des Staatsfonds, der seither unter dem Namen „Qatar Investment Authority" (QIA) bekannt ist (Qatar Investment Authority, 2020). Im Jahr 2006 begann die Investitionstätigkeit und während Investitionen zunächst vermehrt über Drittfonds abgewickelt wurden, folgte ab dem Jahr 2008 eine deutliche Stärkung von selbstabgewickelten Direktinvestitionen (Qatar Investment Authority, 2020). Der Fonds steht in enger Verbindung zu dem im Jahr 2008 implementierten Entwicklungsplan „Qatar National Vision 2030", der Katar bis zum Jahr 2030 in eine fortschrittliche Gesellschaft transformieren soll, um unabhängig vom Rohstoffexport eine nachhaltige Entwicklung zu erreichen (Regierung Katar, 2020).

Mit einem verwalteten Vermögen in Höhe von knapp 300 Milliarden US-Dollar belegte der QIA Anfang 2020 weltweit den 11. Platz der größten Staatsfonds (Sovereign Wealth Fund Institute, 2020b). Der Staatsfonds hat sich selbst zu den Santiago-Prinzipien verpflichtet und im Jahr 2014 die 6. Konferenz des International Forum of Sovereign Wealth Funds (IFSWF) ausgerichtet (Qatar Investment Authority, 2020); dennoch bleibt die Transparenz des Fonds bezüglich der eigenen Investments weit hinter Fonds wie dem norwegischen Staatsfonds zurück.

Aktuelle bzw. frühere Eigenkapitalbeteiligungen von QIA in Deutschland sind die Beteiligungen an Volkswagen, Hochtief, Hapag-Lloyd, Siemens, Solarworld und der Deutschen Bank (letztere nicht direkt von der QIA gehalten, sondern über die zwei Investment-Vehikel „Paramount Services Holdings Ltd." und „Supreme Universal Holdings Ltd.", die Mitgliedern der Königsfamilie zuzurechnen sind). Insbesondere die Beteiligungen an Volkswagen und Hochtief verdeutlichen dabei stellvertretend, dass der Fonds trotz der Selbstverpflichtung zu den Santiago-Prinzipien nicht ausschließlich Renditeziele verfolgte.

Fallstudie Volkswagen, ab 2009

Im Jahr 2009 stieg QIA bei der Volkswagen AG ein, in dem sie von der Porsche Automobil Holding SE, die zuvor Pläne zur Übernahme von Volkswagen aufgrund eines hohen Verschuldungsgrads beilegen musste, VW-Aktienoptionen in Höhe von rund 17 Prozent der Stimmrechte übernahm („Der Spiegel", 2009). Damit wurde die QIA nach den Familien Porsche und Piëch und dem Land Niedersachsen zum drittgrößten Einzelaktionär des Unternehmens. Scheich Hamad bin Dschassim bin Dschaber al-Thani, der als Mitglied der königlichen Familie auch Premierminister Katars und Verwalter des Staatsfonds war, nannte neben finanziellen Zielen auch den Technologietransfer als Ziel der Beteiligung („Frankfurter Allgemeine Zeitung", 2009).

Nach der Investition erhielt QIA zunächst einen, später dann einen zweiten Sitz im Aufsichtsrat von Volkswagen und hielt auch während der VW-Krise (die durch Bekanntwerden von Manipulationen zur Umgehung von gesetzlich vorgeschriebenen Abgasgrenzwerten ausgelöst wurde) trotz massiven Kursverlusten und juristischen Klagen gegen den Konzern an ihrer Eigenkapitalbeteiligung fest.

Im Jahr 2019 gaben der VW-Konzern und QIA bekannt, dass man im Rahmen des Projektes „Qatar Mobility" eine autonom fahrende E-Bus-Flotte für die katarische Hauptstadt Doha aufbauen wolle (Volkswagen AG, 2019).

Noch deutlicher als im Fall von Volkswagen zeigt die Beteiligung von QIA an Hochtief einen direkten Zusammenhang zur „Qatar National Vision 2030". So gingen aus der Eigenkapitalbeteiligung auch gemeinsame Bauprojekte hervor:

Fallstudie Hochtief, ab 2010

Am 6. Dezember 2010 übernahm QIA eine Eigenkapitalbeteiligung in Höhe von rund 9,1 Prozent an der deutschen Hochtief AG (Hochtief AG, 2010). Der Zeitpunkt der Investition schien für beide Seiten passend, da Hochtief versuchte, den Zuwachs der Eigenkapitalbeteiligung des spanischen Baukonzerns ACS zu begrenzen, und da sich Katar im Rahmen der „Qatar National Vision 2030" und der kurz zuvor am 2. Dezember 2010 gewonnenen Ausrichtung der Fußball

Weltmeisterschaft 2022 mit einem erheblichen Bedarf im Hoch- und Tiefbau konfrontiert sah. Entsprechend geht auch aus der Pressemitteilung des Konzerns zum Einstieg der QIA hervor, dass die Eigenkapitalbeteiligung beiden Partnern „weitreichende strategische Perspektiven" (Hochtief AG, 2010) biete, und dass Hochtief Katar in seiner wirtschaftlichen, technologischen und infrastrukturellen Entwicklung unterstütze, „indem es neuestes internationales Know-how in das Land bringt und einheimische Mitarbeiter in modernen Technologien wie zum Beispiel dem virtuellen Bauen bzw. Building Information Modeling (BIM) ausbildet" (Hochtief AG, 2010).

Sowohl unmittelbar vor der Aufnahme der Eigenkapitalbeteiligung als auch nach dem Einstieg der QIA gab es eine intensive Zusammenarbeit zwischen der Hochtief AG und Katar, die neben einem Joint Venture auch große Projekte, wie den Bau einer Einkaufsstraße im Wert von etwa 1,3 Milliarden Euro (Hochtief AG, 2010), oder den Bau der ersten Straßenbahn in Katar im Jahr 2012 (Hochtief AG, 2012), umfasste. Der Auftrag zum Straßenbahnbau wurde dabei an ein Konsortium vergeben, an dem neben Hochtief und weiteren Unternehmen auch der Siemens-Konzern beteiligt war (Hochtief AG, 2012), an dem QIA seit 2012 ebenfalls eine Eigenkapitalbeteiligung hielt.

Die rund 7 Millionen nennwertlosen Stückaktien, die im Jahr 2010 im Zuge einer Kapitalerhöhung für rund 57,11 Euro je Aktie erworben wurden (Hochtief AG, 2010), veräußerte QIA im Oktober 2015 (Hochtief AG, 2015) zu einem Preis von 77 Euro je Aktie, sodass ein Bruttogewinn von rund 140 Millionen Euro realisiert werden konnte.

Neben den nicht ausschließlich monetären Motiven der Beteiligung der QIA an Hochtief verdeutlicht die Fallstudie jedoch auch eindrucksvoll, wie grundlegend sich die Eigentümerstrukturen und die Ausrichtung vieler Unternehmen nach dem Ende der Deutschland AG veränderten. Nur rund sechs Jahre vor dem Einstieg der QIA war Hochtief noch durch eine Mehrheitsbeteiligung des RWE-Konzerns in Höhe von 56 Prozent stark in die Deutschland AG integriert gewesen und hatte gemeinsam mit dem damaligen Eigentümer zahlreiche Projekte im Kraftwerkbau realisiert.

Stichting Pensioenfonds ABP. Der niederländische Pensionsfonds Stichting Pensioenfonds ABP wurde 1922 gegründet und dient als Pensionsfonds für Beamte sowie Angestellte des öffentlichen Dienstes und des Bildungswesens (ABP, 2020c; Stockheim, 2008, S. 121). Der Pensionsfonds stand zunächst unter der Leitung der Regierung und musste sich an strikte Vorschriften halten, nach denen die Gelder nahezu ausschließlich in niederländische Staatsanleihen investiert wurden (Stockheim, 2008, S. 121). Heute ist der Fonds als Stiftung organisiert und folgt einer strikten Governance, bestehend aus Kuratorium, Verantwortlichkeitsrat („Verantwoordingsorgaan") und Aufsichtsrat (PRI Association, 2015, S. 6). Innerhalb dieser Organisationsstruktur wird gewährleistet, dass sowohl Arbeitgeber als auch Arbeitnehmer und Pensionäre in die Aufsicht über den Fonds einbezogen sind (PRI Association, 2015, S. 6).

Seit 2007 legt das Finanzregulierungsgesetz FTK den rechtlichen Rahmen des Fonds fest, wobei jedoch keine konkreten Anlagevorgaben definiert sind (Stockheim, 2008, S. 121). Ende 2019 waren insgesamt 25 Prozent des Fondsvolumens in Aktien von Unternehmen aus den Industrieländern investiert (ABP, 2020a, S. 40). Mit einem verwalteten Vermögen in Höhe von rund 455 Milliarden US-Dollar belegt der Stichting Pensioenfonds ABP im Jahr 2020 den 8. Platz der weltgrößten öffentlichen Pensionsfonds (Sovereign Wealth Fund Institute, 2020a). In Deutschland waren zum Ende des ersten Quartals 2020 insgesamt 19,7 Milliarden Euro über alle Anlageklassen hinweg investiert (ABP, 2020b). Damit belegte Deutschland hinter Frankreich (35,7 Milliarden Euro) und dem Vereinigten Königreich (21,5 Milliarden Euro) im europäischen Vergleich den 3. Rang – mit einem Investitionsvolumen in Höhe von 126,4 Milliarden Euro wurden die meisten Mittel weltweit in den USA investiert (ABP, 2020b).

Insgesamt trugen die Staatsfonds und öffentlichen Pensionsfonds durch ihre hohen Investitionen in Eigenkapitalbeteiligungen an deutschen börsennotierten Unternehmen ebenso wie die Universal- und Spezial-Investmentgesellschaften maßgeblich dazu bei, dass sich die Eigentümerstrukturen innerhalb weniger Jahre nach Ende der Deutschland AG grundlegend veränderten. Damit es zu dieser Veränderung kommen konnte, war jedoch auch eine weitreichende Neuausrichtung der Corporate Governance notwendig, ohne die sich wohl nur wenige der neuen Eigentümer auf das traditionelle Insider-System in Deutschland eingelassen hätten.

8 Corporate Governance

Mit dem Wandel vollzog auch das Corporate Governance System eine fundamentale Neuausrichtung. Tabelle 10 beschreibt, wie sich die Rahmenbedingungen, die Organe der Unternehmensverfassung sowie die Beziehungen zwischen den Organen nach dem Ende der Deutschland AG entwickelten und welche Folgen dies für die systematische Ausrichtung der Unternehmensverfassung hatte.

Tabelle 10: Corporate Governance System nach Ende der Deutschland AG.

Rahmenbedingungen	
primäre Finanzierungsquelle	– starke Nutzung von Eigenkapital und Fremdkapital in Form von Anleihen
Fokus des normativen Schutzinteresses	– Gläubigerschutz und Anlegerschutz
Gestaltung der Organe	
Hauptversammlung	– hohe Präsenz von institutionellen Investoren und Stimmrechtsberatern
Aufsichtsrat Vorstand	– Vergleichsweise geringes Maß an Personalverflechtungen mit anderen Unternehmen – Bankenvertreter sind nur selten in den Aufsichtsräten der Industrieunternehmen vertreten – Personalverflechtungen zwischen Industrieunternehmen bestehen insbesondere auf Aufsichtsratsebene
Gestaltung der Beziehungen	
Weisungsbeziehung zwischen Aufsichtsrat und Vorstand	– unternehmerisches Wertesystem geprägt durch Kapitalmarktorientierung
Leistungsbeziehung zwischen Aufsichtsrat und Vorstand	– signifikante variable Vergütung
Informationsbeziehung zwischen Vorstand und Aufsichtsrat bzw. Hauptversammlung (u. Öffentlichkeit)	– Informationstransferproblem für den Aufsichtsrat – stark ausgeprägte Unternehmenspublizität

https://doi.org/10.1515/9783110735611-011

Tabelle 10 (fortgesetzt)

Folgen	
dominante Kontrollinstanz und -mechanismen	– Aktionäre – Stimmrechtsberater – Aktionärsaktivismus – Engagement-Dienstleister
Systematische Ausrichtung der Unternehmensverfassung	– Outsider-System

8.1 Rahmenbedingungen: Die neue Relevanz des Eigenkapitals

Die Finanzierungsstrukturen der Unternehmen unterscheiden sich nach Ende der Deutschland AG deutlich von ihren traditionellen Mustern. Einerseits wurde die Eigenkapitalbasis der Unternehmen deutlich gestärkt. Während die Eigenkapital-quote deutscher Unternehmen im Zeitraum von 1981 bis 2000 kontinuierlich unter 20 Prozent lag (vgl. Teil II.), schwankte dieser Wert von 2007 bis 2019 zwischen 27 und 32 Prozent (vgl. Abbildung 45).

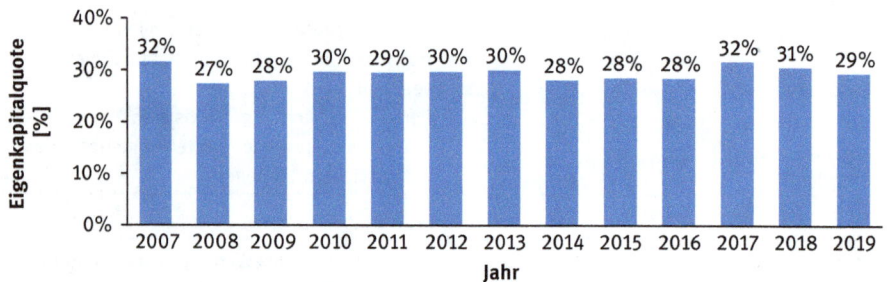

Abbildung 45: Durchschnittliche Eigenkapitalquote nichtfinanzieller börsennotierter Unternehmen in Deutschland.
Quelle: Deutsche Bundesbank, 2020.

Andererseits stieg die Anzahl der Emissionen von Unternehmensanleihen am insti-tutionellen Markt von 2007 bis 2019 im Durchschnitt um 12 Prozent pro Jahr, was auf eine verstärkte Nutzung von Anleihen zur Unternehmensfinanzierung hindeutet (vgl. Abbildung 46).

Insgesamt hat die Relevanz von klassischen Bankdarlehen nach Ende der Deutsch-land AG durch die verstärkte Nutzung von Eigenkapital und Anleihen stark abgenom-men, sodass auch die Abhängigkeit der Unternehmen von der Finanzierung durch Kreditinstitute im Vergleich zum traditionellen Modell deutlich reduziert wurde. Wie

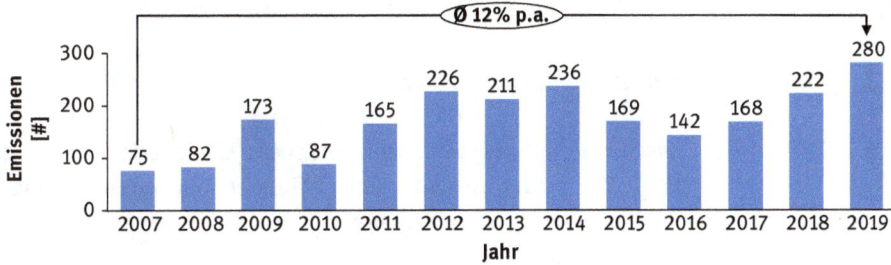

Abbildung 46: Anzahl der Emissionen am institutionellen Markt für Unternehmensanleihen in Deutschland.
Quelle: Thomson Financial, 2020.

bereits in Teil III beschrieben, haben sich für die Banken durch die zunehmende Verbreitung der Verbriefung von Forderungen gleichzeitig auch die Möglichkeiten zum Risikomanagement grundlegend verändert, sodass sie nicht mehr auf eine starke Position in den Organen der Unternehmensverfassung ihrer Schuldner angewiesen waren.

Damit insbesondere auch die verstärke Nachfrage der Unternehmen nach Eigenkapital auf ein entsprechendes Angebot von Investoren stoßen konnte, geriet der Anlegerschutz zunehmend in den Fokus der Gesetzgebung. Im Rahmen der in Teil III beschriebenen Reformmaßnahmen wurden mit den vier Finanzmarktförderungsgesetzen, dem Gesetz zur Kontrolle und Transparenz im Unternehmensbereich, der Angleichung der Rechnungslegung an den IFRS und dem deutschen Corporate-Governance-Kodex Grundlagen für einen verbesserten Anlegerschutz geschaffen.

Infolge der globalen Finanzkrise von 2008, die im weiteren Verlauf zum Auslöser einer Weltwirtschaftskrise wurde, wurde zudem auf EU-Ebene versucht, das Vertrauen in die Finanzmärkte durch verbesserte Mechanismen zur Aufsicht und Kontrolle wiederherzustellen und die bereits unternommenen Schritte zu vollenden, um ein einheitliches Regelwerk für die EU-Finanzmärkte zu etablieren (Pfisterer, 2016, S. 5). Die Gründung der European Securities and Markets Authority (ESMA) im Jahr 2011 (Moloney, 2018, S. 1) und die Umsetzung der Markets in Financial Instruments Directive II (MiFID II) im Januar 2018 sind dabei zwei konkrete Maßnahmen, die die Transparenz der Finanzmärkte und den Anlegerschutz verbessern sollten. Neben vielen weiteren Aufgabengebieten fallen auch die Verbesserung der Transparenzpflichten und der Finanzberichterstattung von börsennotierten Unternehmen in den Aufgabenbereich der ESMA, sodass durch die Arbeit der Behörde zahlreiche EU-Richtlinien und -Verordnungen mit konkreten Verbesserungsmaßnahmen erlassen werden konnten (Moloney, 2018, S. 9). Die Tätigkeit der ESMA und die Einführung von MiFID II zielte jedoch neben der Verbesserung des Schutzes für direkte Aktionäre vor allem auch auf den von Anlegern im Bereich der Finanzinstrumente ab, sodass die Kunden der Universal- und Spezial-Investmentgesellschaften unmittelbar betroffen sind.

8.2 Gestaltung der Organe im Outsider-System

8.2.1 Neue Akteure nutzen die Hauptversammlung

Auch das Bild auf deutschen Hauptversammlungen veränderte sich mit dem Ende der Deutschland AG deutlich. Die beiden wesentlichen Veränderungen waren die stark rückläufige Nutzung und Relevanz des Depotstimmrechts sowie die zunehmende Verbreitung der Stimmrechtsberatung.

Depotstimmrecht. Durch die Reform des Depotstimmrechts mit dem Gesetz zur Kontrolle und Transparenz im Unternehmensbereich (KonTraG) wurden Kreditinstituten zusätzliche Hinweispflichten auferlegt, die eine Beeinflussung der Stimmrechtsausübung „durch Interessen aus anderen Geschäftsbereichen des Kreditinstituts" (Deutscher Bundestag, 2009, S. 33) verhindern sollten. Obwohl die Anforderungen bereits im Jahr 2001 teilweise wieder reduziert wurden (insbesondere durch Aufhebung der Zwangsbefristung von Vollmachten, sodass die Vollmacht durch einmalige Erklärung bis auf Widerruf gültig war), führte der hohe administrative Aufwand der geltenden Regelungen und die abnehmende Relevanz des Kreditgeschäfts mit den Unternehmen zu einem Rückzug vieler Banken aus dem Depotstimmrecht (Deutscher Bundestag, 2009, S. 20). Auch weitere administrative Erleichterungen, die der Gesetzgeber den Banken mit dem Gesetz zur Umsetzung der Aktionärsrechterichtlinie (ARUG) im September 2009 einräumte, führten nicht dazu, dass die Banken wieder stärker vom Depotstimmrecht Gebrauch machten. Unabhängig davon stieg unter den Privatanlegern die Nachfrage nach den diversifizierten Anlagelösungen der Universal-Investmentgesellschaften (zulasten klassischer Bankdepots), sodass die Kreditinstitute selbst im Falle einer Rückkehr zum Depotstimmrecht deutlich geringere Stimmrechtsanteile als noch zur Zeit der Deutschland AG auf sich vereinigen konnten.

Geschäftsmodell der Stimmrechtsberater. Mit steigenden Stimmrechtsanteilen gerieten die Universal-Investmentgesellschaften stärker in den Fokus der Regulierungsbehörden. Eine zentrale Forderung lautete, dass die Investmentgesellschaften die von ihnen gehaltenen Stimmrechte unter Berücksichtigung ihrer treuhändischen Pflicht gegenüber ihren Kunden nutzen sollten. Entsprechende regulatorische Auflagen wurden zunächst in den USA geschaffen, wo die SEC bereits im Jahr 2003 alle dort tätigen institutionellen Investoren verpflichtete (SEC Final Rule: Proxy Voting by Investment Advisers, 68 Fed. Reg. 6585, 2003), (i) die Richtlinien und Verfahren, nach denen sie ihre Stimmrechte in Beteiligungsunternehmen ausüben, zu veröffentlichen und (ii) die jährlichen Abstimmungsprotokolle für alle Stimmrechtsausübungen öffentlich zugänglich zu machen (mit dem Gesetz zur Umsetzung der zweiten Aktionärsrechterichtlinie vom 12. Dezember 2019 wurde mit § 134b AktG eine vergleichbare Regelung in Deutschland etabliert). Da insbesondere für Universal-Investmentgesellschaften die Abgabe einer informierten Stimmrechtsentscheidung aufgrund der diversifizierten Aktienportfolios einen erheblichen Aufwand bedeutete, griffen die Gesellschaften infolge der SEC-Regelung verstärkt auf die Dienste von sogenannten Stimmrechtsberatern zurück.

Stimmrechtsberatungen sind Unternehmen, die Informationen von börsennotierten Gesellschaften analysieren, um Investoren umfassende Beratungsleistungen und Stimmempfehlungen zukommen zu lassen (vgl. seit 1. Januar 2020: § 134 a, Abs. 1 AktG). Das Dienstleistungsangebot der Stimmrechtsberater erstreckt sich dabei von einer reinen Informationsbeschaffung über die Ausarbeitung einer konkreten Abstimmungsempfehlungen bis hin zu einer vollständigen Übernahme aller mit dem Stimmrecht verbundenen Tätigkeiten (Heinen, 2019, S. 62). Die von den Stimmrechtsberatern erarbeiteten Empfehlungen richten sich in der Regel nach ihren internen Richtlinien und Grundsätzen und nicht nach möglichen individuellen Interessen der Investoren (vgl. Hoch, 2016, S. 487).

Basierend auf den Veränderungen in den Eigentümerstrukturen der deutschen börsennotierten Unternehmen und dem verstärkten Engagement der US-amerikanischen Investmentgesellschaften, hatten die Anforderungen der SEC in den Jahren nach ihrer Einführung auch einen unmittelbaren Einfluss auf die Mandatierung dieser Dienstleister bei Stimmrechtsausübungen von Investmentgesellschaften auf deutschen Hauptversammlungen. Deshalb richtete sich auch der Deutsche Investor Relations Verband (DIRK) im Jahr 2014 mit einer Empfehlung zum Umgang mit den Stimmrechtsberatern an die Verbandsmitglieder, (vgl. Deutscher Investor Relations Verband, 2014), um die Unternehmen besser auf die Zusammenarbeit mit den Dienstleistern vorzubereiten.

Kritik an Stimmrechtsberatern. Grundsätzlich ist die Tätigkeit der Stimmrechtsberater vergleichbar mit der Interessensvertretung von Aktionärsvereinigungen, wie sie beispielsweise von der Deutschen Schutzvereinigung für Wertpapierbesitz e.V. (DSW) für Privatanleger angeboten wird. Aufgrund des hohen und diversifizierten Anteilsbesitz der Investmentgesellschaften haben die Stimmrechtsberater jedoch einen deutlich größeren Einfluss als die in Deutschland tätigen Aktionärsvereinigungen. Die umfangreiche Nutzung der Dienste der Berater führte jedoch auch zu einer deutlichen Kritik, die sich auf (i) mögliche Interessenskonflikte, (ii) das methodische Vorgehen, sowie (iii) die Struktur des Marktes für Stimmrechtsberatung fokussierte.

Die Möglichkeit von Interessenskonflikten ergibt sich aus der Prinzipal-Agenten-Beziehung, die zwischen dem Stimmrechtsberater und der auftraggebenden Investmentgesellschaft entsteht. Dabei kann es zu Informationsasymmetrien kommen, die der Berater zu seinen Gunsten ausnutzen kann (Heinen, 2019, S. 62). Seine Interessen können durch (i) die Eigentümerstruktur des eigenen Unternehmens, (ii) die wirtschaftlichen Interessen seiner eigenen Mitarbeitern, (iii) die Mandatsbeziehungen zu anderen Investoren, sowie (iv) die Mandatsbeziehungen zu Emittenten von Wertpapieren beeinflusst werden.

– Einerseits ist beispielsweise der Marktführer unter den Stimmrechtsberatern, Institutional Shareholder Services (ISS), im Besitz eines PE-Fonds, der auch Beteiligungen an zahlreichen anderen Unternehmen hält. Folglich ist es möglich, dass der Eigentümer einer Stimmrechtsberatung ein direktes oder indirektes Interesse an einem Unternehmen hat, über das der Berater im Auftrag eines Mandanten seine Dienstleistung erbringt (vgl. Balp, 2017, S. 6).

– Zweitens können Mitarbeiter eines Stimmrechtsberaters ein Eigeninteresse an einem bestimmten Abstimmungsverhalten haben, insbesondere dann, wenn sie selbst Aktien des betroffenen Unternehmens halten oder ein anderweitiges Mandat für das Unternehmen inne- oder in Aussicht haben.

– Drittens ist zu berücksichtigen, dass Stimmrechtsberater ihre Dienstleistungen über ein gegebenes börsennotiertes Unternehmen gleichzeitig mehreren Kunden verkaufen und so in erheblichem Maße Skaleneffekte nutzen. Sollte ein Kunde für eine Hauptversammlung eine Ergänzung der Tagesordnung mit entsprechender Beschlussvorlage einbringen (§ 122 Abs. 2 AktG), könnte der Stimmrechtsberater zur Aufrechterhaltung seines Mandats verleitet sein, seinen übrigen Kunden eine Annahme der Beschlussvorlage zu empfehlen, auch wenn dies ggf. nicht im besten Interesse der übrigen Mandanten wäre.

Abschließend können Interessenskonflikte auch durch Leistungen entstehen, die die Stimmrechtsberater gegenüber den börsennotierten Unternehmen anbieten (Balp, 2017, S. 6; Heinen, 2019, S. 65). Diese, an Unternehmen gerichtete Dienstleistungen, umfassen die Bereitstellung von Informationen, eine Beratung zur Corporate Governance des Unternehmens sowie Beratungsleistungen zu konkreten Tagesordnungspunkten der Hauptversammlung, die darauf abzielen, „sensible oder komplexe Themen in einer Weise vorzubereiten, dass eine Zustimmung der Aktionäre auf der Hauptversammlung erwartet werden kann" (Heinen, 2019, S. 65, in Bezug auf die Dienstleistungen des Marktführers ISS). Potenziell opportunistisches Verhalten der Berater wird schließlich dadurch begünstigt, dass (i) eine konsequente Überwachung der Stimmrechtsberater aus Sicht der Mandanten nicht sinnvoll ist, da dies konträr zu ihrem Ziel der Externalisierung des Informationsaufwands wäre (Balp, 2017, S. 5), und dass (ii) die Stimmrechtsberater aufgrund eines fehlenden Anteilsbesitz keine direkten Konsequenzen aus den Abstimmungsergebnissen tragen müssen (Heinen, 2019, S. 63).

Am methodischen Vorgehen der Stimmrechtsberater wird oftmals kritisiert, dass die Hintergründe der Abstimmungsempfehlung intransparent und dass sowohl die Bewertungskriterien als auch die Empfehlungen an einem universellen Raster ausgerichtet sind, das Länder-, Industrie-, oder Unternehmensspezifika nicht ausreichend berücksichtigt (Balp, 2017, S. 5). Darüber hinaus werfen Kritiker den Stimmrechtsberatern eine ungenügende Anhörung der Emittenten vor (Hoch, 2016, S. 490) und beklagen, dass Unternehmensvertreter vor der Abgabe der Abstimmungsempfehlung oftmals nicht die Möglichkeit haben, ihre Entscheidungen oder Beschlussvorlagen für die Hauptversammlung zu erläutern.

Der Markt für Stimmrechtsberatungen besteht weltweit auf der Angebotsseite aus nur sehr wenigen Marktteilnehmern und auch in Deutschland ergibt sich aufgrund der Vormachtstellung der Unternehmen Institutional Shareholder Services (ISS) und Glass Lewis (GL) ein Quasi-Duopol. Eine mögliche negative Folge dieser Marktstruktur ist ein unzureichender Wettbewerb zwischen den Anbietern, der sowohl zu Qualitätsdefiziten als auch zu hohen Preisen für die Kunden führen kann.

Investmentgesellschaften haben grundsätzlich zwei verschiedene Möglichkeiten, auf die von den Stimmrechtsberatern erarbeiteten Empfehlungen zu reagieren. Einerseits können sie die Empfehlung lediglich als zusätzliche Informationsquelle heranziehen, um ihre eigenständige Entscheidungsfindung zu validieren oder zu unterstützen (vgl. Hoch, 2016, S. 489). Dabei haben sich manche Investoren einen „Follow-or-explain"-Ansatz auferlegt, wonach sie sich verpflichten, eine Abweichung von der Empfehlung der Stimmrechtsberater zu begründen (Hoch, 2016, S. 489). Aufgrund der eingangs beschriebenen Motivation der Kostensenkung für die Informationsbeschaffung und -verarbeitung ist jedoch davon auszugehen, dass dieser Umgang nur in Ausnahmefällen, bei sehr kritischen Abstimmungen gewählt wird. Andererseits können sich Investoren dazu entscheiden, den Empfehlungen der Berater „quasi blind" (Hoch, 2016, S. 489) zu folgen. Nimmt man die Marktstruktur der Stimmrechtsberatung und den Anreiz für Investmentgesellschaften, aus Kapazitäts- und Kostengründen auf eine Prüfung der erhaltenen Empfehlungen zu verzichten, zusammen, so wird das hohe Einflusspotenzial der beiden führenden Anbieter auf die Hauptversammlungen deutscher Unternehmen deutlich.

Stimmrechtsberatung in Deutschland. Da das Phänomen der Stimmrechtsberater in der Europäischen Union kurz nach Ende der Deutschland AG vergleichsweise neu war, gab es über lange Zeit keine kodifizierten Regelungen. Folglich waren hierzulande neben zivilrechtlichen Vorgaben (z. B. §§ 167 ff. BGB) nur rudimentäre Regelungen bezüglich der Vollmachtserteilung von Aktionären (z. B. § 134 Abs. 3 AktG) durch das Aktiengesetz zu beachten. Im Jahr 2011 befasste sich erstmals die Europäische Finanzmarktaufsicht ESMA mit den Stimmrechtsberatern. Nach einem Konsultationsprozess und einem Diskussionspapier (vgl. European Securities and Markets Authority, 2012) forderte die Behörde die Stimmrechtsberater zunächst zu einer Selbstregulierung auf (Deutscher Investor Relations Verband, 2014, S. 17 f.).

Im Zuge dessen legten sechs Stimmrechtsberater (darunter auch ISS und GL), die sich als Best Practice Principles Group (BPPG) zusammengeschlossen hatten, im März 2014 die „Best Practice Principles for Shareholder Voting Research 2014" vor (vgl. Balp, 2017, S. 14; Deutscher Investor Relations Verband, 2014, S. 19). Dennoch forderte die Europäische Kommission bereits im April des Jahres, dass die Selbstregulierung durch den von der BPPG erarbeiteten Kodex um verbindliche gesetzliche Regelungen ergänzt werden sollte (Europäische Kommission, 2014). Nachdem ein ordentliches Gesetzgebungsverfahren stattgefunden hatte, wurde am 17. Mai 2017 die Richtlinie 2007/36/EG im Hinblick auf die Förderung der langfristigen Mitwirkung der Aktionäre durch die

Einführung der Richtlinie 2017/828 geändert. Die Änderung wurde dabei wie folgt begründet (vgl. Richtlinie 2017/828, Ziffer 25):

> Viele institutionelle Anleger und Vermögensverwalter nutzen die Dienste von Stimmrechtsberatern, die für sie Recherchen durchführen, sie beraten und ihnen empfehlen, wie sie in Hauptversammlungen börsennotierter Gesellschaften abstimmen sollen. Diese Berater spielen zwar insofern eine wichtige Rolle für die Corporate Governance, als sie dazu beitragen, die Kosten für die Analyse von Unternehmensinformationen zu verringern, aber sie können auch das Stimmverhalten der Anleger in erheblichem Maße beeinflussen. Insbesondere Anleger mit stark diversifizierten Portfolios und viele ausländische Anteilseigner verlassen sich verstärkt auf Empfehlungen von Stimmrechtsberatern.

Die Umsetzung der Richtlinie in nationales Recht erfolgte in Deutschland durch das Gesetz zur Umsetzung der zweiten Aktionärsrechterichtlinie (ARUG II) und die entsprechenden Vorschriften, welche § 134 a–d AktG betreffen, traten zum 1. Januar 2020 in Kraft. Demnach werden den Stimmrechtsberater umfassende Offenlegungspflichten auferlegt, die sie analog zum „Comply-or-explain"-Prinzip aus dem Deutschen Corporate-Governance-Kodex dazu verpflichtet, ihre Einhaltung des BPPG-Kodex zu versichern oder bei Abweichungen eine entsprechende Begründung abzugeben. Darüber hinaus sieht Absatz 2 vor, dass sich die Offenlegungspflichten auch auf das Vorgehen der Berater bei der Informationsbeschaffung und Auswertung erstreckt (§ 134d Abs. 2 AktG). Abschließend verpflichtet Absatz 4 die Stimmrechtsberater, ihre Kunden unverzüglich über Interessenskonflikte zu informieren (§ 134d Abs. 4 AktG).

Das Ausmaß des Einflusses von Beratern auf die Abstimmungsergebnisse der Hauptversammlungen wird in der Literatur sehr unterschiedlich bewertet, sodass den Stimmrechtsberatern beispielsweise für US-amerikanische Unternehmen je nach Studie eine Beeinflussung von 13,6 Prozent bis zu „einem Drittel oder mehr" (vgl. Choi et al., 2009, S. 871) der Stimmrechte zugetraut wird. Mögliche Ursachen für die unterschiedlichen Ergebnisse sind beispielsweise abweichende Unternehmensspezifika in den Stichproben (z. B. basierend auf den vorherrschenden Eigentümerstrukturen) oder Unterschiede in der Kontrolle für anderweitige Effekte (z. B. dem Umgang mit der Abstimmungsempfehlung durch die Investoren). Wir stellen die beiden Marktführer ISS und GL zunächst anhand von Kurzprofilen vor und verdeutlichen abschließend (s. Kapitel 4.2.5) anhand von konkreten Fallstudien, wie die Stimmrechtsberater zu einer Kontrolle der Vorstände beitragen.

Institutional Shareholder Services (ISS). Institutional Shareholder Services (ISS) wurde 1995 von Morgan Stanley Capital International (MSCI) als eigenständige Tochtergesellschaft gegründet (Schiereck & Painter, 2018, S. 5 f.). Das Unternehmen beschäftigt heute rund 2.000 Mitarbeiter (ISS, 2020a) und deckt für seine rund 2.000 institutionellen Mandanten (ISS, 2020b) pro Jahr ca. 44.000 Hauptversammlungen in 115 Märkten weltweit ab (ISS, 2020b).

Im Jahr 2014 verkaufte MSCI ISS für 364 Millionen US-Dollar an den PE-Fonds Vestar Capital Partners (MSCI, 2014), der das Unternehmen im September 2017 für 720 Millionen US-Dollar wiederum an den PE-Fonds Genstar Capital verkaufte (ISS, 2017). Dass Vestar mit ISS innerhalb von drei Jahren knapp 100 Prozent Gewinn realisieren konnte verdeutlicht das enorme Geschäftswachstum des Stimmrechtsberaters.

In Deutschland verstärkte das Unternehmen seine lokale Präsenz 2018 durch die Übernahme der deutschen ESG Agentur oekom research AG (ISS, 2018). Das Geschäft des Unternehmens setzt sich heute aus verschiedenen Bereichen zusammen, die den Kunden weitreichende Dienstleistungen bieten, wie beispielsweise (vgl. ISS, 2020a):
-   Governance: Erstellung von Abstimmungsrichtlinien und Stimmrechtsempfehlungen sowie End-to-End-Lösungen für die Stimmrechtsvertretung
-   EVA: Standardisierte Messung, Analyse und Bewertung des erwirtschafteten Gewinns eines Unternehmens basierend auf dem „Economic Value Added"
-   ESG: Bereitstellung von Screening-Lösungen, die Investoren eine Anlage ermöglichen sollen, die vordefinierten (**E**nvironmental, **S**ocial, **G**overnance) Kriterien genügen

Darüber hinaus gründete ISS im Jahr 1997 das Tochterunternehmen ISS Corporate Services (ICS), das fortan Emittenten von Wertpapieren in fünf Bereichen (Governance Solutions, Compensation Solutions, Sustainability Solutions, Sustainable Finance, Financial Solutions) weitreichende Beratungsdienstleistungen bietet (ICS, 2020), die auch die Unterstützung von Emittenten im Umgang mit aktivistischen Investoren umfasst (ICS, 2020).

Für deutsche Emittenten richtet ISS seine Abstimmungsempfehlungen für Investoren grundsätzlich an den hauseigenen „Continental Europe Proxy Voting Guidelines" aus, die jährlich aktualisiert werden und jeweils zum 1. Februar in Kraft treten.

Glass Lewis. Glass Lewis (GL) wurde im Jahr 2003 von einer Gruppe von Finanz-, Buchhaltungs- und Rechtsexperten gegründet (Glass Lewis, 2020). Das Unternehmen beschäftigt heute rund 380 Mitarbeiter und deckt für seine Mandanten pro Jahr ca. 20.000 Hauptversammlungen in 100 Märkten weltweit ab (Glass Lewis, 2020). Bezüglich seiner Mandanten gibt das Unternehmen an, mehr als 1.300 Investoren zu betreuen, unter denen die Mehrheit der weltweit größten Pensionsfonds, Investmentfonds und Vermögensverwalter vertreten sind und die in Summe ein Vermögen von mehr als 35 Billionen US-Dollar verwalten (Glass Lewis, 2020).

Seit 2007 ist das Unternehmen im Besitz des Ontario Teachers' Pension Plan (OTPP) (Brewster, 2007), der im Jahr 2013 eine Minderheitsbeteiligung in Höhe von 20 Prozent an die Alberta Investment Management Corporation veräußerte (Glass Lewis, 2013). Analog zur Akquisition der oekom research AG durch ISS hat GL durch die Übernahme des deutschen Wettbewerbs IVOX Mitte 2015 zur weiteren Konsolidierung des Marktes in Deutschland beigetragen. Die damit neu geschaffene deutsche

Tochtergesellschaft von GL trägt den Namen IVOX Glass Lewis GmbH und ist weiterhin am ehemaligen IVOX Standort in Karlsruhe angesiedelt (Glass Lewis, 2015).

Die Dienstleistungen von GL unterteilen sich in vier Bereiche: (i) Viewpoint – eine webbasierte Onlineplattform für das Abstimmungsmanagement, (ii) Proxy Paper – Berichte mit Analysen und Empfehlungen zum Abstimmungsverhalten, (iii) Share Recall – Identifikation von wichtigen Abstimmungen, die den Rückruf von verliehenen Aktien erfordern, und (iv) Right Claim – ein Service zur Abwicklung von Sammelklagen (Glass Lewis, 2020). Im Gegensatz zu ISS bietet GL damit keine Dienstleistungen an, die sich direkt an Emittenten richten, sodass ein Teil der oben beschriebenen Kritikpunkte bezüglich möglicher Interessenskonflikte nicht auf GL zutrifft. Wie ISS veröffentlicht auch GL die jährlich überarbeiteten Abstimmungsrichtlinien, die den eigenen Stimmrechtsempfehlungen zugrunde liegen, auf der Unternehmenshomepage.

8.2.2 Einschränkung der paritätischen Besetzung des Aufsichtsrats

Ähnlich wie im Falle der Hauptversammlung hat sich auch das Organ des Aufsichtsrats nach dem Ende der Deutschland AG verändert. Einerseits wurde verstärkt Wert auf Vielfalt („Diversity") im Aufsichtsrat gelegt. Nachdem eine Empfehlung des Deutschen Corporate Governance Kodex (DCGK), den Frauenanteil in den Aufsichtsräten der börsennotierten Unternehmen zu steigern, nur geringfügige Veränderungen bewirkte (Bundesgerichtshof, 2015) wurde mit dem Gesetz für die gleichberechtigte Teilhabe von Frauen und Männern an Führungspositionen in der Privatwirtschaft und im öffentlichen Dienst (vom 24. April 2015, in Kraft getreten am 1. Mai 2015) eine gesetzliche Grundlage geschaffen, Aufsichtsräte vielfältiger zu besetzen. Demnach sollen sie sich zu mindestens 30 Prozent aus Frauen und zu mindestens 30 Prozent aus Männern zusammensetzen. Wie eine Veröffentlichung des Bundesministeriums für Familie, Senioren, Frauen und Jugend aus dem Jahr 2020 für insgesamt 105 deutsche Aktiengesellschaften zeigt, wurden Ende April 2020 rund 35 Prozent der Aufsichtsratsmandate von Frauen gehalten (Bundesministerium für Familie, Senioren, Frauen und Jugend, 2020), sodass die gesetzliche Mindestvorgabe erfüllt wurde.

Darüber hinaus gab es eine weitere regulatorische Änderung nach dem Ende der Deutschland AG, die sowohl die Gestaltung der Aufsichtsräte als auch die der Vorstände beeinflusste: Mit der Einführung der „Societas Europaea" (SE) im Jahr 2004 wurde eine supranationale europäische Rechtsform geschaffen, die es deutschen börsennotierten Unternehmen erstmals ermöglichte, zwischen einem dualistischen System (mit Vorstand und Aufsichtsrat) und einem monistischen System (mit einem Verwaltungsrat) zu wählen (EG-Verordnung 2157/2001).

Obwohl die Einführung ein hohes disruptives Potenzial für die traditionelle Unternehmensverfassung in Deutschland hatte, hielten die meisten Unternehmen an ihren bestehenden Rechtsformen fest oder wählten auch bei einem Wechsel zur Rechtsform der SE zumeist ein dualistisches System. Eine Erhebung für alle HDAX-

Unternehmen Anfang 2020 zeigt, dass insgesamt 24 von 98 Unternehmen in der Rechtsform der SE organisiert waren, jedoch nur zwei dieser Unternehmen (Airbus SE und RIB Software SE) eine monistische Struktur wählten. Da der Unternehmenssitz von Airbus in den Niederlanden liegt, verbleibt unter Ausschluss aller HDAX-Unternehmen mit einem ausländischen Hauptsitz nur ein Unternehmen in der Rechtsform der SE, das monistisch organisiert ist. Zusätzlich sind im HDAX Unternehmen geführt, die ihren Hauptsitz außerhalb von Deutschland haben und in einer ausländischen Rechtsform organisiert sind, die ggf. auch eine monistische Struktur vorsieht (z. B. Aroundtown SA mit Sitz in Luxemburg). Somit blieben die Aufsichtsrats- und Vorstandsorgane für die meisten HDAX-Unternehmen auch nach dem Ende der Deutschland AG erhalten.

Hinsichtlich der Gestaltung des Aufsichtsrats lässt sich für die Unternehmen, die in der Rechtsform der SE organisiert sind und ein dualistisches System implementiert haben, jedoch eine Schwächung der Arbeitnehmervertretung feststellen, da bei der SE keine paritätische Besetzung aus Vertretern der Anteilseigner und der Arbeitnehmer vorgeschrieben ist (dies wird durch das SE-Beteiligungsgesetz (SEBG) vom 22. Dezember 2004 geregelt; vgl. Raabe, 2011, S. 303 ff.). Der zur Zeit der Deutschland AG in den Aufsichtsräten vorherrschende Interessenspluralismus ist in den als SE organisierten Unternehmen also nicht mehr notwendiger Weise in gleichem Maße gewährleistet.

Die fundamentalste Veränderung für die Gestaltung der Aufsichtsräte ergibt sich jedoch unabhängig von der Rechtsform aus der deutlich verringerten Vergabe von Mehrfachmandaten, die eine teilweise Entflechtung der historisch engen Personalverflechtungen bewirkte.

8.2.3 Kleinere Vorstände und weniger Personalverflechtungen

Im Vergleich zu den anderen Organen der Unternehmensverfassung weisen die Vorstände nach Ende der Deutschland AG die wenigsten grundlegenden Veränderungen auf. Neben der bereits beschriebenen Einführung der europäischen Rechtsform SE ist für die HDAX-Unternehmen aus der Stichprobe festzustellen, dass die Vorstände durchschnittlich kleiner geworden sind (vgl. Abbildung 47). Während die durchschnittliche Größe im Jahr 1990 noch bei sechs Mitgliedern lag und 9 Prozent der Unternehmen zehn oder mehr Vorstände in ihrem Führungsgremium hatten, sank die durchschnittliche Anzahl bis zum Jahr 2020 um 24 Prozent auf 4,6 Mitglieder. Zu diesem Zeitpunkt hatte auch nur noch 1 Prozent der Unternehmen zehn oder mehr Vorstandsmitglieder. Die verringerte durchschnittliche Größe verläuft dabei entgegengesetzt zur Entwicklung der Unternehmensgröße, da während als auch nach dem Ende der Deutschland AG eine geografische und produktseitige Ausdehnung der Geschäftstätigkeit stattfand. Mögliche Erklärungsansätze hierfür sind eine größere Effizienz der Vorstandsmitglieder aufgrund des technologischen

Fortschritts sowie eine zunehmende Teilkonzernbildung, bei der eine Führungsebene unterhalb des Vorstandes für die Leitung von einzelnen Bereichen des Konzerns verantwortlich ist.

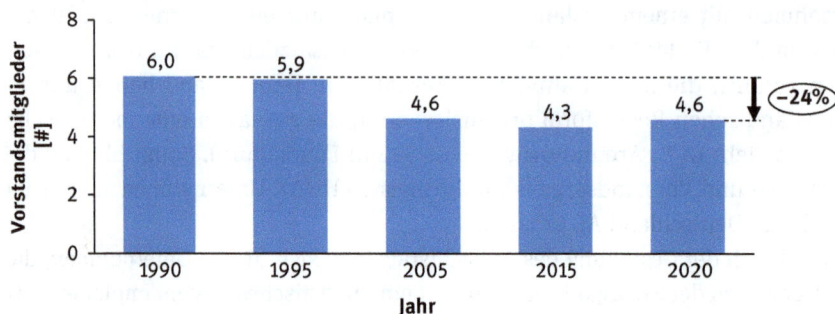

Abbildung 47: Durchschnittliche Anzahl der Vorstandsmitglieder der Stichprobenunternehmen. N = 97 (1990), 100 (1995), 103 (2005), 105 (2015) und 91 (2020); Unternehmen mit monistischem System sind von der Betrachtung ausgenommen.

Neben der Anzahl der Vorstandsmitglieder veränderte sich nach dem Ende der Deutschland AG auch der Grad der Personalverflechtungen durch Vorstands- und Aufsichtsratsmitglieder. Um das Ausmaß der Verbindungen zu bestimmen, wird analog zum Vorgehen für den Zeitraum der Deutschland AG die Stichprobe der HDAX-Unternehmen herangezogen. Dabei werden alle Unternehmen berücksichtigt, die zum Beobachtungszeitpunkt im Jahr 2020 Teil des Index waren, sodass sich eine Stichprobe von 98 Unternehmen ergibt (vgl. Anhang 1). Als Datenquellen für die Gremienbesetzung dienten wiederum der „Hoppenstedt Aktienführer" und die Datenbank „Refinitiv Eikon". Abbildung 48 illustriert für das Jahr 2020, mit welchem Anteil der übrigen Stichprobenunternehmen jedes der betrachteten HDAX-Unternehmen über Personalverflechtungen verbunden war. Dabei wird zwischen direkten Personalverflechtungen erster Ebene (dunkelblau) und indirekten Personalverflechtungen zweiter Ebene (hellblau) unterschieden. Bei Ersteren unterhält ein Mandatsträger von Unternehmen A zusätzlich ein Mandat in Unternehmen B, wodurch die Unternehmen A und B direkt miteinander verbunden sind. Bei indirekten Personalverflechtungen hingegen trifft der Mandatsträger von Unternehmen A im Gremium des Unternehmens B auf eine Person, die über ein Mehrfachmandat gleichzeitig in den Unternehmen B und C tätig ist. Durch das Aufeinandertreffen im Gremium des Unternehmens B entsteht so auf zweiter Ebene eine indirekte Personalverflechtung zwischen den Unternehmen A und C. In der Analyse werden nur indirekte Personalverflechtungen zwischen Unternehmen berücksichtigt, die nicht bereits durch eine direkte Personalverflechtung miteinander verbunden sind (folglich ist eine Doppelzählung ausgeschlossen). Es zeigt sich, dass ein Stichprobenunternehmen im Jahr 2020 im Durchschnitt nur mit 2 Prozent der übrigen untersuchten Unternehmen durch eine direkte, und mit durchschnittlich 9 Prozent der übrigen Unternehmen durch die Kombination von direkten und indirekten Personalverflechtung verbunden war.

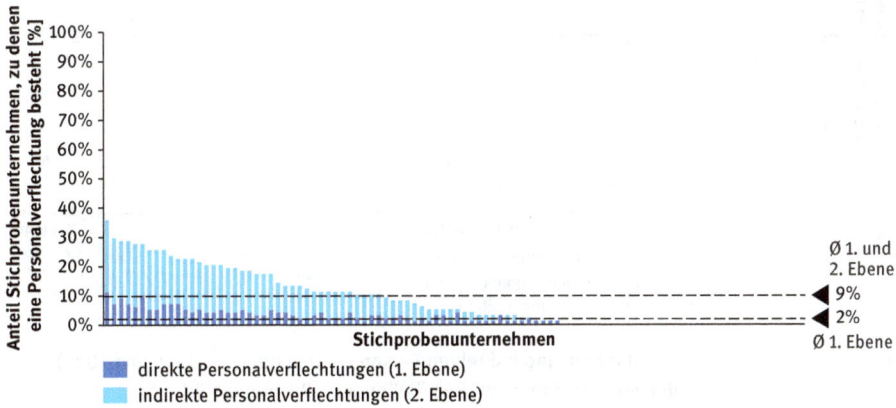

Abbildung 48: Direkte und indirekte Personalverflechtungen (2020).
N = 98.

Im Vergleich zu den Befunden aus dem Jahr 1995 kam es somit zu einem deutlichen Rückgang der Personalverflechtungen. Abbildung 49 zeigt dazu die historischen Werte als schwarze Linien über den Balken für die aktuellen Personalverflechtungen. Dabei wird eine ranggleiche Betrachtung durchgeführt, d. h. das Stichprobenunternehmen mit den meisten direkten und indirekten Personalverflechtungen im Jahr 2020 (ganz links im Chart angeordnet) wird dem Stichprobenunternehmen gegenübergestellt, das 1995 die meisten Personalverflechtungen hatte. Während das Unternehmen mit den meisten Personalverflechtungen im Jahr 1995 noch mit knapp 90 Prozent der Stichprobenunternehmen (direkt oder indirekt) verbunden war, kommt das Unternehmen mit den meisten Personalverflechtungen 2020 nur noch auf einen Wert von rund 35 Prozent. Ähnlich verhält es sich auch für den Rest der Stichprobe, sodass der durchschnittliche Anteil der Unternehmen, mit dem die untersuchten Unternehmen über direkte und indirekte Personalverflechtungen verbunden sind, von 61 Prozent im Jahr 1995 auf nur noch 9 Prozent im Jahr 2020 abgesunken ist.

Dementsprechend weißt auch das Netzwerkdiagramm (vgl. Abbildung 50) für die Personalverflechtungen deutlich weniger Unternehmen (64, d. h. 65 Prozent der Stichprobe) und Verbindungen (109) aus als noch im Jahr 1995 (95 Unternehmen, d. h. 95 Prozent der Stichprobe und 634 Verbindungen). Zudem sind 2020 rund 93 Prozent der Verbindungen nur auf jeweils eine Personalüberschneidung zurückzuführen, während dies 1995 bei nur 77 Prozent der Verbindungen der Fall war.

Auf Ebene der einzelnen Mandatsträger ging die Anzahl der gleichzeitig ausgeübten Mandate zurück. Mit jeweils vier Mandaten unter den Stichprobenunternehmen hielten Karl-Heinz Streibich und Kurt Dobitsch im Jahr 2020 die meisten Mandate. Im Vergleich

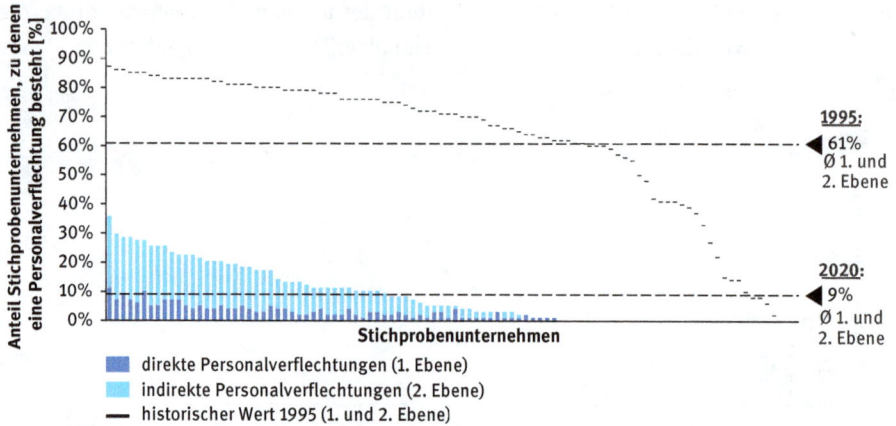

Abbildung 49: Vergleich der direkten und indirekten Personalverflechtungen (1995 und 2020). Aufgrund der unterschiedlichen Stichprobengrößen fließen aus 1995 nur die 98 Stichprobenunternehmen (entspricht Größe der kleineren Stichprobe) mit den meisten Personalverflechtungen in den Vergleich ein.

zu 1995, als selbst der Fünftplatzierte noch acht Mandate innehatte, hätten ihnen diese Werte zur Zeit der Deutschland AG keine führenden Positionen in dieser Betrachtung eingebracht. Ein weiterer Unterschied zur Vergleichszeit besteht darüber hinaus darin, dass im Jahr 2020 keine der fünf Personen mit den meisten Mandaten ein Vorstands- oder Aufsichtsratsmitglied eines Finanzinstituts ist, während dies 1990 auf alle fünf führenden Personen zutraf (vgl. Tabelle 11). Zudem ist im Jahr 2020 keiner der Personen ein Primärorgan zuzuweisen, das heißt, dass niemand zum Beobachtungszeitpunkt ein Vorstandsmandat innehatte oder im Aufsichtsrat eines Unternehmens tätig war, für das sie oder er zu einem früheren Zeitpunkt ein Vorstandsmandat ausgeübt hatte. Folglich hat sich neben dem Umfang auch die Natur der Personalverflechtungen verändert.

Mit dem Ende der Deutschland AG fanden viele Motive, die ursprünglich zum Aufbau von Personalverflechtungen geführt hatten (vgl. Teil II) keine Anwendung mehr. Einerseits entfielen aufgrund der reduzierten Darlehensnutzung der Unternehmen sämtliche Motive, die in der Überwindung von Informationsasymmetrien zur Reduktion von Kreditausfallrisiken begründet waren. Andererseits boten die zwölf im Jahr 2020 verbliebenen Eigenkapitalbeteiligungen zwischen den analysierten Industrieunternehmen auch keine ausreichende Grundlage, um die 88 direkten Personalverbindungen zwischen Industrieunternehmen vor dem Hintergrund der Überwindung etwaiger Prinzipal-Agentenprobleme zu erklären. Die im Jahr 2020 identifizierten Personalverflechtungen waren folglich primär auf persönliche Motive zur Steigerung des individuellen Humankapitals zurückzuführen. Darüber hinaus legt die Vita einiger Inhaber von Mehrfachmandaten nahe, dass sie ihre Aufsichtsratstätigkeit als Profession ausübten, wovon die Gestaltung der Aufsichtsratsorgane bei entsprechender Qualifikation der Personen angesichts des Rückzugs der oftmals fach-

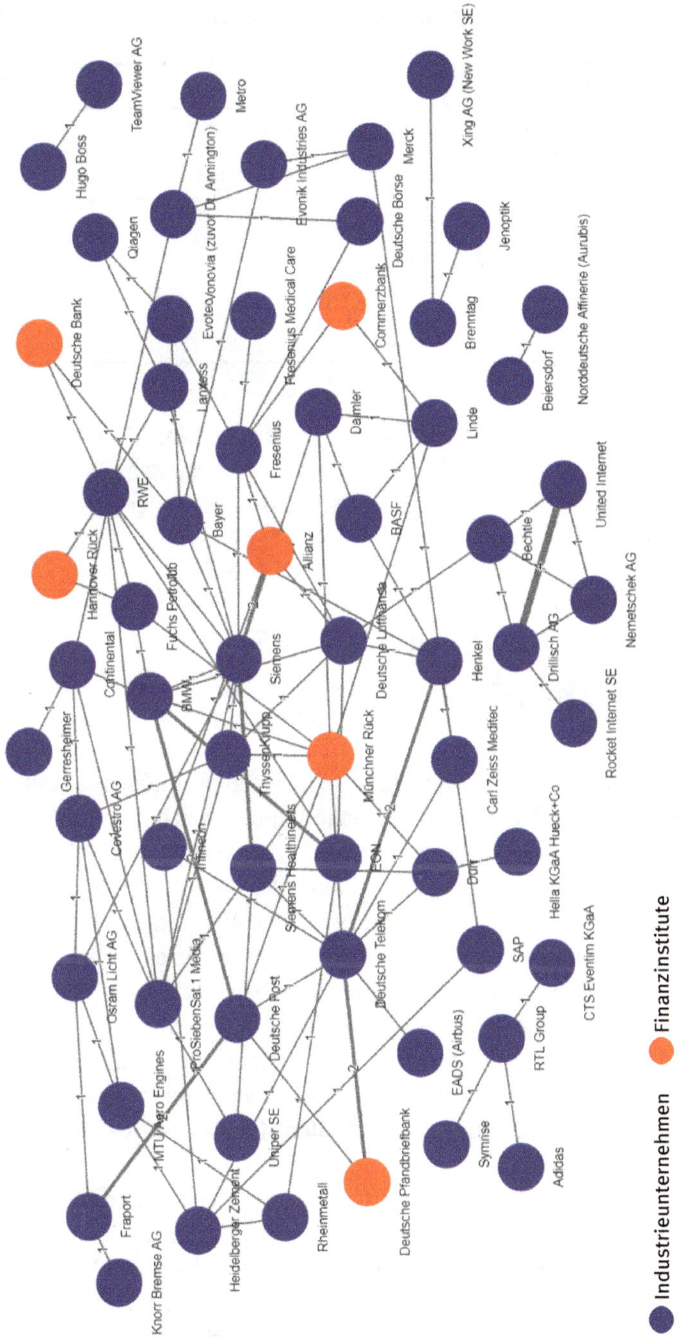

Abbildung 50: Personalverflechtungen (2020).

● Industrieunternehmen ● Finanzinstitute

Tabelle 11: Personen mit den meisten Mandaten in den Stichprobenunternehmen (2020).

Rang	Name	Primärorgan		Anzahl
1	Karl-Heinz Streibich	–	(ehem. Vorstandsvorsitzender Software AG)	4
2	Kurt Dobitsch	–	(ehem. Vice President Compaq Computer)	4
3	Marion Helmes	–	(ehem. Vorstandssprecherin Celesio)	3
4	Werner Brandt	–	(ehem. Vorstandsmitglied SAP)	3
5	Marion A. Weissenberger-Eibl	–	(Professorin)	3

kundigen Vertreter der Finanzinstitute stark profitieren könnte. Dies gilt insbesondere, da die neuen Eigentümer, allen voran die Universal-Investmentgesellschaften und die diversifizierten Staatsfonds und öffentliche Pensionsfonds, in der Regel keine Mandate in ihren Beteiligungsunternehmen anstrebten.

8.3 Gestaltung der Beziehungen im Outsider-System

8.3.1 Weisungsbeziehung: Erstmals kodifizierte Gemeinwohlklausel

Die inhaltliche Ausgestaltung der Weisungsbeziehung zwischen Aufsichtsrat und Vorstand erhielt nach Ende der Deutschland AG neue Impulse aus dem Deutschen Corporate-Governance-Kodex (DCGK). Der im Jahr 2002 erstmals vorgestellte Kodex übernahm das „Unternehmensinteresse" als Leitmaxime der Unternehmensführung zunächst in der Tradition des Aktiengesetzes von 1965 ohne sie weiter zu konkretisieren. In Übereinstimmung mit der Interpretation des Aktiengesetzes sahen es Experten auch in der originären Fassung des Kodex als selbstverständlich an, dass „jede Unternehmensführung im langfristigen Interesse des Unternehmens gehalten ist oder zumindest sein sollte, die Belange jeder Stakeholdergruppe in angemessenem Ausmaß zu beachten und so die letztlich existenznotwendige Unterstützung aller Bezugsgruppen auch für die Zukunft sicherzustellen" (v. Werder, 2011, S. 51).

Mit der Neufassung des Kodex im Jahr 2009 beschrieb die zuständige Regierungskommission durch die erstmalige konkrete Nennung des Unternehmensinteresses als Operationalisierung des Unternehmensziels, die Interessen verschiedener Gruppen zu berücksichtigen. Während es in der Vorjahresversion hieß, der Vorstand sei „an das Unternehmensinteresse gebunden und der Steigerung des nachhaltigen Unternehmenswertes verpflichtet" (Regierungskommission Deutscher Corporate Governance Kodex, 2008, S. 6), lautete die entsprechende Passage ab dem Jahr 2009: „Der Vorstand leitet das Unternehmen mit dem Ziel nachhaltiger Wertschöpfung in eigener Verantwortung und im Unternehmensinteresse, also unter Berücksichtigung der Belange der Aktionäre, seiner Arbeitnehmer und der sonstigen dem Unternehmen verbundenen Gruppen (Stakeholder)" (Regierungskommission Deutscher Corporate Governance Kodex, 2009, S. 7). Die Formulierung blieb bis zum Jahr 2019 bestehen, als der Kodex umfassend überarbeitet wurde (vgl. Regierungskommission Deutscher Corporate Governance Kodex, 2019).

In der Praxis zeigen beispielsweise regelmäßige erfolgreiche Tarifverhandlungen der Sozialpartner sowie die schrittweise Umsetzung gesellschaftlicher Forderungen zum unternehmerischen Umweltschutz, dass die Interessen verschiedener Stakeholder auch weiterhin in die Entscheidungen der Geschäftsführung einfließen. Jeder Vorstand muss dabei für sein Unternehmen eine passende Balance zwischen den diversen, teils diametral verlaufenden Interessen finden, um sowohl angemessene Forderungen externer Stakeholder als auch die Interessen der Aktionäre und der Kapitalmärkte zu berücksichtigen.

8.3.2 Leistungsbeziehung: Die Verbreitung von variablen Vergütungskomponenten

Die Leistungsbeziehung zwischen Aufsichtsrat und Vorstand, die auf der in den Dienstverträgen der Vorstandsmitglieder spezifizierten Leistungserbringung sowie den festgelegten Vergütungsansprüchen beruht, hat sich nach dem Ende der Deutschland AG dahingehend verändert, dass ein stärkeres Anreizsystem für Vorstandsmitglieder etabliert wurde. Während der variable Vergütungsanteil von Vorständen zur Zeit der Deutschland AG zumeist aus Garantietantiemen bestand, veränderte sich die Vergütungsstruktur ab dem Jahr 2010 grundlegend. Eine Analyse der Vergütungskomponenten für die Vorstände der DAX und MDAX Unternehmen zeigt, dass die in Bar ausgezahlten Elemente (d. h. Festvergütung und Boni für Ein- und Mehrjahresleistung), die im Jahr 2006 noch rund 85 Prozent der Gesamtvergütung ausgemacht hatten, bis zum Jahr 2018 auf einen Anteil von 62 Prozent zurückgingen (vgl. Abbildung 51). Stattdessen nahmen die Anteile von Aktien und Aktienoptionen deutlich zu und stiegen von anfänglich 15 Prozent auf insgesamt 39 Prozent im Jahr 2018. Damit wurde ein deutlich stärkerer Anreiz zu einer wertorientierten Unternehmensführung geschaffen, den es zuvor nicht gab.

Nach dem Ende der Deutschland AG kam es in Deutschland allerdings auch zu einer erheblichen öffentlichen Kritik an der Höhe der Managervergütung. Im Jahr 2009 verabschiedete der Bundestag daher das Gesetz zur Angemessenheit der Vorstandsvergütung (VorstAG), mit dem den Aufsichtsräten Vorgaben für die Gestaltung gemacht wurden (Bundesministerium der Finanzen, 2009). Auch die wirtschaftswissenschaftliche Forschung widmet sich regelmäßig diesem Thema. So veröffentlicht beispielsweise die Deutsche Vereinigung für Wertpapierbesitz e.V. in Kooperation mit der TU München jährlich eine Studie zur Entwicklung der Vorstandsvergütung der DAX und MDAX Unternehmen. Ab 2009 gab es darüber hinaus weitere Überlegungen

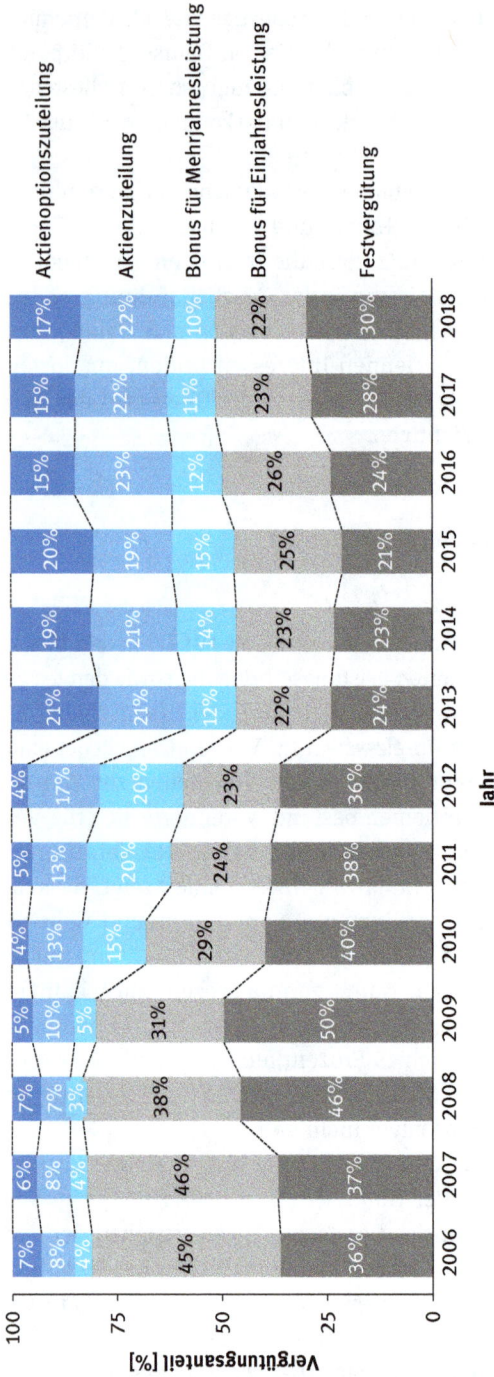

Abbildung 51: Bestandteile der Vorstandsvergütung in DAX und MDAX Unternehmen.
Quelle: Beck et al., 2020.

des Gesetzgebers, die Entscheidungsfreiheiten des Aufsichtsrats einzuschränken. Konkret ging es dabei um ein Mitbestimmungsrecht der Aktionäre („Say-on-Pay") nach internationalem Vorbild. Ein im Jahr 2013 dazu verfasster Gesetzentwurf wurde aufgrund von Bedenken durch den Bundesrat gestoppt (Heide, 2016), allerdings wurde eine entsprechende Regelung mit dem Gesetz zur Umsetzung der zweiten Aktionärsrechterichtlinie durch die Einführung des § 120a AktG, der zum 1. Januar 2020 in Kraft trat, implementiert. Mit Inkrafttreten dieser Regelung kam es zu einer signifikanten Kompetenzverschiebung zwischen Aufsichtsrat und Hauptversammlung, da die Aktionäre „bei jeder wesentlichen Änderung des Vergütungssystems, mindestens jedoch alle vier Jahre" (§ 120a AktG) über die Billigung des vom Aufsichtsrat vorgelegten Vorschlags abstimmen müssen.

8.3.3 Informationsbeziehung: Transparenz und Investor Relations

Um der zur Zeit der Deutschland AG in vielen Fällen deutlich gewordene Kontrollschwäche der Aufsichtsräte auch angesichts des zunehmenden Rückzugs der Bankenvertreter entgegenzuwirken, unternahm der Gesetzgeber mehrere Initiativen, um die Informationsbeziehung zwischen Aufsichtsrat und Vorstand zu verbessern.

Mit dem Gesetz zur Kontrolle und Transparenz im Unternehmensbereich (KonTraG) wurden bereits im Jahr 1998 die regulatorischen Grundlagen für eine Erweiterung der Informationsversorgung des Aufsichtsrats durch den Vorstand geschaffen. Dabei lag ein besonderer Fokus auf der Verbesserung der Ex-ante-Kontrolle durch eine verpflichtende Berichterstattung über grundsätzliche Fragen der Unternehmensplanung. Darüber hinaus wurde die Zuständigkeit für die Beauftragung des (von der Hauptversammlung gewählten) Abschlussprüfers vom Vorstand zum Aufsichtsrat verlagert. Demnach ist der Abschlussprüfer zum Bericht an den Aufsichtsrat und zur Teilnahme an den Beratungen des Aufsichtsrats verpflichtet (§ 171 Abs. 1 S. 2 AktG), wodurch das Informationstransferproblem zwischen Vorstand und Aufsichtsrat zwar nicht grundsätzlich aufgelöst, jedoch für die in der Wirtschaftsprüfung relevanten Tatbestände abgemildert wurde. Vier Jahre nach Inkrafttreten des KonTraG wurde die Informationsbeziehung durch das Gesetz zur weiteren Reform des Aktien- und Bilanzrechts, zu Transparenz und Publizität (TransPuG) durch die folgenden Maßnahmen weiter verbessert:

– Erweiterung der Aufsichtsratsberichterstattung (§ 90 Abs. 1 Ziff. 1 und Satz 2 AktG), wonach der Vorstand verpflichtend über Zielerreichung, Zielverfehlung und Ursachen für eine abweichende tatsächliche Entwicklung von zuvor ausgegebenen Zielen berichten muss
– Erweiterung der Minderheitsrechte im Aufsichtsrat, sodass bereits durch ein einzelnes Mitglied eine Sitzung einberufen werden kann (§ 110 Abs. 2 AktG) oder auch ein einzelnes Mitglied einen Berichtsanspruch durchsetzen kann (§ 90 Abs. 3 Satz 2 AktG).

- Verpflichtung zur Definition einer Liste der zustimmungspflichtigen Geschäfte (§ 111 Abs. 4 Satz 2 AktG)
- Offenlegung von Abweichungen von den Empfehlungen des DCGK (§ 161 AktG). Mit Inkrafttreten des Gesetzes zur Modernisierung des Bilanzrechts (BilMoG) im Jahr 2009 mussten die Abweichungen fortan auch begründet werden.

Auch die Informationsbeziehung zwischen Vorstand und Hauptversammlung (bzw. der Öffentlichkeit im Allgemeinen) wurde erhebliche verbessert; sowohl durch regulatorische Änderungen als auch durch intrinsisch motivierte Verbesserungen der Publizität.

Einerseits wurden die Informationsrechte der Aktionäre ebenfalls durch das TransPuG gestärkt, da beispielsweise die Erklärungen zu Abweichungen von den Empfehlungen des DCGK nicht nur gegenüber dem Aufsichtsrat, sondern auch gegenüber den Aktionären abzugeben war. Darüber hinaus gab es weitere regulatorische Anpassungen, die den Informationszugang der Aktionäre verbesserten, wie beispielsweise das Gesetz zur Regelung von öffentlichen Angeboten zum Erwerb von Wertpapieren und von Unternehmensübernahmen vom 20. Dezember 2001, das Aktionären (und auch Arbeitnehmern) ein umfassendes Informationsrecht im Kontext von Übernahmeversuchen einräumt. Zusätzlich wurden börsennotierte Unternehmen in Deutschland ab 2005 zur Anwendung der IFRS verpflichtet, was auch internationalen Aktionären eine höhere Transparenz über die finanzielle Situation der Unternehmen verschaffte. Andererseits führte die zunehmende Unternehmensfinanzierung durch Eigenkapital und der wachsende Wettbewerb um die Gunst der Anleger jedoch dazu, dass die Unternehmen ungeachtet der gesetzlichen Anforderungen auch intrinsisch motiviert waren, durch eine hohe Transparenz und eine umfassende Unternehmenspublizität kontinuierlich neue Investoren zu akquirieren. Daher kam es zu einer zunehmenden Institutionalisierung und Professionalisierung der Investor Relations-Abteilungen in den Unternehmen (Köhler, 2015, S. 236 ff.). Sie war darauf ausgelegt, Investoren möglichst vollständig zu informieren, um Einfluss auf die Erwartungsbildung des Kapitalmarktes zu nehmen und eine möglichst positive Bewertung des Marktes zu erreichen. Dementsprechend richten sich Labhart und Volkart (2005) im „Praxishandbuch Investor Relations" mit folgendem Hinweis an die Unternehmen: „Je besser die Informationsqualität des Unternehmens ausfällt, desto geringer sind die Kontrollkosten, welche die Investoren in Kauf nehmen müssen, um sich ein zuverlässiges Bild ihres Unternehmens zu machen" (S. 176).

In entgegengesetzter Richtung dient die moderne IR-Arbeit darüber hinaus auch dazu, dass Kapitalmarktanforderungen an die Unternehmen herangetragen werden. Dieses Vorgehen ist in den vergangenen Jahren zunehmend bei ESG-Themen (Umwelt, Soziales und Unternehmensführung, „environmental, social, and corporate governance") zu beobachten, bei denen zahlreiche institutionelle Investoren ein verstärktes Engagement und eine entsprechende Transparenz über die ergriffenen Maßnahmen einfordern.

8.4 Folgen: Kontrolle durch ehemalige „Outsider"

Nach Ende der Deutschland AG wurden die Möglichkeiten, den Vorstand effektiv zu kontrollieren, nicht nur inhaltlich erweitert. Mit der Neuausrichtung des Corporate-Governance-Systems wurden neue Kontrollmechanismen geschaffen, die bis dato in Deutschland aufgrund der Grenzen des traditionellen Systems nicht angewendet wurden. Die relevantesten Neuerungen betreffen (i) die Stimmrechtsberater, (ii) den Aktionärsaktivismus, sowie (iii) die Engagement-Dienstleister.

Stimmrechtsberater. Die Stimmrechtsberater prägen mit ihrer Arbeit nicht nur die Gestaltung der Hauptversammlung, sondern tragen in erheblichem Maße zur Kontrolle des Vorstandes bei. Aufgrund der teils hohen Stimmrechtsanteile, die durch ihre Empfehlungen beeinflusst werden, können sie Abstimmungsergebnisse entgegen den Beschlussvorlagen einer Gesellschaft bewirken. Auch die Vorstände der Deutschen Bank und des Chemiekonzerns Bayer waren in der Vergangenheit davon betroffen.

Fallstudie Deutsche Bank, 2015 und 2016

Nachdem die Aktie der Deutschen Bank eine schlechte Wertentwicklung genommen hatte und immer höhere Rückstellungen vorgenommen werden mussten, um Gerichtskosten und Strafzahlungen zu decken, empfahlen die Stimmrechtsberater ISS und IVOX den Aktionären im Jahr 2015, dem Vorstand die Entlastung zu verweigern (Bönig, 2015, S. 10). Infolge dieser Empfehlung sprachen sich bei der Hauptversammlung lediglich rund 60 Prozent der anwesenden Stimmen für eine Entlastung des Vorstands aus (Bönig, 2015, S. 10). Dies entsprach zwar formal einer ausreichenden Mehrheit, stellte jedoch ein historisch schlechtes Ergebnis dar. Daher entschied sich der Aufsichtsrat kurz nach der Hauptversammlung für eine Umbesetzung des Vorstandes, und die Ko-Vorstandsvorsitzenden Jain und Fitschen mussten ihre Rücktritte bekanntgeben (Bönig, 2015, S. 10).

In der Hauptversammlung 2016 kam es dann erneut zu einer Stimmrechtsempfehlung gegen die Beschlussvorlage der Gesellschaft. Auslöser war in diesem Fall ein neues Bonussystem zur variablen Vergütung der Führungskräfte, das vom Aufsichtsrat ausgearbeitet worden war. Die drei Stimmrechtsberater ISS, IVOX und GL empfahlen ihren Mandanten, unter anderem aufgrund fehlender Transparenz des Systems gegen den Vorschlag zu votieren (Meck, 2016). Als es auf der Hauptversammlung zur Abstimmung kam, wurde der Vorschlag des Aufsichtsrats mit einer knappen Mehrheit von 51,6 Prozent der Stimmen abgelehnt (Osman, 2017).

Auch im Falle des Bayer-Konzerns kam es auf einer Jahreshauptversammlung unter Mitwirkung der Stimmrechtsberater zu einem in der DAX-Historie bis dato einmaligen Abstimmungsergebnis.

Fallstudie Bayer, 2019

Nachdem der Bayer-Konzern das Agrarchemieunternehmen Monsanto im Juni 2018 übernommen hatte, verlor die Aktie des Konzerns deutlich an Wert. Während der Kurs im Juni 2018 vor Abschluss der Transaktion noch um 100 Euro notierte, lag er zum Zeitpunkt der Jahreshauptversammlung im April 2019 bei knapp über 60 Euro. Damit lag die Marktkapitalisierung des

Konzerns nach der Akquisition mit rund 53 Milliarden Euro noch unter dem Wert von umgerechnet mehr als 55 Milliarden Euro, den Bayer für Monsanto gezahlt hatte. Der Ausblick wurde darüber hinaus durch eine Vielzahl von Klagen getrübt, die insbesondere bei US-amerikanischen Gerichten aufgrund möglicher Gesundheitsschäden durch den von Monsanto genutzten Wirkstoff Glyphosat vorlagen. Vor diesem Hintergrund empfahlen die Stimmrechtsberater ISS und GL ihren Mandanten, den Vorstand der Bayer AG auf der Hauptversammlung nicht zu entlasten (Ehrhardt, 2019). Als es zur Abstimmung kam, wurde der Vorstandsvorsitzende Werner Baumann als erster Vorstand eines DAX-Unternehmens nicht entlastet (Ehrhardt, 2019). Dennoch blieb er im Amt und kündigte an, seinen bis 2024 laufenden Vertrag erfüllen zu wollen.

Die Tätigkeit der Stimmrechtsberater hat sich damit im Corporate-Governance-System zu einer wichtigen Kontrollinstanz entwickelt, die aufgrund der veränderten Eigentümerstrukturen und des umfangreichen Anteilsbesitz der Universal-Investmentgesellschaften wesentlichen Einfluss auf die Abstimmungsergebnisse auf Hauptversammlungen ausüben kann.

Aktionärsaktivismus. Der sogenannte Aktionärsaktivismus war vor dem Ende der Deutschland AG vor allem aus dem angloamerikanischen und angelsächsischen Raum bekannt (vgl. AlixPartners, 2019, S. 8). Laut einer Ausarbeitung des wissenschaftlichen Dienstes des Deutschen Bundestags bezeichnet Aktionärsaktivismus den Versuch von institutionellen Minderheitsaktionären, ihre Interessen „durch die gezielte Ausübung ihrer Aktionärsrechte sowie durch informelle Maßnahmen durchzusetzen" (Deutscher Bundestag, 2018, S. 4). Ein erfolgreicher Aktivismus führt folglich dazu, dass die betreffenden Aktionäre einen stärkeren Einfluss auf die Unternehmensführung und die strategische Ausrichtung eines Unternehmens ausüben können, als es ihrem Anteilsbesitz entsprechend zu erwarten wäre (vgl. Deutscher Bundestag, 2018, S. 4).

Gemäß des US-amerikanischen Volkswirts Albert Hirschman haben Akteure in sozialen Organisationen grundsätzlich drei Reaktionsmöglichkeiten, um gegen aus ihrer Sicht nachteilige Entwicklungen der Organisation vorzugehen: „exit", „voice" und „loyalty" (vgl. Hirschman, 1972). Dieser Kategorisierung folgend sind alle Maßnahmen, die im Zuge einer aktivistischen Kampagne von Aktionären genutzt werden, um ihre Ziele durchzusetzen, als „voice" bzw. als „Widerspruch" einzuordnen. Dabei muss grundsätzlich zwischen einem öffentlichen und einem vertraulichen Widerspruch differenziert werden. Ein öffentlicher Widerspruch bietet ein umfassendes Maßnahmenrepertoire, das auf mehreren Eskalationsstufen ein zunehmend aggressives Verhalten ermöglicht. Zunächst können aktivistische Aktionäre auf der Hauptversammlung von ihrem Stimmrecht Gebrauch machen. Dabei müssen Stimmen, die gegen die Vorschläge des Vorstands eingesetzt werden, nicht zwangsläufig als Ablehnung gegenüber dem jeweiligen Abstimmungspunkt interpretiert werden, sondern können von Aktivisten auch gezielt als nonverbales Zeichen der Stärke gegenüber dem Management genutzt werden (vgl. Hillman et al., 2011, S. 676 ff.). Auf der nächsten Eskalationsstufe können Maßnahmen eingesetzt werden, die das deutsche Aktiengesetz zum Schutze der Aktionärsinteressen vorsieht (vgl. Tabelle 12).

Tabelle 12: Übersicht ausgewählter Aktionärsrechte nach dem Aktiengesetz (AktG).

Erforderlicher Anteilsbesitz	Recht des Aktionärs	Rechtsgrundlage
1 Aktie	*Zustimmung betroffener Aktionäre* Vermeidung der Auferlegung von Nebenverpflichtungen für die Aktionäre	§ 180 Abs. 1 AktG
1 Aktie	*Gegenanträge von Aktionären* Befugnis, einen Gegenantrag gegen einen Vorschlag von Vorstand und Aufsichtsrat zu einem bestimmten Punkt der Tagesordnung zu stellen	§ 126 Abs. 1 AktG
1 Aktie	*Anfechtungsbefugnis* Befugnis, Beschlüsse der Hauptversammlung vor Gericht anzufechten	§ 245 Abs. 1 u. 2 AktG
min. 1 Prozent	*Bestellung der Sonderprüfer* Befugnis, vor Gericht die Bestellung eines Sonderprüfers zu erwirken	§ 142 Abs. 2, 4 AktG § 258 AktG
min. 5 Prozent	*Einberufung auf Verlangen einer Minderheit* Befugnis, die Einberufung einer außerordentlichen Hauptversammlung zu verlangen	§ 122 Abs. 1 AktG
min. 5 Prozent	*Ergänzung der Tagesordnung* Befugnis, die Tagesordnung der Hauptversammlung inkl. einer Beschlussvorlage zu ergänzen	§ 122 Abs. 2 AktG
min. 10 Prozent	*Entlastung* Befugnis, über die Entlastung eines Mitglieds des Vorstands oder Aufsichtsrates gesondert abzustimmen	§ 120 Abs. 1 AktG
min. 25 Prozent	*Kapitalerhöhung* Befugnis, einer Erhöhung des Grundkapitals zu widersprechen	§ 182 Abs. 1 AktG

Die aggressivsten Maßnahmen basieren derweil auf einer gezielten Öffentlichkeitsarbeit der aktivistischen Aktionäre (vgl. Deutscher Bundestag, 2018, S. 4), bei der durch offene Briefe, Interviews oder sonstige Stellungnahmen deutliche Kritik vor allem am Vorstand oder Aufsichtsrat geäußert wird. Der Umfang der Maßnahmen des vertraulichen Widerspruchs war in der Öffentlichkeit nur anekdotisch überliefert, bis Becht und Kollegen (2010) in ihrer vielbeachteten Studie das Vorgehen des britischen UK Hermes Fonds dokumentierten, da sie Zugriff auf die internen Daten des Fonds hatten. Die Studie zeigt auf, dass der aktivistische Fonds in großem Umfang von regelmäßigen Treffen mit den Vorstandsvorsitzenden, CFOs und Aufsichtsratsvorsitzenden seiner Beteiligungsunternehmen Gebrauch machte (Becht et al., 2010, S. 3108). Darüber hinaus nahm er in mehr als 80 Prozent der Beteiligungen Kontakt zu anderen institutionellen Investoren auf, die ebenfalls Anteile an dem jeweiligen

Unternehmen hielten, um die Ziele des eigenen Engagements zu besprechen und um für Unterstützung bei ihrer Erreichung zu werben (Becht et al., 2010, S. 3108). Die Befunde der Studie führen die Forscher zu der Schlussfolgerung, dass entgegen anderweitiger Einschätzungen der Großteil des Aktionärsaktivismus über private Kanäle und somit über einen vertraulichen Widerspruch erfolgt.

Inwiefern die Ergebnisse von Becht und Kollegen auf das Vorgehen von aktivistischen Aktionären in Deutschland zu übertragen ist, kann aufgrund einer fehlenden Datenbasis nicht genau bestimmt werden. Obwohl sich die normativen Rahmenbedingungen in Deutschland von vielen anderen Ländern unterscheiden, ist davon auszugehen, dass aktivistische Aktionäre auch hierzulande das zur Verfügung stehende Maßnahmenrepertoire in Gänze ausnutzen, um ihre Ziele zu erreichen. Tabelle 13 zeigt einen Auszug einiger vielbeachteter aktivistischer Kampagnen, die in den letzten Jahren in Deutschland gegen HDAX-Unternehmen durchgeführt wurden. Die Befunde hinsichtlich der Ziele der Aktivisten beruhen dabei auf öffentlichen Stellungnahmen der Akteure, wobei nicht ausgeschlossen werden kann, dass unter Umständen auch weitere oder andere Ziele mit der Kampagne verfolgt wurden.

Engagement-Dienstleister. Die dritte Neuerung im Corporate-Governance-System waren die sogenannten Engagement-Dienstleister. Ordnet man das Dienstleistungsangebot der Stimmrechtsberater in das Instrumentarium ein, das (aktivistischen) Investoren zur Disziplinierung des Managements zur Verfügung steht, so fokussieren sich die klassischen Stimmrechtsberater auf die Vorbereitung bzw. Durchführung eines öffentlichen Widerspruchs durch die Stimmrechtsausübung auf der Hauptversammlung. Sofern ein institutioneller Investor jedoch nicht ausschließlich seiner impliziten treuhändischen Pflicht zur Stimmabgabe durch die Mandatierung einer Stimmrechtsberatung nachkommen will, sondern seine konkrete Anliegen bei seinem Portfoliounternehmen durchsetzen will, so hat er die Möglichkeit, auf die Dienste der „Engagement-Dienstleister" zurückzugreifen. Diese werben damit, ihre Mandanten bei der langfristigen Wertsteigerung ihrer Investitionen zu unterstützen, indem sie einen aktiven Austausch mit den Portfoliounternehmen forcieren und ihre Sicht beispielsweise zu den Themen Umwelt, Soziales, Corporate Governance, Strategie und Finanzen proklamieren. Engagement-Dienstleister überwachen die Beteiligungsunternehmen ihrer Mandanten und intervenieren, wenn sie eine negative Entwicklung in einer der genannten Themenbereiche feststellen. Bei ihrer Intervention greifen sie nach Bedarf und in Abstimmung mit ihren Mandaten auf das volle Repertoire des Aktionärsaktivismus zurück. Im Kern bieten sie ihren Mandanten folglich die Möglichkeit zum Outsourcing des Aktionärsaktivismus. Neben der Arbeit mit den Beteiligungsunternehmen ihrer Mandanten pflegen einige Engagement-Dienstleister auch einen Austausch mit Gesetzgebern, Regulierungsbehörden und Industrieverbänden, um auf die Gestaltung der institutionellen Rahmenbedingungen, in denen Investoren und Beteiligungsunternehmen agieren, einzuwirken (vgl. Unternehmensprofil Hermes EOS).

Tabelle 13: Übersicht ausgewählter aktivistischer Kampagnen gegen HDAX-Unternehmen.

Unternehmen	Jahr	Aktivistische Investoren	Auslöser & Kritikpunkte	Ziel der Aktivisten	Dokumentierte Maßnahmen	Ergebnis
Deutsche Telekom ("Der Spiegel", 2006; Granzow & Siebenhaar, 2006; „Handelsblatt", 2006; McClelland, 2006)	2006	– Laxey Partners	– Der Wert der US-Tochter T-Mobile USA spiegelt sich nicht ausreichend im Börsenwert des Gesamtkonzerns wider	– Spin-off von T-Mobile USA	– Brief an den Aufsichtsratsvorsitzenden – öffentliche Stellungnahmen	– zunehmend kontroverse Diskussion über die Strategie des Vorstandsvorsitzenden – der Bund als Großaktionär der Telekom stellt sich gegen den Vorstandsvorsitzenden – Rücktritt des Vorstandsvorsitzenden auf Druck der Aktionäre
Münchener Rück (Associated Press, 2007; Kandell, 2008; O'Donnell & Odefalk, 2007; Schoß, 2010)	2007	– Odey Asset Management – Cevian Capital	– unzureichende Wertentwicklung	– Wertsteigerung durch eine Fokussierung des Geschäftsmodells auf Rückversicherungen und den Verkauf des Primärversicherers Ergo	– vertraulicher Austausch mit den Unternehmensvertretern	– keine Anpassungen des Geschäftsmodells

(fortgesetzt)

Tabelle 13 (fortgesetzt)

Unternehmen	Jahr	Aktivistische Investoren	Auslöser & Kritikpunkte	Ziel der Aktivisten	Dokumentierte Maßnahmen	Ergebnis
Hochtief (Cox & Gonzalez, 2010; Hochtief AG, 2010; Schäfer & Wiesmann, 2010)	2010	– Southeastern Asset Management	– reservierte Eigenkapitalerhöhung zugunsten der Qatar Investment Authority (QIA) zur Abwendung einer feindlichen Übernahme durch den spanischen Wettbewerber ACS	– Entlassung von Vorstands- und Aufsichtsratsmitgliedern, die die reservierte Kapitalerhöhung vorangetrieben hatten – Einzug der 3,44 Mio. eigenen Aktien, die der Konzern hielt	– Brief an die Unternehmensvertreter – öffentliche Stellungnahmen	– Der Investor konnte seine Ziele nicht durchsetzen, aber verkaufte seine Hochtief-Anteile an ACS, wodurch die Übernahmepläne des spanischen Konzerns begünstigt wurden.

Bilfinger (Buschmann et al., 2018; „Manager Magazin", 2014; Reay, 2014; Reiche, 2011)	2011	– Cevian Capital	– ungenutztes Wertsteigerungspotenzial	– Wertsteigerung	– Übernahme von Aufsichtsratsmandaten – direkter Austausch mit dem Unternehmen	– mehrere Wechsel in der Besetzung des Vorstandsvorsitz – Eine positive Wertentwicklung konnte nicht erreicht werden
E.ON (Flauger, 2016, 2017; Knight Vinke, 2016a, 2016b; Reuters, 2016, 2017)	2014	– Knight Vinke Asset Management	– unzureichende Wertentwicklung	– Wertsteigerung durch Spin-off des Netzgeschäftes	– vertraulicher Austausch mit den Unternehmensvertretern – offene Briefe des Knight Vinke Gründers an seine Investoren mit Beschreibung der Entwicklung bei E.ON – Angebot zur Übernahme der von E.ON gehaltenen Uniper-Anteile	– Das Netzgeschäft wurde nicht abgespalten – Knight Vinke generierte Erlöse durch eine zwischenzeitlich aufgebaute Beteiligung an Uniper

(fortgesetzt)

Tabelle 13 (fortgesetzt)

Unternehmen	Jahr	Aktivistische Investoren	Auslöser & Kritikpunkte	Ziel der Aktivisten	Dokumentierte Maßnahmen	Ergebnis
Volkswagen (Eckl-Dorna, 2016, 2017; Freitag, 2016; Freitag & Clausen, 2016; Reiche, 2016; Volkswagen AG, 2021)	2016	– TCI	– Nach Ansicht des Investors eine überzogene Vorstandsvergütung, die zu einer erhöhten Risikobereitschaft führte und für den Dieselskandal mitverantwortlich gemacht wird – Unterbewertung aufgrund zu hoher Kosten und eines „Missbrauchs" der Minderheitsaktionäre, die nicht im AR repräsentiert waren – Zu großer Einfluss des Landes Niedersachsen	– Anpassung des Anreizsystems und Reduktion der Vorstandsvergütung – Abbau von 30.000 Arbeitsplätzen	– Vertraulicher Austausch mit den Unternehmensvertretern – Wiederholte öffentliche Stellungnahmen mit massiver Kritik – Öffentliche Forderung, dass sich die zwei Vertreter des Landes Niedersachsen aus dem AR zurückziehen – Öffentliche Überlegungen, rechtlich gegen den Einfluss des Landes Niedersachsen vorzugehen	– Die Vorstandsvergütung wurde mit Wirkung zum 01. Januar 2017 angepasst und im Mai 2017 mit mehr als 80 Prozent der Stimmen auf der HV gebilligt – Trotzdem hielt die Kritik über die Höhe der Vergütungen auch nach der Anpassung an – TCI zog sich nach einer Haltedauer von rund zwei Jahren zurück

Der Umfang des globalen Marktes für Engagement-Dienstleister ist aufgrund der Vertraulichkeit der Dienstleistung schwer zu bestimmen. Eine Gemeinsamkeit einiger Anbieter besteht jedoch darin, dass sie aus Investmentgesellschaften hervorgegangen sind, die daran interessiert waren, durch die Einbindung weiterer Investoren in ihre Kampagnen einen stärkeren Einfluss zu gewinnen (vgl. Aequo, 2020). Ein Anbieter, der in Deutschland wiederholt die Interessen von Investoren gegenüber börsennotierten Unternehmen vertreten hat, ist Hermes Equity Ownership Services (EOS).

Hermes Equity Ownership Services (EOS). Das Unternehmen wurde im Jahr 2004 als Tochterunternehmen von Hermes Investment Management, dem Fondmanager des größten privaten Pensionsfonds Großbritanniens (BT Pension Scheme), gegründet (ECGI, 2018). Im zweiten Quartal 2020 vertrat es institutionelle Investoren, deren Anlagevolumen in Summe mehr als 1 Billionen US-Dollar beträgt (Segal, 2020). Damit konnte EOS die in der Industrie wichtige Kennzahl „Assets under Advice" in einem Zeitraum von nur zwei Jahren seit Juli 2018 verdoppeln (Segal, 2020). Hans-Christoph Hirt, Head of EOS, sagte zum Überschreiten der Billionen-Dollar-Grenze, dass man mit dieser Basis einen starken Hebel habe, um für die eigenen Mandanten einen positiven Wandel in den Beteiligungsunternehmen zu erzielen (Segal, 2020). Das Dienstleistungsangebot von EOS umfasst fünf Bereiche (Federated Hermes, 2020):

- Voting – Erarbeitung von Abstimmungsempfehlungen, die auf einem direkten Austausch mit dem Management des Portfoliounternehmens der Mandanten beruhen
- Screening – Unterstützung der Mandanten durch Überwachung der Portfoliounternehmen nach internationalen Standards und Konventionen
- Advisory – Beratung in der Entwicklung und Umsetzung von Eigentümer-Strategien für die Beteiligungen der Mandanten
- Engagement – Austausch mit Unternehmen, von denen EOS-Mandanten Aktien oder festverzinsliche Wertpapiere halten, um positive Veränderungen (im Hinblick auf Umwelt, Soziales, Corporate Governance, Strategie oder Finanzen) zu bewirken
- Public Policy – Austausch mit Gesetzgebern und Behörden zur Verbesserung des institutionellen Rahmens in dem Unternehmen und Investoren operieren.

EOS gibt darüber hinaus an, dass es für jedes Beteiligungsunternehmen, bei dem eine Kampagne durchgeführt wird, eine spezifische Engagement-Strategie definiert, und dass vor einem Engagement die Prioritäten von möglicherweise gleichgesinnten Investoren abfragt werden, um diese entsprechend bei der Strategie zu berücksichtigen (vgl. Federated Hermes, 2020).

Bereits ein Jahr nach seiner Gründung erhielt Hermes EOS ein Mandat vom niederländischen Stichting Pensioenfonds ABP (Widdershoven, 2005). ABP beauftragte EOS damit, Corporate-Governance-Probleme bei japanischen Beteiligungsunternehmen aufzuarbeiten und dabei nicht nur beim Abstimmungsverhalten des Pensionsfonds beratend tätig zu sein, sondern auch durch den Austausch mit Unternehmensvertretern und einem „full engagement service" direkt auf die Beteiligungsunternehmen einzuwirken (Widdershoven, 2005).

In Deutschland ist EOS sowohl durch einen Austausch mit dem Gesetzgeber als auch durch Engagements bei Wertpapieremittenten aktiv. So wandte sich EOS im Prozess zur Umsetzung der EU Richtlinie 2017/828 (die, wie oben beschrieben, den Stimmrechtsberatern strengere Offenlegungspflichten auferlegte) an den zuständigen Ministerialrat im Bundesministerium der Justiz und für Verbraucherschutz, um die Sicht des Unternehmens auf die geplante Gesetzgebung darzustellen (Hermes EOS, 2018).

Darüber hinaus war EOS für seine Mandanten beispielsweise ab 2006 bei Siemens tätig (vgl. Hermes EOS, 2019). Nachdem die Siemens-Korruptionsaffäre Ende 2006 öffentlich wurde und sowohl der Aufsichtsrats- als auch der Vorstandsvorsitzende aus dem Unternehmen ausschieden, begann der Dienstleister einen intensiven Dialog mit dem neuen Aufsichtsratsvorsitzenden (Hermes EOS, 2019). Darüber hinaus wurden im Jahr 2008 Gespräche mit dem CEO, CFO und COO zur neuen Managementstruktur und Strategie geführt (Hermes EOS, 2019). In den Folgejahren hielt EOS einen kontinuierlichen Dialog mit Unternehmensvertretern aufrecht und äußerte sich regelmäßig auf Siemens-Hauptversammlungen (Hermes EOS, 2019). Auf der Hauptversammlung 2014 trat EOS im Auftrag einer Gruppe von internationalen institutionellen Investoren auf, um das Vorgehen des Unternehmens in der Nachfolgeregelung des Vorstandsvorsitzenden zu kritisieren (Hermes EOS, 2019). Neben dem Auftritt auf der Hauptversammlung traf EOS auch das Nominierungskomitee des Konzerns, um über die CEO-Nachfolge zu sprechen (Hermes EOS, 2019). Auf Unternehmensebene waren über die Dauer des Engagements von EOS weitgehende Veränderungen zu beobachten, die neben Veränderungen im Compliance-System auch Stärkungen der Corporate Governance und eine vorzeitige Umbesetzung des Aufsichtsrats im Jahr 2015 beinhalteten (Hermes EOS, 2019).

Ende der 2000er-Jahre wurde EOS auch beim deutschen Halbleiterhersteller Infineon aktiv. Der Engagement-Dienstleister machte Verzögerungen bei der strategischen Entscheidungsfindung sowie Fehler bei der Besetzung der Geschäftsführung für die schlechte Wertentwicklung des Unternehmens seit dem Börsengang im Jahr 2000 verantwortlich (Centre for Tomorrow's Company, 2011, S. 16). In Gesprächen mit dem Unternehmen stieß die Organisation auf keine Bereitschaft, Änderungen vorzunehmen (Centre for Tomorrow's Company, 2011, S. 16), sodass sie sich bei der Hauptversammlung 2009 dafür einsetzte, Vorstand und Aufsichtsrat nicht zu entlasten („Süddeutsche Zeitung", 2010). Ein entsprechender Antrag scheiterte in der Folge nur knapp und der Vorstandsvorsitzende wurde mit 50,026 Prozent der Stimmen entlastet, während der Aufsichtsratsvorsitzende die Unterstützung von rund 61 Prozent der Stimmen erhielt („Süddeutsche Zeitung", 2010). Vor der Hauptversammlung im Jahr 2010, bei der ein neuer Aufsichtsratsvorsitzender gewählt werden sollte, brachte EOS dann im Namen von mehreren britischen Pensionsfonds (Lange & Sorge, 2010) einen Antrag ein, mit dem der Dienstleister einen Gegenkandidaten zu dem vom Aufsichtsrat unterstützten Nachfolger vorschlug. Aufgrund des Drucks der Investoren kam der vom Aufsichtsrat vorgesehene Kandidat den Forderungen noch vor der Hauptversammlung entgegen und gab an, den Aufsichtsratsvorsitz bei entsprechendem Wahlausgang nur für ein Jahr auszuüben (Briegleb, 2010) und in dieser Zeit unter Einbezug der Aktionäre einen geeigneten Kandidaten zu identifizieren (Centre for Tomorrow's Company, 2011, S. 16). Trotzdem hielt EOS an dem vorgeschlagenen Gegenkandidaten fest, konnte dessen Nominierung in der Abstimmung auf der Hauptversammlung jedoch nicht durchsetzen (Centre for Tomorrow's Company, 2011, S. 16). Weitere Kampagnen in Deutschland fanden unter anderem bei der Deutschen Bank (vgl. BBC, 2015; Marriage, 2013; Reuters, 2015) zwischen 2013 und 2015 und der Deutschen Börse (vgl. Reuters, 2018; Schäfer, 2017; Stafford, 2018) zwischen 2017 und 2018 statt.

Die Entwicklung der Rahmenbedingungen und die Veränderungen in der Gestaltung der Organe und Beziehungen innerhalb des Corporate Governance Systems führten zu einer grundsätzlichen Neuausrichtung der Unternehmensverfassung. Da die Kontrolle des Vorstandes und des Unternehmens insgesamt nicht mehr wenigen Individuen vorbehalten war, die dem Unternehmen nahestanden, wurde der Rahmen des traditionellen Insider-Systems durchbrochen. Obwohl in der neuen Ausrichtung auch den Aufsichtsratsmitgliedern ungeachtet ihres Hintergrunds (d. h., ob sie Vertreter der kreditgebenden Banken oder beispielsweise Arbeitnehmervertreter sind) verbesserte Kontrollmöglichkeiten zukamen, verzeichneten die Aktionäre aufgrund der neuen Kontrollinstrumente den größten Kontrollzuwachs. Insbesondere durch den Aktionärsaktivismus und das Angebot der Engagement-Dienstleister sind die Einflussmöglichkeiten von institutionellen Investoren nicht mehr auf das Format der Hauptversammlung angewiesen, wie es in den Grundsätzen des AktG beschrieben ist („Die Aktionäre üben ihre Rechte in den Angelegenheiten der Gesellschaft in der Hauptversammlung, soweit das Gesetz nichts anderes bestimmt"; § 118 AktG Abs. 1). Die systematische Ausrichtung der Unternehmensverfassung entspricht damit der eines Outsider-Systems, indem keine institutionalisierten Personalverflechtungen erforderlich sind, um auf ein Unternehmen Einfluss auszuüben.

9 Strategie

Neben den Veränderungen in den Eigentümerstrukturen und der Corporate Governance, reifte nach dem Ende der Deutschland AG im Hinblick auf die Unternehmensstrategien die Erwartung, dass ein gewinnorientiertes Unternehmen als Ganzes einen Beitrag zur Wettbewerbsstrategie seiner Geschäftsbereiche liefern muss und dass gleichzeitig jeder einzelne Geschäftsbereich einen klaren Beitrag zum „Corporate Advantage" schuldig ist (Plinke, 2002, S. 34). Das Unternehmen musste als Ganzes also mehr wert sein als die Summe seiner einzelnen Geschäftsbereiche. Auf den liberalisierten Kapitalmärkten wurden Unternehmen zunehmend als Investitionsobjekte verstanden, die sowohl untereinander als auch mit anderen Formen der Geldanlage um Liquidität konkurrierten. Daher mussten die Unternehmensstrategien so gestaltet werden, dass aus Investorensicht eine positive Wertentwicklung zu erwarten war. Damit wurden Expansionen in neue Geschäftsfelder, die lediglich darauf abzielten, Finanzsynergien und Quersubventionierungen durch eine zum Rest des Portfolios entgegengerichtete Zyklizität zu generieren, zunehmend kritisch gesehen. Basierend auf der modernen Kapitalmarktlehre wurde argumentiert, dass eine Diversifizierung im Ermessen des einzelnen Anlegers liegen solle. Außerdem könne er durch eine Diversifizierung seines Anlageportfolios eine deutlich kostengünstigere Risikostreuung vornehmen als das Unternehmen (vgl. Plinke, 2002, S. 34). Insbesondere seitens einiger aktivistischer Aktionäre, die gezielt nach unterbewerteten Unternehmen suchen, droht Unternehmen seit dem Ende der Deutschland AG eine verstärkte Einmischung von außen, sofern eine entsprechende strategische Ausrichtung nicht bereits proaktiv durch das Management implementiert wurde.

9.1 Ausgangslage und strategische Grundausrichtung

Zur Untersuchung der Unternehmensstrategien greifen wir wiederum auf eine Stichprobe der HDAX-Unternehmen zurück, in die zunächst alle Unternehmen einbezogen wurden, die im Zeitraum von 1995 bis 2015 für mindestens eine Periode im HDAX-Aktienindex geführt wurden. Analog zum Vorgehen bei der Untersuchung der Unternehmensstrategien zur Zeit der Deutschland AG werden wiederum einige Unternehmen zur Sicherstellung einer aussagekräftigen und vergleichbaren Analyse ausgeschlossen, darunter Finanzinstitute, Holdinggesellschaften, Handelsgesellschaften, Immobilienunternehmen, Unternehmen mit ausländischem Hauptsitz, Tochterunternehmen, die Teil eines Konzernverbundes sind sowie Unternehmen, für die die benötigten Daten nicht in vollem Umfang verfügbar sind. So verbleiben für den Beobachtungszeitraum von 1995 bis 2015 insgesamt 144 Unternehmen, die in Form eines unbalancierten Panels (d. h. mit unterschiedlich vielen Perioden in Abhängigkeit der ersten Publikation von Unternehmensdaten und des Fortbestandes

https://doi.org/10.1515/9783110735611-012

des Unternehmens über den Beobachtungszeitraum) in die Analyse einfließen. Als Datenquelle dient die Scope-Change-Datenbank (vgl. Anhang 2).

Wie Abbildung 52 zeigt, war die deutliche Mehrheit der Unternehmen (77 Prozent) am Ende des Beobachtungszeitraums sowohl in mehr Produktkategorien als auch in mehr Ländern tätig als noch zu Beginn der Beobachtung. Dem gegenüber hatte nur rund 1 Prozent der Stichprobenunternehmen eine gleichzeitige Verkleinerung des Produktangebots und der globalen Präsenz zu verzeichnen. Folglich war die strategische Grundausrichtung der Stichprobenunternehmen mehrheitlich weiterhin auf Wachstum ausgelegt.

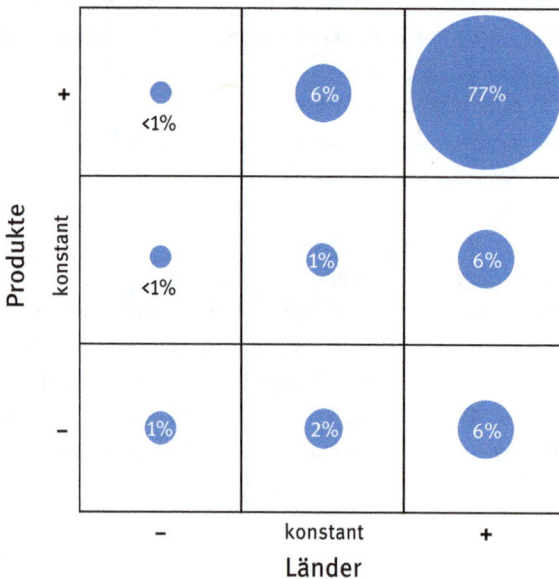

Abbildung 52: Strategische Entwicklung der Stichprobenunternehmen (1995–2015). N = 144 (unbalancierte Paneldaten).

Dies spiegelt sich auch in der durchschnittlichen jährlichen Veränderung der Anzahl der Tochtergesellschaften je Stichprobenunternehmen wider (vgl. Abbildung 53). Die Verteilung verdeutlicht, dass der Großteil von ihnen ein starkes Wachstum in der Anzahl der Tochtergesellschaften verzeichnete, während lediglich rund 4 Prozent der Stichprobenunternehmen eine rückläufige Anzahl von Tochtergesellschaften unterhielten. Mit einer durchschnittlichen jährlichen Wachstumsrate von 10 Prozent über alle untersuchten Unternehmen liegt das Wachstum darüber hinaus deutlich über dem Wert aus der Zeit der Deutschland AG (8 Prozent).

Ein besonders starkes Wachstum verzeichneten die Bäckereikette Kamps und der Anlagenbauer Centrotherm. Kamps wuchs nach dem Börsengang im Jahr 1997 zunächst stetig und gründete dabei einerseits regionale Tochtergesellschaft und über-

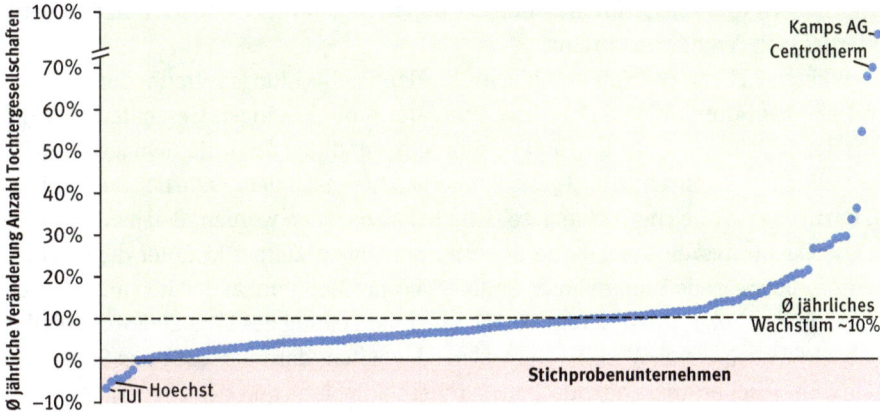

Abbildung 53: Veränderung in der Anzahl der Tochtergesellschaften (1995–2015). N = 144 (unbalancierte Paneldaten).

nahm andererseits auch zahlreiche Industriebäckereien (wie die durch die Marke Golden Toast bekannte Wendeln-Gruppe) sowie Filialbäckereien im In- und Ausland. Anfang der 2000er-Jahre erfolgte dann jedoch die Übernahme durch die Barilla-Gruppe und das Delisting von der Börse, sodass insgesamt nur fünf Geschäftsjahre in die Betrachtung eingeflossen sind. Das Wachstum des süddeutschen Unternehmen Centrotherm ist ähnlich wie im Falle Kamps auf die Gründung mehrerer neuer (nationaler und internationaler) Tochtergesellschaften im Zeitraum zwischen 2008 und 2011 zurückzuführen. Zusätzlich zum organischen Wachstum übernahm Centrotherm darüber hinaus kleinere deutsche Maschinen- und Anlagenbauer.

Dem gegenüber stehen mit Hoechst und TUI zwei Unternehmen, bei denen die Anzahl der von ihnen unterhaltenen Tochtergesellschaften besonders stark zurückging. Im Falle der Hoechst AG spiegelt sich darin die eingangs beschriebene Herausforderung des Managements wider, die adressierten Geschäftsfelder so zu wählen, dass alle Geschäftseinheiten einen erkennbaren Beitrag zum Corporate Advantage des Gesamtunternehmens leisten. Jürgen Dormann, der bereits im Frühjahr 1994 den Vorstandsvorsitz von Hoechst übernommen hatte und der in Deutschland als Vorreiter der wertorientierten Unternehmensführung galt (Eglau, 1998), verfolgte das Ziel, den Konzern zu einer strategischen Management Holding umzubauen und sich auf ein Kerngeschäft zu fokussieren. Daher wurden zahlreiche Bereiche veräußert, darunter der Anlagenbau, die Spezialchemie, die Kunststoffproduktion, die Textilfarbstoffe, die Technische Keramik, die Industriegase, die Faserproduktion (die Tochtergesellschaft Trevira war zum damaligen Zeitpunkt der größte Polyesterhersteller der Welt) sowie das Geschäft mit Basischemikalien und Zellulose (Eglau, 1998). So sollte das Unternehmen zu einem „Life-Science"-Spezialisten mit den Bereichen Pharma und Pflanzenschutz umgebaut werden. Nachdem die meisten Aktivitäten außerhalb dieses Schwerpunkts abgestoßen worden waren, erfolgte 1999 die Fusion mit dem französischen Wettbewerber Rhône-Poulenc, aus der das an der Pariser Börse notierte Unternehmen Aventis hervorging.

Während TUI in der Strategieanalyse für den Beobachtungszeitraum der Deutschland AG noch durch die starke Ausweitung der produktseitigen Geschäftsfelder (im Zuge der Salzgitter-Akquisition) auffiel, führt die Wandlung des Unternehmens vom industriellen Mischkonzern zum Touristikunternehmen nach dem Ende der Deutschland AG dazu, dass zahlreiche Tochtergesellschaften abgestoßen wurden. Bereits vor Beginn des Beobachtungszeitraums hatte das zum damaligen Zeitpunkt unter dem Namen Preussag operierende Unternehmen Ende 1994 seine Mobilfunkaktivitäten an RWE veräußert. In den Folgejahren trennte es sich unter der Leitung des Vorstandsvorsitzenden Michael Frenzel, zuvor WestLB, von vielen Aktivitäten, darunter auch das Stahl- und Steinkohlegeschäft (den historischen Kerngeschäftsbereichen des ehemaligen Bergwerks- und Hüttenunternehmen). Auch die erst Ende der 1980er-Jahre übernommene Salzgitter AG wurde im Zuge dessen wieder veräußert, sodass sich Preussag in den Worten des Vorstandsvorsitzenden zum „fokussierten Mehrbereichskonzern" entwickelte (Winter, 1999). Dennoch baute Frenzel den Konzern weiter um und fokussierte das Geschäft nach der Übernahme von Hapag-Lloyd und weiterer Unternehmen zunehmend auf den Bereich Tourismus. Nach der Umbenennung des Unternehmens in TUI AG im Jahr 2002 und weiteren Veräußerungen im Energie- und Logistikbereich (Verkauf des Schienenlogistikunternehmens VTG im Jahr 2005 sowie Verkauf der Mehrheitsbeteiligung an der Containerschifffahrt von Hapag-Lloyd 2008) wurde TUI zu einem fokussierten und vertikal integrierten Tourismuskonzern, der von der Reisebuchung über den Flug, das Hotel und die Gästebetreuung am Urlaubsort alle Dienste anbot.

Insgesamt zeigen die Fälle von Hoechst und TUI, dass die verstärkte Kapitalmarktorientierung und der verschärfte Wettbewerb um Unternehmenswertsteigerungen nach dem Ende der Deutschland AG zu tiefgreifenden Umstrukturierungen führen konnten. Der Fall des Berliner Unternehmens Schering, das sich im Jahr 1992 von drei Sparten trennte, um sich stärker auf die Kernbereiche Pharma und Pflanzenschutz zu konzentrieren (vgl. Teil II) kann dabei gewissermaßen als einer der Vorreiter in Deutschland angesehen werden. Ein wichtiger Unterschied zwischen Schering und den Fällen von Hoechst und TUI ist jedoch, dass für Letztere die Zusammensetzung des bestehenden Portfolios bei der Wahl des künftigen Fokusbereiches offenbar eine untergeordnete Rolle spielte. Denn während der künftige Fokus von Schering auf einem bestehenden Kernbereich des Unternehmens lag, spielten die avisierten Fokusbereiche von Hoechst und TUI zuvor keine oder lediglich eine stark untergeordnete Rolle im Portfolio, die erst allmählich durch Akquisitionen ausgebaut wurde.

Dennoch zeigt das Vorgehen beider Konzerne lediglich eine mögliche strategische Reaktion auf die veränderten Kapitalmarktanforderungen, die, gemessen an der Veränderung der Tochtergesellschaften, im Rahmen der Stichprobenunternehmen einen Ausreißer-Charakter haben. Zur weiteren Analyse der strategischen Anpassungen, die die übrigen Stichprobenunternehmen im Beobachtungszeitraum verfolgten, wird das Vorgehen der Unternehmen im Folgenden separat für die Produkt- und die Regionenbasis analysiert.

9.2 Expansion in neue Geschäftsfelder durch Ausweitung der Produktbasis

Analog zum Vorgehen bei der Untersuchung der Unternehmensstrategien zur Zeit der Deutschland AG wird die Ausweitung der Produktbasis der Unternehmen wiederum auf Grundlage der Differenzierung zwischen Branchen und Segmenten gemäß der Klassifizierung der Wirtschaftszweige des Statistischen Bundesamtes analysiert. Dabei wird deutlich, dass sich die Unternehmen mehrheitlich einer Fokussierungsstrategie widmeten, die jedoch keine verminderte Ausbreitung über die Branchen und Segmente hinweg bedeutete, sondern lediglich klarer Grenzen vorgab, innerhalb derer die Expansion (auch zugunsten einer erhöhten Branchendurchdringung) stattfinden konnte.

Abbildung 54 zeigt die Verteilung der Stichprobenunternehmen gemäß ihrer durchschnittlichen jährlichen Veränderung in der Anzahl der adressierten Branchen (X-Achse) und Segmente (Y-Achse). Die Verteilung weist in mehreren Aspekten Ähnlichkeiten zu der in Teil II identifizierten Verteilung zur Zeit der Deutschland AG auf: Wie bereits zuvor wuchsen die Stichprobenunternehmen mehrheitlich in beiden Dimensionen (hier: 76 Prozent; Deutschland AG: 71 Prozent), während der Anteil der Stichprobenunternehmen, die in beiden Dimensionen schrumpften, für beide Beobachtungszeiträume bei nur 6 Prozent liegt. Im Gegensatz zum früheren Beobachtungszeitraum gab es nun allerdings keine Unternehmen mehr, deren Anzahl adressierter Branchen anstieg, obwohl die Anzahl der adressierten Segmente sank (für den Beobachtungszeitraum der Deutschland AG war dies bei rund 3 Prozent der Stichprobenunternehmen der Fall). Auch die durchschnittliche jährliche Veränderung der adressierten Branchen und Segmente über alle Stichprobenunternehmen sank leicht, von 0,3 auf nun 0,2 zusätzliche Branchen und von 0,6 auf nun 0,5 zusätzliche Segmente. Bis auf diese geringfügigen Veränderungen lässt sich jedoch insgesamt basierend auf der Gesamtverteilung keine Abkehr von den zuvor für den Beobachtungszeitraum der Deutschland AG identifizierten Mustern feststellen.

Bei genauerer Betrachtung mit Hilfe von Einzelfallanalysen lassen sich jedoch einige für diesen Beobachtungszeitraum typische Besonderheiten herausarbeiten. Im Folgenden untersuchen wir die Entwicklung der Unternehmen Rheinmetall, Siemens, RWE und ThyssenKrupp.

Zu Beginn des Beobachtungszeitraums im Jahr 1995 hatte Rheinmetall ein sehr breites Produktportfolio. In den vier Geschäftsbereichen Maschinenbau, Automobiltechnik, Bürosysteme und Wehrtechnik bot das Unternehmen unter ande-

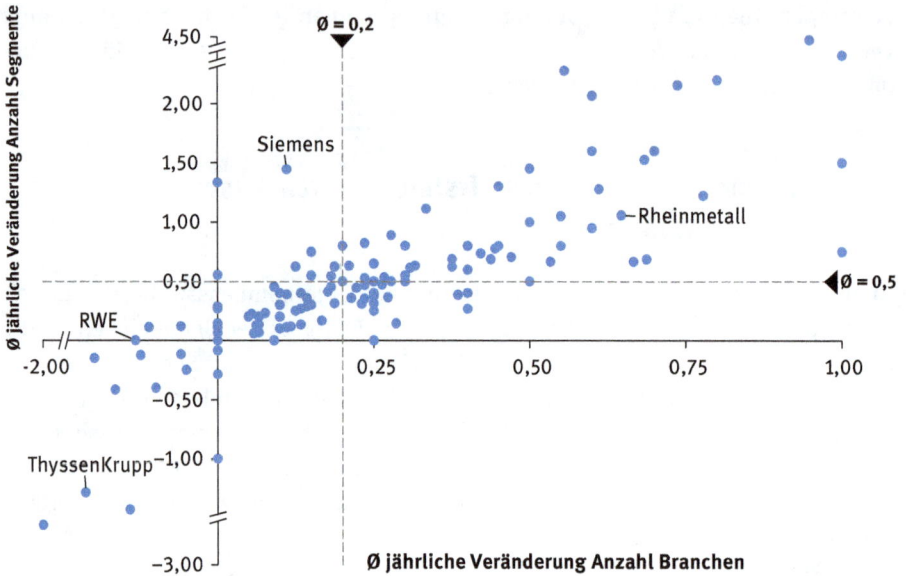

Abbildung 54: Veränderung in der Anzahl abgedeckter Segmente und Branchen (1995–2015). N = 144 (unbalancierte Paneldaten).

rem Maschinen für die Papier- und Verpackungsindustrie, Motorkomponenten, Messtechnik, Kommunikations- und Datentechnik, Industrieausrüstung, Büro-Einrichtungssysteme, Sitzmöbel, Schrank- und Trennwände, Kampfpanzer und gepanzerte Fahrzeuge, Pyrotechnik, Munition, Jagdwaffen, Entsorgungstechnik und Bildverarbeitungstechnik (Rheinmetall Berlin Aktiengesellschaft, 1996, S. 26). In den Folgejahren kamen insbesondere durch Akquisitionen in den Geschäftsberei-chen Wehrtechnik und Automobiltechnik zusätzliche neue Branchen und Segmente hinzu, die auch zur Erweiterung der angebotenen Produkte um Automatisierungs-, System-, Simulations-, und Netzwerktechnik führten. Das Unternehmen betonte dies-bezüglich beispielsweise bei der Akquisition der Hirschmann-Gruppe, dass es sich um eine notwendige Ergänzung in der elektronischen Kompetenz handele, mit der Rheinmetall sein Know-how als Systemanbieter erweitere und so Zugang zu neuen Wachstumsmärkten „zur Erhöhung des Shareholder-Value" (Rheinmetall Berlin Akti-engesellschaft, 1997, S. 13) gewinne. Auch der Erwerb der Mehrheitsanteile an der Kolbenschmidt AG führte zu einer Erweiterung des Produktportfolios, insbesondere im Bereich der Kolben, Gleitlager und Öl- und Wasserpumpen. Die akquirierten Un-ternehmen drangen darüber hinaus auch nach der Übernahme durch Rheinmetall in neue Geschäftsbereiche vor, wie das Beispiel der im Jahr 1998 mehrheitlich übernom-menen STN ATLAS Elektronik (ursprünglich fokussiert auf Wehrtechnik wie bei-spielsweise Sonarsysteme für U-Boote) verdeutlicht. Das Unternehmen trat ab 2000 in den Markt für zivile Flugsimulatoren ein und entwickelte zunächst ein Testgerät für die Lufthansa Verkehrsfliegerschule in Bremen. Ende der 1990er-Jahre wurde vom Vorstand der Rheinmetall dann die „Strategie der klaren Linie" vorgestellt, die eine Bereinigung des Konzernportfolios und die Fokussierung auf die drei Kompetenzfelder Automotive, Electronics und Defence vorsah. Infolgedessen wurde das Geschäft mit Büromöbeln (geführt durch die Tochtergesellschaften Mauser Waldeck AG) sowie der Maschinenbau (geführt durch die Tochtergesellschaft Jagenberg AG) in den früher 2000er-Jahren veräußert. Im Geschäftsjahr 2003 erfolgte dann die Fokussierung auf die zwei Geschäftsbereiche Automotive und Defence mit dem Verkauf der Electronics-Sparte. Alle folgenden Expansionsschritte des Beobachtungszeitraums bauten das Portfolio dieser beiden Geschäftsbereiche mit neuen Branchen und Segmenten aus, beispielsweise durch die Hinzunahme von Produkten, die auf „das Situationsbewusstsein von Fahrzeugen, die weiträumige Überwachung sowie Cyberanwendungen und Anwendungen aus dem Bereich der elektronischen Kriegsführung" (Rheinmetall AG, 2021) spezialisiert waren. Zusätzlich wurden weitere Ergänzungen im Bereich von Erprobungs- und Testeinrichtungen, e-Learning, Multimedia sowie Sensorik für die zivile und militärische Luft- und Raumfahrt vorgenommen. Der zunehmende Ausbau des Produktportfolios im Rahmen der beiden Bereiche Automotive und Defence hatte auch organisatorische Folgen und erforderte eine klarere inhaltliche Trennung der Einheiten unterhalb der beiden Bereiche, um Verantwortlichkeiten und Kompetenzen zu definieren. Bis zum Ende des Beobachtungszeitraums im Jahr 2015 war so in der Nomenklatur des Unternehmens eine Struktur mit zwei „Unternehmensbereichen" (Automotive und Defence), jeweils drei untergeordneten „Divisionen" und darunter insgesamt 20 „Geschäftsbereichen" entstanden. Nach Ende des Beobachtungszeitraums wurde Anfang 2021 die Zwischenebene der Unternehmensbereiche gänzlich entfernt, sodass die inzwischen fünf Divisionen direkt dem Vorstand unterstellt waren. Der Fall Rheinmetall verdeutlicht somit exemplarisch, wie Unternehmen nach dem Ende der Deutschland AG trotz der verstärkten Anforderungen der Kapitalmarktakteure bezüglich eines erkennbaren Beitrags zum Corporate Advantage bei Erweiterungen des Produktportfolios vorgingen. Basierend auf einer definierten „Strategie der klaren Linie" wurden inhaltliche Fokusbereiche definiert, in denen das Unternehmen dann kontinuierlich eine Erweiterung des Produktportfolios durch die Hinzunahme neuer Branchen und Segmente vorantrieb. Expansionen, die die Grenzen der vorgegebenen Bereiche überschritten, wurden nicht mehr getätigt.

Eine ähnliche Entwicklung zeigte auch der Industriekonzern Siemens. Obwohl das Unternehmen aus historischer Sicht lange als typisches Konglomerat galt, wurde es nach Ende der Deutschland AG aufgrund einiger großer Desinvestitionen von der Wirtschaftspresse oftmals als Beispiel für eine konsequente Fokussierungsstrategie herangezogen. Dennoch zeigt die Analyse der Veränderung des Produktportfolios (vgl. Abbildung 54) für den Beobachtungszeitraum, dass das Unternehmen die Anzahl der aktiven Branchen und Segmente weiter steigerte. Wie sind die erhobenen Daten mit den Berichten der Wirtschaftspresse zu vereinbaren?

Tabelle 14 zeigt eine Auswahl der größten Desinvestitionen, die von Siemens über den Beobachtungszeitraum getätigt wurden. Die Transaktionen verdeutlichen, dass sich das Unternehmen nicht nur aus kleinen Tätigkeitsgebieten zurückzog, sondern dass auch ganze Unternehmensbereiche wie beispielsweise das Geschäft mit Hochleistungsdruckern, das Halbleitergeschäft, oder die Logistikautomatisierung veräußert wurden. Insofern zog sich das Unternehmen tatsächlich aus zahlreichen Branchen und Segmenten zurück, in denen es noch zur Zeit der Deutschland AG aktiv gewesen war.

Tabelle 14: Ausgewählte Desinvestitionen des Siemens-Konzerns 1995–2015.

Jahr	Geschäftsteil	Produktfokus
1996	Hochleistungsdrucker	Hochleistungsdrucker
1997	Siemens Plessey	Verteidigungs-/Rüstungselektronik
1997	Dentaltechnik	Dentaltechnik (Zahnarzt-Instrumente)
1998	Starkstromkabel und -leitungen	Starkstromkabel und -leitungen
1998	i-Center	Elektrogroßhandel
1999	Siemens Nixdorf	Kassen- und Selbstbedienungssysteme
1999	Epcos*	passive Bauelemente und Röhren
2000	Kabelnetzgeschäft (Schweiz)	Kabelnetze
2000	Lichtwellenleiter und Glasfaserkabel	Lichtwellenleitern und Glasfaserkabeln
2000	Vacuumschmelze GmbH	passive Bauelemente
2000	Siemens Electromechanical Components	Elektromechanische Komponenten
2000	Infineon	Halbleiter
2005	Sinitec	IT-Netzwerke
2005	Siemens Mobile	Mobiltelefone
2006	produktbezogene IT-Dienstleistungen	Outsourcing für IT-Services
2006	Dematic	Logistikautomatisierung
2007	Siemens VDO Automotive	Automobilelektronik und -mechatronik
2008	Wireless Modules	Machine-to-Machine-Kommunikation (GSM)
2008	Fujitsu Siemens Computers*	IT-Infrastruktur (PC und Server)
2008	Siemens Enterpise Communication	Telekommunikationsanlagen
2008	Siemens Home and Office Communication	Telekommunikationsanlagen
2011	Electronics Assembly Systems	Bestückungsautomaten
2011	Siemens IT Solutions and Services	IT-Lösungen
2013	Osram	Leuchtmittel
2013	Nokia Siemens Networks*	Telekommunikationsinfrastruktur
2014	Siemens Water Technologies	Wasseraufbereitung
2015	Bosch-Siemens Hausgeräte*	Hausgeräte
2015	Siemens Audiology Solutions	Hörgeräte
2015	Siemens Customer Solutions Health Services	Krankenhausinformationssystemen
2015	Siemens Healthcare Mikrobiologie	Systeme zur Untersuchung von Mikroorganismen
2015	Siemens Security Products	Sicherheitssysteme

*Verkauf von Joint-Venture Anteilen, die nicht in den quantitativen Analysen berücksichtigt wurden.

Demgegenüber stehen jedoch auch zahlreiche Akquisitionen, die das Unternehmen während des Beobachtungszeitraums tätigte (vgl. Tabelle 15 für eine Auswahl der größten Transaktionen). Sie trugen dazu bei, dass das Unternehmen in ausgewählten Bereichen neue Branchen und Segmente adressieren konnte. Produktbereiche, die während des Beobachtungszeitraums durch Akquisitionen oder interne Entwicklungen in das Portfolio aufgenommen wurden, umfassen daher beispielsweise Postautomatisierungstechnik, Metering und Verbrauchsmessung, Fahrassistenzsysteme, Trinkwas-

Tabelle 15: Ausgewählte Akquisitionen des Siemens-Konzerns 1995–2015.

Jahr	Akquisitionsziel	Produktfokus
1996	Furnas Electric Company	Motorsteuerung
1997	AEG ElectroCom	Postautomatisierung
1997	Amper Elasa	Telekommunikationsinfrastruktur
1998	CBS Corporation	fossile Kraftwerke
1999	Argon Networks	Telekommunikationsinfrastruktur
1999	Redstone Communications	Telekommunikationsinfrastruktur
2000	Moore Products Corporation	Prozessautomatisierung
2000	Shared Medical Systems Corporation	Krankenhaus IT
2000	Acuson Corporation	Ultraschall-Bildgebung
2001	Atecs Mannesmann AG	Automatisierungstechnik
2001	Efficient Networks, Inc.	Telekommunikationsinfrastruktur
2003	Industrieturbinengeschäfft von Alstom	Industrieturbinen
2004	Chrysler Elektronikwerk	Automobilzulieferung
2004	US Trench Electric Holding	Hochspannungsprodukte
2004	US Filter Corporation	Wasseraufbereitung
2004	Bonus Energy	Windkraftanlagen
2005	CTI Molecular Imaging	molekulare Bildgebung
2005	Flender Holding	Antriebstechnik
2005	Robicon Corporation	Antriebstechnik
2005	VA Technologie	Infrastruktur
2005	Wheelabrator Air Polution Control	Überwachung von Schadstoffemissionen
2005	Electrium	Elektroinstallationstechnik
2006	Diagnostic Products Corporation	In-Vitro-Diagnostik
2006	Bayer Diagnostics	Molekulardiagnostik
2006	Kuhnle, Kopp & Kausch	Dampfturbinen
2007	Dade Behring	Molekulardiagnostik
2008	Morgan Construction Company	Zulieferer für Walzwerke
2009	Solel Solar Systems	solarthermische Kraftwerke
2011	Siteco Lighting	Leuchtmittel
2011	NEM	Abhitze-Dampferzeuger
2012	Connectors & Measurements (Expro Holdings)	Unterwasserstromnetze
2013	LMS International	mechatronische Simulations- und Prüfsoftware
2013	Invensys Rail	Bahnautomatisierung
2014	Rolls-Royce Energie-Gasturbinen	Gasturbinen
2015	Dresser-Rand	Kompressoren, Turbinen, Motoren

ser- und Abwasseraufbereitung, Therapiesysteme und Molekulardiagnostik in der Medizintechnik, Windkraftanlagen, Überwachung von Schadstoffemissionen, solarthermische Anlagen, Unterwasserstromnetze, Bahnautomatisierung, Building Technologies und Finanzdienstleistungen.

Ausgangspunkt der kontinuierlichen Weiterentwicklung des Portfolios waren mehrere Strategieprogramme, wie beispielsweise das „10-Punkte-Programm" (1998), „Fit4More" (2005) oder „One Siemens" (2011). Die Gestaltung des Geschäftsportfolios nahm dabei jeweils eine zentrale Rolle ein und die Auswahl der Kernbereiche erfolgte stets primär basierend auf zwei Kriterien: Sie mussten die vom Unternehmen identifizierten Megatrends (z. B. demografischer Wandel, Urbanisierung) adressieren und die Möglichkeit bieten, dass kurz- bis mittelfristig eine führende Marktposition erreicht werden konnte. Siemens begann so eine Fokussierung, die sich auch in der über die Jahre veränderten Bereichsstruktur des Unternehmens widerspiegelte (vgl. Abbildung 55).

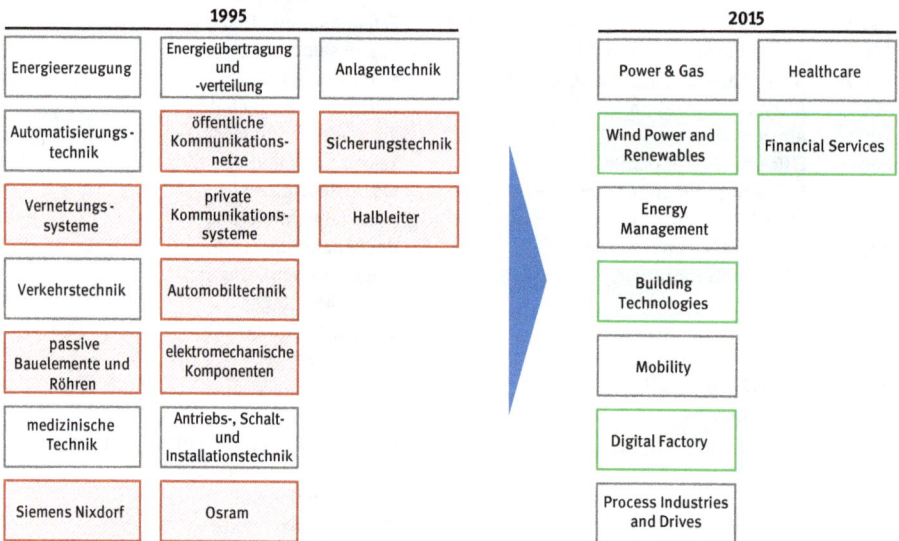

Abbildung 55: Bereichsstruktur des Siemens-Konzerns 1995 und 2015.

Wie Abbildung 55 verdeutlicht, sind im Jahr 2015 zahlreiche ursprüngliche Bereiche nicht mehr im Portfolio enthalten. Die rot gekennzeichneten Bereiche wurden dabei über die Jahre nahezu vollständig veräußert, während die grün gekennzeichneten einen besonders starken Zuwachs an neuen Portfoliokomponenten zu verzeichnen hatten (allerdings kam es auch in den übrigen Bereichen zu weniger umfangreichen Ergänzungen). Ähnlich wie Rheinmetall steigerte Siemens also über den Beobachtungszeitraum die Anzahl der adressierten Branchen und Segmente, indem Tätigkeiten außerhalb der definierten Fokusgebiete veräußert und das Produktangebot innerhalb der Fokusgebiete kontinuierlich gestärkt und ausgebaut wurde. Übereinstimmend hieß es dazu auch bereits im Geschäftsbericht aus dem Jahr 2006: „Wir konzentrieren uns auf erfolgversprechende Felder, in denen wir führende Positionen einnehmen, und bauen diese konsequent weiter aus" (Siemens Aktiengesellschaft, 2006, S. 18). Der Erfolg dieser Strategie über den Beobachtungszeitraum von 1995 bis 2015 spiegelt sich sowohl in dem 60-prozentigen Umsatzwachstum (von EUR 47,1 Milliarden auf EUR 75,6 Milliarden) und dem 570-prozentigen Gewinnwachstum (von EUR 1,1 Milliarden auf EUR 7,4 Milliarden) als auch im Anstieg der Marktkapitalisierung von rund EUR 21 Milliarden auf knapp EUR 78 Milliarden wider.

Auf der anderen Seite gab es jedoch auch Unternehmen wie RWE oder ThyssenKrupp, deren Produktportfolio in einer bzw. beiden Dimensionen reduziert wurde. RWE war zunächst im Jahr 1995 in den Bereichen Energie, Bergbau und Rohstoffe, Mineralöl und Chemie, Entsorgung, Maschinen-, Anlagen- und Gerätebau und Bau tätig. Zum Portfolio gehörten damit auch die Raffinerien und Tankstellen der Tochtergesellschaft DEA (Ende der 1990er-Jahre rund 1700 Tankstellen), das Tenside-Geschäft von Hüls, das Kunstharz-, Abfall-, Recycling-, und Umweltconsulting-Geschäft, das Druckmaschinen-Geschäft von Heidelberg Druck, der elektrotechnische Anlagenbau, die Medizintechnik, die technische Gebäudeausrüstung und die Bau- und Ingenieursdienstleistungen der Hochtief AG. Das somit bereits sehr breit aufgestellte Portfolio wurde Ende der 1990er-Jahre weiter ausgebaut durch den Auf- und Ausbau des Unternehmensbereichs Telekommunikation, mit dem RWE seinen Kunden Sprach- und Datendienste auf Basis von Festnetz- und Mobilfunktechnologie bot. Im Zuge dessen akquirierte das Unternehmen auch eine Mehrheitsbeteiligung von über 60 Prozent an dem Mobilfunkunternehmen E-Plus sowie an weiteren Mobilfunkanbietern insbesondere in Osteuropa. Zusätzlich wurden Teile des Kerngeschäfts durch die Übernahme von VEW gestärkt. Bereits vor der Jahrtausendwende trennte sich RWE dann jedoch von der E-Plus-Beteiligung und verschrieb sich ab den frühen 2000er-Jahren einer Fokussierung. Sie sollte das Unternehmen im Rahmen einer „Multi-Utility-Strategie" als Komplettanbieter für Strom, Gas, Wasser, Entsorgung und energienahe Dienstleistungen positionieren. In diesem Zuge wurden auch die Beteiligungen an Hochtief und Heidelberg Druck auf unter 10 Prozent reduziert. In den Folgejahren wurde die Fokussierung dann nochmals verschärft und das Unternehmen zog sich auch aus dem Entsorgungs- und Wassergeschäft zurück. Da innerhalb der verbliebenen Produktbereiche auch neue Segmente in das Portfolio aufgenommen wurden, ergab sich über den Beobachtungszeitraum eine konstante Anzahl an Segmenten, während die Anzahl der vom Unternehmen adressierten Branchen durch die forcierte Fokussierung rückläufig war.

Ähnlich veränderte sich auch der ThyssenKrupp-Konzern nach Abschluss der Fusion im Jahr 1999. Der Konzern war in den Bereichen Steel, Automotive, Elevators, Production Systems, Components, Materials Services und Facilities Services aktiv und hatte innerhalb dieser Bereiche mehr Geschäftsaktivitäten, „als er mit den verfügbaren finanziellen Ressourcen aktiv fortentwickeln" (ThyssenKrupp

AG, 1999, S. 21) konnte. Daher wurde im Jahr 2003 das Programm „Divest 33 +" ge-startet, mit dem sich der Konzern von mehr als 30 nicht Kernaktivitäten trennte, darunter beispielsweise die auf IT-Dienstleistungen spezialisierten Triaton Gruppe. Bis Mitte der 2000er-Jahre hatte das Unternehmen bereits Aktivitäten mit einem Umsatzbeitrag von rund EUR 9 Milliarden veräußert und Geschäfte mit einem Umsatzbeitrag von rund EUR 8 Milliarden hinzugekauft. Nachdem sich die finanzielle Lage des Konzerns aufgrund der Fehlinvestitionen in Stahlwerke in den USA und Brasilien verschlechterte, wurde im Mai 2011 ein Restrukturierungsprogramm angekündigt, bei dem sich das Unternehmen von Tätigkeiten mit einem gemeinsamen Umsatzanteil von rund EUR 10 Milliarden trennen wollte (ThyssenKrupp AG, 2012, S. IV). Mit dieser Maßnahme zog sich das Unternehmen aus zahlreichen Branchen und Segmenten zurück, in denen es zuvor substanzielle Aktivitäten hatte, darunter insbesondere die Bereiche Umformtechnik, Instandhaltung von Industrieanlagen, Edelstahl, sowie Schiffs- und Karosseriebau.

Unter Einbeziehung der Veränderung der Branchendurchdringung (vgl. Abbildung 56) werden die bisherigen Untersuchungsergebnisse erweitert. Es zeigt sich, dass sowohl Rheinmetall und Siemens als auch RWE die Durchdringung ihrer adressierten Branchen erhöhten, während ThyssenKrupp zum Ende der Betrachtung eine geringere Branchendurchdringung aufwies.

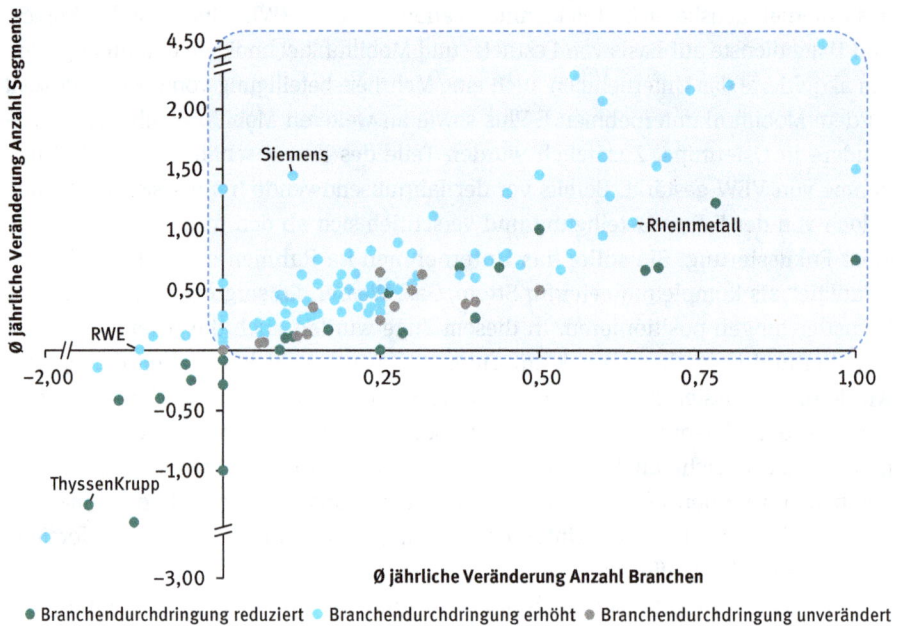

Abbildung 56: Veränderung der Branchendurchdringung je Stichprobenunternehmen (1995–2015). N = 144 (unbalancierte Paneldaten).

Es zeigt sich, dass Wachstum (in der Anzahl der adressierten Branchen und Segmente) und Fokussierung nach Ende der Deutschland AG keinen Widerspruch darstellten, sondern dass die Unternehmen im Rahmen der wertorientierten Unternehmensführung eine Kombination von beidem nutzten, die in vielen Fällen zu einer grundlegenden Umgestaltung des Portfolios führte. Ziel war es, ein Portfolio von Geschäftsbereichen zu erlangen, bei dem einerseits eine synergetische Verbindung zwischen den Geschäftsbereichen bestand und bei dem sich andererseits die Unternehmensstrategie und die Wettbewerbsstrategien der Geschäftsbereiche so zusammenfügten, dass die Geschäftsbereiche erfolgreicher im Wettbewerb bestehen konnten, als es außerhalb des Konzernverbundes der Fall gewesen wäre. Daher trennten sich zahlreiche Unternehmen nach Ende der Deutschland AG von Geschäftsbereichen, die abgesehen von Finanzsynergien keine strategischen Verbundvorteile mit dem restlichen Portfolio hatten. Die Konzerne wuchsen dann durch Expansion in neue Branchen und Segmente innerhalb klar abgegrenzter Kerngeschäftsbereiche. Somit führte die Expansion für zahlreiche Stichprobenunternehmen zu einer erhöhten Branchendurchdringung. Abbildung 57 zeigt, in wie viele neue Segmente die analysierten Unternehmen über den Beobachtungszeitraum eintraten (Y-Achse) und aus wie vielen Segmenten sie sich gänzlich zurückzogen (X-Achse). Demnach verzeichneten insgesamt 81 Prozent der Unternehmen mehr Eintritte in neue Segmente als vollständige Austritte aus bestehenden Segmenten, was die resultierende Expansionsbewegung auf Segmentebene validiert.

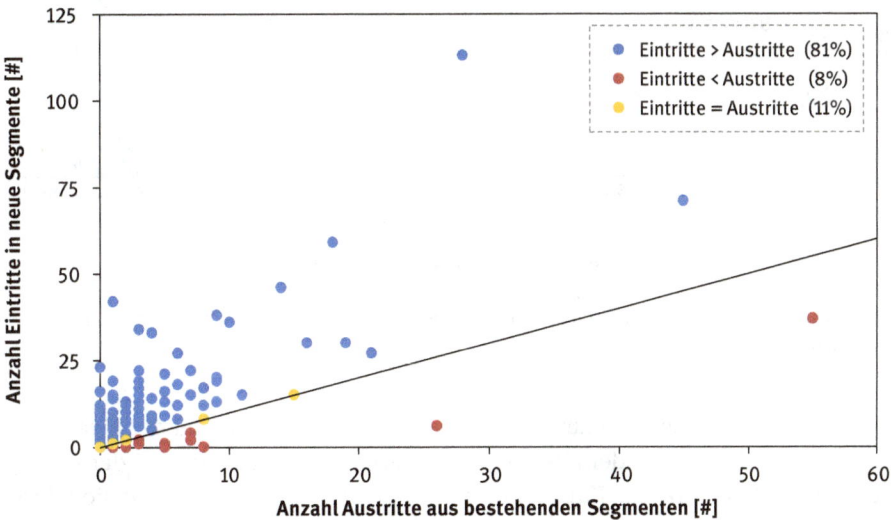

Abbildung 57: Eintritte und Austritte je Unternehmen auf Segmentebene.
N = 144 (unbalancierte Paneldaten).

Wie Abbildung 58 verdeutlicht, diente diese Expansion nach Ende der Deutschland AG mit deutlicher Mehrheit einer Erhöhung der Branchendurchdringung, während die Expansion im Zeitraum zwischen 1985 und 1995 mehrheitlich zu einer Reduktion der durchschnittlichen Branchendurchdringung führte.

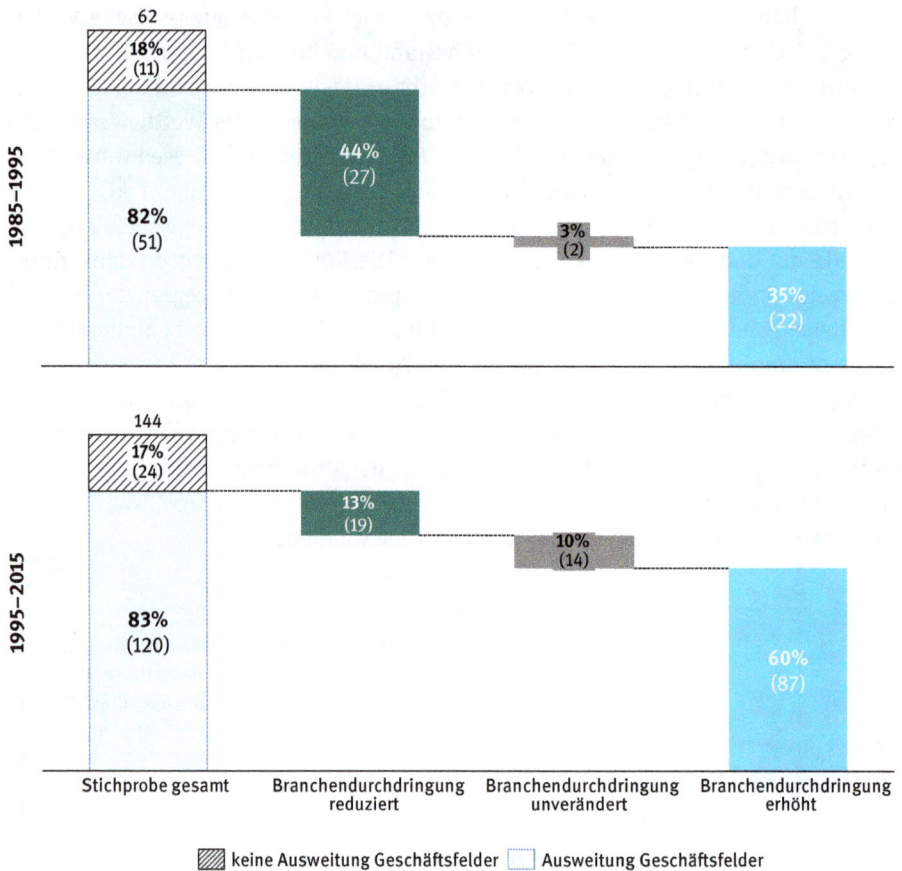

Abbildung 58: Veränderung der Branchendurchdringung in den zwei Beobachtungszeiträumen. N = 144 (unbalancierte Paneldaten).

Während die Unternehmen zur Zeit der Deutschland AG aufgrund der Eigentumsverhältnisse, der auf Insider ausgelegten Governance-Strukturen und der untergeordneten Relevanz der Kapitalmärkte eine breit angelegte Expansion ihrer Geschäftsaktivitäten vornahmen und in zahlreiche produktseitig heterogene Geschäftsfelder vordrangen, führte die wachsende Relevanz der Kapitalmärkte und die damit einhergehende verstärkt wertorientierte Unternehmensführung zu einem veränderten Vorgehen bei der Expansion. Ein für Investoren deutlich erkennbarer Corporate Advantage mit operativen und strategischen Vorteilen war neben der erwarteten Profitabilität eines neuen Geschäftsbereichs das entscheidende Kriterium. Expansionen, die lediglich der Risikostreuung oder der konjunkturausgleichenden Quersubventionierung von Geschäftsbereichen dienten, wurden hingegen immer seltener. Die von vielen Unternehmen zur Wertsteigerung ausgerufene Fokussierungsstrategie bedeutete, wie die anhaltende Expansion in der Anzahl der adressierten Branchen und Segmente verdeutlicht, dabei jedoch keine verminderte Ausdehnung, sondern lediglich klarer gezogene Grenzen, innerhalb derer eine Expansion stattfinden konnte.

9.3 Expansion in neue Geschäftsfelder durch die Ausweitung der Regionenbasis

Neben der Produktbasis nutzten die Stichprobenunternehmen während des Beobachtungszeitraums zwischen 1995 und 2015 auch die Regionenbasis, um in neue internationale Geschäftsfelder vorzudringen. Abbildung 59 zeigt, welcher Anteil der Unternehmen in welchem Land zu Beginn und am Ende des Beobachtungszeitraums mit lokalen Tochtergesellschaften aktiv war.

In Nord- und Südamerika war bereits zu Beginn des Beobachtungszeitraums ein hoher Anteil der Stichprobenunternehmen mit eigenen Tochtergesellschaften aktiv. Starke Zuwächse verzeichneten dennoch beispielsweise Mexiko (von 40 auf 53 Prozent), Peru (von 7 auf 20 Prozent), Chile (von 17 auf 33 Prozent) und Brasilien (von 55 auf 66 Prozent). In Afrika zeigt sich hingegen ein ambivalentes Bild mit teils rückläufigen Anteilen in Nord- und Westafrika (z. B. Libyen, Kamerun, Gabun) und zunehmenden Anteilen im Süden des Kontinents (z. B. Angola, Sambia, Botswana, Mosambik). Rückzüge von Unternehmen aus afrikanischen Ländern hängen zumeist mit nicht erreichten Wachstumszielen oder einer Destabilisierung der Sicherheitslage zusammen, wie der libysche Bürgerkrieg oder die Konflikte mit der Terrorgruppe Boko Haram in Kamerun verdeutlichen. In Europa und Asien war der Anteil der Stichprobenunternehmen mit lokaler Dependance derweil entweder konstant oder nahm über den Beobachtungszeitraum weiter zu. Starke Zuwächse waren insbesondere in Russland (von 12 auf 58 Prozent), Indien (von 15 auf 66 Prozent) und China (von 25 auf 73 Prozent) zu beobachten, was einerseits auf die Liberalisierung der Märkte und, im Falle von China und Indien, auf die wachsende Wirtschaftskraft und attraktive Produktions- und Absatzbedingungen zurückzuführen ist.

Präzisiert man die Analyse und betrachtet die internationale Expansion der Stichprobenunternehmen auf Einzelfallbasis (vgl. Abbildung 60), so werden unterschiedliche Wachstumsausrichtungen und -geschwindigkeiten deutlich. Vergleicht man beispielsweise die Expansion von Linde und Fresenius Medical Care, so expandierte Fresenius über den Beobachtungszeitraum in lediglich rund ein neues Land pro Jahr mit einer lokalen Tochtergesellschaft (X-Achse), während pro Jahr im Durchschnitt rund 120 neue Auslandsdependancen (Y-Achse) hinzukamen. Folglich erhöhte der Konzern die Präsenz

1995

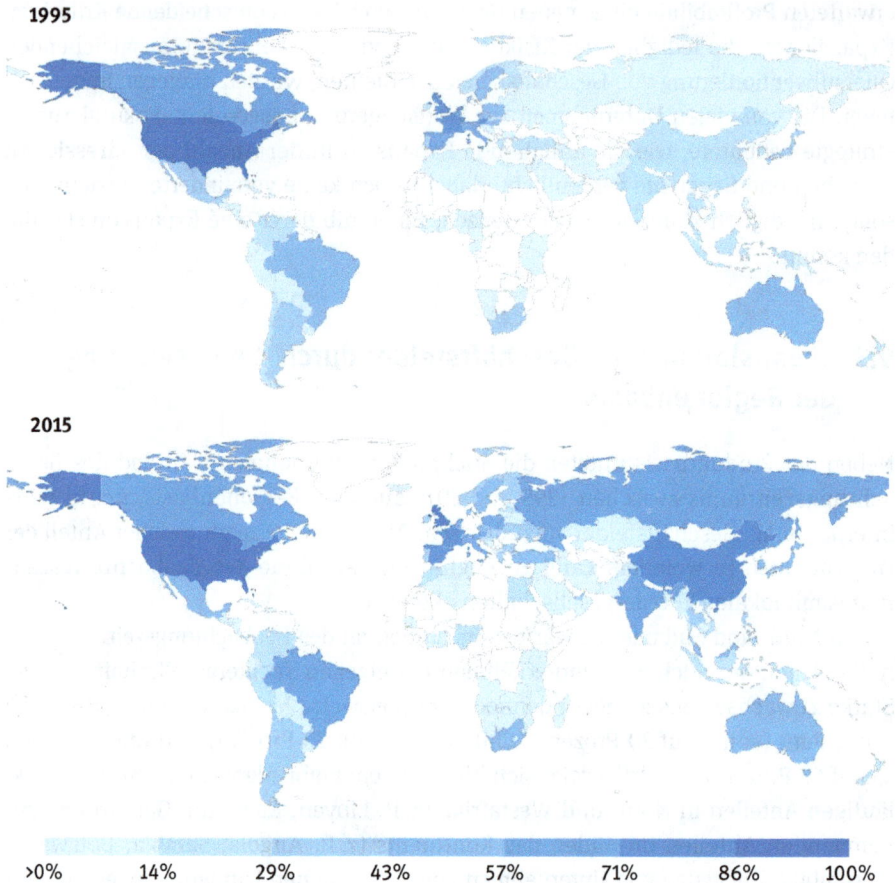

2015

>0%   14%   29%   43%   57%   71%   86%   100%

Abbildung 59: Fortschritt der Internationalisierung (1995–2015).
N = 144 (unbalancierte Paneldaten).

in den Ländern, in denen der Markteintritt bereits erfolgt war, stetig. Im Gegensatz dazu nahm Linde über den Beobachtungszeitraum im Durchschnitt rund 3,5 Markteintritte in neue Länder pro Jahr vor, gründete jedoch pro Jahr deutlich weniger neue ausländische Tochtergesellschaften (ca. 27 p. a.) als Fresenius.

Im Durchschnitt trat jedes Stichprobenunternehmen über den Beobachtungszeitraum pro Jahr in den Markt von rund 0,9 neuen Ländern ein (Deutschland AG: 0,7) und gründet rund 5,0 neue ausländische Tochtergesellschaften (Deutschland AG: 2,1), was in beiden Dimensionen einer deutlich stärkeren internationalen Expansion als noch zur Zeit der Deutschland AG entspricht. Unter den Stichprobenunternehmen mit einer deutlichen Verringerung der internationalen Präsenz entlang beider Dimensionen sind mit TUI und ThyssenKrupp zwei bereits beschriebene Unternehmen, deren Neuausrichtung bzw. Restrukturierung Ausgangspunkt für diese Entwicklung

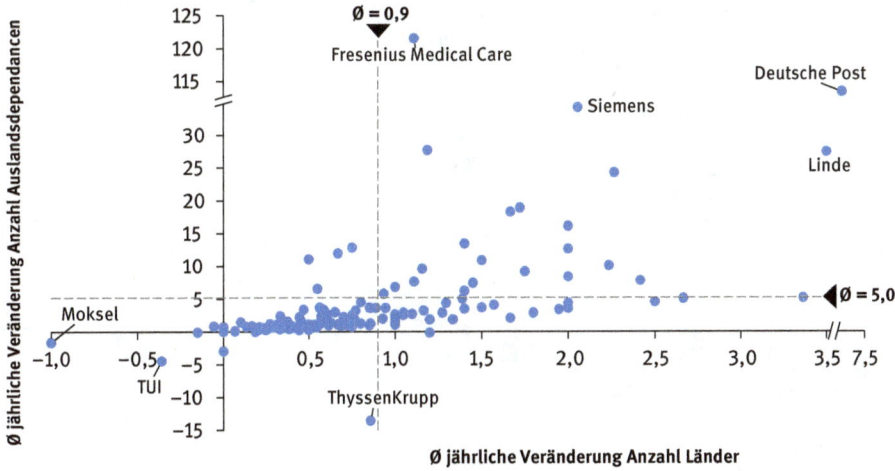

Abbildung 60: Internationale Expansion je Stichprobenunternehmen (1995–2015).
N = 144 (unbalancierte Paneldaten).

ist. Ähnlich war die Situation auch bei dem Lebensmittelkonzern Moksel, der bereits seit Mitte der 1990er–Jahre im Zuge von finanziellen Schwierigkeiten eine Restrukturierung durchlief, bevor Anfang der 2000er–Jahre von dem niederländischen Vion-Konzern übernommen wurde.

Im Gegensatz zu der Gruppe von Stichprobenunternehmen um TUI, Thyssen-Krupp und Moksel ergab sich jedoch für 94 Prozent der Unternehmen nach Ende der Deutschland AG eine gleichbleibende oder verstärkte internationale Ausdehnung. Allen voran stechen im Rahmen der Stichprobe insbesondere die Unternehmen Fresenius, Siemens, Linde und die Deutsche Post aufgrund ihrer stark zunehmenden Internationalisierung hervor (vgl. Abbildung 60).

Die auf Dialysegeräte und -dienstleistungen spezialisierte Fresenius Medical Care entstand bereits Mitte der 1990er-Jahre, als die damalige Muttergesellschaft Fresenius AG das US-amerikanische Unternehmen National Medical Care übernahm und mit den Aktivitäten der eigenen Tochtergesellschaft zusammenführte. Obwohl der Börsengang der Tochtergesellschaft formell bereits in den 1990er-Jahren erfolgte, wurden zunächst primär stimmrechtslose Vorzugsaktien gehandelt, während die Muttergesellschaft weiterhin eine mit Abstand deutliche Stimmrechtsmehrheit innehatte. Im Jahr 2006 erfolgte dann die Umstrukturierung der Eigentumsverhältnisse und Fresenius Medical Care entwickelte sich von einer Tochtergesellschaft zu einem eigenständigen Unternehmen. Zu diesem Zeitpunkt war das Unternehmen bereits sehr global aufgestellt, mit insgesamt knapp 700 ausländischen Tochtergesellschaften in mehr als 50 Ländern (vgl. Abbildung 61). Dennoch verfolgte das Unternehmen eine aggressive Wachstumsstrategie („GOAL 10") (Fresenius Medical Care, 2007, S. 50 ff.), die zur Erreichung des selbstgesteckten Wachstumsziels von 6 bis 9 Prozent pro Jahr (gemessen am Gesamtum-

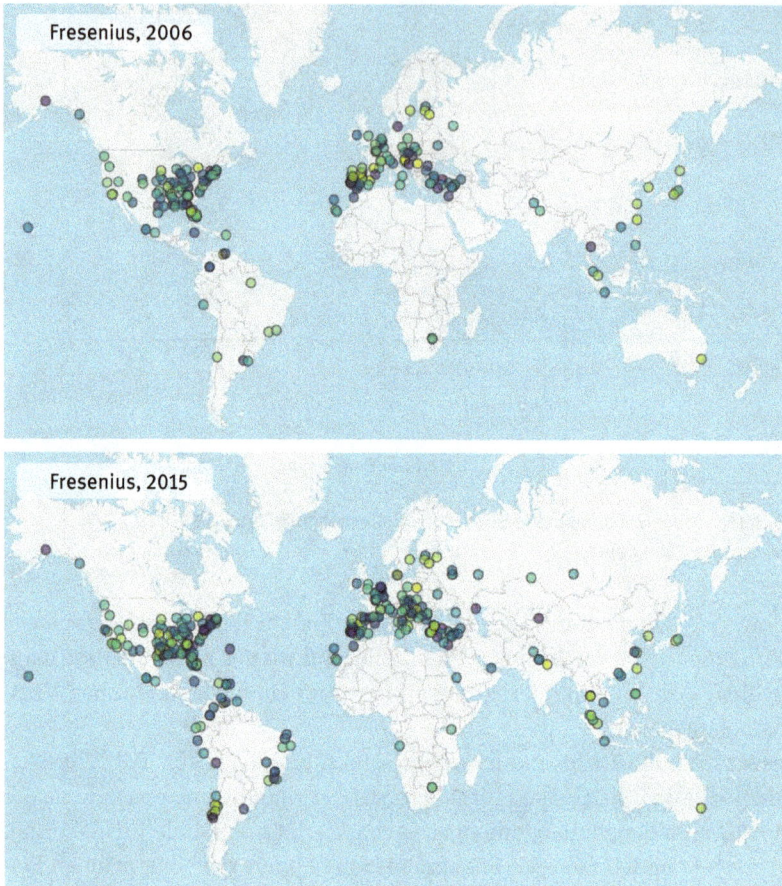

Abbildung 61: Auslandsdependancen Fresenius Medical Care 2006 und 2015.

satz) vier zentrale Hebel vorsah: organisches Wachstum im Markt für Dialysedienstleis-tungen, Akquisitionen in strategisch wichtigen Märkten, horizontale Erweiterungen (bspw. durch neue Medikamente zur Regulierung des Bluthaushaltes von Patienten) und die Expansion im Bereich der Heimdialyse (Fresenius Medical Care, 2007, S. 51f.). Insbe-sondere die Akquisitionen, mit dem das Unternehmen die „globale und regionale Präsenz gezielt optimieren" (Fresenius Medical Care, 2007, S. 51) und „am Privatisie-rungsprozess der Gesundheitssysteme teilhaben und zum Beispiel in Osteuropa und Asien weiterhin überdurchschnittlich wachsen" (Fresenius Medical Care, 2007, S. 51) wollte, wurden in den Folgejahren zu einem wesentlichen Treiber für die fortschrei-tende internationale Expansion. Entsprechend wurde das Unternehmen beispiels-weise durch die Mehrheitsbeteiligung am taiwanischen Dialysedienstleister Jiate Excelsior zum führenden Anbieter in Asien und erlangte in Ecuador durch die Über-nahme mehrerer Dialysekliniken eine marktführende Stellung. Bis zum Jahr 2015 war das Unternehmen so in insgesamt zehn neue geografische Märkte vorgedrungen und unterhielt insgesamt rund 1000 zusätzliche ausländische Tochtergesellschaften im Vergleich zum Jahr 2006.

Mit Siemens nahm ein Unternehmen, das bereits zur Zeit der Deutschland AG eines der Stichprobenunternehmen mit der größten Internationalität war, auch nach dem Ende dieser Ära wieder eine führende Rolle im Ausbau der Auslandsaktivitäten ein (vgl. Abbildung 62). Dabei übertraf das Unternehmen die im ersten Beobachtungszeitraum festgestellte Wachstumsgeschwindigkeit nochmals deutlich: Während es zur Zeit der Deutschland AG im Durchschnitt pro Jahr in 0,7 neue Länder vordrang und rund 11 neue Auslandsdependancen eröffnete, verdreifachten sich diese Werte im Zeitraum von 1995 bis 2015 nahezu, auf durchschnittlich zwei neue Länder und rund 34 neue ausländische Tochtergesellschaften pro Jahr. Bemerkenswert ist dabei, dass die geografische Expansion trotz der produktseitigen Umstellung des Portfolios aufrechterhalten, und das

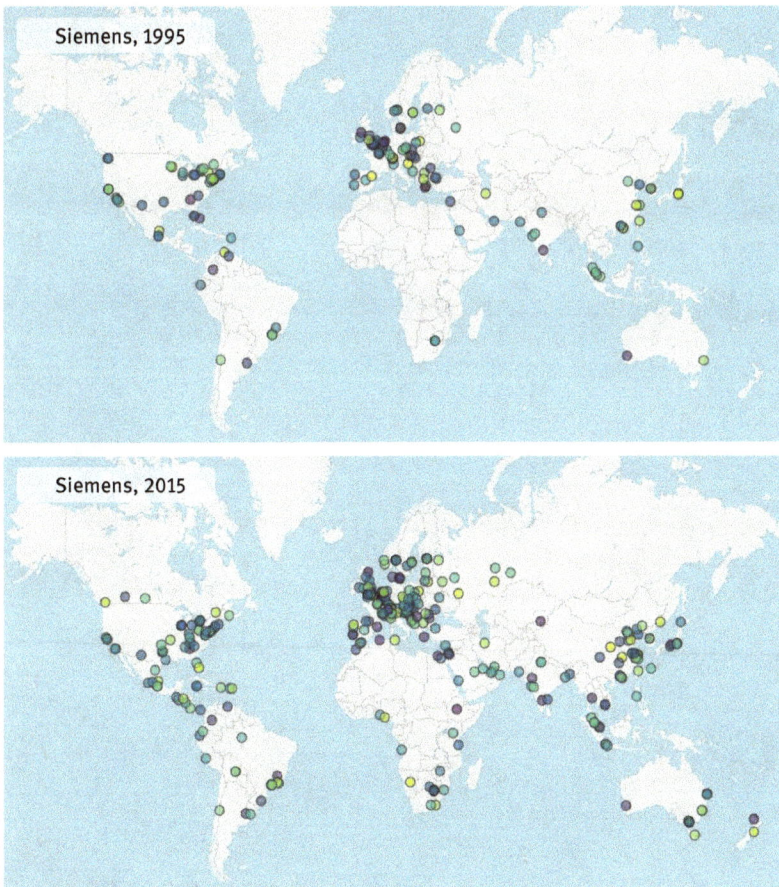

Abbildung 62: Auslandsdependancen Siemens 1995 und 2015.

bereits in den 1990er-Jahren definierte Ziel einer noch stärkeren Internationalisierung trotzdem erreicht werden konnte. Bis zum Ende des Beobachtungszeitraums hatte das Unternehmen mehr als 800 ausländische Tochtergesellschaften in rund 90 Ländern.

Auch der Industriegase-Hersteller Linde trieb seine internationale Expansion über den Beobachtungszeitraum stark voran (vgl. Abbildung 63), drang dabei im Vergleich zu Siemens jedoch im Durchschnitt jährlich in mehr neue Länder vor und gründete deutlich weniger neue ausländische Tochtergesellschaften. Ähnlich wie im Fall von Fresenius ist jedoch auch ein großer Teil der internationalen Expansion von Linde auf anorganisches Wachstum durch Akquisitionen zurückzuführen. Eine Schlüsseltransaktion war die Übernahme des britischen Industriegaseherstellers BOC im Jahr 2006, durch die Linde unter anderem Auslandsgesellschaften in Kanada, Papua-Neuguinea, Samoa, Fidschi, Neuseeland, Japan, Kenia, Tansania, Uganda und Simbabwe erwarb und zum weltgrößten Industriegaseproduzenten

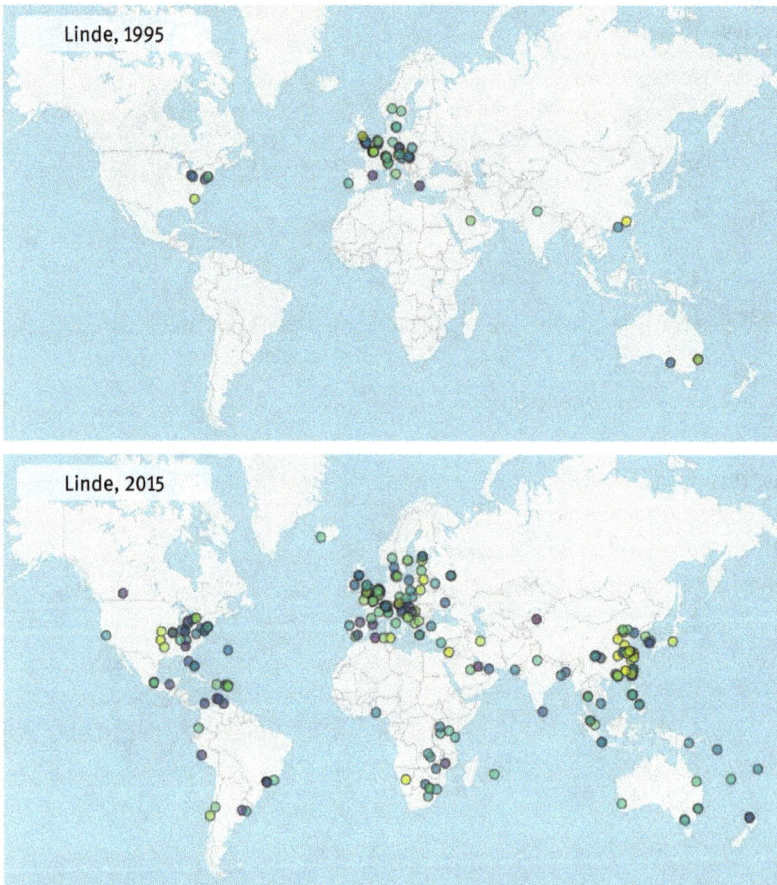

Abbildung 63: Auslandsdependancen Linde 1995 und 2015.

aufstieg. Das Ergebnis des internationalen Expansionskurses waren bis zum Jahr 2015 insgesamt rund 600 ausländische Tochtergesellschaften, die sich auf rund 90 Länder weltweit verteilten.

Auch der ehemalige Staatskonzern Deutsche Post vollzog nach seiner Privatisierung einen nahezu unvergleichlichen internationalen Expansionskurs und entwickelte sich in wenigen Jahren von einem primär nationalen Dienstleister zu einem „Global Player" (vgl. Abbildung 64).

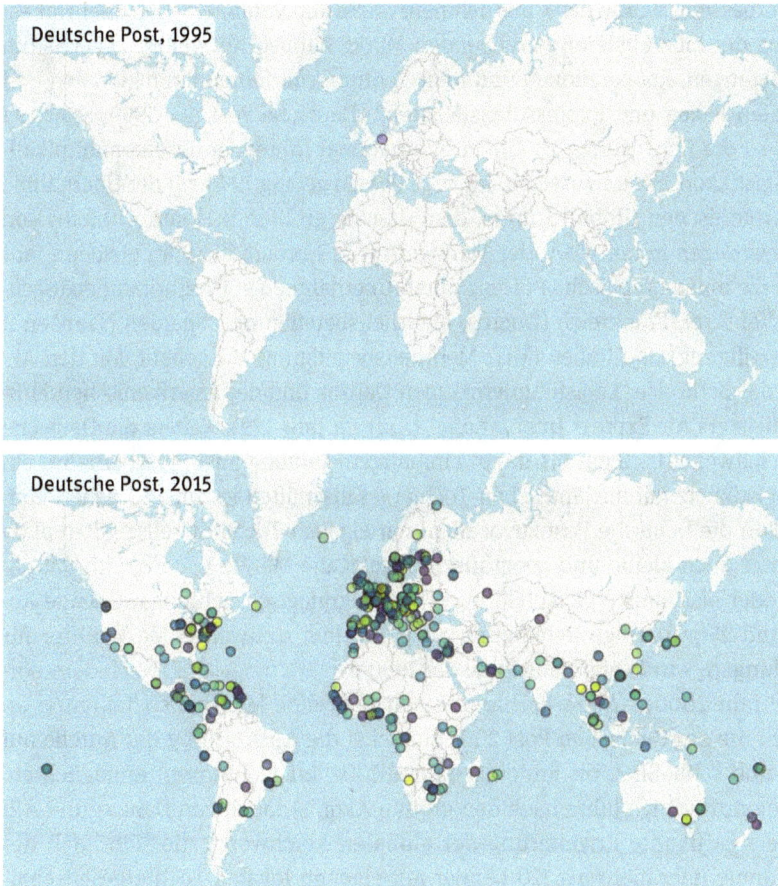

Abbildung 64: Auslandsdependancen Deutsche Post 1995 und 2015.

Die Unternehmensstrategie der Deutschen Post war in den 1990er-Jahren stark durch den staatlichen Infrastrukturauftrag, die vom deutschen Gesetzgeber umgesetzten Postreformen sowie von der stetig fortschreitenden internationalen Liberalisierung des Postmarktes geprägt. Die Deutsche Post AG war zum 1. Januar 1995 in Vorbereitung auf die spätere Privatisierung aus der Deutschen Bundespost POSTDIENST hervorgegangen und gründete kurze Zeit später eine erste ausländische Tochtergesellschaft in Amsterdam (später gefolgt von Prag und Wien). Das internationale Wachstum sowie die internationale Wettbewerbsfähigkeit wurden jedoch zunächst durch die behördlichen Strukturen und hohe operative Kosten erschwert, was durch eine Umstrukturierung und das Programm „Brief 2000" zur jährlichen Einsparung von knapp 2 Milliarden DM adressiert wurde. Nachdem das Unternehmen bereits bis zum Jahr 1998 deutliche Erfolge dabei erzielen konnte, die finanzielle Situation und die operative Wettbewerbsfähigkeit zu verbessern, wurde das Unternehmenswachstum vorangetrieben. Ziel war es, „die sich aus der Liberalisierung ergebenden Marktchancen für weiteres Wachstum durch Beteiligungen, Kooperationen und Joint Ventures mit führenden nationalen und internationalen Paket- und Expressdienstleistern" (Deutsche Post AG, 1999, S. 47) zu nutzen und so die Entwicklung zu einem international führenden Briefkommunikations- und Logistikkonzern umzusetzen. Im Zuge dessen gelang 1998 mit der Übernahme der US-amerikanischen Global Gruppe, dem damals größten privaten Anbieter von Briefdienstleistungen in den USA, der Markteintritt in Nordamerika. Im gleichen Jahr wurde auch die innereuropäische Präsenz durch Übernahmen in Großbritannien (Securicor; Joint Venture), Frankreich (Ducros; Mehrheitsbeteiligung), Spanien (Transerra; Mehrheitsbeteiligung) und Italien (MIT; Mehrheitsbeteiligung) ausgebaut. Mit den Akquisitionen des Schweizer Logistikunternehmen Danzas und des amerikanischen Luftfrachtdienstleisters Air Express International (AEI) im Jahr 1999 weitete die Deutsche Post ihre Reichweite in einem bis dahin einmaligem Umfang aus. Sie übernahm ein globales Logistiknetz mit ausländischen Tochtergesellschaften in rund 50 neuen Ländern (in denen die Deutsche Post zuvor nicht mit eigenen Tochtergesellschaften aktiv war), darunter auch kleine und geografisch abgelegene Märkte wie Fidschi, Papua-Neuguinea oder Mauritius (vgl. Abbildung 64). Die strategisch richtungsweisende Kooperation und 25-prozentige Beteiligung an DHL, dem weltweiten Marktführer für Expressendungen, wurde ebenfalls Ende der 1990er-Jahre umgesetzt. Nach dem Börsengang im Jahr 2000 wurden Verhandlungen über eine Mehrheitsbeteiligung an DHL geführt, die der Deutschen Post 2002 zunächst die Aufstockung der Anteile auf 50 Prozent und schließlich bis Ende des Jahres 2002 auf 100 Prozent ermöglichten. Damit gelang nur wenige Jahre nach den großen Akquisitionen von Danzas und AEI wieder eine signifikante Erweiterung der globalen Reichweite, die sich nach der DHL-Übernahme über mehr als 120 Länder mit eigenen lokalen Tochtergesellschaften erstreckte. Aufgrund der starken geografischen Ausdehnung innerhalb von lediglich fünf Jahren verordnete sich das Unternehmen nach der DHL-Transaktion ein Wertsteigerungsprogramm („STAR"), das „die Integration über alle Funktionen, alle Organisationseinheiten, alle Standorte und alle Mitarbeiter" (Deutsche Post AG, 2003, S. 13) zum Ziel hatte. Eine letzte große Übernahme war die des britischen Logistikkonzerns Exel im Jahr 2005, der ebenfalls über ein globales Logistiknetzwerk verfügte. Da die Deutsche Post jedoch bereits aufgrund der vorangegangenen Transaktionen in fast allen Märkten, in denen auch dieser Anbieter tätig war, über eigene lokale Tochtergesellschaften verfügte, diente die Akquisition nicht einer weiteren globalen Ausdehnung, sondern einer verbesserten Durchdringung der bestehenden Märkte und einer damit einhergehenden verbesserten Wettbewerbsposition. Aufgrund der aggressiven Ausdehnung der Regionenbasis gelang es der Deutschen Post somit innerhalb weniger Jahre, von einem defizitären Staatskonzern mit ausschließlich nationaler Ausrichtung zu einem profitablen Unternehmen und zum globalen Marktführer für Post- und Logistikdienstleistungen zu werden.

Auch die Betrachtung der Veränderung des Auslandsanteils an den Konzerngesellschaften verdeutlicht das starke internationale Wachstum der Stichprobenunternehmen (vgl. Abbildung 65). Während im vorherigen Beobachtungszeitraum von 1985 bis 1995 lediglich 59 Prozent der Stichprobenunternehmen den Auslandsanteil ihrer Konzerngesellschaften erhöhten, war dies im Beobachtungszeitraum zwischen 1995 und 2015 für rund 70 Prozent der analysierten Unternehmen der Fall. Dies unterstreicht den Befund einer verstärkten internationalen Expansion.

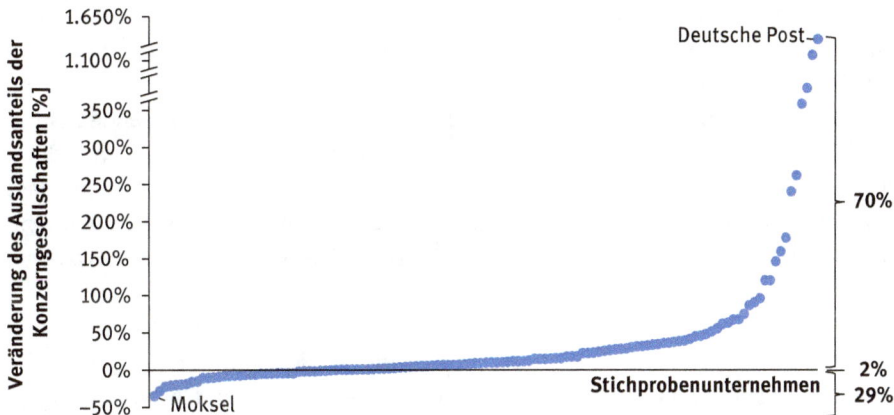

Abbildung 65: Veränderung Anteil der ausländischen Gesellschaften an den Konzerngesellschaften (1995–2015).
N = 144 (unbalancierte Paneldaten).

9.4 Ursachen für die beschleunigte Expansion

Sowohl die gesamthafte Betrachtung der Stichprobenunternehmen als auch die Einzelfälle zeigen, dass es nach Ende der Deutschland AG zu einer starken, und im Vergleich zum vorherigen Beobachtungszeitraum beschleunigten, internationalen Expansion kam. Was waren die Auslöser für diese Entwicklung?

Die in Teil III beschriebenen geopolitischen Veränderungen und die Beschleunigung des technologischen Fortschritts bewirkten eine Intensivierung des globalen Wettbewerbs, für den, getrieben durch Liberalisierungen und Integrationsmaßnahmen (wie im Falle des europäischen Binnenmarktes), nationale Grenzen immer weniger eine Rolle spielten. Um in diesem globalen Wettbewerb bestehen zu können, nutzten viele Unternehmen die Expansion in neue regionale Märkte, um möglichst stark von Skalenvorteilen („Economies of Scale") zu profitieren. Zusätzlich ermöglichte der verbesserte Marktzugang in vielen Regionen der Welt, dass auch ausländische Unternehmen von spezifischen lokalen Marktfaktoren profitieren konnten. So dürfte beispielsweise der liberale Gesundheitsmarkt und das hohe Preisniveau für Gesundheitsdienstleistungen in den USA einer der Gründe dafür gewesen sein, dass Fresenius Medical Care in diesen Markt expandierte. Ähnlich stellten die Größe des Absatzmarktes und der hohe Bedarf an Energieerzeugungs- und Anlagentechnologie attraktive Bedingungen für ein verstärktes Engagement des Siemens-Konzerns in Südost Asien dar.

Wie die Fallbeispiele verdeutlichen, ist die hohe Expansionsgeschwindigkeit dabei zumeist auch auf die Nutzung anorganischer Wachstumsoptionen zurückzuführen, mit denen sich zahlreiche Hürden eines Markteintritts (wie beispielsweise die „Bürde der Außenseiterschaft"; vgl. Johanson & Vahlne, 2009) umgehen lassen. Die Umsetzung solcher Transaktionen wurde dabei durch eine zunehmende Institutionalisierung des Investmentbankings und einen verbesserten Zugang von deutschen Unternehmen zu diesen Dienstleistungen erleichtert. Hinzu kommt, dass auch die Integration eines global tätigen Unternehmens in einen bestehenden Konzern aufgrund der globalen Verbreitung moderner IT-Systeme (bspw. ERP-Systeme) vereinfacht wurde.

Insgesamt haben somit die internen (d. h. die Erzielung von Skalenvorteile) und externen Motive (d. h. Ausnutzung spezifischer Marktfaktoren), die für die Internationalisierung der Unternehmen zur Zeit der Deutschland AG ausschlaggebend waren, auch in den Folgejahren bestand. Allerdings mit dem Unterschied, dass der Handlungsdruck aufgrund eines intensivierten globalen Wettbewerbs höher und die institutionellen und operativen Hürden (z. B. Markteintrittsbarrieren) geringer waren als zuvor. Ob diese Expansionsgeschwindigkeit auch in Zukunft Bestand haben wird, ist im Wesentlichen von der Entwicklung des institutionellen Rahmens, in dem die Unternehmen tätig sind, abhängig.

10 Fazit

Nach dem Ende der Deutschland AG bildete sich eine neue Unternehmensrealität heraus, die durch eine völlig andere Ausrichtung der Kerndimensionen Eigentum, Governance und Strategie geprägt war.

Eigentum. Die traditionellen Eigentümer aus den Reihen der inländischen Finanzinstitute und Industrieunternehmen zogen sich nahezu vollständig zurück, lediglich die Industrieunternehmen hielten an wenigen ausgewählten Eigenkapitalbeteiligungen fest, die für sie eine strategische Relevanz hatten. Investmentgesellschaften und Fonds nutzten den umfassenden Anteilsverkauf und die Öffnung des Corporate-Governance-Systems, um ihrerseits bedeutende Anteile am Eigenkapital der deutschen börsennotierten Unternehmen zu akkumulieren. So bauten diese neuen Eigentümer, getrieben durch die Expansion mehrerer großer Universal-Investmentgesellschaften und des norwegischen Staatsfonds ein umfassendes Beteiligungsnetz auf, dessen Ausdehnung das der traditionellen Eigentümer zur Zeit der Deutschland AG deutlich übertraf. Im Jahr 2020 war ein Kreis ausgewählter Universal-Investmentgesellschaften an knapp 90 Prozent der Unternehmen aus einer Stichprobe des deutschen HDAX (mit mehr als 2 Prozent) beteiligt; Staatsfonds und öffentliche Pensionsfonds waren an mehr als jedem zweiten Unternehmen der Stichprobe mit mehr als 2 Prozent beteiligt.

Governance. Das Corporate-Governance-System entwickelte sich zu einem Outsider-System, das den Unternehmen einen Eintritt in den Wettbewerb um das Kapital der Investoren ermöglichte und so der gestiegenen Bedeutung des Kapitalmarkts für die Unternehmensfinanzierung Rechnung trug. Der Deutsche Corporate Governance Kodex unterstützte diese Entwicklung und half dabei, die Unternehmensverfassung für internationale Investoren verständlicher und attraktiver zu gestalten. Die traditionellen Personalverflechtungen wurden größtenteils aufgelöst, da die Kreditinstitute angesichts ihrer Neuausrichtung auf das Investmentbanking und der zunehmenden Verbriefung von Industriekrediten nicht mehr auf Aufsichtsratsmandate bei den Industrieunternehmen angewiesen waren. Die neuen Eigentümer strebten hingegen keine Vertretung in den Kontrollgremien an, da sie auch ohne entsprechende Mandate zur Kontrolle der Unternehmen in der Lage waren. Dies war einerseits der verbesserten Publizität geschuldet, die die Unternehmen nicht nur aufgrund strengerer gesetzlicher Anforderungen, sondern auch im Eigeninteresse zur Akquise von Investoren etablierten. Andererseits traten mit den Stimmrechtsberatern und Engagement-Dienstleistern neue Akteure auf, an die institutionelle Investoren die Kontrolle des Unternehmens auslagern konnten. Aktivistische Investoren bildeten darüber hinaus eine zusätzliche Gruppe aus den Reihen der ehemaligen „Outsider", die eine disziplinierende Wirkung auf die Vorstände ausüben können. Die stärkere Kapitalmarktorientierung des Gesamtsystems wurde auch in der Vorstandsvergütung verankert, die

https://doi.org/10.1515/9783110735611-013

seit einigen Jahren zu deutlich größeren Anteilen an die Wertentwicklung des Unternehmens gekoppelt ist.

Strategie. Mit dem Ende der Deutschland AG kam es zu einer deutlich beschleunigten internationalen Expansion der börsennotierten Unternehmen, die sich nicht nur auf die erstmals zugänglichen Märkte der ehemaligen Ostblock-Staaten beschränkte, sondern alle Kontinente umfasste. Es galt, in dem durch die Liberalisierung verstärkten globalen Wettbewerb einerseits Skalenvorteile umzusetzen, und andererseits vorteilhafte regionale Marktspezifika in den Beschaffungs- und Absatzmärkten möglichst umfassend zu nutzen. Auch produktseitig wurde ein weiteres Wachstum forciert. Während die Unternehmen zur Zeit der Deutschland AG aufgrund der Eigentumsverhältnisse, der auf Insider ausgelegten Governance-Strukturen und der untergeordneten Relevanz der Kapitalmärkte jedoch eine breit angelegte Expansion ihrer Geschäftsaktivitäten vornahmen und in zahlreiche produktseitig heterogene Geschäftsfelder vordrangen, führte die wachsende Relevanz der Kapitalmärkte und die damit einhergehende verstärkt wertorientierte Unternehmensführung zu einem veränderten Vorgehen bei der Expansion. Ein für Investoren deutlich erkennbarer Corporate Advantage mit operativen und strategischen Verbundvorteilen war neben der erwarteten Profitabilität eines neuen Geschäftsbereichs das entscheidende Kriterium. Expansionen, die lediglich der Risikostreuung oder der konjunkturausgleichenden Quersubventionierung von Geschäftsbereichen dienten, wurden hingegen immer seltener. Die von vielen Unternehmen zur Wertsteigerung ausgerufene Fokussierungsstrategie bedeutete daher in der Nettobetrachtung keine Reduktion der adressierten Geschäftsfelder, sondern lediglich klarer gezogene Grenzen, innerhalb derer eine Expansion stattfinden konnte.

Teil V: **Ausblick**

Wie sieht die Zukunft aus? Zehn Thesen zur Entwicklung
von Eigentum, Governance und Strategie börsennotierter
Unternehmen in Deutschland

11 Zehn Thesen Zur Künftigen Entwicklung der Deutschen Unternehmensrealität

Nachdem sich die Kerndimensionen Eigentum, Corporate Governance und Strategie zur Zeit der Deutschland AG über viele Jahrzehnte nicht grundlegend verändert hatten, brach nach dem Ende dieser Ära eine neue Zeit an, in der sich die Dimensionen fundamental verändert haben. Auch künftig ist mit weiteren Veränderungen zu rechnen. Die weltweit trotz zahlreicher Krisen fortschreitende technologische, wirtschaftliche, finanzielle und gesellschaftliche Vernetzung sowie die inzwischen (zwangsläufig) etablierte Outsider-Orientierung der Unternehmen werden sich weiter auf die Entwicklung der Unternehmen auswirken. Aus diesen bereits jetzt fortschreitenden Veränderungen in den Rahmenbedingungen der Unternehmen lassen sich Thesen zur zukünftigen Entwicklung der börsennotierten deutschen Unternehmen ableiten. Tabelle 16 zeigt unsere zehn Zukunftsthesen im Überblick.

Tabelle 16: Zehn Thesen zur künftigen Entwicklung der deutschen Unternehmensrealität.

Eigentum

1 *Der Einfluss von Universal- und Spezial-Investmentgesellschaften wird weiter zunehmen.*

2 *Das durch Family Offices verwaltete Eigentum an deutschen börsennotierten Unternehmen wird wachsen. Family Offices nehmen in ihrer Anzahl zu und werden zunehmend professioneller.*

3 *Staatsfonds werden als Eigentümertyp bedeutender.*

Corporate Governance

4 *Die Anforderungen an die Aufsichtsratsarbeit nehmen aufgrund gestiegener Komplexität und Dynamik zu. Die Professionalität der Aufsichtsräte wird weiter steigen.*

5 *Die Ausübung von Eigentümerrechten wird spezialisierter und neue Formen gewinnen an Bedeutung.*

6 *Aufgrund des Einflusses dominierender Eigentümer müssen sich Unternehmen auf die Einhaltung von Kriterien zur Nachhaltigkeit ausrichten. Dieser Einfluss kann sich im Zeitverlauf auf Kriterien in anderen gesellschaftlichen Bereichen erweitern.*

Strategie

7 *Der Druck zur Fokussierung auf profitable Produktbereiche wird weiter zunehmen.*

8 *Der wachsende Einfluss von Investmentgesellschaften wird eine Branchenkonsolidierungen in zunehmendem Maße befeuern.*

9 *Die institutionellen Bedingungen in den Auslandsmärkten werden sich signifikant verändern.*

10 *Trotz signifikant veränderter institutioneller Rahmenbedingungen werden die Unternehmen ihre internationalen Aktivitäten weiter ausbauen.*

https://doi.org/10.1515/9783110735611-014

11.1 Thesen zur Zukunft des Eigentums

Die Thesen zur Zukunft des Eigentums gehen einerseits von einer Ausweitung des Anteilsbesitzes und des Einflusses von Investmentgesellschaften und Staatsfonds aus. Andererseits wird jedoch auch den sogenannten Family Offices, einer Gruppe von Finanzmarktakteuren, die bisher noch nicht wesentlich in den Eigentümerstrukturen der deutschen HDAX-Unternehmen in Erscheinung getreten sind, ein erhebliches Wachstum und eine zunehmende Professionalisierung zugeschrieben.

These 1: Der Einfluss von Universal- und Spezial-Investmentgesellschaften wird weiter zunehmen.
Das starke Wachstum der Eigenkapitalbeteiligungen von Investmentgesellschaften nach dem Ende der Deutschland AG wird sich auch künftig fortschreiben. Gründe dafür sind insbesondere die anhaltende Niedrigzinsphase, steigende Inflationsraten und ein Mangel attraktiver alternativer Anlagemöglichkeiten. Abbildung 66 zeigt die Entwicklung des EZB Leitzins, des durchschnittlichen Zinses für Spareinlagen und der Inflation in Deutschland von 2000 bis 2020. Seit dem Jahr 2008 erfolgte demnach eine stetige Absenkung des EZB Leitzins, die für deutsche Sparer sinkende Zinsen auf ihre Spareinlagen nach sich zog. Aufgrund der Negativzinsen, die Banken schon seit 2014 für ihre Einlagen bei der EZB zahlen müssen, verlangen auch zunehmend mehr Banken Strafzinsen von ihren Kunden. Die für Sparer bereits in einer nominalen Betrachtung unattraktiven Zinssätze werden unter Hinzunahme der Inflation zusätzlich belastet. Während die Inflationsrate im Jahr 2020 mit 0,5 Prozent einen deutlichen Rückgang gegenüber den Vorjahren verzeichnete, deutet die wirtschaftliche Erholung nach Abklingen der Covid-19-Pandemie auf stark steigende Inflationsraten hin. Folglich steigt die reale Belastung der Sparer weiter an, weshalb eine zunehmende Verlagerung von Vermögen in Aktien und insbesondere in beliebte Fondsprodukte der Investmentgesellschaften zu erwarten ist. Dies gilt vor allem, da beispielsweise die über viele Jahre stark gestiegenen Immobilienpreise bei einigen Anlegern Ängste vor einer Blasenbildung hervorrufen.

Neben den privaten sind auch institutionelle Investoren gleichermaßen von den Herausforderungen der niedrigen oder negativen Zinsen und einer steigenden Inflation betroffen. Daher sehen auch sie sich dazu veranlasst, ihre Portfoliogewichtung zu adjustieren und beispielsweise anstelle von Staatsanleihen auf die Fondslösungen der Investmentgesellschaften zurückzugreifen.

Für viele Spezial-Investmentgesellschaften, die ihre Eigenkapitalbeteiligungen über einen hohen Fremdkapitalanteil finanzieren, bedeutet die anhaltende Niedrigzinsphase jedoch auch die Gelegenheit, ihre Geschäftstätigkeit deutlich auszuweiten. Zusammen mit dem steigenden Interesse der privaten und institutionellen Kunden können sie so im historischen Vergleich größere Investitionssummen aufbringen, was einen steigenden Anteilsbesitz an den deutschen börsennotierten Unternehmen nach sich ziehen kann.

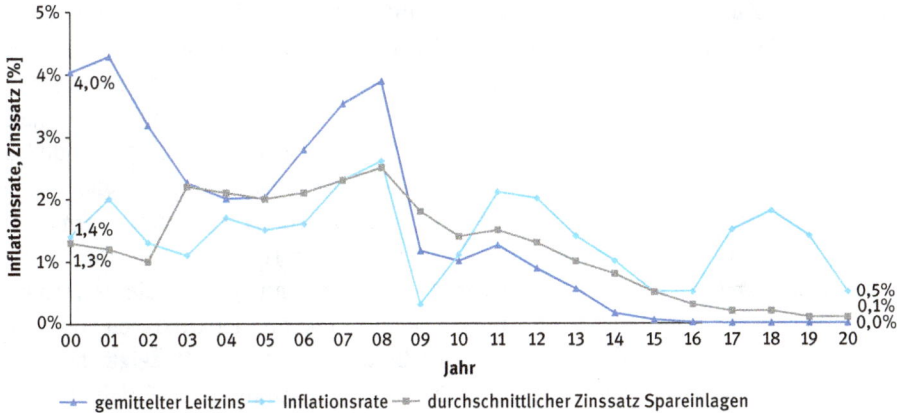

Abbildung 66: Inflationsrate und Zinssätze von 2000–2020.
Quelle: Deutsche Bundesbank, 2021; Statista, 2021.

These 2: Das durch Family Offices verwaltete Eigentum an deutschen börsennotierten Unternehmen wird wachsen. Family Offices nehmen in ihrer Anzahl zu und werden zunehmend professioneller.

Seit der Jahrtausendwende hat auf internationaler Ebene eine zunehmende Vermögensaggregation unter sogenannten High Net Worth Individuals (HNWIs), d. h. Privatpersonen mit einem Vermögen von mehr als 1 Millionen US-Dollar, bzw. Ultra High Net Worth Individuals (UHNWIs), also Privatpersonen mit einem Vermögen von mehr als 30 Millionen US-Dollar (Schöning, 2010, S. 198), stattgefunden. Sie stellen die Kernzielgruppe für Family Offices dar. Der Begriff „Family Office" ist gesetzlich nicht definiert, beschreibt im Verständnis der Bundesanstalt für Finanzdienstleistungsaufsicht (BaFin) jedoch Unternehmen, die unabhängig von ihrer Rechtsform mit der bankenunabhängigen Verwaltung großer privater Vermögen betraut sind (BaFin, 2018). Das Dienstleistungsportfolio von Family Offices ist sehr heterogen und umfasst je nach Ausgestaltung die Aufgabengebiete Vermögensmanagement, Vermögensbuchhaltung und -controlling, Recht, Steuern, Nachfolgeregelung, Mediation bei Streitigkeiten zwischen Familienmitgliedern, philanthropisches Engagement und Convenience (Verwaltung und Concierge-Services wie beispielsweise Büroorganisation, Reiseplanung oder Sicherheitsmanagement) (vgl. BaFin, 2018; Weber & Koeberle-Schmid, 2016).

Grundsätzlich lassen sich zwei Ausprägungen von Family Offices unterscheiden: Single Family Offices (SFOs) und Multi Family Offices (MFOs) (Dimler & Theil, 2018, S. 136). Ein SFO ist mit dem Vermögen einer einzelnen Familie betraut, jedoch ist die Etablierung eines hauseigenen SFOs mit sehr hohen Kosten verbunden, sodass diese Form nur für sehr vermögende Familien mit einem freien Vermögen ab ca. 400 Millionen Euro in Frage kommt (Dimler & Theil, 2018, S. 136; Weber, S. 8). MFOs hingegen betreuen das Vermögen von mehreren Familien. Ihr Vorteil gegenüber SFOs besteht vor allem in der Realisierung von Skaleneffekten und der Schaffung eines Angebotes für Familien, deren Vermögen für die Realisierung eines SFOs nicht ausreichend ist (Dimler & Theil, 2018, S. 136; Weber, S. 8). Neben dem Direktgeschäft mit den eigenen Mandanten stellen MFOs ihre Leistungspalette oftmals auch in modularer Form einzelnen SFOs zur Verfügung (Blewett, 2015), wodurch aus Sicht der MFOs eine zweite Einnahmequelle realisiert wird. Auf globaler Ebene geht man Ende 2019 davon aus, dass Family Offices weltweit mit einem Vermögen in Höhe von rund 5,9 Billionen US-Dollar betraut sind (Beech, 2019). Da Family Offices die Vermögen in unterschiedlichen Anlageklassen anlegen, ist dieses Gesamtvolumen jedoch nicht in voller Höhe für die globalen Eigentümerstrukturen von Aktiengesellschaften relevant. Eine Studie der UBS aus dem Jahr 2019 zeigt, dass der durchschnittliche Anteil von Eigenkapitalbeteiligungen an dem von Family Offices verwalteten Vermögen global bei rund 32 Prozent liegt (UBS, 2019, S. 19) (vgl. Abbildung 67), bei großen Family Offices, die mit mehr als 1 Milliarde US-Dollar Kundengeldern betraut sind, liegt der Wert sogar bei 38 Prozent (UBS, 2019, S. 19).

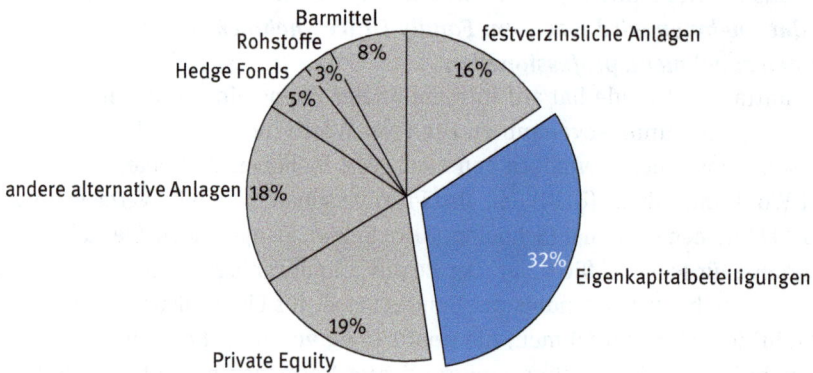

Abbildung 67: Vermögensallokation von Family Offices.
Quelle: UBS, 2019, S. 19.

Das erwartete Wachstum in den Eigenkapitalbeteiligungen der Family Offices beruht auf (i) einem wachsenden Aktienanteil in ihren Portfolios, (ii) der wachsenden Zielgruppe aus HNWIs und UHNWIs, sowie (iii) einer Ausweitung der Geschäftstätigkeit der Family Offices über das bisherige Klientel hinaus. Ähnlich wie im Falle der Kleinsparer sind auch vermögende Personen von der anhaltenden Niedrigzinsphase betroffen. Daher sind beispielsweise festverzinsliche Anlagen, die 2019 gemäß der UBS-Studie noch einen durchschnittlichen Portfolioanteil von 16 Prozent innehatten (vgl. Abbildung 67), aktuell bereits in vielen Fällen unrentabel und werden durch attraktivere Anlageformen wie Eigenkapitalbeteiligungen ersetzt. Abbildung 68 zeigt zudem die steigende Anzahl der US-Dollar-Millionäre. Demnach hat sich die Anzahl der Millionäre weltweit von 8,6 Millionen im Jahr 2008 auf 20,8 Millionen in 2020 mehr als verdoppelt. Da auch künftig eine Trendumkehr dieser Entwicklung nicht zu erwarten ist, dürfte das von den Family Offices verwaltete Vermögen weiter ansteigen.

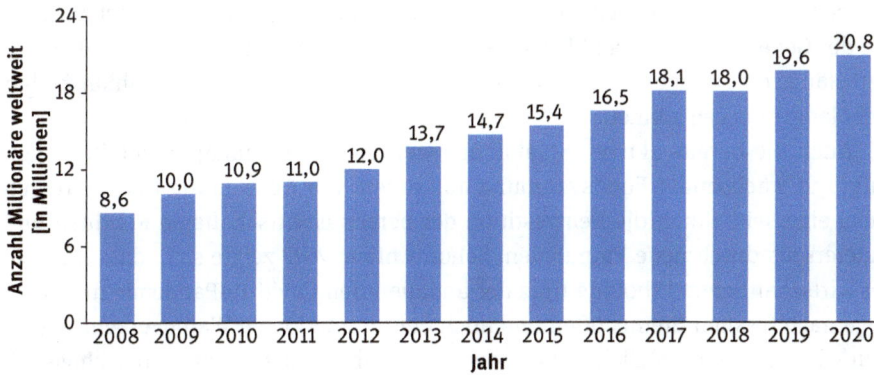

Abbildung 68: Anzahl der US-Dollar Millionäre weltweit.
Quelle: Capgemini, 2021.

Zudem steigt seit Jahren auch das Interesse von Privatanlegern, die nicht als HNWIs oder UHNWIs zu klassifizieren sind, an den Anlagestrategien der Family Offices (vgl. Johann, 2019). Daher entscheiden sich MFOs zunehmend dafür, zusätzlich zu ihrem Dienstleistungsangebot an SFOs sogenannte „Private-Label"-Fonds zu initiieren, die für die breite Öffentlichkeit zugänglich sind (vgl. Johann, 2019). Die Family Offices bedienen sich dazu sogenannter „Service-Kapitalverwaltungsgesellschaften" (Service-KGV) die über das Know-how und die notwendigen Lizenzen verfügen, um Private-Label-Fonds aufzulegen (Bayer & Hoffmann, 2018, S. 252). Die Family Offices gelten dabei als Initiator des Fonds und legen das Fondskonzept, die Anlagestrategie, die Gebührenordnung und den Namen des Fonds fest (Bayer & Hoffmann, 2018, S. 252). Das operative Portfolio-Management wird dann entweder vom Family Office übernommen, oder das Office beschränkt sich auf die Rolle des Anlageberaters (der nur unverbindliche Anlageempfehlungen für den Fonds aussprechen darf) und überlasst einem Dritten das Portfolio-Management (Bayer & Hoffmann, 2018, S. 252). Die Service-KVG übernimmt in der Regel die technische Administration und das Risikomanagement und kann bei entsprechender Nachfrage durch das Family Office auch weiterführende Beratungsdienstleistungen anbieten (Bayer & Hoffmann, 2018, S. 252).

These 3: Staatsfonds werden als Eigentümertyp bedeutender.

Staaten nutzen Staatsfonds zur Erreichung unterschiedlicher Ziele (vgl. Anhang 5), insbesondere um in der Zukunft pensionsähnliche Eventualverbindlichkeiten zu decken, heutiges Vermögen für künftige Generationen zu sichern, oder zum Ausgleich schwankender Rohstoffpreise. Fonds wie der norwegische Staatsfonds haben indes durch eine positive Wertentwicklung und hohe Renditen gezeigt, dass sie als Instrument dienlich sind, diese Zeile zu erreichen. Folglich ist davon auszugehen, dass künftig noch mehr Industrienationen Staatsfonds auflegen. Neben den Renditeerwartungen machen auch veränderte Rahmenbedingungen die Nutzung neuer haushaltspolitischer Instrumente erforderlich. So führt der demografische Wandel, d. h. die alternde Gesellschaft, in vielen Industrienationen dazu, dass etablierte Mechanismen wie der Generationenvertrag (d. h. eine umlagefinanzierte Rente, bei der aktuelle Erwerbstätige die Bezüge aktueller Rentner finanzieren) den bestehenden Finanzbedarf nicht länger decken können.

Auch die bereits aktiven Staatsfonds werden ihre Eigenkapitalbeteiligungen aufgrund wachsender Fondsvolumina ausweiten. Die Ausweitung finanziert sich dabei einerseits durch die Reinvestition der bereits erwirtschafteten Renditen und andererseits durch neue Einnahmen. Schon Anfang 2022 zeigte sich, dass im Zuge der wirtschaftlichen Erholung trotz der andauernden Covid-19-Pandemie die Nachfrage nach fossilen Brennstoffen und auch der internationale Warenverkehr wieder deutlich anstiegen. Folglich stehen sowohl den über Außenhandelsüberschüsse finanzierten Fonds (wie beispielsweise dem chinesische Staatsfonds) als auch den durch Rohstoffexporte finanzierten Fonds (wie dem norwegische Staatsfonds) neue Anlagemittel zur Verfügung. Aufgrund der seit zehn Jahren anhaltenden Niedrigzinsphase ist darüber hinaus davon auszugehen, dass die bestehende Portfoliogewichtung zugunsten von Aktien adjustiert und entsprechend auch ein Großteil der neuen Mittel zu Gunsten von Eigenkapitalbeteiligungen investiert wird.

11.2 Thesen zur Zukunft der Corporate Governance

Hinsichtlich der künftigen Corporate Governance ist aufgrund gestiegener Anforderungen an die Aufsichtsratsarbeit von einer zunehmenden Professionalisierung der Aufsichtsräte auszugehen. Darüber hinaus tragen die Aktivitäten von Stimmrechtsberatern, Engagement-Dienstleistern, aktivistischen Investoren und Short-Sellern dazu bei, dass die Ausübung von Eigentümerrechten spezialisierter wird und im Vergleich zum heutigen Status quo gänzlich neue Formen annehmen kann. Auch die Themengebiete, die dominierende Eigentümer veranlassen, Einfluss auf ihre Portfoliounternehmen zu nehmen, werden sich weiter ausdehnen und neben monetären Aspekten zunehmend auch Nachhaltigkeit und ESG-Themen umfassen.

These 4: Die Anforderungen an die Aufsichtsratsarbeit nehmen aufgrund gestiegener Komplexität und Dynamik zu. Die Professionalität der Aufsichtsräte wird weiter steigen.
Das Aktiengesetz sieht die Überwachung der Geschäftsführung als zentrale Aufgabe des Aufsichtsrats vor. Obwohl sich die Zusammensetzung der Aufsichtsräte deutscher börsennotierter Unternehmen seit der Zeit der Deutschland AG deutlich verändert hat und es zu einer Abkehr von den traditionellen Personalverflechtung kam, konnte die Entwicklung der Aufsichtsräte insgesamt nicht mit den gestiege-

nen Anforderungen an das Gremium Schritt halten. Dabei resultieren die gestiegenen Anforderungen einerseits aus der gestiegenen Komplexität und Dynamik auf Ebene der Unternehmen. Insbesondere aufgrund der beschleunigten Globalisierung, des technologischen Fortschritts und der sich schnell verändernden Wettbewerbsbedingungen (beispielsweise durch Innovationen, neue Wettbewerber oder geopolitische bzw. protektionistische Beschränkungen) hat die Komplexität, mit der die Unternehmensführung konfrontiert ist, zugenommen. Andererseits geht damit auch eine gestiegene Komplexität in der Kontrolle und Überwachung der Geschäftsführung einher, da es schwieriger wird, Transparenz über Zusammenhänge und Kausalitäten zu schaffen.

Daher wird künftig sicherzustellen sein, dass Aufsichtsratsmitglieder die notwendigen Rechte und Befugnisse, die zeitliche Verfügbarkeit und die fachliche Expertise haben, um ihrer Überwachungsaufgabe angemessen nachkommen zu können. Zusätzlich sind auch ihre Pflichten an einigen Stellen so zu konkretisieren, dass eine ausreichende Vorstandsüberwachung gewährleistet werden kann. Ein Arbeitskreis aus Universitätsprofessoren, Rechtsanwälten, Vorständen und Aufsichtsräten um die Heidelberger Juraprofessoren Peter Hommelhoff und Dirk Verse hat daher konkrete Reformvorschläge für das Aktien- und Aufsichtsratsgesetz erarbeitet (vgl. Hommelhoff et al., 2021). Eine Neuregelung soll demnach beispielsweise getroffen werden hinsichtlich (i) des Direktinformationsrechts von Aufsichtsräten gegenüber Mitarbeitern, sodass ein Aufsichtsrat „zur Erfüllung seiner Aufgaben am Vorstand vorbei direkt bei nachgeordneten Mitarbeitern Informationen einholen kann" (Hommelhoff et al., 2021, S. xiv), (ii) der Beratungsaufgabe des Aufsichtsrats, wonach die Überwachungsaufgabe nicht nur retrospektiv interpretiert wird, sondern „auch die Beratung des Vorstands hinsichtlich der künftigen Leitung der Gesellschaft" (Hommelhoff et al., 2021, S. xiv) erfolgt, oder (iii) einer Stärkung der Vorschlagsverantwortung bei Vorschlägen für die Wahl von neuen Aufsichtsratsmitglieder (Hommelhoff et al., 2021, S. xvi f.). Auch die Befugnisse zum Dialog mit Stakeholdern (insbesondere Investoren) und die zulässige Höchstzahl der Mandate (Hommelhoff et al., 2021, S. xv ff.) sollen demnach überdacht werden.

Auch der Gesetzgeber sah offenbar nicht zuletzt aufgrund des folgenschweren Wirecard-Skandals im Jahr 2000 einen Reformbedarf bei den gesetzlichen Anforderungen an die Aufsichtsratsarbeit. Daher wurde Ende Mai 2021 das sogenannte Finanzmarktintegritätsstärkungsgesetz (FISG) vom deutschen Bundestag verabschiedet. Es sieht unter anderem vor, angemessene und wirksame interne Kontroll- und Risikomanagementsysteme zu etablieren und Aufsichtsräte zur Einrichtung eines Prüfungsausschusses zu verpflichten (letzteres gilt nur für Unternehmen von öffentlichem Interesse, d. h. kapitalmarktorientierte Unternehmen, CRR-Institute und Versicherungen). Dieser Ausschuss soll neben der Überwachung der Kontroll- und Risikomanagementsysteme auch den Rechnungslegungsprozess und die Qualität der Abschlussprüfung kontrollieren. Da diese Aufgaben ein Höchstmaß an Sachverstand erfordern, muss der Prüfungsausschuss künftig mit mindestens zwei Finanzexperten besetzt werden. Um den Mitgliedern des Ausschusses die notwendige Transparenz zur Erfüllung ihrer Aufgaben zu gewähren, werden alle Mitglieder mit umfassenden Auskunftsrechten ausgestattet, die den Zugang zu den Leitern der Zentralbereiche einer Gesellschaft ermöglichen. Des Weiteren wurde mit dem FISG auch die vertrauliche Kommunikation zwischen Aufsichtsrat und Abschlussprüfer kodifiziert, sodass der Vorstand von Besprechungen zwischen Aufsichtsrat und Prüfern hinsichtlich der Prüfung ausgeschlossen werden kann.

Sowohl angesichts der im Jahr 2021 umgesetzten Gesetzesinitiative, als auch hinsichtlich der weiteren, von Aufsichtsräten und Experten geforderten Reformen, ist von einer zunehmenden Professionalisierung der Aufsichtsräte auszugehen. Da die Wirksamkeit der Aufsichtsratstätigkeit entscheidend „von der Zusammensetzung, Qualifikation und der Persönlichkeit der Mitglieder" (Hommelhoff et al., 2021, S. xvi) abhängt, kann man insbesondere von einer Konkretisierung der persönlichen Anforderungen an Aufsichtsräte ausgehen. Folglich wird es künftig voraussichtlich mehr Mandatsträger geben, die der Aufsichtsratsarbeit als Profession nachgehen.

These 5: Die Ausübung von Eigentümerrechten wird spezialisierter und neue Formen gewinnen an Bedeutung.

Bereits heute haben Stimmrechtsberater, Engagement-Dienstleister, und aktivistische Investoren eine zentrale Rolle bei der Ausübung von Eigentümerrechten inne. Mit der erwarteten Ausdehnung der Eigenkapitalbeteiligungen durch Universal-Investmentgesellschaften (siehe These 1), aber auch mit der zunehmenden Ausbreitung einiger Staatsfonds (siehe These 3) geht eine intensivierte Nutzung der Leistungen von Stimmrechtsberatern und Engagement-Dienstleistern einher. Darüber hinaus können sich die gestiegene Komplexität in der Überwachung von Unternehmen und die damit für Investoren erhöhten Informationskosten positiv auf die Inanspruchnahme von Stimmrechtsberatern und Engagement-Dienstleistern auswirken. Gleichzeitig ist jedoch auch von einer zunehmenden Spezialisierung der Akteure auszugehen. Deutlich wird dies bei der Betrachtung der Ziele von aktivistischen Aktionären. Während sich aktivistische Kampagnen in Deutschland ursprünglich insbesondere auf die Erzielung von Wertsteigerungen fokussierten (vgl. Tabelle 13), nimmt der Aktivismus vor dem Hintergrund von ESG-Zielen immer weiter zu. So führte bereits Ende 2020 ein aktivistischer US-Hedgefonds eine Kampagne gegen den Mineralölkonzern ExxonMobil durch, die dazu führte, dass zwei Kandidaten mit mehrjähriger „Erfahrung bei der nachhaltigkeitsorientierten Transformation des Energiesektors" (Döding, 2021, S. 249) in den Verwaltungsrat des Unternehmens gewählt wurden. Aktivistische Aktionäre nutzen dabei den aktuellen öffentlichen Diskurs über Nachhaltigkeit und den Klimawandel, um Druck auf die Unternehmen auszuüben. Da die Erfolgsaussichten solcher Kampagnen insbesondere auch von der Zustimmung weiterer Investoren abhängig sind, ist es für die Aktivisten entscheidend, als Experte in dem jeweiligen Feld zu gelten und ihr Anliegen authentisch vertreten zu können. Daher ist von einer weiteren Spezialisierung der aktivistischen Investoren, aber auch der Engagement-Dienstleister auszugehen.

Nach dem Ende der Deutschland AG fand darüber hinaus jedoch durch die Aktivitäten von sogenannten Short-Sellern eine zunehmende Entkopplung zwischen dem Status als Eigentümer und der damit möglichen Einflussnahme auf das Unternehmen statt. Demnach mussten Akteure wie Short-Seller nicht Aktionäre eines Unternehmens sein, um über Leerverkäufe richtungsweisende Entscheidungen, beispielsweise hinsichtlich der Corporate Governance, herbeizuführen. Ihr Vorgehen geriet in Deutschland erstmals durch den Fall des im MDAX notierten Werbespezialisten Ströer in die Schlagzeilen der Wirtschaftspresse. Dabei hatte der US-amerikanische Short-Seller Muddy Waters Research LLC im April 2016 eine große Short-Position in Höhe von 0,66 Prozent der Anteile aufgebaut und eine rund 60 Seiten lange Studie zu Ströer veröffentlicht, in der die Bewertung des Unternehmens sowie die Angemessenheit des Corporate-Governance-Systems angezweifelt wurden. Nach der Veröffentlichung brach der Börsenkurs von Ströer binnen Minuten um rund 30 Prozent ein und das Unternehmen verlor rund 1 Milliarden Euro Börsenwert (Kirchner, 2017). Bereits am Tag des Kurssturzes schloss Muddy Waters die gehaltenen Short-Positionen zu rund drei Vierteln und erzielte damit einen hohen Gewinn (Kirchner, 2017). Mit ihrer Rolle im Fall Wirecard, bei dem Short-Seller ebenfalls frühzeitig auf Unregelmäßigkeiten in der Finanzberichterstattung des Konzerns hingewiesen hatten (jedoch durch ein zeitweiliges Short-Selling-Verbot für Wirecard-Aktien von der BaFin eingeschränkt wurden), verbesserte sich die teils sehr negative öffentliche Wahrnehmung der Short-Seller in Deutschland. In Anbetracht des Erfolgs einiger vergangener Kampagnen ist davon auszugehen, dass auch diese Facette der Corporate Governance künftig an Bedeutung gewinnt.

These 6: Aufgrund des Einflusses dominierender Eigentümer müssen sich Unternehmen auf die Einhaltung von Kriterien zur Nachhaltigkeit ausrichten. Dieser Einfluss kann sich im Zeitverlauf auf Kriterien in anderen gesellschaftlichen Bereichen erweitern.

In den vergangenen Jahren hat sich in Deutschland und vielen weiteren Staaten eine gesellschaftliche Debatte über Umwelt, Nachhaltigkeit und weitere ESG-Aspekte gefestigt. Diese Debatte hat sich schnell auch bei der privaten und institutionellen Geldanlage manifestiert, sodass Investmententscheidungen zunehmend auch unter Berücksichtigung von Nachhaltigkeitskriterien getroffen werden. Vor diesem Hintergrund setzen sich insbesondere die Investmentgesellschaften als heute dominante Eigentümer dafür ein, dass Unternehmen ESG-Kriterien übernehmen und die Erreichung von ESG-Zielen ebenso erheben und dokumentieren wie den finanziellen Jahresabschluss.

Die Einflussnahme der Investmentgesellschaften ist dabei sehr deutlich. In seinem jährlichen offenen Brief an die CEOs der Beteiligungsunternehmen machte Larry Fink, CEO der Investmentgesellschaft BlackRock, im Jahr 2020 klar, dass der Klimawandel für BlackRock-Kunden weltweit das wichtigste Thema sei, und dass sich die Investmentgesellschaft von Anlagen trennen werde, die „ein erhebliches Nachhaltigkeitsrisiko darstellen" (BlackRock, 2020). Viele Unternehmen reagieren darauf beispielsweise mit selbstgesteckten Zielen, um die CO_2-Emissionen zu senken oder um vollständige Klimaneutralität zu erreichen. Aufgrund ihrer dominanten Stellung werden Investmentgesellschaften auch künftig einen erheblichen Einfluss auf ihre Portfoliounternehmen ausüben und dabei die Anliegen ihrer Kunden aufgreifen, um so selbst wettbewerbsfähig zu bleiben. Neben dem Klima- und Umweltschutz kann sich der Einfluss zukünftig daher möglicherweise auch auf die Diversität der Unternehmensorgane, das gesellschaftliches Engagement (*Corporate Social Responsibility*) oder die Überwachung der eigenen Lieferketten erstrecken. Da gesellschaftliche Debatten zu diesen Themen auch in verschärften regulatorischen Anforderungen münden können, birgt eine durch die Eigentümer erwirkte Selbstregulierung den Vorteil, dass Standards und Anforderungen selbst definiert werden können.

11.3 Thesen zur Zukunft der Strategie

Im Bereich der Strategie zeichnet sich ab, dass sich einige aktuelle Entwicklungen, wie die zunehmende Fokussierung der Unternehmen auf profitable Produktbereiche, weiter fortschreiben werden. Daraus abgeleitet ist, insbesondere aufgrund des wachsenden Einflusses von Investmentgesellschaften, auch eine zunehmende Branchenkonsolidierung denkbar. Ebenso wird die Internationalisierung der Unternehmen, trotz zu erwartender Veränderungen in den institutionellen Rahmenbedingungen in den Auslandsmärkten, weiter fortschreiten.

These 7: Der Druck zur Fokussierung auf profitable Produktbereiche wird weiter zunehmen.
In einem sich beschleunigenden Wettbewerb, dem die Unternehmen sowohl auf den Produkt- als auch auf den Kapitalmärkten ausgesetzt sind, ist die Profitabilität eines Unternehmens ein wesentlicher Hebel, um den langfristigen Fortbestand und die Eigenständigkeit eines Unternehmens zu ermöglichen. Empirisch lässt sich nicht belegen, dass der Unternehmenserfolg und die Profitabilität auf Ebene des Einzelunternehmens per se bei einem fokussierten Unternehmen höher ist als bei einem diversifizierten. Aufgrund ihrer Diversifizierung auf Kapitalebene präferieren viele Eigentümer, die nach dem Ende der Deutschland AG hierzulande größere Eigenkapitalbeteiligungen aufbauten, jedoch eine Fokussierung, wie sie in Teil IV beschrieben wurde. So lässt sich durch eine Ausbreitung innerhalb klar definierter Produktbereiche ein Wachstum erzielen, das beispielsweise durch Prozessstandardisierungen, eine Verschlankung der Strukturen und ein globales Ausrollen des Geschäftsmodells auf Profitabilität ausgerichtet werden kann. Ähnlich wie in dem Fallbeispiel des Siemens-Konzerns wird eine zunehmende Fokussierung zu grö-

ßeren Abspaltungen führen. Dies zeichnet sich bereits heute in anderen Branchen ab: Daimler beschloss im Oktober 2021 die Trennung des Automobil und LKW-Geschäfts; bei anderen deutschen HDAX-Unternehmen wie RWE (Abspaltung Kohlegeschäft) und der Aareal Bank (Abspaltung Softwareentwicklung) fordern Investoren öffentlichkeitswirksam weitere Abspaltungen. Neben einer Komplexitätsreduktion besteht ein weiterer Vorteil von Abspaltungen darin, dass die Erlöse aus dem Verkauf oder dem Börsengang eines Geschäftsbereiches genutzt werden können, um das verbleibende Geschäft durch neue Investitionen zu stärken.

These 8: Der wachsende Einfluss von Investmentgesellschaften wird eine Branchenkonsolidierungen in zunehmendem Maße befeuern.

Mit ihren breit diversifizierten Portfolios sind Investmentgesellschaften oftmals an mehreren Wettbewerbern, die im gleichen Wirtschaftszweig tätig sind, beteiligt (siehe „Common Ownership in Teil IV). Intensiver Wettbewerb zwischen solchen Unternehmen steht dem Ziel einer möglichst hohen Profitabilität entgegen. Dies gilt insbesondere dann, wenn das Marktwachstum zurückgeht und ein Sättigungsniveau erreicht ist. Konsolidierungen bieten somit die Möglichkeit, höhere Skaleneffekte zu erzielen. Dies erlaubt deutschen (wie auch europäischen und US-amerikanischen) Unternehmen, insbesondere im globalen Wettbewerb mit der oftmals preisgünstigeren chinesischen Konkurrenz erfolgreicher zu sein. Vor dem Hintergrund, dass chinesische Unternehmen insbesondere im Bereich der Schlüsseltechnologien weiterhin überwiegend im Staatsbesitz sind, und dass die heute in Deutschland dominierenden Investmentgesellschaften im Westen einen höheren Anteilsbesitz halten als in Fernost, kann eine Branchenkonsolidierung auf Ebene der Portfoliounternehmen hierzulande die Renditeaussichten der Investmentgesellschaften verbessern.

Zu beobachten war eine Branchenkonsolidierung in Deutschland bisher beispielsweise unter den Netzbetreibern im Mobilfunkbereich (anhand der Übernahme von E-Plus durch O2/Telefónica Deutschland) oder in der Luftfahrtindustrie (nach der Insolvenz von Air Berlin, nachdem das Unternehmen durch die Übernahmen von DBA, Hapag-Lloyd Express und LTU zu einem starken Konkurrenten der Lufthansa geworden war). Weitere Konsolidierungen zeichnen sich mittelfristig im Bereich der Automobilzulieferer (auch aufgrund des gestiegenen Veränderungsdrucks im Zuge der Elektromobilität) und im Bankensektor ab.

These 9: Die institutionellen Bedingungen in den Auslandsmärkten werden sich signifikant verändern.

Sowohl auf europäischer, als auch auf globaler Ebene zeichnen sich Entwicklungen ab, die die institutionellen Rahmenbedingungen von deutschen Unternehmen abseits des Heimatmarktes stark beeinflussen können. Einerseits droht auf europäischer Ebene eine Verlangsamung oder eine teilweise Aufweichung der europäischen Integration. Im Zuge der globalen Wirtschafts- und Finanzkrise ab dem Jahr 2007 sowie der folgenden (Staats-)Schuldenkrise in einigen europäischen Ländern kam es in zahlreichen EU-Mitgliedstaaten zu ersten antieuropäischen Strömungen, die sich in den Jahren 2015 und 2016 aufgrund unterschiedlicher Positionen der Mitgliedsstaaten zu den Flüchtlingsbewegungen aus dem mittleren Osten weiter verstärkten.

Im Vereinigten Königreich, wo eine gesellschaftliche Diskussion um die Themen Einwanderung und staatliche Souveränität bereits seit einigen Jahren geführt worden war, wurden Forderungen nach einer Abstimmung über einen Austritt aus der Europäischen Union verstärkt, sodass der damalige Premierminister David Cameron im Februar 2016 einen Termin für ein Referendum anberaumte. Bei der Abstimmung im Sommer 2016 kam es zu einer knappen Mehrheit der Befürworter eines EU-Austritts, weshalb der Austritt des Vereinigten Königreichs nach einem starken innenpolitischen Richtungsstreit und lange andauernden Verhandlungen mit der EU schließlich am 31. Januar 2020 offiziell erfolgte.

Die nationale Souveränität wurde auch in Frankreich vom Front National (heute Rassemblement National) und der Vorsitzenden Marine Le Pen thematisiert. Die Partei vertritt dabei einen nationalkonservativen Kurs, der oftmals als „Les Français d'abord" („Franzosen zuerst") (Korn, 2014) zusammengefasst wird, was auch dem Titel eines bereits im Jahr 1984 veröffentlichten Buchs des ehemaligen Parteivorsitzenden (und Vater der aktuellen Vorsitzenden) Jean-Marie Le Pen entspricht. Im Präsidentschaftswahlkampf 2017 gelang es Marine Le Pen, die sich mehrfach gehen die EU und den Euro ausgesprochen hatte („Der Spiegel", 2017b), in die Stichwahl gegen Emmanuel Macron einzuziehen, unterlag diesem jedoch schließlich („Der Spiegel", 2017b).

Obwohl mit dem Vereinigten Königreich bis heute nur ein ehemaliger Mitgliedsstaat die Europäische Union verlassen hat, kann es zu schwerwiegenden wirtschaftlichen Folgen für die Unternehmen aller Mitgliedsstaaten kommen. Darüber hinaus stellen nicht nur Austritte einzelner Staaten, sondern auch die von Parteien wie dem Rassemblement National geforderte partielle Rückabwicklung der europäischen Integration eine große Gefahr für Unternehmen dar. Gemeinsam bildet die Europäische Union den weltgrößten Binnenmarkt und kann sich durch ihre Wirtschaftskraft, die einem Fünftel der Weltwirtschaft entspricht, für die Interessen der europäischen Unternehmen einsetzen. Durch Abkommen mit Drittländern kann so beispielsweise europäischen Unternehmen der Zugang zu ausländischen Märkten erleichtert werden. Zusätzlich profitieren die Unternehmen aufgrund von einheitlichen Regeln und Rechtssicherheit durch Kapitalzuflüsse von ausländischen Investoren. Ohne diese Rahmenbedingungen könnte die internationale Expansion der deutschen Unternehmen deutlich gebremst werden und internationale Investoren, wie beispielsweise Investmentgesellschaften und Fonds, könnten ihre Kapitalallokation zum Nachteil der deutschen Unternehmen adaptieren, was ihre aktuellen Eigentümerstrukturen und die Kapitalversorgung in Frage stellen würde. Eine zunehmende Abgrenzung von nationalen Kapital- und/oder Gütermärkten würde darüber hinaus zu einem tiefen Einschnitt in die Wettbewerbsfähigkeit europäischer Unternehmen führen und könnte deutsche Unternehmen dazu veranlassen, sich angesichts neuer innereuropäischer Marktbarrieren und gestiegener Transaktionskosten aus einzelnen europäischen Märkten zurückzuziehen. Somit käme es zu einer Umkehr der aktuellen Ausrichtung der Unternehmensstrategien.

Auch auf globaler Ebene verändern sich die institutionellen Rahmenbedingungen, insbesondere da Abschluss von Freihandelsabkommen und die Vermeidung bzw. Beilegung von Handelshemmnissen und -konflikten aufgrund protektionistischer Strömungen zunehmend schwieriger geworden sind. Die seit dem Sommer 2013 geführten Verhandlungen über die Transatlantische Handels- und Investitionspartnerschaft („Transatlantic Trade and Investment Partnership", TTIP) pausierten nach 15 Verhandlungsrunden mit der Amtsübernahme von US-Präsident Trump im Januar 2017 und werden seither nicht fortgeführt (Bundesministerium für Wirtschaft und Energie, 2020). Bereits im Wahlkampf hatte sich Donald Trump, der für eine auf Protektionismus ausgelegte Wirtschaftspolitik eintrat und vergleichbar mit dem in Frankreich von Front National genutzten Programm „Les Français d'abord" („Franzosen zuerst") seinen Wahlspruch „America First" („Amerika zuerst") zur Mobilisierung von Wählern nutzte, gegen Freihandelskommen dieser Art ausgesprochen („Der Spiegel", 2017a; „The Economist", 2016). Entsprechend erließ Trump im Januar 2017 auch ein Dekret, mit dem der Ausstieg der USA aus der Transpazifischen Partnerschaft („Trans-Pacific Partnership", TPP) verfügt wurde („Der Spiegel", 2017a).

Darüber hinaus verhängte die US-Regierung unter Trump aufgrund hoher US-Außenhandelsdefizite zahlreiche Schutz- bzw. Strafzölle gegen andere Staaten. Europäische Unternehmen sind dabei insbesondere von den seit Mitte 2018 von den USA erlassenen Zusatzzöllen auf ausgewählte Stahl- und Aluminiumerzeugnisse betroffen sowie von Zöllen auf EU-Importe in Höhe von insgesamt 7,5 Milliarden US-Dollar, die als Gegenmaßnahme für die von der WTO als unrechtmäßig befundenen EU-Subventionen für das europäische Luftfahrtunternehmen Airbus eingeführt wurden (Industrie- und Handelskammer für die Pfalz, 2020). Da vergleichbare Subventionen auch seitens der USA für den Boeing-Konzern bestanden, die ebenfalls als unrechtmäßig befunden wurden, erhob die EU ihrerseits seit dem 10. November 2020 Zölle im Gesamtwert von 4 Milliarden US-Dollar auf US-amerikanische Produkte (Industrie- und Handelskammer für die Pfalz, 2020).

Seit Anfang 2018 kommt es darüber hinaus zu einem weitreichenden Handelskonflikt zwischen den USA und China. Zunächst verhängten die USA dabei Strafzölle auf chinesische Solarprodukte und Waschmaschinen. Ab März 2018 führten die USA zunächst Importzölle in Höhe von 50 Milliarden US-Dollar für chinesische Waren ein, diese wurden kontinuierlich ausgeweitet und im August 2019 schließlich auf chinesische Güter im Wert von 300 Milliarden US-Dollar ausgeweitet („Die Zeit", 2019a), sodass auf entsprechende Waren ab September bzw. Dezember 2019 Zölle in Höhe von 10 Prozent zu entrichten waren. China erließ im Gegenzug ebenfalls Zölle und wertete im August 2019 zusätzlich die eigene Währung als weitere Gegenmaßnahme ab („Die Zeit", 2019b). Ex-US-Präsident Trump forderte daraufhin US-amerikanische Unternehmen dazu auf, Produktionsstandorte in China aufzugeben („Rheinische Post", 2019). Eine signifikante Entspannung der Situation blieb auch nach Amtsübernahme von US-Präsident Biden zunächst aus.

Für Europa besteht indes die Gefahr, zunehmend in den Konflikt verwickelt zu werden, da sowohl die USA als auch China wichtige Handelspartner sind. Darüber hinaus sind bereits jetzt zahlreiche in China angesiedelte Tochtergesellschaften deutscher Unternehmen von den Handelshemmnissen betroffen. In Abhängigkeit der weiteren Entwicklung könnte eine Ausweitung der Konflikte dazu führen, dass sich die Strategien der deutschen Unternehmen in der regionalen Dimension entweder stärker auf die europäischen Märkte konzentrieren oder ihre globale Präsenz so anpassen, dass Handelshemmnisse durch eine lokalisierte Produktion umgangen werden. Letzteres könnte auch durch technologische Innovationen begünstigt werden, die die Abhängigkeit der Unternehmen von lokalen Produktionsfaktoren (günstige und/oder hochqualifizierte Arbeitskräfte) reduziert.

These 10: Trotz signifikant veränderter institutioneller Rahmenbedingungen werden die Unternehmen ihre internationalen Aktivitäten weiter ausbauen.
Obwohl sich die möglichen geopolitischen Veränderungen nachteilig auf den Zugang deutscher Unternehmen zu Auslandsmärkten auswirken können, wird sich die Internationalisierung der Unternehmen weiter fortsetzen. Nur Unternehmen, die ihre Geschäftsmodelle bestmöglich skalieren und diese trotz politischer Hemmnisse global durchsetzen, werden langfristig im Wettbewerb bestehen. Insbesondere aufgrund global vernetzter Lieferketten, umfassender internationaler Geschäftsbeziehungen und Abhängigkeiten werden den Unternehmen trotz möglicher Hürden stets Opportunitäten offen stehen, um sich an die jeweiligen nationalen Begebenheiten anzupassen und lokale Tätigkeit aufzubauen oder aufrechtzuerhalten. (Dies zeigt unter anderem auch der Umgang deutscher Unternehmen mit dem chinesischen Joint-Venture-Zwang.) So wird die nationale Abschottung auf staatlicher Ebene mit der fortschreitenden Internationalisierung auf Unternehmensebene künftig in vielen Ländern einhergehen. Somit vollzieht sich weiterhin eine Entkopplung von Nationalstaat und Unternehmen. Insbesondere für Deutschland, wo noch zur Zeit der Deutschland AG enge Verbindungen zwischen Staat und Unternehmen gepflegt wurden, stellt dies einen (weiteren) Aufbruch dar.

Anhang

Anhang 1 Hinweise zur Datenerhebung (Eigentum und Governance)

Tabelle 17: Eigentümerstrukturen und Gremienbesetzung: Hinweise zur Datenerhebung.

Beobachtungszeitpunkte	1990, 1995, 2005, 2015, 2020
Zusammensetzung der Stichprobe	Es werden alle Unternehmen in der Stichprobe berücksichtigt, die zum jeweiligen Beobachtungszeitpunkt im deutschen HDAX geführt wurden und zu denen Informationen bezüglich der Eigentümerstruktur in den unten genannten Datenquellen verfügbar sind. Ausgangspunkt für unsere jeweiligen Stichproben ist der deutsche Aktienindex HDAX. Der HDAX besteht aus den Aktien des DAX, MDAX und TecDAX und bildet daher eine umfassende Gruppe von deutschen Unternehmen ab, die nicht nur die größten, sondern auch etwas kleinere Unternehmen und Technologieunternehmen berücksichtigt. Der HDAX wurde im Jahr 1994 eingeführt. Der Betrachtungszeitpunkt im Jahr 1990 bezieht daher die Unternehmen ein, die in der initialen Zusammensetzung des HDAX geführt waren und im Jahr 1990 bereits an der Börse notiert waren.

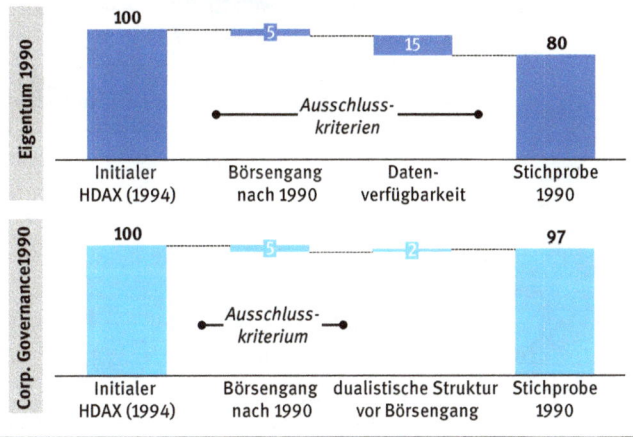

Tabelle 17 (fortgesetzt)

Aufgrund der damals bestehenden Publizitätspflichten gab es hinsichtlich der Mandatsträger keine Einschränkungen bei der Datenverfügbarkeit, während jedoch für viele Unternehmen keine Angaben zu den Eigentümerstrukturen gemacht wurden. Darüber hinaus hatten zwei Unternehmen, die zwischen 1990 und der initialen Zusammensetzung des HDAX im Jahr 1994 ihren Börsengang vollzogen, bereits im Jahr 1990 eine dualistische Struktur aus Aufsichtsrat und Vorstand, sodass diese trotz ihres späteren Börsengangs für den Beobachtungszeitpunkt zum Thema Corporate Governance im Jahr 1990 berücksichtigt werden konnten.

Bis zum Jahr 1995 verbesserte sich die Transparenz der Eigentümerstrukturen der HDAX-Unternehmen deutlich, sodass lediglich drei Unternehmen aus der Stichprobe ausgeschlossen werden mussten. Hinsichtlich der Corporate Governance konnten für 1995 und alle folgenden Beobachtungszeitpunkte alle HDAX-Unternehmen in der Stichprobe berücksichtigt werden.

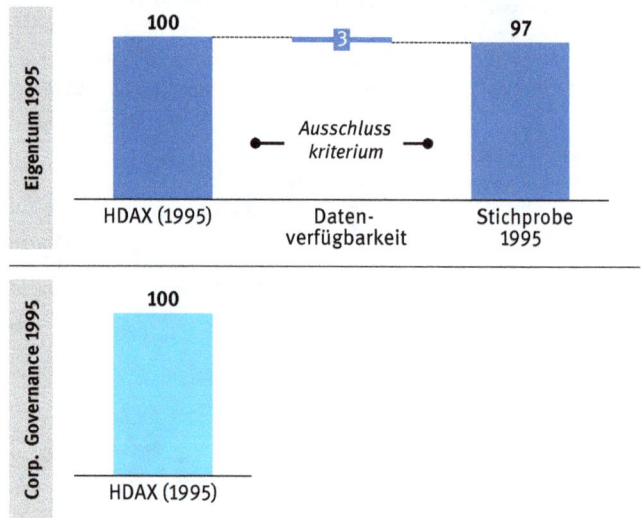

Bei der Betrachtung in den Jahren 2005 und 2015 sind einige Veränderungen beim HDAX zu beachten: Am 24. März 2003 wurde der MDAX von 70 auf 50 Werte reduziert, gleichzeitig wurde der TecDAX eingeführt, der die 30 größten deutschen Technologiewerte abbildet. Somit erhöhte sich die Anzahl der im HDAX abgebildeten Werte auf 110, da sich die Summe der Unternehmen aus DAX, MDAX und TecDAX durch die beschriebenen Veränderungen um 10 erhöhte.

Tabelle 17 (fortgesetzt)

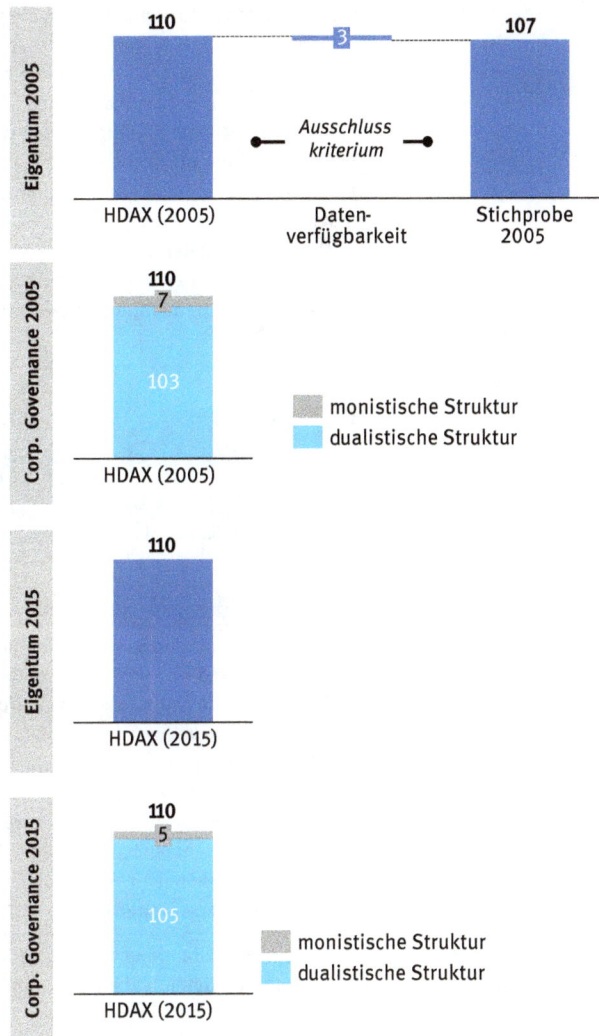

Tabelle 17 (fortgesetzt)

Am 24. September 2018 wurde dann die geltende Trennung von klassischen und sogenannten Technologiewerten durch die Deutsche Börse aufgehoben, wodurch Aktien, die bis dahin ausschließlich im TecDAX geführt wurden, nun auch gleichzeitig in den anderen Indizes geführt werden konnten. Infolgedessen wurde der MDAX von 50 auf 60 Werte erweitert, um Technologieunternehmen, die die formalen Kriterien zur Aufnahme in den MDAX erfüllten, den Aufstieg zu ermöglichen.

Durch diese Änderung kommt es dazu, dass einige Werte im TecDax und im DAX bzw. MDAX parallel geführt werden. Daher umfasst die HDAX Betrachtung im Jahr 2020 in Summe lediglich 98 Werte.

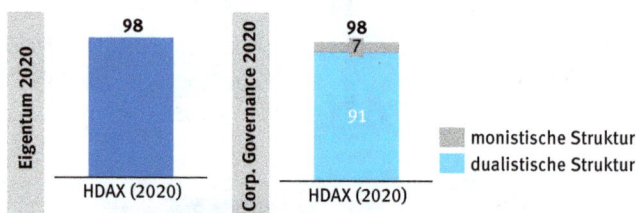

Berücksichtigung von Aktionären	Es werden alle Aktionäre berücksichtigt, die in den unten genannten Datenquellen aufgeführt sind und zum Beobachtungszeitraum eine Beteiligung in Höhe von mindestens 2 Prozent am stimmberechtigten Eigenkapital des jeweiligen Stichprobenunternehmen halten. Zusätzlich werden auch Aktionäre berücksichtigt, die über eine Beteiligungsgesellschaft, die mindestens 2 Prozent am stimmberechtigten Eigenkapital des jeweiligen Stichprobenunternehmen hält, beteiligt sind und deren durchgerechneter Anteil am Stichprobenunternehmen den Grenzwert von 2 Prozent unterschreitet.
Berücksichtigung von Vorständen und Aufsichtsräten	Es werden alle Vorstände und Aufsichtsräte berücksichtigt, die in den unten genannten Datenquellen aufgeführt sind.
Datenquellen	Als Datenquellen zu den Eigentümerstrukturen diente der Hoppenstedt Aktienführer sowie die Datenbank Refinitiv Eikon.

Anhang 2 Hinweise zur Datenerhebung (Strategie)

Tabelle 18: Unternehmensstrategien: Hinweise zur Datenerhebung.

Beobachtungdzeitraum	1985–2015
Zusammensetzung der Stichprobe	In der Stichprobe sind alle Unternehmen enthalten, die in der initialen Zusammenstellung des HDAX im Jahr 1994 oder zu mindestens einem Zeitpunkt bis zum Ende des Gesamtbetrachtungszeitraums im Index geführt wurden. Über den Zeitraum von 1985 bis 2015 trifft dies auf insgesamt 279 Unternehmen zu. Anders als bei der Untersuchung der Eigentümerstrukturen und Corporate Governance müssen zur Gewährleistung einer aussagekräftigen und vergleichbaren Analyse der Strategien jedoch einige Unternehmen ausgeschlossen werden, darunter Finanzinstitute, Holdinggesellschaften, Handelsgesellschaften, Immobilienunternehmen, Unternehmen mit ausländischem Hauptsitz, Tochterunternehmen, die Teil eines Konzernverbundes sind sowie Unternehmen, für die die benötigten Daten nicht in vollem Umfang verfügbar sind. Letzteres trifft auch auf die Unternehmen zu, für die in den einzelnen Beobachtungszeiträumen (1985–1995 und 1995–2015) nicht mindestens für zwei aufeinanderfolgende Jahre Daten verfügbar sind, beispielsweise, weil diese erst nach dem Beobachtungszeitraum gegründet wurden oder weil sie zum jeweiligen Beobachtungszeitraum nicht mehr existierten (z. B. durch Liquidierung oder Übernahme). 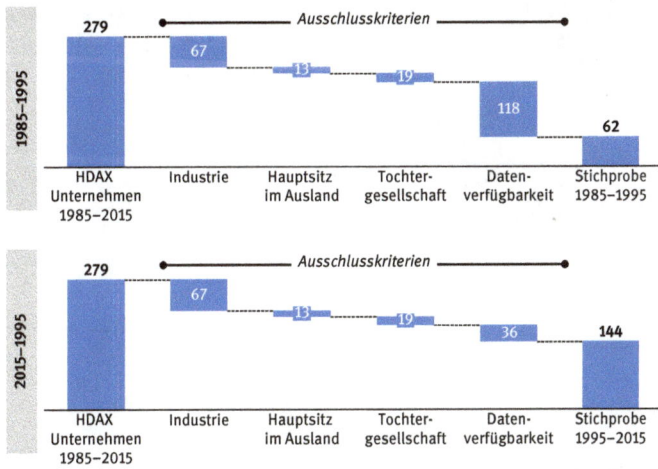
Datenquellen	Scope Change Database von Univ.-Prof. Dr. Thomas Hutzschenreuter

https://doi.org/10.1515/9783110735611-016

Anhang 3 Abgrenzung Investmentgesellschaften

Gemäß der deutschen Legaldefinition werden Investmentgesellschaften zusammen mit Finanzdienstleistungsinstituten bzw. Finanzportfolioverwaltungen unter dem Begriff Vermögensverwalter subsummiert (§ 134a Abs. 1 AktG) (vgl. Abbildung 69). Die Abgrenzung der Investmentgesellschaften von den Finanzdienstleistungsinstituten ist in der Praxis nicht trivial, da sich das Leistungsportfolio einer Gesellschaft über beide Bereiche erstrecken kann oder mehrere Gesellschaften eines Konzerns die verschiedenen Leistungen unter dem gleichen Markennamen erbringen. Hinzu kommt, dass auch Finanzdienstleistungsinstituten im Zuge des mit den Mandanten geschlossenen Vermögensverwaltungsvertrags oftmals Stimmrechte bei getätigten Eigenkapitalbeteiligungen zuzurechnen sind.

Das Beispiel der MEAG verdeutlicht eine mögliche Strukturierung der Verantwortlichkeiten innerhalb eines Konzerns: Die Verwaltung der Kapitalanlagen der Münchener Rück Gruppe wird seit dem Jahr 1999 von der MEAG MUNICH ERGO Asset Management GmbH (MEAG AMG), einer rechtlich selbständigen Tochtergesellschaft der Münchener Rück AG, übernommen. Zur Umsetzung der geplanten Investitionen und zur Strukturierung der Investmentvermögen greift die MEAG AMG dann auf ihre 100-prozentige Tochtergesellschaft MEAG MUNICH ERGO Kapitalanlagegesellschaft mbH (MEAG KAG), einer regulierten Kapitalverwaltungsgesellschaft unter Aufsicht der BaFin, zurück (Münchener Rück, 2019).

Da die Finanzdienstleistungsinstitute eine vorgelagerte Instanz darstellen, die zur Vermögensanlage oftmals auf die Fondslösungen verschiedener Investmentgesellschaften zurückgreifen, erfolgt auf der Ebene der Investmentgesellschaften eine übergeordnete Kapitalaggregation. Aufgrund der größeren Kapitalaggregation und der beschriebenen Fokussierung auf die mit Stimmrechten ausgestattete direkte Eigentümerebene sind die Investmentgesellschaften unser primäres Analyseobjekt.

https://doi.org/10.1515/9783110735611-017

Vermögensverwalter
(§ 134a Abs. 1 AktG)

Kapitalverwaltungsgesellschaft ("Investmentgesellschaft")

Betriebszweck: Angebot und Verwaltung von Investmentfonds ("Investmentvermögen")
(vgl. §17 Abs 1. KAGB; §1 Abs. 1 KAGB)

- Je nach rechtlicher Ausgestaltung (d.h. in Abhängigkeit der rechtlichen Selbstständigkeit des Investmentvermögens) gehören die Vermögensgegenstände (hier: Aktien) entweder direkt der Investmentgesellschaft, oder die Stimmrechte werden der Gesellschaft nach § 34 Abs. 1 Satz 1 Nr. 6 WpHG zugerechnet (BaFin, 2020).
- Somit gelten für die Investmentgesellschaften die Mitteilungspflichten für überoder unterschreiten der relevanten Stimmrechtsschwellen (§ 33 WpHG) und die Investmentgesellschaften werden von den Aktiengesellschaften in ihren Jahresberichten als Anteilseigner ausgewiesen.
- Die Mitteilungspflicht besteht in der Regel auch nach anderen Rechtsordnungen aufgelegtem Investmentvermögen (BaFin, 2020).

Finanzdienstleistungsinstitut

Betriebszweck: Verwaltung fremder Vermögen (d.h. nicht in eigenem Namen oder auf eigene Rechnung) mithilfe von Finanzinstrumenten unter eigenem Entscheidungsspielraum (d.h. ohne Weisungsbindung)
(vgl. §1 Abs. 1a Satz 2 Nr.3 KWG; BaFin, 2018)

- Die Zurechnung der Stimmrechte zu einem Finanzdienstleistungsinstitut wird durch die Vereinbarungen im Vermögensverwaltungsvertrag bestimmt (Eichhorn, 2019).
- Sind dem Dienstleister die Stimmrechte anvertraut oder durch eine Bevollmächtigung überlassen, sodass er diese nach eigenem Ermessen und ohne besondere Weisung des Aktionärs ausüben kann (§ 34 Abs. 1 Satz 1 Nr. 6 WpHG), so sind die Stimmrechte dem Dienstleister zuzurechnen (Eichhorn, 2019).
- Anders gestaltet sich dies beim Depotstimmrecht: Da Kreditinstituten bei der Ausübung von Stimmrechten nach dem Depotstimmrecht kein eigenes Ermessen zusteht, erfolgt im Rahmen des Depotstimmrechts auch bei vorliegen einer Bevollmächtigung keine Zurechnung von Stimmrechten (Eichhorn, 2019).

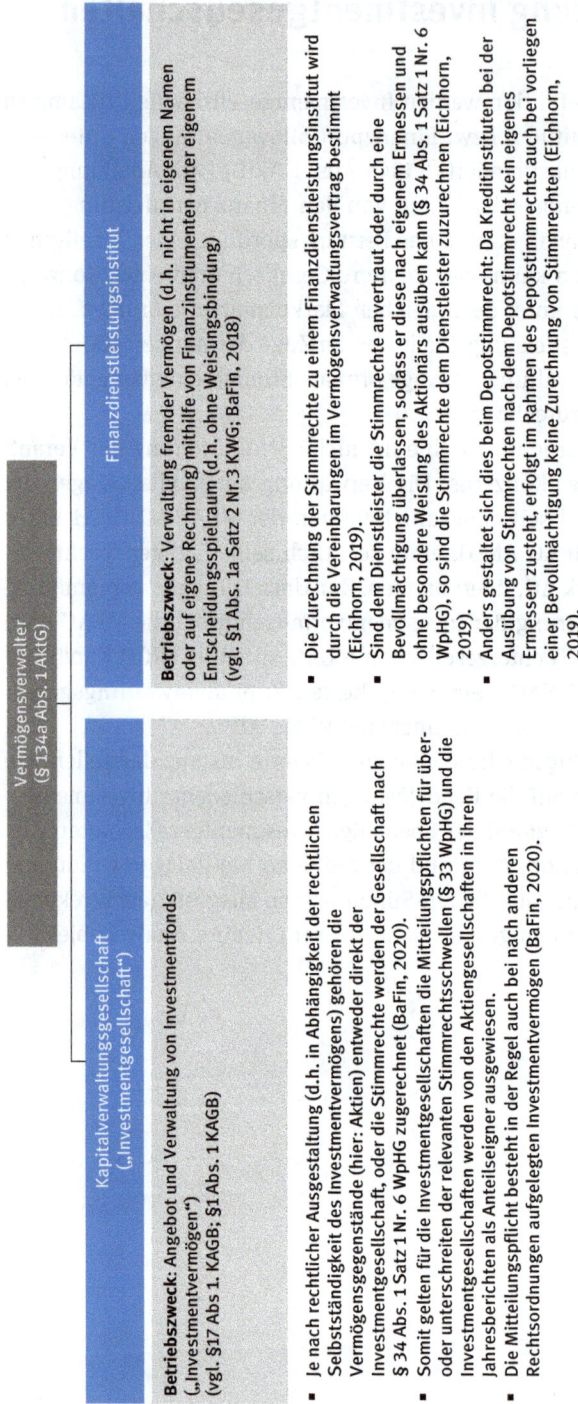

Abbildung 69: Abgrenzung Kapitalverwaltungsgesellschaften und Finanzdienstleistungsinstitute.

Anhang 4 Profil CalPERS

Das California Public Employees' Retirement System (CalPERS) ist ein öffentlicher Pensionsfonds des US-Bundesstaats Kalifornien, der 1932 gegründet wurde, um für die Arbeitnehmer im öffentlichen Sektor Renten- und Gesundheitsleistungen bereitstellen zu können (CalPERS, 2020). Der Fonds umfasst Anfang 2020 mehr als 1,9 Millionen Mitglieder des CalPERS-Rentensystems und verwaltet die Leistungen für 1,5 Millionen Mitglieder und ihre Familien im Gesundheitsbereich (CalPERS, 2020).

Bei den Leistungsempfängern des CalPERS wird zwischen Mitarbeitern des US-Bundesstaates Kalifornien, Mitarbeitern an öffentlichen Schulen des Bundesstaats und Mitarbeitern anderer Anstalten öffentlichen Rechts („Public Agencies") unterschieden. In den vergangenen Jahren bewegte sich der Finanzierungsgrad, d. h. der Anteil der Pensionsansprüche, die aus dem Fonds gedeckt werden können, bei rund 70 Prozent (CalPERS, 2019b).

Mit einem Gesamtvolumen in Höhe von rund 400 Milliarden US-Dollar, das in acht Anlageklassen investiert ist (Barmittel inkl. Fremdwährungen, Schuldverschreibungen, Unternehmensbeteiligungen, Derivate, Real Estate, Private Equity, Infrastruktur und Waldflächen) (CalPERS, 2019a), belegt CalPERS weltweit Rang neun der größten öffentlichen Pensionsfonds (Sovereign Wealth Fund Institute, 2020a). Rund 50 Prozent des Fondsvolumen sind weltweit in Eigenkapitalbeteiligungen investiert (CalPERS, 2019b).

CalPERS gilt als Pionier des Aktionärsaktivismus unter institutionellen Investoren und führte bereits im Jahr 1987 eine Agenda zur Corporate Governance von Portfoliounternehmen ein (Smythe et al., 2015, S. 641). Die aktivistische Haltung des Fonds basiert auf der Auffassung der Verantwortlichen, dass eine bessere Corporate Governance der Portfoliounternehmen zu einer besseren Unternehmensleistung und somit zu höheren Erträgen für die Investoren führt (Smythe et al., 2015, S. 641). Zudem publizierte CalPERS bis zum Jahr 2010 jährlich eine Fokusliste, auf der Unternehmen mit unterdurchschnittlichen Wertentwicklung oder schlechter Corporate Governance aufgeführt waren (Kuls, 2008, S. 135). Der Aktivismus von CalPERS gegenüber diesen Unternehmen führte oftmals zu verbesserten Aktienkursen, wodurch der Begriff „CalPERS Effect" geprägt wurde (English et al., 2004). Obwohl das Ziel des Fonds in der Erwirtschaftung einer Rendite zur Finanzierung der Pensionen und Gesundheitsleistungen besteht, ist CalPERS auch für politisch motivierte Anlageentscheidungen bekannt (Kuls, 2008, S. 136). Demnach durften beispielsweise in den 1980er-Jahren keine Anteile an Unternehmen erworben werden, die Geschäfte mit dem Apartheid-Regimes in Südafrika machten (Kuls, 2008, S. 136). Gleichermaßen durften seit 2007 im Zuge der Sudan-Krise keine Anteile an Unternehmen gehalten werden, die in dem Land aktiv sind (Kuls, 2008, S. 136).

https://doi.org/10.1515/9783110735611-018

Im Zuge der Corona-Krise Anfang 2020 und der Anschuldigungen der USA gegenüber China, die WHO zu beeinflussen und die Öffentlichkeit nicht rechtzeitig und umfassend über das Virus informiert zu haben, wurden ebenfalls Forderungen der US-Regierung geäußert, CalPERS solle seine Eigenkapitalbeteiligungen in China veräußern (Grimes, 2020).

Anhang 5 Staatsfondstypen

Tabelle 19: Staatsfondstypen.

Fondstyp	Ziel		Ausschüttung	Beispiele
Stabilisierungs-fonds	– Ausgleich schwankender Rohstoffpreise und Wechselkurse – Kompensation externer Schocks	–	unregelmäßige Ausschüttung, die primär bei sinkenden Erlösen aus dem Rohstoffexport erfolgt	– Oil Stabilization Fund (Iran)
Sparfonds	– Sicherung von heutigem Vermögen für künftige Generationen	–	keine oder lediglich geringe Ausschüttung	– Qatar Investment Authority (Katar) – Khazanah Nasion Berhad (Malaysia)
Entwicklungs-, Infrastruktur- und Investitions-fonds	– Aufbau von Vermögen zur Unterstützung der heimischen Wirtschaft – Stärkung der wirtschaftlichen Wettbewerbsfähigkeit des eigenen Landes durch gezielte Investitionen	–	oftmals keine Ausschüttung, sondern Reinvestition der Erträge im eigenen Land	– Temasek Holdings (Singapur) – Italian Strategic Fund (Italien)
Rücklagen-fonds	– Senkung der hohen ökonomischen Kosten durch hohe Außenhandels-überschüsse durch eine effiziente Anlage der Devisenreserven	–	unterschiedliche Ausschüttungs-strategien	– China Investment Corporation (China) – Government of Singapore Investment Corporation (Singapur)
Pensions-reservefonds	– Deckung von pensionsähnlichen Eventualverbindlichkeiten in der Zukunft, die insbesondere in den Industrienationen durch steigende Sozialausgaben und den demografischen Wandel entstehen	–	Ausschüttung wenn die Sozialausgaben die Haushalts-einnahmen übersteigen	– Ireland Strategic Investment Fund (Irland) – Australian Future Fund (Australien)

https://doi.org/10.1515/9783110735611-019

Tabelle 19 (fortgesetzt)

Fondstyp	Ziel		Ausschüttung	Beispiele
Direkte Ausschüttungs-fonds	–	Direkte Teilhabe der Bevölkerung an Einnahmen aus Rohstoffvorkommen	– Regelmäßige Ausschüttung der Fondserträge an alle oder bestimmte Gruppen von Bürgern	– Alaska Permanent Fund (Alaska, USA)

Quelle: Al-Hassan et al., 2013, S. 5 f., Bönke & Harnack, 2017, S. 13 ff.

Literaturverzeichnis

ABP. (2020a). *Jaarverslag 2019*. ABP. https://www.abp.nl/images/abp-jaarverslag.pdf

ABP. (2020b). *Waarin belegt ABP*. ABP. https://www.abp.nl/over-abp/duurzaam-en-verantwoord-beleggen/waarin-belegt-abp/

ABP. (2020c). *Wie we Zijn*. ABP. https://www.abp.nl/over-abp/onze-organisatie/wie-we-zijn.aspx

Achleitner, P. & Wichels, D. (2002). Abschied von der „Deutschland AG". In J. Krumnow, L. Gramlich, T. A. Lange & T. M. Dewner (Hrsg.), *Gabler Bank Lexikon* (13. Aufl., S. 661–663). Gabler Verlag.

Advent International. (2017). *Advent International unterbreitet STADA-Vorstand verbindliches Angebot für die STADA Arzneimittel Aktiengesellschaft*. https://www.adventinternational.com/de/advent-international-unterbreitet-stada-vorstand-verbindliches-angebot-fur-die-stada-arzneimittel-aktiengesellschaft/

Aequo. (2020). *Origins*. Aequo. https://www.aequo.ca/en/origins/

Ahrens, R., Gehlen, B. & Reckendrees, A. (2013). Die Deutschland AG als historischer Forschungsgegenstand. In R. Ahrens, B. Gehlen & A. Reckendrees (Hrsg.), *Bochumer Schriften zur Unternehmens- und Industriegeschichte: Bd. 20. Die „Deutschland AG": Historische Annäherungen an den bundesdeutschen Kapitalismus* (1. Aufl., S. 7–30). Klartext.

Al-Hassan, A., Papaioannou, M., Skancke, M. & Sung, C. C. (2013). *Sovereign wealth funds: Aspects of governance structures and investment management. IMF working paper: 13/231*. IMF.

AlixPartners. (2019). *Aufsichtsrats-Radar 2019: Aktivistische Investoren -Fluch oder Segen?*

Allianz Global Investors. (2008). *History*. Allianz Global Investors. https://web.archive.org/web/20081205082326/http://www.allianzglobalinvestors.com/aboutus/Pages/History.aspx

Allianz Group. (1999). *Geschäftsbericht 1998*. Allianz Group. https://www.allianz.com/content/dam/onemarketing/azcom/Allianz_com/investor-relations/de/berichte_und_finanzdaten/geschaeftsbericht/archiv/1998_azgroup_gb_d.pdf

Allianz Group. (2000). *Geschäftsbericht 1999*. Allianz Group. https://www.allianz.com/content/dam/onemarketing/azcom/Allianz_com/investor-relations/de/berichte_und_finanzdaten/geschaeftsbericht/archiv/1999_azgroup_gb_d.pdf

APA-OTS. (2005). *Permira und KKR schliessen Übernahme von SBS Broadcasting S.A. ab*. https://www.ots.at/presseaussendung/OTS_20051018_OTS0261/permira-und-kkr-schliessen-uebernahme-von-sbs-broadcasting-sa-ab

Armbruster, M. (2016). Comparing index mutual funds and active managers. *Rochester Business Journal*, *32*(28). https://www.armbrustercapital.com/wp-content/uploads/2017/02/Comparing-Index-Mutual-Funds-10-14-2016.pdf

Arrow, K. J. (1969). The organization of economic activity: Issues pertinent to the choice of market versus non-market allocation. *In Joint Economic Committee (Hrsg .), The Analysis and Evaluation of Public Expenditure: The PPB-System*, 91st Congress, 1st Session, Washington D.C., S. 59–73.

Associated Press. (7. Dezember 2007). *Cevian Capital Takes Stake in Munich Re*. https://www.cnbc.com/id/22142939

Azar, J., Raina, S. & Schmalz, M. C. (2016). Ultimate Ownership and Bank Competition. *SSRN Electronic Journal*. Vorab-Onlinepublikation. https://doi.org/10.2139/ssrn.2710252

Azar, J., Schmalz, M. C. & Tecu, I. (2018). Anticompetitive Effects of Common Ownership. *The Journal of Finance*, *73*(4), 1513–1565. https://doi.org/10.1111/jofi.12698

Bacher, U. & Deschenhalm, T. (2015). Blackrock - Schattenbank mit Potenzial bei Kleinanlegern. *bank und markt*, *05*, 37–39.

Bachmann, G. (2010). Aufsichtsratsautonomie Recht und Politik der dualen Unternehmensverfassung. In S. Grundmann, B. Haar, H. Merkt, P. O. Mülbert, M. Wellenhofer, H. Baum, J. von Hein, T. von Hippel, K. Pistor, M. Roth & H. Schweitzer (Hrsg.), *Festschrift für Klaus J. Hopt zum 70. Geburtstag am 24. August 2010*. De Gruyter. https://doi.org/10.1515/9783899496321.337

https://doi.org/10.1515/9783110735611-020

BaFin. (2018). *Hinweise zur Erlaubnispflicht gemäß KWG und KAGB von Family Offices.* Bundesanstalt für Finanzdienstleistungsaufsicht. https://www.bafin.de/SharedDocs/Veroef fentlichungen/DE/Merkblatt/mb_140514_familyoffices.html

BaFin. (2019). *Bankenaufsicht.* Bundesanstalt für Finanzdienstleistungsaufsicht. https://www. bafin.de/DE/DieBaFin/AufgabenGeschichte/Bankenaufsicht/bankenaufsicht_node.html

Bähr, J. & Rudolph, B. (2011). *Finanzkrisen 1931, 2008.* Piper.

Balp, G. (2017). Regulating Proxy Advisors Through Transparency: Pros and Cons of the EU Approach. *European Company and Financial Law Review, 14*(1), 1–36. https://doi.org/10.1515/ ecfr-2017-0001

Balsmeier, B., Buchwald, A. & Peters, H. (2010). Auswirkungen von Mehrfachmandaten deutscher Vorstands- und Aufsichtsratsvorsitzender auf den Unternehmenserfolg / The Impact of Multiple Board Memberships of CEOs and Chairmen of Supervisory Boards on Corporate Performance in Germany. *Jahrbücher für Nationalökonomie und Statistik, 230*(5), 547–570. https://doi.org/10.1515/jbnst-2010-0504

Balsmeier, B. & Peters, H. (2009). Personelle Unternehmensverflechtung und Vorstandsgehälter. *Zeitschrift für Betriebswirtschaft, 79*(9), 967–984. https://doi.org/10.1007/s11573-009-0304-3

Bardtholdt, C. (8. März 1968). Wenn die Hapag mit dem Lloyd … : Vor der Fusion der beiden größten deutschen Reedereien, *Die Zeit, 10/1968.* https://www.zeit.de/1968/10/wenn-die-hapag-mit-dem-lloyd/komplettansicht

Baums, T. (1992). *Verbindungen von Banken und Unternehmen im amerikanischen Wirtschaftsrecht: Beiträge zum ausländischen und internationalen Privatrecht 55.* Mohr Siebeck.

Baums, T. & Fraune, C. (1994). *Institutionelle Anleger und Publikumsgesellschaft: Eine empirische Untersuchung.* Arbeitspapier. https://www.jura.uni-frankfurt.de/43029219/paper20.pdf

Bayer, W. (2007). Grundkapital, Kapitalaufbringung, Kapitalerhaltung. In W. Bayer & M. Habersack (Hrsg.), *Aktienrecht im Wandel: Band II: Grundsatzfragen des Aktienrechts.* Mohr Siebeck.

Bayer, W. & Hoffmann, T. (2018). Private-Label-Fonds und Beteiligungstransparenz bei deutschen Aktiengesellschaften. *Die Aktiengesellschaft, 63*(18), r252–r255. https://doi.org/10.9785/ag-2018-631802

BBC (21. Mai 2015). Deutsche Bank hit by shareholder investor revolt. *BBC.* https://www.bbc.com/ news/business-32839048

Becht, M., Franks, J., Mayer, C. & Rossi, S. (2010). Returns to Shareholder Activism: Evidence from a Clinical Study of the Hermes UK Focus Fund. *Review of Financial Studies, 23*(3), 3093–3129. https://doi.org/10.1093/rfs/hhn054.ra

Beck, D., Friedl, G. & Schäfer, P. (2020). Executive compensation in Germany. *Zeitschrift für Betriebswirtschaft, 90*(5-6), 787–824. https://doi.org/10.1007/s11573-020-00978-y

Beckers, T. (2018). Gründung und erste Jahre der deutschen Kapitalanlagegesellschaft mbh 1956–1970. In T. Beckers & F. Dreisch (Hrsg.), *Die DekaBank seit 1918: Liquiditätszentrale - Kapitalanlagemanager - Asset Manager* (S. 231–304). Deutscher Sparkassenverlag.

Beckmann, M. & Pokorny, K. (2002). Abwicklung der Deutschland AG? Corporate Governance in Deutschland im Wandel. In M. Beckmann (Hrsg.), *Studie / Forschungsgruppe Europäische Integration (FEI): Bd. 16. Finanzmarktintegration und die Transformation der Corporate-Governance-Systeme in der Europäischen Union* (S. 64–88). FEG.

Beech, J. (2019). *Global Family Office Growth Soars, Manages $5.9 trillion.* CampdenFB. http://www.campdenfb.com/article/global-family-office-growth-soars-manages-59-trillion

Berger, R. (2002). Chancen und Risiken der Internationalisierung aus Sicht des Standortes Deutschland. In U. Krystek & E. Zur (Hrsg.), *Handbuch Internationalisierung* (S. 21–33). Springer Berlin Heidelberg.

Beyer, J. (1998). *Managerherrschaft in Deutschland? „Corporate Governance" unter Verflechtungsbedingungen*. Westdeutscher Verlag.

Beyer, J. (2003). Deutschland AG a.D.: Deutsche Bank, Allianz und das Verflechtungszentrum des deutschen Kapitalismus. In W. Streeck & M. Höpner (Hrsg.), *Schriften des Max-Planck-Instituts für Gesellschaftsforschung Köln: Bd. 47. Alle Macht dem Markt? Fallstudien zur Abwicklung der Deutschland AG* (S. 118–146). Campus.

Beyer, J. (2006). *Pfadabhängigkeit: Über institutionelle Kontinuität, anfällige Stabilität und fundamentalen Wandel. Schriften aus dem Max-Planck-Institut für Gesellschaftsforschung: Bd. 56*. Campus.

BlackRock, Inc. (2019). *BlackRock: Weltweit führend im Vermögens- und Risikomanagement*. BlackRock, Inc. https://www.blackrock.com/corporate/literature/whitepaper/ger-blackrock-weltweit-fuehrend-im-vermoegens-und-risikomanagement.pdf

BlackRock, Inc. (2020). *Eine grundlegende Umgestaltung der Finanzwelt*. BlackRock, Inc. https://www.blackrock.com/ch/privatanleger/de/larry-fink-ceo-letter

Blewett, E. (17. Juni 2015). *Das größte Family Office Deutschlands im Porträt*. https://citywire.de/news/das-grobte-family-office-deutschlands-im-portrat/a818895

Bönig, O. (2015). Die Macht der Stimmrechtsberater: Aus dem Hintergrund. *HV-Magazin* (04), 10–12.

Bönke, T. & Harnack, A. (2017). *Ein Staatsfonds für Deutschland? Grundüberlegungen und internationale Vorbilder*. Bertelsmann Stiftung. https://www.bertelsmann-stiftung.de/filead min/files/BSt/Publikationen/GrauePublikationen/NW_Ein_Staatsfonds_fuer_Deutschland.pdf

Boss, A. (1996). *Deregulierung in Deutschland: Eine empirische Analyse. Kieler Studien: Bd. 275*. Mohr.

Brewster, D. (6. Oktober 2007). Glass Lewis sold in $46m deal. *Financial Times*. https://www.ft.com/content/4de4c5ec-73ab-11dc-abf0-0000779fd2ac

Briegleb, V. (27. Januar 2010). Infineon macht Zugeständnisse im Streit um Aufsichtsratsvorsitz. *Heise online*. https://www.heise.de/newsticker/meldung/Infineon-macht-Zugestaendnisse-im-Streit-um-Aufsichtsratsvorsitz-915567.html

Buchter, H. (2015). *BlackRock: Eine heimliche Weltmacht greift nach unserem Geld*. Campus.

Buderus. (1998). *Geschäftsbericht 1996/97*. Wetzlar.

Buderus. (2003). *Geschäftsbericht 2002*. Wetzlar.

Buderus. (2004). *Geschäftsbericht 2003*. Wetzlar.

Bundesgerichtshof. (2015). *Gesetz für die gleichberechtigte Teilhabe von Frauen und Männern an Führungspositionen in der Privatwirtschaft und im öffentlichen Dienst*. https://www.bundesge richtshof.de/DE/Bibliothek/GesMat/WP18/G/gleichberechtigte_Teilhabe.html?nn=10772256

Bundesgesetzblatt (1952). *Gesetz über die Investitionshilfe der gewerblichen Wirtschaft*. Bundesanzeiger Verlag. http://www.bgbl.de/xaver/bgbl/start.xav?startbk=Bundesanzeiger_BGBl&jumpTo=bgbl152s0007.pdf

Bundesministerium der Finanzen. (2009). *Angemessene Vorstandsgehälter*. https://www.bundesfi nanzministerium.de/Content/DE/Standardartikel/Themen/Internationales_Finanzmarkt/2009-07-15-angemessene-vorstandsgehaelter.html

Bundesministerium für Familie, Senioren, Frauen und Jugend. (2020). *Feste Quote*. https://www.bmfsfj.de/quote/daten.html

Bundesministerium für Wirtschaft und Energie. (2020). *Transatlantische Handels- und Investitionspartnerschaft (TTIP)*. https://www.bmwi.de/Redaktion/DE/Dossier/ttip.html

Bundeszentrale für politische Bildung. (2017). *Informations- und Kommunikationstechnologie*. https://www.bpb.de/52518

Burger, S. & Untenberger, F. J. (2005). Verbriefung bankeigener Forderungen als Herausforderung für Genossenschaftsbanken. *Zeitschrift für das gesamte Kreditwesen, 58*(21), 1199–1201.

Büschgen, H. E. (2013). *Bankbetriebslehre: Bankgeschäfte und Bankmanagement* (5., vollständig überarbeitete und erweiterte Auflage). Springer-Verlag.

Buschmann, G., Doll, F., Hennersdorf, A., Hohensee, M., Reimer, H., Salz, J., Schürmann, C. & Schumacher, H. (6. Februar 2018). Was aggressive Investoren den Aktionären bringen. *Wirtschaftswoche*. https://www.wiwo.de/finanzen/boerse/kurspflege-und-dividende-was-aggressive-investoren-den-aktionaeren-bringen/20914182-all.html

Busse, C. (23. Februar 2017). Größenwahn kostet acht Milliarden Euro. *Süddeutsche.de*. https://www.sueddeutsche.de/wirtschaft/thyssen-krupp-groessenwahn-kostet-acht-milliarden-1.3390268

Busse von Colbe, W. (1964): Die Planung der Betriebsgröße, Wiesbaden 1964.

BVI. (2020). *BVI Investmentstatistik*. https://www.bvi.de/fileadmin/user_upload/Statistik/Invest mentstatistik_1912_DE.pdf

CalPERS. (2019a). *Annual Investment Report: Fiscal Year Ended June 30, 2019*. https://www.cal pers.ca.gov/docs/forms-publications/annual-investment-report-2019.pdf

CalPERS. (2019b). *Investment & Pension Funding*. https://www.calpers.ca.gov/docs/forms-publications/facts-investment-pension-funding.pdf

CalPERS. (2020). *CalPERS Story*. https://www.calpers.ca.gov/page/about/organization/calpers-story

Capgemini. (2021). *World Wealth Report 2021*. https://worldwealthreport.com/

Carl, N. (2001). Securitisation von Krediten mit Hilfe von Collateral Loan Obligations. In W. Fischges, C. Heiß & M. Krafczyk (Hrsg.), *Banken der Zukunft — Zukunft der Banken* (S. 43–85). Gabler Verlag. https://doi.org/10.1007/978-3-322-96334-5_3

Centre for Tomorrow's Company. (2011). *Tomorrow's Stewardship: Why stewardship matters*. Centre for Tomorrow's Company. https://www.mikekrzus.com/downloads/files/Why-stewardship-matters.pdf

Chandler, A. D. (1962). *Strategy and structure: Chapters in the history of the American industrial enterprise*. Beard Book.

Choi, S., Fisch, J. & Kahan, M. (2009). The power of proxy advisors: Myth or reality. *Faculty Scholarship at Penn Law. 331*. 869–918.

Clark, G. L., Dixon, A. D. & Monk, A. H. B. (2013). *Sovereign Wealth Funds: Legitimacy, Governance, and Global Power*. Princeton University Press.

Coase, R. H. (1937). The nature of the firm. Economica, 4, In Williamson, O. E. (1975). *Markets and Hierarchies: Analysis and Antitrust Implications* (S. 386–405)

Continental AG. (1988). *Geschäftsbericht 1987*.

Conyon, M. J. & Read, L. E. (2006). A model of the supply of executives for outside directorships. *Journal of Corporate Finance*, *12*(3), 645–659. https://doi.org/10.1016/j.jcorpfin.2005.08.004

Cox, J. & Gonzalez, A. (9. Dezember 2010). Investor wants bosses out over Hochtief Qatar move. *Reuters*. https://www.reuters.com/article/us-hochtief-southeastern/investor-wants-bosses-out-over-hochtief-qatar-move-idUKTRE6B83BE20101209

Cromme, G. (2001). Rede zur Veröffentlichung des Entwurfs Deutscher Corporate Governance-Kodex [Rede]. Regierungskommission Deutscher Corporate Governance-Kodex. https://www.dcgk.de/de/kommission/die-kommission-im-dialog/deteilansicht/ausfuehrungen-von-dr-gerhard-cromme-70.html?file=files/dcgk/usercontent/de/download/2001/RedeDrCromme.pdf

Culloton, D. (9. August 2011). A Brief History of Indexing. *Morningstar*. https://www.morningstar.com/articles/390749/article

Dahlkamp, J. & Reuter, W. (29. November 1999). Riskante Rettung. *Der Spiegel*, 48/1999. https://www.spiegel.de/spiegel/print/d-15158117.html

Daimler AG. (2020). *Daimler-Benz in der Zwischenkriegszeit 1920–1933*. https://www.daimler.com/konzern/tradition/geschichte/1920-1933.html

Daimler-Benz AG. (1986). *Geschäftsbericht 1985*.

David, R. & Porter, K. (16. März 2015). Permira Said to Double Returns as It Exits Stake in Hugo Boss. *Bloomberg.com*. https://www.bloomberg.com/news/articles/2015-03-16/permira-said-to-double-returns-as-it-exits-stake-in-hugo-boss

Degussa. (1998). *Geschäftsbericht 1997/98.*

DekaBank. (2020). *Historie: Chronologischer Überblick.* https://www.deka.de/deka-gruppe/ueber-uns/historie

Deutsche Bank. (1991). *Geschäftsbericht 1990.*

Deutsche Bank. (1996). *Geschäftsbericht 1995.*

Deutsche Bank. (2001). *Geschäftsbericht 2000.*

Deutsche Bank. (2006). *Geschäftsbericht 2005.*

Deutsche Börse Group. (2003). *Geschäftsbericht 2002.*

Deutsche Börse Group. (2009). *Geschäftsbericht 2008.*

Deutsche Börse Group. (2010). *Geschäftsbericht 2009.*

Deutsche Bundesbank. (2018). *Die wachsende Bedeutung von Exchange Traded Funds an den Finanzmärkten.* Monatsbericht. https://www.bundesbank.de/resource/blob/764422/c63b415bc2325ab7168daa099f561a6b/mL/2018-10-exchange-traded-funds-data.pdf

Deutsche Bundesbank. (2020). *Zeitreihen Datenbanken.* https://www.bundesbank.de/dynamic/action/de/statistiken/zeitreihen-datenbanken/zeitreihen-datenbank/759778/759778?listId=www_s32b_bilanz_insg_a

Deutsche Bundesbank. (2021). *Effektivzinssätze Banken DE / Neugeschäft / Einlagen privater Haushalte, vereinbarte Kündigungsfrist bis 3 Monate.* https://www.bundesbank.de/dynamic/action/de/statistiken/zeitreihen-datenbanken/zeitreihen-datenbank/723452/723452?tsId=BBK01.SUD105&dateSelect=2021

Deutsche Post AG. (1999). *Geschäftsbericht 1998.*

Deutsche Post AG. (2003). *Unternehmensbericht 2002.*

Deutscher Bundestag. (2009). *Gesetzentwurf der Bundesregierung: Entwurf eines Gesetzes zur Umsetzung der Aktionärsrechterichtlinie (ARUG).* https://dip21.bundestag.de/dip21/btd/16/116/1611642.pdf

Deutscher Bundestag. (2018). *Aktionärsaktivismus unter gesellschafts- und aktienrechtlichen Gesichtspunkten: Ausarbeitung.* https://www.bundestag.de/resource/blob/571478/6cddddd989645a48fffb220fa3b3d0ef/WD-7-168-18-pdf-data.pdf

Deutscher Industrie- und Handelstag. (1954). *Zur Reform des Aktienrechts. DIHT-Schriftenreihe: Band 30.*

Deutscher Investor Relations Verband. (2014). *Stimmrechte auf der Hauptversammlung – Empfehlungen zur Zusammenarbeit mit Proxy Advisors* [DIRK IR-GUIDE BAND IX]. https://www.dirk.org/dirk_webseite/static/uploads/IR%20Guide%20Proxy%20Advisor_FINAL.pdf

Deutsches Aktieninstitut e.V. (2011). *Kapitalausstattung.* https://www.dai.de/files/dai_usercontent/dokumente/Statistiken/MAR%202013_Factbook_04_Kapitalausstattung.pdf

DGAP.de. (1. April 2016a). *STADA Arzneimittel AG: Release according to Article 26, Section 1 of the WpHG.* https://www.dgap.de/dgap/News/pvr/stada-arzneimittel-release-according-article-section-the-wphg-the-german-securities-trading-act-with-the-objective-europewide-distribution/?newsID=933081

DGAP.de. (1. April 2016b). *STADA Arzneimittel AG: Veröffentlichung gemäß § 26 Abs. 1 WpHG mit dem Ziel der europaweiten Verbreitung.* https://www.dgap.de/dgap/News/pvr/stada-arzneimittel-veroeffentlichung-gemaess-abs-wphg-mit-dem-ziel-der-europaweiten-verbreitung/?newsID=933083

DGAP.de. (1. April 2016c). *STADA Arzneimittel AG: Veröffentlichung gemäß § 26 Abs. 1 WpHG mit dem Ziel der europaweiten Verbreitung.* https://www.dgap.de/dgap/News/pvr/stada-arzneimittel-

veroeffentlichung-gemaess-abs-wphg-mit-dem-ziel-der-europaweiten-verbreitung/?
newsID=933085

Dierig, C. (6. Juli 2018). *Der fatale Fehler des mächtigen Stahl-Managers. Die Welt*. https://www.
welt.de/wirtschaft/article178937854/ThyssenKrupp-Warum-Investoren-Hiesinger-zu-Fall-
brachten.html

Dimler, N. & Theil, J. (2018). Family Offices als Finanzierungspartner für den deutschen Mittelstand.
In N. Dimler, J. Peter & B. Karcher (Hrsg.), *Unternehmensfinanzierung im Mittelstand*
(S. 131–145). Springer Fachmedien Wiesbaden.

Dowideit, A. (10. August 2005). Die „Heuschreckendebatte" hat auch gute Seiten. *Die Welt*.
https://www.welt.de/print-welt/article687931/Die-Heuschreckendebatte-hat-auch-gute-
Seiten.html

Dunsch, J. (21. Mai 2002). Ein Bollwerk zerfällt: Die Deutschland AG wird zum Mythos. *Frankfurter
Allgemeine Zeitung*. https://www.genios.de/presse-archiv/artikel/FAZ/20020521/ein-bollwerk
-zerfaellt-die-deutschl/FD2200205211426181.html

ECGI. (2018). *Hermes Investment Management*. https://ecgi.global/content/hermes-investment-
management

Eckl-Dorna, W. (23. September 2016). Hedgefonds TCI will VW-Managerboni kippen. *Manager
Magazin*. https://www.manager-magazin.de/unternehmen/autoindustrie/boni-vorstaende-
volkswagen-ag-hedgefonds-tci-greift-gehaltssystem-an-a-1113530.html

Eckl-Dorna, W. (19. April 2017). „Es wird den Vorständen zu leicht gemacht". *Manager Magazin*.
https://www.manager-magazin.de/unternehmen/autoindustrie/vw-vorstandsgehaelter-
corporate-governance-kenner-attackiert-neue-verguetung-a-1143768.html

The Economist (21. April 2005). Clash of capitalisms: A battle between shareholders and management
rumbles on. *The Economist*. https://www.economist.com/finance-and-economics/2005/04/21/
clash-of-capitalisms

The Economist (28. April 2016). Trading places: What the aversion to global trade says about
Europe and America. *The Economist*. https://www.economist.com/europe/2016/04/28/tra
ding-places

The Economist (5. Oktober 2019). The stockmarket is now run by computers, algorithms and
passive managers. *The Economist*. https://www.economist.com/briefing/2019/10/05/the-
stockmarket-is-now-run-by-computers-algorithms-and-passive-managers

Eglau, H. O. (25. Oktober 1991). Entfesselter Vielfraß. *Die Zeit*, 44/1991. https://www.zeit.de/1991/
44/entfesselter-vielfrass/komplettansicht

Eglau, H. O. (3. Januar 1997). Manager und Märkte Sahnehäubchen aufs Gehalt: Mit Aktienoptionen
können Manager ihr Einkommen erheblich verbessern. *Die Zeit*, 2/1997. https://www.zeit.de/
1997/02/Manager_und_Maerkte_Sahnehaeubchen_aufs_Gehalt_Mit_Aktienoptionen/
komplettansicht

Eglau, H. O. (23. Januar 1998). Absturz vom Gipfel: Der vor kurzem noch hochgelobte Hoechst-Chef
Jürgen Dormann fällt bei Anlegern und Belegschaft in Ungnade. *Die Zeit*, 5/1998. https://www.
zeit.de/1998/05/Absturz_vom_Gipfel/komplettansicht

Eglau, H. O. & Hoffmann, W. (8. Mai 1987). Der letzte Kniff: Beim Milliardengeschäft mit dem Flick-
Imperium hat der Staat am Ende das Nachsehen. *Die Zeit*, 20/1987. https://www.zeit.de/
1987/20/der-letzte-kniff/komplettansicht

Ehrhardt, M. (7. Juni 2019). Graue Eminenz hinter der Hauptversammlung: Stimmrechtsberater.
Deutschlandfunk. https://www.deutschlandfunk.de/stimmrechtsberater-graue-eminenz-hinter
-der-hauptversammlung.1197.de.html?dram:article_id=450888

Engenhardt, G. F. (1996). *Die Macht der Banken: Politische Positionen zur Neuregelung der
gesetzlichen Grundlagen. Gabler Edition Wissenschaft*. Springer. https://doi.org/10.1007/
978-3-322-97714-4

English, P. C., Smythe, T. I. & McNeil, C. R. (2004). The "CalPERS effect" revisited. *Journal of Corporate Finance, 10*(1), 157–174. https://doi.org/10.1016/S0929-1199(03)00020-8

Ermisch, R. (2008). *Management Strategischer Kooperationen im Bereich Forschung und Entwicklung: Eine empirische Untersuchung von Technologieunternehmen in Deutschland und den USA. Gabler Edition Wissenschaft.* Gabler Verlag / GWV Fachverlage GmbH, Wiesbaden.

Europäische Kommission. (2014). *Vorschlag für eine Richtlinie des Europäischen Parlaments und des Rates zur Änderung der Richtlinie 2007/36/EG im Hinblick auf die Förderung der langfristigen Einbeziehung der Aktionäre sowie der Richtlinie 2013/34/EU in Bezug auf bestimmte Elemente der Erklärung zur Unternehmensführung.* https://eur-lex.europa.eu/resource.html?uri=cellar:59fccf6c-c094-11e3-86f9-01aa75ed71a1.0002.01/DOC_1&format=PDF

European Securities and Markets Authority. (2012). *Discussion Paper An Overview of the Proxy Advisory Industry. Considerations on Possible Policy Options.* ESMA. https://www.esma.europa.eu/sites/default/files/library/2015/11/2012-212.pdf

Evonik Stiftung. (2020). *Gründung.* https://www.evonik-stiftung.de/ueber-die-stiftung/gruendung/

Fama, E. F. & Jensen, M. C. (1983). Separation of Ownership and Control. *The Journal of Law & Economics, 26*(2), 301–325.

Federated Hermes. (2020). *Stewardship: EOS - our approach to engagement.* https://www.hermes-investment.com/uki/stewardship/

Feldenkirchen, W. & Hilger, S. (2001). *Menschen und Marken: 125 Jahre Henkel.* https://www.henkel.de/resource/blob/264392/0c65103fb9ed05c33c6511fc1ade9f15/data/menschen-und-marken-125-jahre-henkel.pdf

Fiedler, M. (2005). Zur Rolle des Vertrauens in der „Deutschland AG": Verflechtungen zwischen Finanz- und Nichtfinanzunternehmen im 20. Jahrhundert. *Jahrbuch für Wirtschaftsgeschichte / Economic History Yearbook, 46*(1). https://doi.org/10.1524/jbwg.2005.46.1.93

The Financial Times (13. Dezember 1974). Why Germany Needs to Boost Profits. *The Financial Times* (26,541), S. 17.

Fink, R. C., Edelman, L. F., Hatten, K. J. & James, W. L. (2006). Transaction cost economics, resource dependence theory, and customer-supplier relationships. *Industrial and Corporate Change, 15*(3), 497–529. https://doi.org/10.1093/icc/dtl008

Fischer, M. (Hrsg.). (2013). *Handbuch Wertmanagement in Banken und Versicherungen.* Gabler Verlag.

Fiss, P. C. & Zajac, E. J. (2004). The Diffusion of Ideas over Contested Terrain: The (Non)adoption of a Shareholder Value Orientation among German Firms. *Administrative Science Quarterly, 49*(4), 501–534.

Flauger, J. (20. Mai 2016). E.ON Feels the Heat. *Handelsblatt.* https://www.handelsblatt.com/english/companies/activist-investor-e-on-feels-the-heat/23538028.html

Flauger, J. (11. Januar 2017). Investor Piles Pressure on E.ON. *Handelsblatt.* https://knightvinke.com/wp-content/uploads/2017/01/Knight_Vinke_Article_HG_Investor-Piles-Pressure-on-E.ON_.pdf

Frankfurter Allgemeine Zeitung (20. März 2002a). Für Holzmann schlägt die Stunde der Wahrheit. *Frankfurter Allgemeine Zeitung.* https://www.faz.net/aktuell/wirtschaft/bauwirtschaft-fuer-holzmann-schlaegt-die-stunde-der-wahrheit-151453.html

Frankfurter Allgemeine Zeitung (13. November 2002b). Deutsche Börse AG steigt in den Dax auf. *Frankfurter Allgemeine Zeitung.* https://www.faz.net/aktuell/finanzen/aktien/indizes-deutsche-boerse-ag-steigt-in-den-dax-auf-180526.html

Frankfurter Allgemeine Zeitung (6. Oktober 2006). Das einstige Flick-Imperium. *Frankfurter Allgemeine Zeitung.* https://www.faz.net/aktuell/wirtschaft/industrie-das-einstige-flick-imperium-1383135.html

Frankfurter Allgemeine Zeitung (4. Mai 2008). Die Karriere eines Sorgenfalls. *Frankfurter Allgemeine Zeitung*. https://www.faz.net/aktuell/wirtschaft/unternehmen/von-preussag-zu-tui-die-karriere-eines-sorgenfalls-1546544.html

Frankfurter Allgemeine Zeitung (14. August 2009). Einstieg von Qatar bei Porsche perfekt. *Frankfurter Allgemeine Zeitung*. https://www.faz.net/aktuell/wirtschaft/unternehmen/vertrag-unterzeichnet-einstieg-von-qatar-bei-porsche-perfekt-1842084.html

Frankfurter Allgemeine Zeitung (16. März 2015). Permira steigt bei Hugo Boss aus. *Frankfurter Allgemeine Zeitung*. https://www.faz.net/aktuell/wirtschaft/unternehmen/finanzinvestor-permira-steigt-bei-hugo-boss-aus-13487227.html

Frankfurter Allgemeine Zeitung (18. August 2017). Stada-Übernahme im zweiten Anlauf geglückt. *Frankfurter Allgemeine Zeitung*. https://www.faz.net/aktuell/wirtschaft/unternehmen/stada-uebernahme-im-zweiten-anlauf-geglueckt-15157065.html

Franks, J. & Mayer, C. (1998). Bank control, takeovers and corporate governance in Germany. *Journal of Banking & Finance, 22*(10-11), 1385–1403. https://doi.org/10.1016/S0378-4266(98)00060-0

Franks, J. & Mayer, C. (2001). Ownership and Control of German Corporations. *Review of Financial Studies, 14*(4), 943–977. https://doi.org/10.1093/rfs/14.4.943

Freese, G. (24. April 1981). Die weißen Riesen werden sauber: Umweltschädliche Phosphate sollen aus den Waschmitteln verschwinden. *Die Zeit, 18/1981*. https://www.zeit.de/1981/18/die-weissen-riesen-werden-sauber/komplettansicht

Freitag, M. (24. Mai 2016). Hedgefonds TCI fordert Fusion von VW mit Porsche SE. *Manager Magazin*. https://www.manager-magazin.de/unternehmen/autoindustrie/volkswagen-hedgefonds-tci-prueft-klage-gegen-niedersachsen-a-1093838.html

Freitag, M. & Clausen, S. (7. Mai 2016). Gefürchteter Investor ruft zur Revolution bei VW auf. *Manager Magazin*. https://www.manager-magazin.de/unternehmen/autoindustrie/vw-hedge-fonds-tci-ruft-zur-revolution-auf-a-1091202.html

Fresenius Medical Care. (2007). *Geschäftsbericht 2006*. Bad Homburg.

Freye, S. (2013). Ein Rückzug aus der Mitte der Deutschland AG? In R. Ahrens, B. Gehlen & A. Reckendrees (Hrsg.), *Bochumer Schriften zur Unternehmens- und Industriegeschichte: Bd. 20. Die „Deutschland AG": Historische Annäherungen an den bundesdeutschen Kapitalismus* (1. Aufl., S. 323–350). Klartext.

Fröhlich, N. & Huffschmid, J. (2004). *Der Finanzdienstleistungssektor in Deutschland: Entwicklung, Politik, Strategien. Edition der Hans-Böckler-Stiftung: Bd. 101*. Hans-Böckler-Stiftung.

Frommann, H. & Dahmann, A. (2005). *Zur Rolle von Private Equity und Venture Capital in der Wirtschaft*. Bundesverband Deutscher Kapitalbeteiligungsgesellschaften (BVK). https://www.bvkap.de/sites/default/files/publication/pe_wirtschaft.pdf

Gall, L. (1995). *Die Deutsche Bank, 1870–1995*. C.H. Beck.

Gänßler, J. (2016). *OGAW V: Umsetzungsgesetz tritt im März in Kraft*. Bundesanstalt für Finanzdienstleistungsaufsicht. https://www.bafin.de/SharedDocs/Veroeffentlichungen/DE/Fachartikel/2016/fa_bj_1603_ogaw_v.html

GEA Aktiengesellschaft. (1993). *Geschäftsbericht 1992*. Bochum.

Gehlen, B. (2013). Aktienrecht und Unternehmenskontrolle. Normative Vorgaben und unternehmerische Praxis in der Hochphase der Deutschland AG. In R. Ahrens, B. Gehlen & A. Reckendrees (Hrsg.), *Bochumer Schriften zur Unternehmens- und Industriegeschichte: Bd. 20. Die „Deutschland AG": Historische Annäherungen an den bundesdeutschen Kapitalismus* (1. Aufl., S. 165–194). Klartext.

Glass Lewis. (2013). *AIMCo Acquires 20% Ownership Stake in Glass Lewis from Ontario Teachers*. https://www.glasslewis.com/aimco-acquires-20-ownership-stake-in-glass-lewis-from-ontario-teachers/

Glass Lewis. (2015). *Glass Lewis Acquires IVOX*. https://www.glasslewis.com/glass-lewis-acquires-ivox/

Glass Lewis. (2020). *Company overview*. https://www.glasslewis.com/company-overview/

Goergen, M., Manjon, M. C. & Renneboog, L. (2008). Is the German system of corporate governance converging towards the Anglo-American model? *Journal of Management & Governance, 12*(1), 37–71. https://doi.org/10.1007/s10997-007-9040-7

Gorton, G. & Schmid, F. A. (2000). Universal banking and the performance of German firms. *Journal of Financial Economics, 58*(1-2), 29–80. https://doi.org/10.1016/S0304-405X(00)00066-0

Granzow, A. & Siebenhaar, H. P. (7. November 2006). Aufsichtsräte kritisieren Telekom-Chef Ricke. *Handelsblatt*. https://www.handelsblatt.com/unternehmen/it-medien/strategiestreit-aufsichtsraete-kritisieren-telekom-chef-ricke/2729440.html

Greenbaum, S. I. & Thakor, A. V. (1987). Bank Funding Modes – Securitization versus Deposits. *Journal of Banking & Finance, 11*, 379–401.

Gries, L. (19. Juli 2019). Für Blackrock wird die Luft dünner. *Tagesschau.de*. https://www.tagesschau.de/wirtschaft/boerse/blackrock-109.html

Grimes, K. (12. Mai 2020). President Trump Orders Federal Retirement Funds Invested in Chinese Equities to be Pulled. *California Globe*. https://californiaglobe.com/section-2/president-trump-orders-federal-retirement-funds-invested-in-chinese-equities-to-be-pulled/

Gruppe Deutsche Börse. (2020). *Die FWB Frankfurter Wertpapierbörse*. https://www.deutsche-boerse.com/dbg-de/unternehmen/frankfurter-wertpapierboerse

Gutenberg, E. (1962): Grundlagen der Betriebswirtschaftslehre. Erster Band: Die Produktion, 7. Aufl., Berlin 1962.

Haas, J. (1994). *Der Anteilsbesitz der Kreditwirtschaft an Nichtbanken*. Dissertation.

Häcker, J. & Stenner, F. (2013). *Die Bedeutung der herstellerverbundenen Finanzdienstleistung für den Automobilkonzern: Kurzgutachten im Auftrag des Arbeitskreises der Banken und Leasinggesellschaften der Automobilwirtschaft (AKA)*. Frankfurt a. M. Deutsches Institut für Corporate Finance. https://www.dicf.de/fileadmin/user_upload/dicf_buecher/Automotive_Finance.pdf

Hafen Hamburg Marketing e.V. (2020). *Seegüterumschlag 1983–2019*. https://www.hafen-hamburg.de/de/statistiken/seegueterumschlag

Handelsblatt (16. November 2001). Bilfinger + Berger will bald Klarheit bei Buderus. *Handelsblatt*. https://www.handelsblatt.com/archiv/bilfinger-berger-will-bald-klarheit-bei-buderus/2117234.html?ticket=ST-2123216-fRnfAsEUzNqfgR7n9eIO-ap4

Handelsblatt (28. Juli 2005). Deutsche Bank verkauft Daimler-Aktien. *Handelsblatt*. https://www.handelsblatt.com/finanzen/banken-versicherungen/hoehenflug-genutzt-deutsche-bank-verkauft-daimler-aktien/2532038.html?ticket=ST-6103723-oGIa9z4ZfGvKKamvbKcf-ap3

Handelsblatt (2. November 2006). Zangenangriff auf die Telekom. *Handelsblatt*. https://www.handelsblatt.com/unternehmen/it-medien/finanzinvestoren-und-russische-konzerne-zangenangriff-auf-die-telekom/2727336.html?ticket=ST-360457-5pzfh7OFapwKRIuZj5BP-ap3

Hapag-Lloyd. (2019). *Schifffahrt made in Hamburg: Die Geschichte der Hapag-Lloyd AG*. https://www.hapag-lloyd.com/content/dam/website/downloads/press_and_media/publications/Schifffahrt_made_in_Hamburg_dt_web_update.pdf

Harke, K. (29. Dezember 2005). Scheitern einer Vision: Wie Jürgen Schrempps Traum von der Welt-AG zerbrach. *Deutschlandfunk*. https://www.deutschlandfunk.de/scheitern-einer-vision-100.html

Hauch-Fleck, M.-L. (25. November 1999). Verschleiert, … verschwiegen, verraten. *Die Zeit*, 48/1999. https://www.zeit.de/1999/48/199948.holzmann_.xml/komplettansicht

Haunderdinger, M. & Probst, H.-J. (2004). *Der Weg in die internationale Rechnungslegung: Grundlagen der Bilanzierung nach HGB und IFRS*. Gabler Verlag.

Heide, J. (2016). *Grundsätze der Vorstandsvergütung – „Say on Pay" Regelung als wirkungsvolles europäisches Regulierungsinstrument?* Hochschule für Wirtschaft und Recht Berlin. https://wirtschaftsrecht-news.de/2016/12/grundsaetze-der-vorstandsverguetung-say-on-pay-regelung-als-wirkungsvolles-europaeisches-regulierungsinstrument/

Heidelberger Druckmaschinen AG. (1986). *Geschäftsbericht 1985*. Heidelberg.

Heidelberger Druckmaschinen AG. (1999). *Geschäftsbericht 1998/99*. Heidelberg.

Heinen, V. (2019). *Die Rolle institutioneller Investoren und Stimmrechtsberater in der deutschen Corporate* Governance. *Research*. Springer Gabler.

Henkel KGaA. (2005). *Geschäftsbericht 2004*. Düsseldorf.

Hentov, E., Petrov, A. & Odedra, S. (2018). *How do Public Pension Funds invest?* State Street Global Advisors. https://swfi-cdn.sfo2.cdn.digitaloceanspaces.com/partnerContent/inst-how-do-ppfs-invest.pdf

Henzler, H. (14. Dezember 1996). Entschiedene Führung und wirksame Kontrolle: Vorstand, Aufsichtsrat und Hauptversammlung: Das deutsche Aktiengesetz bedarf einer grundlegenden Reform. *Frankfurter Allgemeine Zeitung,292*, S. 15.

Herlt, R. (20. Dezember 1974). Opfer seines Starrsinns. *Die Zeit*, 52/1974. https://www.zeit.de/1974/52/opfer-seines-starrsinns/komplettansicht

Hermes EOS. (2018). *Statement on the draft Act on the Transposition of the amended Shareholder Rights Directive (EU) 2017/828*. https://www.bmjv.de/SharedDocs/Gesetzgebungsverfahren/Stellungnahmen/2019/Downloads/11302018_Stellungnahme_Hermes_ARUG-II.pdf?__blob=publicationFile&v=2

Hermes EOS. (2019). *Siemens*. https://www.hermes-investment.com/uki/wp-content/uploads/2019/07/siemens-case-study-july-2019.pdf

Heuser, U. J. (23. September 1994). Gekaufter Gegner: Bauriesen im Clinch: Hochtief will die Macht beim Branchenführer Holzmann – der Auftakt einer Konzentrationswelle? *Die Zeit*, 39/1994. https://www.zeit.de/1994/39/gekaufte-gegner/komplettansicht

Hillenbrand, T. (28. Juli 2005). Der Verheerer von Möhringen. *Der Spiegel*. https://www.spiegel.de/wirtschaft/analyse-der-verheerer-von-moehringen-a-367178.html

Hillman, A. J., Shropshire, C., Certo, S. T., Dalton, D. R. & Dalton, C. M. (2011). What I Like About You: A Multilevel Study of Shareholder Discontent with Director Monitoring. *Organization Science, 22*(3), 675–687. https://doi.org/10.1287/orsc.1100.0542

Hirschman, A. O. (1972). *Exit, voice and loyalty: Response to decline in firms, organizations and states*. Harvard University Press.

Hoch, M. (2016). Proxy Advisory – eine Standortbestimmung. *Schweizerische Zeitschrift für Wirtschafts- und Finanzmarktrecht* (5), 487–494.

Hochtief AG. (1997). *HOCHTIEF and Philipp Holzmann substantiate cooperation*. https://www.hochtief.de/aktuelles-medien/pressemitteilungen/pressemitteilung/hochtief-and-philipp-holzmann-substantiate-cooperation

Hochtief AG. (2010). *Qatar Holding wird neuer Großaktionär von HOCHTIEF*. http://www.hochtief.de/hochtief/pdfservice/8664

Hochtief AG. (2012). *HOCHTIEF erweitert die U-Bahn in New York und baut die erste Straßenbahn in Katar*. https://www.hochtief.de/aktuelles-medien/pressemitteilungen/pressemitteilung/hochtief-erweitert-die-u-bahn-in-new-york-und-baut-die-erste-strassenbahn-in-katar

Hochtief AG. (2015). *HOCHTIEF Aktiengesellschaft: Veröffentlichung gemäß § 26 Abs. 1 WpHG*. https://www.hochtief.de/hochtief/mmdbdownload?id=151983&format=4

Hofer, H. (2008). *Corporate Governance und Unternehmensbewertung: Der Einfluß von Corporate Governance und Eigentümerstruktur auf Unternehmens- und Anteilsbewertung* (1. Aufl.). *Steuer, Wirtschaft und Recht: Bd. 288*. Eul.

Hofmann, S. (24. Februar 2017). Großaktionär attackiert Vorstand und Aufsichtsrat. *Handelsblatt.* https://www.handelsblatt.com/unternehmen/industrie/stada-verkauf-grossaktionaer-attackiert-vorstand-und-aufsichtsrat/19441090.html?ticket=ST-5671771-oLjgLo3c6PPWTUasy1Wm-ap1

Hommelhoff, P., Kley, K. L. & Verse, D. A. (2021). *Reform des Aufsichtsratsrechts. Zeitschrift für Unternehmens- und Gesellschaftsrecht/ZGR - Sonderheft.* De Gruyter.

Höpner, M. (2000). Unternehmensverflechtung im Zwielicht: Hans Eichels Plan zur Auflösung der Deutschland AG. *WSI-Mitteilungen, 53*, 655–663. http://www.mpi-fg-koeln.mpg.de/people/mh/paper/Eichel.pdf

Höpner, M. (2003). *Wer beherrscht die Unternehmen? Shareholder Value, Managerherrschaft und Mitbestimmung in Deutschland. Schriften des Max-Planck-Instituts für Gesellschaftsforschung Köln: Bd. 46.* Campus.

Höpner, M. & Krempel, L. (2004). The Politics of the German Company Network. *Competition & Change, 8*(4), 339–356. https://doi.org/10.1080/1024259042000304392

Hopt, K. J. (2015). Law and Corporate Governance: Germany within Europe. *Journal of Applied Corporate Finance, 27*(4), 8–15. https://doi.org/10.1111/jacf.12141

Höring, J. (2013). *Investmentrecht: Rechtliche Grundlagen für die Anlageberatung.* Springer Gabler.

Hornberg, K. W. (2006). *Hedgefonds: Gute Renditen durch Risikokontrolle und Verlustvermeidung.* Betriebswirtschaftlicher Verlag Dr. Th. Gabler / GWV Fachverlage GmbH, Wiesbaden.

Hugo Boss AG. (2006). *Geschäftsbericht 2005.* Metzingen.

Hugo Boss AG. (2008a). *Dr. Bruno Sälzer scheidet bei HUGO BOSS AG aus.* https://group.hugoboss.com/fileadmin/media/hbnews/user_upload/Investor_Relations/Kapitalmarktnachrichten/2008/DE/PM_140208_de.pdf

Hugo Boss AG. (2008b). *Geschäftsbericht 2007.* Metzingen.

Hungenberg, H. & Hutzschenreuter, T. (1998). Postreform. Umgestaltung des Post- und Telekommunikationssektors in Deutschland. *Die Betriebswirtschaft, 58*(1), 7–21.

Hutzschenreuter, T. (1998). *Unternehmensverfassung und Führungssystem: Gestaltung unternehmensinterner Institutionen. Schriftenreihe der Handelshochschule Leipzig.* Deutscher Universitätsverlag.

Hutzschenreuter, T. (2001). *Wachstumsstrategien: Einsatz von Managementkapazitäten zur Wertsteigerung. Neue betriebswirtschaftliche Forschung: Bd. 270.* Deutscher Universitätsverlag.

ICS. (2020). *Our story.* ISS. https://www.isscorporatesolutions.com/our-story/

Immenga, U. (1978). *Beteiligungen von Banken in anderen Wirtschaftszweigen* (2. Aufl.). *Studien zum Bank- und Börsenrecht: Bd. 2.* Nomos Verl.-Ges.

Industrie- und Handelskammer für die Pfalz. (2020). *Handelsstreit USA-EU & USA-China: Listen der Zusatzzöllez.* https://www.pfalz.ihk24.de/international/laender-und-geschaeftsanbahnung/aktuelle-laendermeldungen/amerika/handelsstreit-usa-china-liste-strafzoelle-4508070

ISS. (2017). *San Francisco-based Private Equity Firm to Help Facilitate Continued Growth.* https://www.issgovernance.com/genstar-capital-partnership-management-announces-acquisition-institutional-shareholder-services-vestar-capital-partners/

ISS. (2018). *Deal Furthers ISS' Responsible Investment Business Expansion.* https://www.issgovernance.com/oekom-research-ag-join-institutional-shareholder-services/

ISS. (2020a). *About ISS.* https://www.issgovernance.com/about/about-iss/

ISS. (2020b). *Proxy Voting Services.* https://www.issgovernance.com/solutions/proxy-voting-services/

IWG. (2008). *Sovereign Wealth Funds: Generally Accepted Principles and Practices "Santiago Principles".* International Working Group of Sovereign Wealth Funds. https://www.ifswf.org/sites/default/files/santiagoprinciples_0_0.pdf

Jansen, J. (13. Februar 2017). 625 Milliarden Nachrichten im Posteingang. *Frankfurter Allgemeine Zeitung*. https://www.faz.net/aktuell/wirtschaft/netzwirtschaft/e-mail-aufkommen-625-milliarden-nachrichten-im-posteingang-14874761/infografik-e-mail-aufkommen-14874455.html

Jensen, M. C. & Meckling, W. H. (1976). Theory of the firm: Managerial behavior, agency costs and ownership structure. *Journal of Financial Economics*, *3*(4), 305–360. https://doi.org/10.1016/0304-405X(76)90026-X

Johann, B. (6. Februar 2019). Family Offices: Geld anlegen mit den Superreichen. *Focus-Money*, 07/2019. https://www.focus.de/finanzen/money-magazin/family-offices-geld-anlegen-mit-den-superreichen_id_10279027.html

Johanson, J. & Vahlne, J.-E. (2009). The Uppsala internationalization process model revisited: From liability of foreignness to liability of outsidership. *Journal of International Business Studies*, *40*(9), 1411–1431. https://doi.org/10.1057/jibs.2009.24

Jürgens, U., Rupp, J. & Vitolis, K. (2000). *Corporate Governance and Shareholder Value in Deutschland*. Wissenschaftszentrum Berlin für Sozialforschung gGmbH. https://www.ssoar.info/ssoar/handle/document/12588

Kaiser, S. (11. September 2015). Vermögensverwalter Blackrock: Angst vor dem schwarzen Riesen. *Spiegel Online*. https://www.spiegel.de/wirtschaft/unternehmen/blackrock-die-angst-vor-dem-schwarzen-riesen-a-1052320.html

Kammlott, C. (2004). *Das Kapitalbeteiligungsgeschäft der Sparkassen-Finanzgruppe: Empirische Evidenz für Ziele, Erfolg und Kontrolle* (Gabler Edition Wissenschaft). Deutscher Universitätsverlag.

Kandell, J. (12. Mai 2008). Restoring Munich Re. *Institutional Investor*. https://www.institutionalinvestor.com/article/b150q7try3r545/restoring-munich-re

Döding, K. (2021). ESG-Aktivismus auf dem Vormarsch. *Die Aktiengesellschaft*, *66*(17), r249–r250. https://doi.org/10.9785/ag-2021-661704

Kehl, W. (2013). *Die Universalbank: Diversifikation durch Kredit- und Effektengeschäfte*. Schriftenreihe des Instituts für Kredit- und Finanzwirtschaft: Bd. 4. Gabler Verlag.

Kellerhoff, S. F. (22. Juni 2014). Devisenzocker ruinierten Deutschlands Vorzeigebank. *Die Welt*. https://www.welt.de/geschichte/article129294222/Devisenzocker-ruinierten-Deutschlands-Vorzeigebank.html

Kemmer, H.-G. (21. Oktober 1988). Vom Erbe befreit: Windige Geschäfte mit einem Genfer Ölhändler brachten den Familienkonzern an den Rand des Ruins, *Die Zeit*, 43/1988. https://www.zeit.de/1988/43/vom-erbe-befreit/komplettansicht

Kemmer, H.-G. (9. Juni 1989). Lohn der Angst: Beim Verkauf von Klöckner an die Viag hält sich die Deutsche Bank schadlos, *Die Zeit*, 24/1989. https://www.zeit.de/1989/24/lohn-der-angst/komplettansicht

Kirchner, C. (22. Juni 2017). Ströer-Leerverkäufe: Staatsanwälte ermitteln. *Capital*. https://www.capital.de/geld-versicherungen/leerverkaufsattacke-auf-stroeer-wird-fall-fuer-staatsanwaelte

Klein, C. (2015). *International agierende Kapitalgesellschaften: Gewinner oder Verlierer der Investitionen von Staatsfonds und Beteiligungsunternehmen?* Igel Verlag RWS.

Klöckner & Co AG. (2006). *100: Milestones 1906 – 2006*. https://web.archive.org/web/20160620103534/http://www.kloeckner.com/de/dl/KCO/kloeckner_jubilaeumsmagazin_DE.pdf

Knight Vinke. (13. Mai 2016a). *Letter to investors*. https://knightvinke.com/wp-content/uploads/2016/05/Update-for-Investors-13.05.16.pdf

Knight Vinke. (11. Oktober 2016b). *Letter to investors*. https://knightvinke.com/wp-content/uploads/2016/10/KVIP-Q3-2016-Letter-to-Investors-1.pdf

Kocka, J. (1975). Expansion - Integration - Diversifikation: Wachstumsstrategien industrieller Großunternehmen in Deutschland vor 1914. In F. Blaich & H. Winkel (Hrsg.), *Schriften des*

Vereins für Socialpolitik, Gesellschaft für Wirtschafts- und Sozialwissenschaften: n.F., Bd. 83. Vom Kleingewerbe zur Großindustrie: qualitativ-regionale und politisch-rechtliche Aspekte zur Erforschung der Wirtschafts- und Gesellschaftsstruktur im 19. Jahrhundert. (S. 203–226). Duncker und Humblot.

Köhler, K. (2015). *Investor Relations in Deutschland: Institutionalisierung - Professionalisierung - Kapitalmarktentwicklung - Perspektiven.* Springer Fachmedien Wiesbaden

Kopper, C. (2012). Der langsame Abschied von der Deutschland AG? Die deutschen Banken und die Europäisierung des Kapitalmarkts in den 1980er Jahren. In G. J. Albert (Hrsg.), *Archiv für Sozialgeschichte: Bd. 52. Wandel des Politischen: Die Bundesrepublik Deutschland während der 1980er Jahre* (S. 91–110). Dietz.

Korn, B. (15. Juni 2014). Des Teufels Generalin: Marine Le Pen und die französischen Rechten. *Der Tagesspiegel.* https://www.tagesspiegel.de/kultur/marine-le-pen-und-die-franzoesischen-rechten-des-teufels-generalin/10044268.html

Krei, A. (2011). Milliarden-Deal: ProSiebenSat.1 verkauft Aktivitäten: Rückzug aus den Niederlanden und Belgien. *DWDL.de.* https://www.dwdl.de/nachrichten/30979/milliardendeal_prosieben sat1_verkauft_aktivitten/

Kuls, N. (2008). California Public Employees' Retirement System (CalPERS) – die Aktivisten. In D. Bierbaum (Hrsg.), *So investiert die Welt* (S. 135–142). Gabler. https://doi.org/10.1007/978-3-8349-8969-7_11

Kuschnereit, R. (2019). *Die aktienrechtliche Legalitätspflicht: Vorstandspflichten zwischen Unternehmens- und Drittinteressen. Juridicum - Schriften zum Unternehmens- und Wirtschaftsrecht.* Springer Fachmedien Wiesbaden

Labhart, P. & Volkart, R. (2005). Investor Relations als Wertsteigerungsmanagement. In K. R. Kirchhoff & M. Piwinger (Hrsg.), *Praxishandbuch Investor Relations: Das Standardwerk der Finanzkommunikation* (S. 167–184). Gabler Verlag

Labuhn, W. & Braun, M. (13. September 2000). Das Scheitern der Börsenfusion Frankfurt – London. *Deutschlandfunk.* https://www.deutschlandfunk.de/das-scheitern-der-boersenfusion-frankfurt-london.724.de.html?dram:article_id=97207

Lachnit, L., Freidank, C.-C. & Schulz, A. (2000). *Investororientierte Unternehmenspublizität.* Gabler Verlag. https://doi.org/10.1007/978-3-322-96435-9

Lange, K. & Sorge, N.-V. (18. Januar 2010). Offener Kampf um die Aufsichtsratsspitze. *Manager Magazin.* https://www.manager-magazin.de/unternehmen/artikel/a-672245.html

Lexis, U. (2004). *»Overbanked« – Bankenlandschaft im Wandel: Fakten und Hintergründe zur notwendigen Strukturveränderung.* Frankfurter Center for Financial Studies. Forschung Frankfurt. https://www.forschung-frankfurt.uni-frankfurt.de/36050316/forschung-frankfurt-ausgabe-1-2004-overbanked-bankenlandschaft-im-wandel-fakten-und-hintergrunde-zur-notwendigen-strukturveranderung.pdf

Löhr, A., Althaus, J. & Weskamp, H. (2002). Stock Options bei deutschen Aktiengesellschaften. In Klaus-R. Wagner (Hrsg.), *Mitarbeiterbeteiligung. Visionen für eine Gesellschaft von Teilhabern* (S. 340–353). Gabler Verlag.

Lütz, S. (2001). *Der Staat und die Globalisierung von Finanzmärkten: Regulative Politik in Deutschland, Grossbritanien und den USA / Susanne Lütz* [Thesis (Habilitationsschrift), Fernuniversität Hagen, Frankfurt/Main]. The British Library.

Maier-Bode, S. (25. August 2008). Die Stahlkrise. *Planet Wissen.* https://www.planet-wissen.de/technik/werkstoffe/stahl/pwiediestahlkrise100.html

Majunke, S. (2008). *Private Equity-Yearbook 2007.* VC-facts.

Manager Magazin (1. September 1995). Das Schweigen: Vorstandsvergütung ist geheime Verhandlungssache. *Manager Magazin,* 9, S. 223–228.

Manager Magazin (18. Dezember 1998). Holzmann-Beteiligung verkauft. *Manager Magazin*. https://www.manager-magazin.de/finanzen/artikel/a-1532.html

Manager Magazin (9. Mai 2005). Der erfolglose Eroberer gibt auf: Werner Seifert. *Manager Magazin*. https://www.manager-magazin.de/finanzen/artikel/a-355284.html

Manager Magazin (14. Februar 2013). KKR und Permira machen Kasse. *Manager Magazin*. https://www.manager-magazin.de/finanzen/boerse/a-883314.html

Manager Magazin (11. November 2014). Cevian stärkt Macht bei Bilfinger - Cordes wird Chefaufseher. *Manager Magazin*. https://www.manager-magazin.de/unternehmen/artikel/a-1002298.html

Mantel, U. (1. Juni 2007). Holländer steigen groß bei ProSiebenSat.1 ein. *DWDL.de*. https://www.dwdl.de/nachrichten/11121/hollnder_steigen_gro_bei_prosiebensat1_ein/

Marriage, M. (29. Mai 2013). Deutsche shareholders rebel over supervisory board. *Financial Times*. https://www.ft.com/content/513d7af2-c7b7-11e2-9c52-00144feab7de

McClelland, C. (3. November 2006). Laxey urges Deutsche Telekom to sell T-Mobile. *Citywire*. https://citywire.co.uk/funds-insider/news/laxey-urges-deutsche-telekom-to-sell-t-mobile/a277700

Meck, G. (15. Mai 2016). Immer Ärger um die Boni! Aktionäre rüsten zum Kampf. *Frankfurter Allgemeine Zeitung*. https://www.faz.net/aktuell/wirtschaft/unternehmen/hauptversammlung-der-deutschen-bank-aerger-um-boni-14233653.html?printPagedArticle=true#pageIndex_2

Metten, M. (2010). *Corporate Governance: Eine aktienrechtliche und institutionenökonomische Analyse der Leitungsmaxime von Aktiengesellschaften* (1. Aufl.). Gabler Verlag / GWV Fachverlage Wiesbaden.

Moesch, I. & Simmert, D. B. (1976). *Banken: Strukturen, Macht, Reformen*. Bund-Verlag.

Moeser, A. (2019). *Shareholder Activism in Germany*. Harvard Law School Forum on Corporate Governance and Financial Regulation. https://corpgov.law.harvard.edu/2019/01/29/sharehol der-activism-in-germany–2/

Moloney, N. (2018). *The Age of ESMA: Governing EU Financial Markets*. Bloomsbury Publishing PLC.

Monk, A. H. B. (2008). *Is CalPERS a Sovereign Wealth Fund?* Center for Retirement Research. Issues in Brief. https://crr.bc.edu/wp-content/uploads/2008/12/IB_8-21-508.pdf

Monopolkommission. (2016). *Wettbewerb 2016: Einundzwanzigstes Hauptgutachten der Monopolkommission gemäß § 44 Abs. 1 Satz 1 GWB*.

Monopolkommission. (2018). *Wettbewerb 2018: XXII. Hauptgutachten der Monopolkommission gemäß § 44 Abs. 1 Satz 1 GWB*.

MSCI. (2014). *MSCI Announces Sale of ISS*. https://ir.msci.com/static-files/c7a9eae2-3f90-4ece-9845-f8d516fe566b

Müller, M. L. (2006). *DWS-Investments: Eine Erfolgsgeschichte; 1956-2006*. Piper.

Münchener Rück. (2019). *Offenlegungspflichten gemäß § 134c AktG*. Münchener Rückversicherungs-Gesellschaft Aktiengesellschaft. https://www.munichre.com/de/unterneh men/investoren/pflichtveroeffentlichungen/offenlegungspflichten-nach-mitwirkungspolitik-und-anlagestrategie.html

Münchow, M.-M. (1995). *Bankenmacht oder Kontrolle durch Banken: Eine institutionenökonomische Analyse der Beziehung zwischen Banken und Unternehmen in Deutschland* (1. Aufl.). *Wissenschaftliche Schriften. Wirtschaft*. Pro-Universitate-Verl.

New York Stock Exchange. (2000). *Share Ownership 2000*.

Nguyen, T. & Romeike, F. (2013). *Versicherungswirtschaftslehre: Grundlagen für Studium und Praxis*. Springer Gabler.

Norges Bank. (2020a). *About the fund*. Norges Bank Investment Management. https://www.nbim.no/en/the-fund/about-the-fund/

Norges Bank. (2020b). *Market value*. Norges Bank Investment Management. https://www.nbim.no/en/the-fund/market-value/

Nörr, K. W. (1994). *Die Leiden des Privatrechts: Kartelle in Deutschland von der Holzstoffkartellentscheidung zum Gesetz gegen Wettbewerbsbeschränkungen. Beiträge zur Rechtsgeschichte des 20. Jahrhunderts: Bd. 11*. Mohr.

O'Donnell, J. & Odefalk, E. (7. Dezember 2007). Activist investor swoops on Germany's Munich Re. *Reuters*. https://www.reuters.com/article/us-munichre-cevian/activist-investor-swoops-on-germanys-munich-re-idUSL0763571020071207

O'Brien, D. P. & Waehrer, K. (2017). The Competitve Effects of Common Ownership: We know less than we think. *Antitrust Law Journal, 81*(3), 729–776. http://waehrer.net/O'Brien%20&%20Waehrer%20ALJ%2081-3%20FINAL.pdf

Office for National Statistics. (2012). *Ownership of UK Quoted Shares: 2010*. https://www.ons.gov.uk/economy/investmentspensionsandtrusts/bulletins/ownershipofukquotedshares/2012-02-28

Osman, Y. (31. Januar 2017). Deutsche Bank bessert beim Thema Boni nach. *Handelsblatt*. https://www.handelsblatt.com/finanzen/banken-versicherungen/vorstandsverguetung-deutsche-bank-bessert-beim-thema-boni-nach/19327052.html?ticket=ST-8349473-oK7SFubaihCxhVvqifRA-ap5

Passarge, E.-M. (2010). *Institutioneller Wandel im Finanzsystem Deutschlands: Vom bank- zum marktbasierten Modell? Bamberger Beiträge zur Soziologie: Bd. 5*. Univ. of Bamberg Press.

Pfeffer, J. & Salancik, G. R. (2003). *The external control of organizations: A resource dependence perspective. Stanford business classics*. Stanford Business Books.

Pfeiffer, H. (27. Januar 2000). Münchener Rück: Der heimliche Riese. *Die Zeit*, 05/2000. https://www.zeit.de/2000/05/Muenchener_Rueck_Der_heimliche_Riese/komplettansicht

Pfisterer, P. (2016). *Die neuen Regelungen der MiFID II zum Anlegerschutz* (1. Aufl. 2016). Springer Fachmedien Wiesbaden.

Plinke, W. (2002). Unternehmensstrategie. In M. Kleinaltenkamp & W. Plinke (Hrsg.), *Strategisches Business-to-Business-Marketing* (S. 1–55). Springer Berlin Heidelberg. https://doi.org/10.1007/978-3-642-56084-2_1

Pohl, H. (Hrsg.). (1992). *Deutsche Börsengeschichte*. Knapp.

Porter, M. E. (1992). Capital Disadvantage: America's Falling Capital Investment System. *Harvard Business Review, 70*(5), 65–83.

Preisser, M. M. (2013). *Sovereign Wealth Funds: Entwicklung eines umfassenden Konzepts für die Regulierung von Staatsfonds. Schriften zum Unternehmens- und Kapitalmarktrecht: Bd. 7*. Mohr Siebeck.

Preuß, S. (13. März 2008). Permira bekommt von Hugo Boss großzügige Dividende. *Frankfurter Allgemeine Zeitung*. https://www.faz.net/aktuell/wirtschaft/unternehmen/sonderausschuettung-permira-bekommt-von-hugo-boss-grosszuegige-dividende-1512323.html

PRI Association. (2015). *RI TRANSPARENCY REPORT 2014/15 Stichting Pensioenfonds ABP*. PRI Association. https://www.unpri.org/download?ac=2818

Priem, M. (2001). *Finanzkrise der Philipp Holzmann AG*. Krisennavigator - Christian-Albrechts-Universität zu Kiel. Krisennavigator. https://www.krisenkommunikation.info/Finanzkrise-der-Philipp-Holzmann-AG-im-Herbst-1999.117.0.html

ProSieben Media AG. (2000). *Geschäftsbericht 1999*. Unterföhring.

ProSieben Media AG. (2004). *Geschäftsbericht 2003*. Unterföhring.

ProSiebenSat.1 Media AG. (2007). *Geschäftsbericht 2006*. Unterföhring.

ProSiebenSat.1 Media SE. (2020). *Wer wir sind*. https://www.prosiebensat1.com/ueber-prosiebensat-1/wer-wir-sind/geschichte#1988

Qatar Investment Authority. (2020). *Our history*. https://www.qia.qa/About/OurHistory.aspx

Raab, W. (Hrsg.). (2019). *Edition Frankfurt School. Grundlagen des Investmentfondsgeschäftes* (7. Aufl.). Springer Gabler.

Raabe, N. (2011). *Die Mitbestimmung im Aufsichtsrat. Theorie und Wirklichkeit in deutschen Aktiengesellschaften*. Berlin: Schmidt (Management und Wirtschaft Studien, 73).

Rabe, L. (2019). *Anzahl der versendeten E-Mails in Deutschland pro Jahr bis 2018*. Statista. https://de-statista-com.eaccess.ub.tum.de/statistik/daten/studie/392576/umfrage/anzahl-der-versendeten-e-mails-in-deutschland-pro-jahr/

Reay, D. (10. Juli 2014). Swedes Take Second Seat at Bilfinger Top Table. *Handelsblatt*. https://www.handelsblatt.com/english/companies/board-hopping-swedes-take-second-seat-at-bilfinger-top-table/23613976.html

Reckendrees, A. (2013). Historische Wurzeln der Deutschland AG. In R. Ahrens, B. Gehlen & A. Reckendrees (Hrsg.), *Bochumer Schriften zur Unternehmens- und Industriegeschichte: Bd. 20. Die „Deutschland AG": Historische Annäherungen an den bundesdeutschen Kapitalismus* (1. Aufl., S. 57–84). Klartext.

Regierung Katar. (2020). *Qatar National Vision 2030*. https://portal.www.gov.qa/wps/portal/topics/Employment+and+Workplace/Qatar+National+Vision+2030

Regierungskommission Deutscher Corporate Governance Kodex. (2002). *Vorwort vom Vorsitzenden der Regierungskommission Deutscher Corporate Governance Kodex*. https://www.dcgk.de/files/dcgk/usercontent/de/download/kodex/D_CorGov_Vorwort_2002_02.pdf

Regierungskommission Deutscher Corporate Governance Kodex. (2008). *Deutscher Corporate Governance Kodex: (in der Fassung vom 6. Juni 2008)*. https://www.dcgk.de/files/dcgk/usercontent/de/download/kodex/D_CorGov_Endfassung_2008.pdf

Regierungskommission Deutscher Corporate Governance Kodex. (2009). *Deutscher Corporate Governance Kodex: (in der Fassung vom 18. Juni 2009)*. https://www.dcgk.de/files/dcgk/usercontent/de/download/kodex/D_CorGov_Endfassung_2009.pdf

Regierungskommission Deutscher Corporate Governance Kodex. (2019). *Deutscher Corporate Governance Kodex: (in der Fassung vom 16. Dezember 2019 mit Beschlüssen aus der Plenarsitzung vom 16. Dezember)*. https://www.dcgk.de//files/dcgk/usercontent/de/download/kodex/191216_Deutscher_Corporate_Governance_Kodex.pdf

Reiche, L. (31. Oktober 2011). Finanzinvestor steigt bei Bilfinger ein. *Manager Magazin*. https://www.manager-magazin.de/finanzen/artikel/a-795060.html

Reiche, L. (13. Mai 2016). TCI fordert Niedersachsen zum Rückzug im VW-Aufsichtsrat auf. *Manager Magazin*. https://www.manager-magazin.de/finanzen/artikel/volkswagen-tci-fordert-niedersachsen-zum-rueckzug-auf-a-1092292.html

Reuter, W. (14. August 2000). Gigantische Täuschung. *Der Spiegel*, 33/2000, http://magazin.spiegel.de/EpubDelivery/spiegel/pdf/17114454

Reuters (2. Juni 2007). Permira sweeps up Valentino, bids for Hugo Boss. *Reuters*. https://www.reuters.com/article/us-permira-valentino-stake/permira-sweeps-up-valentino-bids-for-hugo-boss-idUSL0172276420070602

Reuters (21. Mai 2015). Advisory firm Hermes calls for more change at top of Deutsche Bank. *Reuters*. https://www.reuters.com/article/us-deutschebank-agm-management-hermes-idUSKBN0O618220150521

Reuters (19. Mai 2016). Hedge fund Knight Vinke calls for more E.ON divestments. *Reuters*. https://www.reuters.com/article/us-e-on-shareholders-idUSKCN0YA2MW

Reuters (20. Dezember 2017). Hedge fund Knight Vinke lifts stake in M&A target Uniper. *Reuters*. https://www.reuters.com/article/us-uniper-m-a-knightvinke/hedge-fund-knight-vinke-takes-stake-in-ma-target-uniper-idUSKBN1EE107

Reuters (15. Mai 2018). Hermes EOS calls for clarity on new Deutsche Boerse chairman by next year. *Reuters*. https://de.reuters.com/article/deutsche-boerse-agm-idUKL5N1SM41L

Rheinische Post (29. Oktober 2009). Deutsche Bank verkauft Daimler-Anteile. *Rheinische Post*. https://rp-online.de/wirtschaft/unternehmen/deutsche-bank-verkauft-daimler-anteile_aid–12071291

Rheinische Post (24. August 2019). Trump „befiehlt" US-Firmen Abzug aus China. *Rheinische Post*. https://rp-online.de/wirtschaft/finanzen/donald-trump-befiehlt-us-firmen-abzug-aus-china-handelskrieg-eskaliert_aid–45323057

Rheinmetall AG. (2021). *RFEL Ltd*. https://www.rheinmetall-defence.com/de/rheinmetall_defence/company/divisions_and_subsidiaries/rfel/index.php

Rheinmetall Berlin Aktiengesellschaft. (1996). *Geschäftsbericht 1995*. Düsseldorf.

Rheinmetall Berlin Aktiengesellschaft. (1997). *Geschäftsbericht 1996*. Düsseldorf.

Rhein-Zeitung (22. November 1999). Banken lassen Holzmann im Stich. *Rhein-Zeitung*. http://archiv.rhein-zeitung.de/on/99/11/22/topnews/holzaus.html

Ricken, S. (2007). *Kreditrisikotransfer europäischer Banken: Theoretische Begründungsansätze und ihre kapitalmarktempirische Überprüfung anhand von Verbriefungstransaktionen* (1. Aufl.). *Forschungsfolge: Bd. 11*. Bankakad.-Verl.

Riering, B. (15. Dezember 2006). Ich bin dann mal weg. *Die Welt*. https://www.welt.de/print-welt/article702711/Ich-bin-dann-mal-weg.html

Riesser, J. (1905). *Zur Entwicklungsgeschichte der deutschen Großbanken mit besonderer Rücksicht auf die Konzentrationsbestrebungen: Vorträge gehalten in der Vereinigung für staatswissenschaftliche Fortbildung zu Berlin*. Verlag von Gustav Fischer. https://download.di gitale-sammlungen.de/pdf/15824546616869bsb11124071.pdf

Riesser, J. (1912). *Die deutschen Grossbanken und ihre Konzentration im Zusammenhang mit der Entwicklung der Gesamtwirtschaft in Deutschland* (4. Aufl.). Verlag von Gustav Fischer.

Ringe, W.-G. (2015). Changing Law and Ownership Patterns in Germany: Corporate Governance and the Erosion of Deutschland AG. *American Journal of Comparative Law*, *63*(2), 493–538. https://doi.org/10.5131/AJCL.2015.0014

Ripperger, T. (2003). *Ökonomik des Vertrauens: Analyse eines Organisationsprinzips* (2. Aufl.). Mohr Siebeck.

Roser, M., Ritchie, H. & Ortiz-Ospina, E. (2020). *Internet*. OurWorldInData.org. https://ourworldindata.org/internet#citation

Rudolph, B. (1993). Die Entwicklung der Börse von 1945 bis in die heutige Zeit. *Bankhistorisches Archiv: Zeitschrift zur Bankengeschichte / Beihefte*, *23*, 36–48.

Rundell, S. (2020). The rise of the Sovereign Wealth Fund. *Top100Funds.com*. https://www.top1000 funds.com/2020/03/the-rise-of-the-sovereign-wealth-fund/

Rünger, S. (2014). *The effect of shareholder taxation on corporate ownership structures. Schriften zum Steuer-, Rechnungs- und Prüfungswesen*. Springer Gabler.

RWE AG. (1999). *Geschäftsbericht 1998/1999*. Essen.

Sachverständigenrat zur Begutachtung der gesamtwirtschaftlichen Entwicklung. (2005). *Die Chance nutzen - Reformen mutig voranbringen. Jahresgutachten // Sachverständigenrat zur Begutachtung der Gesamtwirtschaftlichen Entwicklung: 42.2005/06*. https://www.sachvers taendigenrat-wirtschaft.de/fileadmin/dateiablage/download/gutachten/ga05_ges.pdf

Sattler, F. (2013). Bewusste Stabilisierung der Deutschland AG? Alfred Herrhausen und der Diskurs über die „Macht der Banken". In R. Ahrens, B. Gehlen & A. Reckendrees (Hrsg.), *Bochumer Schriften zur Unternehmens- und Industriegeschichte: Bd. 20. Die „Deutschland AG": Historische Annäherungen an den bundesdeutschen Kapitalismus* (1. Aufl., S. 221–246). Klartext.

Sattler, F. (2020). *Impulsbeitrag zur Geschichte der Banken*. Gesellschaft für Unternehmensgeschichte e.V. https://unternehmensgeschichte.de/files/63/ImpulsbeitragBan ken.pdf

Schäfer, D. (2004). Hedge-Fonds – eine gute Anlageform? *Wochenbericht des DIW Berlin, 32/2004*.

Schäfer, D. (2010). *Die Wahrheit über die Heuschrecken: Wie Finanzinvestoren die Deutschland AG umbauen* (1. Auflage). Frankfurter Allgemeine Buch.

Schäfer, D. (10. Mai 2017). Advisory Firm Hermes to Vote against Deutsche Börse Board. *Handelsblatt*. https://amp2.handelsblatt.com/handelsblatt-exclusive-advisory-firm-hermes-to-vote-against-deutsche-boerse-board/23569570.html

Schäfer, D. & Wiesmann, G. (4. Oktober 2010). Hochtief shores up protest over ACS bid. *Financial Times*. https://www.ft.com/content/22c8a96a-cfe1-11df-bb9e-00144feab49a

Schäfer, U., Steingart, G. & Pauly, C. (16. März 1997) Horror und Erfolg. *Der Spiegel, 12/1997*. https://www.spiegel.de/spiegel/print/d-8679969.html

Schiereck, D. & Painter, O. (2018). Stimmrechtsberater und Stimmrechtsvertreter am deutschen Aktienmarkt. *WiSt - Wirtschaftswissenschaftliches Studium, 47*(7-8), 4–9. https://doi.org/10.15358/0340-1650-2018-7-8-4

Schlautmann, C. (14. September 2007). Permira sichert sich Modefirma Hugo Boss. *Handelsblatt*. https://www.handelsblatt.com/unternehmen/industrie/finanzinvestor-permira-sichert-sich-modefirma-hugo-boss/2861120.html?ticket=ST-390733-PfCEI2vxTB5U9soc0yCf-ap4

Schmidt, R. H. (2006). *Stakeholderorientierung, Systemhaftigkeit und Stabilität der Corporate Governance in Deutschland*. Working Paper Series: Finance & Accounting (Nr. 162). Frankfurt a. M. https://www.econstor.eu/bitstream/10419/23426/1/1150.pdf

Schmidt, T. (1995). *Macht der Banken: Eine Tagung der Friedrich-Ebert-Stiftung am 4. Mai 1995 in Frankfurt/Main. Reihe „Wirtschaftspolitische Diskurse": Bd. 78*. Forschungsinst. der Friedrich-Ebert-Stiftung, Abt. Wirtschaftspolitik. http://www.fes.de/cgi-bin/gbv.cgi?id=366

Schmitt, J. (10. Mai 2016). Active Ownership will den Stada-Aufsichtsrat umkrempeln. *Finance Magazin*. https://www.finance-magazin.de/finanzierungen/kapitalmarkt/active-ownership-will-den-stada-aufsichtsrat-umkrempeln-1379841/

Schmitz, R., Wenger, E., Baums, T., Drukarczyk, J. & Schmidt, H. (1997). Abschied von der Deutschland AG? *Wirtschaftsdienst, 77*(5), 251–263.

Schöning, S. (2010). Family Office. *DBW - Die Betriebswirtschaft, 70*(2), 196–199.

Schoß, R. (21. Mai 2010). Cevian Capital trennt sich von Munich-Re-Beteiligung. *Finanznachrichten. de*. https://www.finanznachrichten.de/nachrichten-2010-05/16963042-update-cevian-capital-trennt-sich-von-munich-re-beteiligung-015.htm

Securiua, I. (22. Juli 1983). Aktionäre als Retter: Wie Hapag-Lloyd über Wasser gehalten werden soll. *Die Zeit, 30/1983*. https://www.zeit.de/1983/30/aktionaere-als-retter

Segal, M. (27. Juli 2020). Federated Hermes Marks Significant Growth in Stewardship Team, Passes $1 Trillion Assets Under Advisement. *ESG Today*. https://esgtoday.com/federated-hermes-marks-significant-growth-in-stewardship-team-passes-1-trillion-assets-under-advisement/

Seger, F. (1997). *Banken, Erfolg und Finanzierung: Eine Analyse für deutsche Industrieunternehmen* (Gabler Edition Wissenschaft). Deutscher Universitätsverlag.

Seifert, W. G. & Voth, H.-J. (2006). *Invasion der Heuschrecken: Intrigen - Machtkämpfe - Marktmanipulationen: wie Hedge Fonds die Deutschland AG attackieren*. Econ.

Seldeslachts, J., Newham, M. & Banal-Estanol, A. (2017). Veränderungen bei gemeinsamen Eigentümerstrukturen deutscher Unternehmen. *DIW-Wochenbericht, 84*(30), 611–621. https://www.econstor.eu/bitstream/10419/167697/1/89467790X.pdf

Siegrist, H. (1980). Deutsche Großunternehmen Vom Späten 19. Jahrhundert Bis Zur Weimarer Republik: Integration, Diversifikation Und Organisation Bei Den Hundert Größten Deutschen Industrieunternehmen (1887–1927) in International Vergleichender Perspektive. *Geschichte Und Gesellschaft, 6*(1), 60–102. https://www.jstor.org/stable/40185152?seq=1

Siemens Aktiengesellschaft. (1986). *Geschäftsbericht 1985*. München.

Siemens Aktiengesellschaft. (1989). *Geschäftsbericht 1988*. München.

Siemens Aktiengesellschaft. (1992). *Geschäftsbericht 1991*. München.

Siemens Aktiengesellschaft. (1996). *Geschäftsbericht 1995*. München.

Siemens Aktiengesellschaft. (2006). *Geschäftsbericht 2006*. München.

Smolka, K. M. (19. Juli 2016a). Rebellion gegen Stada. *Frankfurter Allgemeine Zeitung*. https://www.faz.net/aktuell/wirtschaft/unternehmen/arzneikonzern-rebellion-gegen-stada-14348137.html

Smolka, K. M. (24. Juli 2016b). Investor pocht auf neue Vorstände bei Stada. *Frankfurter Allgemeine Zeitung*. https://www.faz.net/aktuell/wirtschaft/investor-aoc-will-vorstand-von-stada-neu-besetzen-14355536.html

Smythe, T. I., McNeil, C. R. & English, P. C. (2015). When does CalPERS' activism add value? *Journal of Economics and Finance, 39*(4), 641–660. https://doi.org/10.1007/s12197-013-9269-8

Sommer, J. (11. August 2012). A Mutual Fund Master, Too Worried to Rest. *The New York Times*. https://www.nytimes.com/2012/08/12/business/john-bogle-vanguards-founder-is-too-worried-to-rest.html

Sovereign Wealth Fund Institute. (2020a). *Top 100 Largest Public Pension Rankings by Total Assets*. https://www.swfinstitute.org/fund-rankings/public-pension

Sovereign Wealth Fund Institute. (2020b). *Top 91 Largest Sovereign Wealth Fund Rankings by Total Assets*.https://www.swfinstitute.org/fund-rankings/sovereign-wealth-fund

Spahn, P. B. & van den Busch, U. (2002). *Position und Entwicklungsperspektiven des Finanzplatzes Frankfurt. FEH-Report / Forschungs- und Entwicklungsgesellschaft Hessen mbH: Nr. 645*. FEH.

Der Spiegel (10. Januar 1966a). „Auch die Volksaktie ist ein Risiko-Papier". *Der Spiegel*, 3/1966. https://magazin.spiegel.de/EpubDelivery/spiegel/pdf/46265271

Der Spiegel (18. April 1966b). Papier mit Duft. *Der Spiegel*, 17/1966. https://www.spiegel.de/spiegel/print/d-46266478.html

Der Spiegel (20. April 1970). Friede durch Fusion. *Der Spiegel*, 17/1970. https://www.spiegel.de/spiegel/print/d-44944157.html

Der Spiegel (18. Januar 1971). Die Omnipotenten. *Der Spiegel*, 4/1971. https://magazin.spiegel.de/EpubDelivery/spiegel/pdf/43375303

Der Spiegel (1. Juli 1974a). Bankenkrach: „Die Bilder sind bedrückend". *Der Spiegel*, 27/1974. https://www.spiegel.de/spiegel/print/d-41696643.html

Der Spiegel (2. Dezember 1974b). Lebt in der Enge. *Der Spiegel*, 49/1974. https://www.spiegel.de/spiegel/print/d-41599474.html

Der Spiegel (20. Januar 1975). Industrie-Familien: Der große Ausverkauf. *Der Spiegel*, 04/1975. https://www.spiegel.de/spiegel/print/d-41558615.html

Der Spiegel (16. Mai 1977a). Auf unserer Linie. *Der Spiegel*, 21/1977. https://www.spiegel.de/spiegel/print/d-40887483.html

Der Spiegel (5. Dezember 1977b). Die Rollen sind verteilt. *Der Spiegel*, 50/1977. https://www.spiegel.de/spiegel/print/d-40680692.html

Der Spiegel (2. Januar 1978). „Im Grunde war ich viel zu billig". *Der Spiegel*, 1/1978. https://www.spiegel.de/spiegel/print/d-40693811.html

Der Spiegel (19. November 1979). AEG: Weltfirma am Abgrund. *Der Spiegel*, 47/1979. https://www.spiegel.de/spiegel/print/d-39686019.html

Der Spiegel (10. Februar 1986). Von langer Hand. *Der Spiegel*, 07/1986. https://www.spiegel.de/spiegel/print/d-13517059.html

Der Spiegel (12. Juni 1989). Viel beweglicher: Der Mischkonzern Viag kauft sich im Dienstleistungsbereich ein, er übernimmt das Handelshaus Klöckner. *Der Spiegel*, 24/1989. https://www.spiegel.de/spiegel/print/d-13493840.html

Der Spiegel (17. Oktober 1994). Das Werk von Amateuren. *Der Spiegel*, 42/1994. https://www.spiegel.de/spiegel/print/d-13683812.html

Der Spiegel (5. Juni 1995). Die Schlacht. *Der Spiegel*, 23/1995, https://www.spiegel.de/spiegel/print/d-9187014.html

Der Spiegel (7. März 2005). Verluste bei Porsche. *Der Spiegel*, 10/2005, https://www.spiegel.de/spiegel/print/d-39613409.html

Der Spiegel (12. November 2006). Telekom-Chef Ricke zurückgetreten. *Der Spiegel*. https://www.spiegel.de/wirtschaft/fuehrungswechsel-telekom-chef-ricke-zurueckgetreten-a-447985.html

Der Spiegel (14. August 2009). Einstieg von Katar bei VW ist perfekt. *Der Spiegel*. https://www.spiegel.de/wirtschaft/investionen-einstieg-von-katar-bei-vw-ist-perfekt-a-642533.html

Der Spiegel (19. Januar 2014). KKR und Permira verdienen an ProSiebenSat.1 gut eine halbe Milliarde Euro. *Der Spiegel*. https://www.spiegel.de/spiegel/vorab/kkr-und-permira-verdienen-an-prosiebensat-1-eine-halbe-milliarde-euro-a-944240.html

Der Spiegel (23. Januar 2017a). Trump besiegelt Ausstieg aus TPP. *Der Spiegel*. https://www.spiegel.de/wirtschaft/unternehmen/donald-trump-besiegelt-ausstieg-der-usa-aus-tpp-a-1131314.html

Der Spiegel (7. Mai 2017b). Macron gewinnt Präsidentschaftswahl gegen Le Pen. https://www.spiegel.de/politik/ausland/frankreich-wahl-emmanuel-macron-gewinnt-gegen-marine-le-pen-a-1146517.html

Spies, Felix (14. Mai 1976). Rückzug auf Raten. *Die Zeit*, 21/1976.https://www.zeit.de/1976/21/rueckzug-auf-raten/komplettansicht

STADA Arzneimittel AG. (2017). *Jahresabschluss zum 31. Dezember 2016 und Lagebericht für das Geschäftsjahr 2016.*

STADA Arzneimittel AG. (2020). *Unternehmensgeschichte.* https://www.stada.com/de/ueber-stada/unternehmensgeschichte

Stafford, P. (15. Mai 2018). Hermes EOS takes aim at Deutsche Börse management. *Financial Times*. https://www.ft.com/content/75cea590-5825-11e8-bdb7-f6677d2e1ce8

Statista. (2019). *Aktienfonds – Anlagevolumen in Deutschland bis 2018.* https://de-statista-com.eaccess.ub.tum.de/statistik/daten/studie/12460/umfrage/vermoegen-der-aktienfonds-in-deutschland-seit–1950/

Statista. (2020). *Statista-Dossier zu Hapag-Lloyd.* https://de-statista-com.eaccess.ub.tum.de/statistik/studie/id/24268/dokument/hapag-lloyd-statista-dossier/

Statista. (2021). *Entwicklung der Inflationsrate und der Leitzinsen bis 2020.* https://de-statista-com.eaccess.ub.tum.de/statistik/daten/studie/5534/umfrage/entwicklung-der-inflationsrate-und-der-leitzinsen-seit–1999/

Statistisches Bundesamt. (2020). *Beförderte Personen im Luftverkehr aus Deutschland nach Kontinenten.* Statistisches Bundesamt (Destatis). https://www.destatis.de/DE/Themen/Branchen-Unternehmen/Transport-Verkehr/Personenverkehr/Tabellen/flugpassagiere.html

Stehle, R., Wulff, C. & Richter, Y. (1999). *Die Rendite deutscher Blue-chip-Aktien in der Nachkriegszeit - Rückberechnung des DAX für die Jahre 1948 bis 1954.* Humboldt-Universität Berlin / Lehrstuhl für Bank- und Börsenwesen. https://www.econbiz.de/archiv/b/hub/bank/rendite_blue-chip-aktien.pdf

Stiftung Industrieforschung. (2020). *Entstehung und Vermögen.* Stiftung Industrieforschung. https://www.stiftung-industrieforschung.de/htm/stiftung.php

Stiglitz, J. E. & Weiss, A. (1981). Credit Rationing in Markets with Imperfect Information. *The American Economic Review, 71*(3), 393–410.

Stockheim, U. (2008). Der niederländische Riese: ABP. In D. Bierbaum (Hrsg.), *So investiert die Welt* (S. 119–126). Gabler.

Streeck, W. & Höpner, M. (2003). Einleitung: Alle Macht dem Markt? In W. Streeck & M. Höpner (Hrsg.), *Schriften des Max-Planck-Instituts für Gesellschaftsforschung Köln: Bd. 47. Alle Macht dem Markt? Fallstudien zur Abwicklung der Deutschland AG* (S. 11–59). Campus.

Sturbeck, W., Schnorbus, A., Psotta, M. & Noack, H.-C. (1. Dezember 2004). WestLB verkauft Tui-Anteil. *Frankfurter Allgemeine Zeitung*. https://www.faz.net/aktuell/wirtschaft/unternehmen/westlb-verkauft-tui-anteil-1192358.html

Süddeutsche Zeitung (17. Mai 2010). Götterbote mit lauter Stimme. *Süddeutsche Zeitung*. https://www.sueddeutsche.de/geld/infineon-streit-hermes-vertreter-hirt-goetterbote-mit-lauter-stimme-1.64445

Swoboda, U. (2000a). Die historische Entwicklung der Direktbanken und die zukünftigen Entwicklungsmöglichkeiten. In U. Swoboda (Hrsg.), *Direct Banking: Wie virtuelle Institute das Bankgeschäft revolutionieren* (S. 81–90). Gabler Verlag.

Swoboda, U. (2000b). Strategien der Direktbanken. In U. Swoboda (Hrsg.), *Direct Banking: Wie virtuelle Institute das Bankgeschäft revolutionieren* (S. 169–190). Gabler Verlag.

Der Tagesspiegel (26. Februar 1998). WestLB ebnet Preussag Weg in den Tourismus. *Der Tagesspiegel*. https://www.tagesspiegel.de/wirtschaft/westlb-ebnet-preussag-weg-in-den-tourismus/31594.html

Der Tagesspiegel (23. Juli 2013). Auf dem Weg in den Dax. *Der Tagesspiegel*. https://www.tagesspiegel.de/wirtschaft/prosiebensat-1-auf-dem-weg-in-den-dax/8537462.html/

Tenzer, F. (2020). *Anzahl der Mobilfunkanschlüsse in Deutschland bis 2019*. Statista. https://de-statista-com.eaccess.ub.tum.de/statistik/daten/studie/3907/umfrage/mobilfunkanschluesse-in-deutschland/

Texas Permanent School Fund. (2019a). *All Public Market Holdings: Fiscal Year Ending August 31, 2019*. https://tea.texas.gov/sites/default/files/PSF_Holdings.pdf

Texas Permanent School Fund. (2019b). *Comprehensive Annual Financial Report: Fiscal Year Ending August 31, 2019*. https://tea.texas.gov/sites/default/files/PSF_Annual_Report.pdf

Thomson Financial. (2020). Anzahl der Emissionen am institutionellen Markt für Unternehmensanleihen in Deutschland von 2007 bis 2019. *Thomson Reuters*. https://de-statista-com.eaccess.ub.tum.de/statistik/daten/studie/512660/umfrage/anzahl-der-emittierten-unternehmensanleihen-in-deutschland/

Thyssen AG. (1993). *Geschäftsbericht Thyssen 1992/93*.

Thyssen AG. (1994). *Geschäftsbericht Thyssen 1993/94*.

ThyssenKrupp AG. (1999). *Year One Report 1998/99*.

ThyssenKrupp AG. (2011). *Geschäftsbericht ThyssenKrupp 2010/11*.

ThyssenKrupp AG. (2012). *Geschäftsbericht 2011/2012*. Essen.

ThyssenKrupp AG. (2013). *Geschäftsbericht ThyssenKrupp AG 2012/13*. Essen.

ThyssenKrupp AG. (2015). *Geschäftsbericht ThyssenKrupp 2014/15*. Essen.

Tolentino, P. E. (2000). *Multinational Corporations: Emergence and Evolution* (1. Aufl.). *Routledge Studies in International Business and the World Economy*. Taylor and Francis.

Treanor, J. & Hume, N. (14. Dezember 2004). LSE rejects Deutsche Börse bid: Owner of French and Dutch stock exchanges signals interest in wake of £1.3bn takeover offer. *The Guardian*. https://www.theguardian.com/business/2004/dec/14/germany

Truman, E. M. (2010). *Sovereign wealth funds: Threat or salvation?* Peterson Institute for International Economics.

UBS. (2019). *Global Family Office Report 2019*. https://www.ubs.com/global/en/wealth-management/uhnw/global-family-office-report/global-family-office-report-2019/_jcr_content/mainpar/toplevelgrid/col1/innergrid/xcol2/actionbutton.1323713949.file/bGluay9wYXRoPS9jb250ZW50L2RhbS9hc3NldHMvd20vZ2xvYmFsL3VobncvZG9jdW1lbnRzL2Jhbmtpbmktb2ZmaWNlLXJlcG9ydC0yMDE5LXNwcmVhZHMucGRm/global-family-office-report-2019-spreads.pdf

Ueberschär, H. (2010). Staatsfonds: Neue Gefahr für Finanzmärkte und Unternehmen oder bekannter und willkommener Kapitalgeber? *WiSt - Wirtschaftswissenschaftliches Studium*, *39*(3), 128–133. https://doi.org/10.15358/0340-1650-2010-3-128

Union Investment. (2019). *Unsere Anteilseigner kommen aus der Genossenschaftlichen FinanzGruppe.* https://unternehmen.union-investment.de/startseite-unternehmen/ueber-uns/unser-unternehmen/unsere-struktur.html#Anteilseigner

Union Investment. (2020). *Unsere Geschichte.* https://unternehmen.union-investment.de/start seite-unternehmen/ueber-uns/unser-unternehmen/unsere-geschichte.html

v. Werder, A. (2011). Neue Entwicklungen der Corporate Governance in Deutschland. *Schmalenbachs Zeitschrift für betriebswirtschaftliche Forschung, 63*(1), 48–62. https://doi.org/10.1007/BF03372843

v. Werder, A. (2015). *Führungsorganisation: Grundlagen der Corporate Governance, Spitzen- und Leitungsorganisation.* Gabler.

Vanguard. (2020a). *Über Vanguard.* Vanguard Asset Management, Limited. https://www.de.van guard/web/cf/professionell/de/uber-vanguard/uber-uns

Vanguard. (2020b). *Wodurch sich Vanguard abhebt.* Vanguard Asset Management, Limited. https://global.vanguard.com/portal/site/kiids/de/de/about-vanguard##the-vanguard-difference

Velte, P. & Weber, S. C. (2011a). Corporate Governance-Reformen im Wandel. *WiSt - Wirtschaftswissenschaftliches Studium, 40*(10), 544–551. https://doi.org/10.15358/0340-1650-2011-10-544

Velte, P. & Weber, S. C. (2011b). Outsider- und Insider-Systeme der Corporate Governance. *Zeitschrift für Planung & Unternehmenssteuerung, 21*(4), 473–482. https://doi.org/10.1007/s00187-010-0109-0

Vogel, C. W. (1980). *Aktienrecht und Aktienwirklichkeit, Organisation und Aufgabenteilung von Vorstand und Aufsichtsrat: Eine empirische Untersuchung deutscher Aktiengesellschaften. Schriften der Vereinigung für Rechtssoziologie: Bd. 3.* Nomos.

Volkswagen AG. (2019). *„Projekt Qatar Mobility": Autonome Shuttles heben Nahverkehr von Doha ab 2022 auf neues Level.* https://www.volkswagenag.com/de/news/2019/12/project-qatar-mobility.html

Volkswagen AG. (2021). *Bezüge des Vorstands der Volkswagen AG.* https://www.volkswagenag.com/de/InvestorRelations/corporate-governance/Remuneration.html

von Gaertringen, C. H. & Paul, H. (13. Juni 2009). Blackrock wird weltgrößte Investmentgesellschaft. *Frankfurter Allgemeine Zeitung.* https://www.faz.net/aktuell/finanzen/fonds-mehr/vermoegens verwalter-blackrock-wird-weltgroesste-investmentgesellschaft-1814087.html

von Heusinger, R. (10. März 2005). Lehrbuchreifer Aufstand. *Die Zeit,* 11/2005. https://www.zeit.de/2005/11/G-B_9arsenfusion

Weber, A. (1938). *Depositenbanken und Spekulationsbanken: Ein Vergleich deutschen und englischen Bankwesens.* Duncker & Humblot.

Weber, A. (2006). *An Empirical Analysis of the 2000 Corporate Tax Reform in Germany: Effects on Ownership and Control in Listed Companies.* https://www.repository.cam.ac.uk/handle/1810/131596https://doi.org/10.17863/CAM.5456

Weber, C. (2014). Family Office: Ein Phänomen mit sieben Siegeln. *Lions Magazin, Sonderveröffentlichung November,* 8–9. https://www.wsh-family-office.de/img/presse/fa mily_office_phaenomen.pdf

Weber, C. & Koeberle-Schmid, A. (2016). Aufgaben, Strukturen und Ausprägungsformen von Family Offices. In B. Canessa, J. Escher, A. Koeberle-Schmid, P. Preller & C. Weber (Hrsg.), *Das Family Office: Ein Praxisleitfaden* (1. Aufl., S. 41–46). Springer Fachmedien Wiesbaden GmbH.

Weiher, S. von & Goetzeler, H. (1984). *The Siemens Company: Its historical role in the progress of electrical engineering, 1847–1980, a contribution to the history of the electrical industry.* Siemens Aktiengesellschaft.

Welge, M. K. & Eulerich, M. (2014). *Corporate-Governance-Management: Theorie und Praxis der guten Unternehmensführung* (2. Aufl. 2014). Springer Fachmedien Wiesbaden.

Die Welt (6. Juli 1995). Ertragssprung bei Viag-Töchtern. *Die Welt*. https://www.welt.de/print-welt/article660092/Ertragssprung-bei-Viag-Toechtern.html

Die Welt (28. Juni 2001a). Bilfinger plant Fusion mit Buderus. *Die Welt*. https://www.welt.de/print-welt/article459918/Bilfinger-plant-Fusion-mit-Buderus.html

Die Welt (9. August 2001b). Eon verkauft Handelstochter Klöckner & Co. *Die Welt*. https://www.welt.de/print-welt/article466758/Eon-verkauft-Handelstochter-Kloeckner-Co.html

Die Welt (11. August 2003). Pro Sieben Sat 1 wechselt endgültig den Besitzer. *Die Welt*. https://www.welt.de/print-welt/article252270/Pro-Sieben-Sat-1-wechselt-endgueltig-den-Besitzer.html

Die Welt (17. April 2009). Heute ist Müntefering Tag der Heuschrecke. *Die Welt*. https://www.welt.de/politik/article3571154/Heute-ist-Muenteferings-Tag-der-Heuschrecke.html

Welteke, E. (2013). Strukturveränderungen im Finanzsektor aus Sicht der Deutschen Bundesbank. In M. Fischer (Hrsg.), *Handbuch Wertmanagement in Banken und Versicherungen* (S. 19–33). Gabler Verlag.

Widdershoven, C. (8. Juli 2005). ABP, Hermes in Japan governance move. *Investment & Pensions Europe*. https://www.ipe.com/abp-hermes-in-japan-governance-move/1925.article

Wiedemann, H. (1989). *Organverantwortung und Gesellschafterklagen in der Aktiengesellschaft. Rheinisch-Westfälische Akademie der Wissenschaften, Geisteswissenschaften: G 296*. VS Verlag für Sozialwissenschaften.

Wiendieck, M. (1992). *Unternehmensfinanzierung und Kontrolle durch Banken: Deutschland, Japan, USA. Neue betriebswirtschaftliche Forschung: Bd. 97*. Gabler. https://doi.org/10.1007/978-3-322-87982-0

Willners, G. (1966). *Die Wertpapieranlage der Kreditbanken und ihre Bestimmungsfaktoren*. Gabler Verlag. https://doi.org/10.1007/978-3-663-13501-2

Windolf, P. (1994). Die neuen Eigentümer. *Zeitschrift für Soziologie, 23*(2), 1212. https://doi.org/10.1515/zfsoz-1994-0201

Windolf, P. (2006). Unternehmensverflechtung im organisierten Kapitalismus. Deutschland und USA im Vergleich 1896–1938. *Zeitschrift für Unternehmensgeschichte, 51*(2). https://doi.org/10.1515/zug-2006-0205

Windolf, P. (2020). Aufstieg und Auflösung der Deutschland AG (1896–2010): Unternehmensverflechtung in Deutschland, Frankreich und in den USA. In R. Careja, P. Emmenegger & N. Giger (Hrsg.), *The European Social Model under Pressure* (Bd. 42, S. 69–88). Springer Fachmedien Wiesbaden. https://doi.org/10.1007/978-3-658-27043-8_5

Windolf, P. & Beyer, J. (1995). Kooperativer Kapitalismus: Unternehmensverflechtungen im internationalen Vergleich. *Kölner Zeitschrift für Soziologie und Sozialpsychologie, 47*(1), 1–36.

Winter, S. (1. Februar 1999). Preussag bleibt auch künftig ein gemischter Konzern. *Der Tagesspiegel*. https://www.tagesspiegel.de/wirtschaft/preussag-bleibt-auch-kuenftig-ein-gemischter-konzern/70482.html

Wintermann, J. H. (22. Mai 1997). Veba-Konzern kauft sich bei Degussa ein. *Die Welt*. https://www.welt.de/print-welt/article637565/Veba-Konzern-kauft-sich-bei-Degussa-ein.html

Wintermann, J. H. (17. Mai 2000). Verkauf von Gerresheimer Glas perfekt. *Die Welt*.https://www.welt.de/print-welt/article514214/Verkauf-von-Gerresheimer-Glas-perfekt.html

WirtschaftsWoche (16. Juni 2017). Großaktionär AOC macht Kasse mit Aktienverkauf. *Wirtschaftswoche*. https://www.wiwo.de/unternehmen/industrie/stada-grossaktionaer-aoc-macht-kasse-mit-aktienverkauf/19942738.html

Wolff, U. (2000). *Beteiligungsbesitz und Corporate Governance: Eine Effizienzanalyse institutioneller Finanzierungsbeziehungen. Gabler Edition Wissenschaft*. Deutscher Universitätsverlag; Imprint.

World Association of News Publishers. (1997). *Die Heidelberger Druckmaschinen AG geht an die Börse*. https://www.wan-ifra.org/sites/default/files/field_ifra_mag_file/G_ZT12.97_43.pdf

WTO. (2020). *Regional Trade Agreements Database*. World Trade Organization. http://rtais.wto.org/UI/PublicAllRTAList.aspx

Zank, W. (1. Mai 1992). Dirigismus nach Erhards Art. *Die Zeit*, 19/1992. https://www.zeit.de/1992/19/dirigismus-nach-erhards-art

Die Zeit (11. Mai 2005). Sturz aus dem Börsenhimmel: Rücktritt. *Die Zeit*, 19/2005. https://www.zeit.de/2005/19/a_boerse1

Die Zeit (27. August 2016). Aufstand der Aktionäre. *Die Zeit*. https://www.zeit.de/wirtschaft/unternehmen/2016-08/stada-arzneimittel-aufsichtsrat-aktionaere

Die Zeit (1. August 2019a). Donald Trump kündigt neue Zölle gegen China an. *Die Zeit*. https://www.zeit.de/politik/ausland/2019-08/us-praesident-donald-trump-kuendigt-neue-zoelle-gegen-china-an

Die Zeit (5. August 2019b). China wertet eigene Währung ab. *Die Zeit*. https://www.zeit.de/wirtschaft/2019-08/handelsstreit-china-yuan-waehrung-abwerten?print

Ziegler, D. (2005). Das deutsche Modell bankorientierter Finanzsysteme (1848–1957). In P. Windolf (Hrsg.), *Kölner Zeitschrift für Soziologie und Sozialpsychologie. Sonderheft, 0023–2653: Bd. 45. Finanzmarkt-Kapitalismus: Analysen zum Wandel von Produktionsregimen / herausgegeben von Paul Windolf* (S. 276–293). Springer-Verlag.

Zölls, F. & Brink, A. (2009). Private Equity und Hedge Fonds im Kreuzfeuer der Kritik: Eine Bewertung aus ökonomischer und ethischer Perspektive. *Zeitschrift für Wirtschaftspolitik, 58* (3), 21. https://doi.org/10.1515/zfwp-2009-0302

Personen und Unternehmen

https://doi.org/10.1515/9783110735611-021

Stichwortverzeichnis

https://doi.org/10.1515/9783110735611-022